改訂版

東大合格高校盛衰史

1949年〜最新ランキング徹底解剖

小林哲夫

光文社新書

まえがき

本書は２００９年刊行『東大合格高校盛衰史』の改訂・最新版になる。

政治家、官僚、一部上場企業の社長、最先端分野の研究者などには、東京大学出身者がズラリと並ぶ。なるほど、東大は日本の社会を担ってきた側面がある。かつて役所や自治体の統合再編が進んでも、ＮＴＴや国鉄の分割民営化が行われても、東大は安泰だった。国立大学は法人化で経営戦略を立てなければならなくなっても、競争的資金獲得など予算配分や、人的資源は東大に一極集中しており、ブランド力を十分に発揮している。

こうして国内では盤石に見える東京大学には、たくさんの学生を送り込んでいる高校がある。本書では東大合格校と呼ぶ。地元ではだれもが知っており、尊敬、憧憬《しょうけい》、羨望《せんぼう》、場合によっては嫉妬《しっと》の対象となっている。東大に負けないほどブランド力、社会的影響力がある。

戦後の新制高校スタートから年を追って東大合格校の盛衰を調べてみた。公立高校入試制度の改革で東大合格校はどう変わったのか。公立と私立の力関係はどうなっているのか。都道府県によって合格実績の差が生じているのはなぜか。中高一貫校の増加によって受験地図は塗り替えられつつあるのか。このようなテーマを検証することによって、本書では、大学受験という観点から戦後の高校史を概観してみた。

たとえば、公立高校はその時代の社会的風潮によって翻弄《ほんろう》された姿が見てとれる。

50年代の小学区制、60〜70年代の学校間格差解消を旗印とした学校群制、総合選抜、通学区の細分化によって合格実績を大幅に落とした名門校は少なくない。「受験戦争」とメディアが喧伝《けんでん》するなか、特別な受験指導をしない。それが公立の美徳という考え方があった。「予備校化」というレッテル貼りを恐れたのである。ただし、これには地域差はあった。厳しい受験指導を課している名門校を守ったり、自治体の進学校づくり政策を担う高校を作ったりして、多くの東大合格者を輩出した新興校もある。

90〜00年代、高校入試の学区撤廃あるいは大学区制が進み、中高一貫校が設立され、進学重点化構想が立てられる。マニフェストで東大合格者数の目標値を掲げて、大学受験を競い合う風潮は歓迎されるところとなった。「公立から東大合格を増やそう」

という機運が高まり進学校に予算をつける自治体もある。格差問題が取り沙汰される割には「学校間格差」の解消を主張する意見も、「受験戦争」を批判する声もあまり聞かれない。

大学受験に特化することを避けた60年代から、東大などの難関大学を志向する00年代以降へ。公立高校の教育方針は正反対の方向に進んだ。しかも両年代ともに、教育委員会のお達しで各校徒党を組んで右へならえ、という具合である。

こうした公立高校の迷走に機を見て進学校化した私立や国立、そしてその躍進に慌てふためいて巻き返しを狙う公立という図式が、一部の地域で見られた。

東大入試が始まってからまもなく75年を迎える。東大合格高校について４分の３世紀をふり返ると、最初の25年、60年代後半までは公立が優位で、上位30校のなかで７割を占めていた。70年代から今日にいたる50年あまりは私立や国立が強く、９割以上のシェアを誇ることはめずらしくない。まして、東大合格者数で１位になるのは、公立では現状、限りなく不可能に近い。それは９ページに示した東大合格高校１位校の推移を見ても明らかだ。

60年代は日比谷、70年代は灘、開成、東京教育大附属、東京教育大附属駒場が首位を分け合い、80年代以降は開成の独壇場になっている。

日比谷がトップを邁進《まいしん》していたころ、同校に入るためのエリートコースが確立していた。代表的なものが日比谷に近い千代田区立番町小学校、同・麹町中学校からの進学である。当時、教育熱心な保護者がわが子を東大へ行かせるため、千葉や神奈川などの県外から住民票を移して番町小や麹町中に越境入学させるケースがあった。こんな受験狂騒曲の舞台は、67年の都立高校学校群制度導入で幕を閉じる。

日比谷が１位だった時代の東大合格者の同校出身者は、のちに政官財と学者の世界で功成り名を遂げた人たちが多い。中央省庁では多数派を占め、社長も少なくない。政治家もそれなりに活躍した。学者や文化人も多くノーベル賞学者も出した。そんな東大１位校時代の日比谷ＯＢ・ＯＧは70代を迎え、社会の第一線から退きつつある。

70年代、越境入学にとって代わったのが、私立国立中高一貫校合格のための中学受験進学塾の興隆である。たとえば開成中学や筑波大学附属駒場中学に入るため日本進学教室、四谷大塚、日能研、ＴＡＰ、桐杏学園、ＳＡＰＩＸ、早稲田アカデミーなど、灘中学や東大寺学園中学に入るため入江塾、浜学園、希《のぞみ》学園、馬渕教室、能開センター、英進館などだ。このなかには閉鎖、吸収合併したところもあり、東大合格校の歴史は中学受験塾の盛衰史にもつながっていく。

77年、開成が初めて1位になった。この年、東大に受からなかった開成出身者のなかに岸田文雄総理大臣がいる。開成は22年まで東大合格1位43回を数え、82年からは40年連続でトップを守っている。現在、開成出身者は永田町、霞が関では大きな勢力になっているようだ。自民党国会議員によれば、開成ＯＢの国会議員は9人、官僚（国家公務員）は15省庁で600人にのぼり、事務次官クラスが10人近くいるという。なるほど、82年以降、東大1位校として途切れることなく開成の名前が続くだけのことはある。とくに官僚は20代から50代まで万遍なくいるということだろう。

ただ、開成は数の力でモノを言わせている側面はある。開成は一学年約400人、灘は約220人、筑波大学附属駒場は約160人なので、合格者数では有利になる。22年、東大現役進学率（現役卒業生のなかで東大進学者が占める割合）は筑駒40・8％、開成33・8％となっており、東大にいちばん近い大学は開成よりも筑駒であろう。

数の力という点では、これまで東大１位校＝開成の牙城を崩そうとした学校がいくつかあった。１つは90年代の桐蔭学園だ。当時、一学年約１６００人のマンモス校にあって東大合格者を100人以上出し、東京工業大、東京医科歯科大、一橋大にもかなりの合格者を出していた。もう１つは10年代以降の渋谷教育学園幕張、西大和学園である。一学年それぞれ350人、370人程度で東大合格者を70人以上出している。いずれも共学なので、女子合格者が増えれば、男子校の開成は分が悪くなる。

東大合格高校についての個別の見方はこのぐらいにしておこう。なるほど、さまざまな観点から東大合格校を見ることができる。そこには国や自治体の教育政策、私立学校の経営方針、地域特有の事情など、さまざまな要因を見て取ることができる。

注目する高校（多くは母校）の東大合格者が増えた、減ったと一喜一憂されることだろう。まずは、それでいいと思う。東大合格校の変遷から、教育のあり方としてなにが問われているかが、浮かび上がってくる。本書を材料に、高校教育、入試制度、公立と私立、塾と予備校、中高一貫校、保護者の教育観、格差問題、そして東大の存在意義などについて議論していただければ幸いである。

東京大合格高校１位校の推移（1949-2022年）

年	高校	人
1949	第一	36
1950	日比谷	84
1951	日比谷	86
1952	日比谷	82
1953	日比谷	98
1954	日比谷	105
1955	日比谷	108
1956	日比谷	99
1957	日比谷	107
1958	日比谷	126
1959	日比谷	169
1960	日比谷	141
1961	日比谷	171
1962	日比谷	184
1963	日比谷	167
1964	日比谷	193
1965	日比谷	181
1966	日比谷	128
1967	日比谷	134
1968	◎灘	132
1969	＜入試中止＞	
1970	◎灘	151
1971	□東京教育大学附属、◎灘	124
1972	◎灘	115
1973	□東京教育大学附属駒場	133
1974	◎灘	120
1975	◎灘	126
1976	◎灘	118
1977	◎開成	124
1978	◎灘	129
1979	◎開成	121
1980	◎灘	131
1981	◎灘	139
1982	◎開成	134
1983	◎開成	129
1984	◎開成	134
1985	◎開成	157
1986	◎開成	162
1987	◎開成	141
1988	◎開成	162
1989	◎開成	167
1990	◎開成	155
1991	◎開成	191
1992	◎開成	201
1993	◎開成	171
1994	◎開成	197
1995	◎開成	170
1996	◎開成	158
1997	◎開成	188
1998	◎開成	205
1999	◎開成	165
2000	◎開成	166
2001	◎開成	175
2002	◎開成	164
2003	◎開成	181
2004	◎開成	177
2005	◎開成	170
2006	◎開成	140
2007	◎開成	190
2008	◎開成	188
2009	◎開成	138
2010	◎開成	168
2011	◎開成	171
2012	◎開成	203
2013	◎開成	170
2014	◎開成	158
2015	◎開成	185
2016	◎開成	170
2017	◎開成	161
2018	◎開成	175
2019	◎開成	186
2020	◎開成	185
2021	◎開成	144
2022	◎開成	193

新制高校のみ。1950年、第一は日比谷に改称。1978年、東京教育大学附属、東京教育大学附属駒場は、それぞれ筑波大学附属、筑波大学附属駒場に改称

目次

東大合格者別高校ランキングの出典、作成方法、表記について

●東大合格者の高校別データの出典
①「東京大学新聞」に掲載された合格者氏名、出身高校（1950〜75年）
②『螢雪時代』（旺文社）掲載の東大合格者別高校一覧（1949〜75年）
③『サンデー毎日』（毎日新聞社）調査（1976〜85年）、『サンデー毎日』、大学通信調査（1986〜2022年）
④各高校がまとめたデータ（進路指導資料、学校新聞、学校史、広報誌など）

上記データをもとにランキング作成にあたって、75年まで①を優先させた。76年以降は③と④をつきあわせた。１人合格校まで調査したが、東大が合格出身校を非公表とした76年以降、マスコミ各社が独自調査を行っているが、合格者数でバラツキの見られる年がある。また、わずかだが未判明分がある。なお、00〜03年および00年以降でデータ非公表の高校がある（10校未満）。これらは誤差の許容範囲をとしてそのまま集計した。

●旧制第一高等学校入学者の旧制中学別データの出典
『第一高等學校一覧』（『第一高等中學校一覧』）

●表記
（１）設置別
都道府県立＝無印、市立（東京は区立）＝○、私立＝◎、国立＝□を校名の前に付した。
（２）高校名のあとの注記。
①初出には都道府県名をつけた。
②同名高校が存在する場合は都道府県名をつけた。
③都道府県内の同名高校で設置が異なる場合、（県立）（市立）（私立）と表記した。武蔵（私立）、武蔵（都立）。千葉（県立）、千葉（市立）など。
④都道府県立と同名の高校がある場合、たとえば次のように表記した。横須賀（神奈川県立）、横須賀（市立）、横須賀（愛知県立）。なお、都道府県別のランキングの項目では設置のみ分けて表記した。
⑤中等教育学校は「中等教育」と記した。

（３）校名の変更
①原則としてその年の校名で表記した。単純な校名変更はそのまま引き継いだ。1978年＝東京教育大学附属、1979年＝筑波大学附属
②共学化した女子校は、年ごとのランキングでは当時の校名を表記した。
③統合、合併で再編された高校は、再編前と後それぞれの校名で表した。

（４）その他
①引用文の旧字・旧仮名遣いは一部、新字・新仮名遣いに改めた。
②原文で本名が示されていても、イニシャルなどを用いた個所がある。
③肩書は、原則として当時のもの。
④ウェブサイトからの引用は、年月が記されていないものは09年８月、その他は22年12月現在、公開されたもの。

1章 東大合格校の歴史Ⅰ

1949〜1968年

東大赤門

灘高校

① 東京大学の誕生

1949 〜 1955

【1949年】

6月8日、文京区本郷の東京大学正門。前夜から降り始めた雨がいっこうにやむ気配を見せない。午前9時、東大の職員が鐘を鳴らすと正門がゆっくり開いた。受験生が試験会場に指定された各教室に急ぐ。10時、入学試験が始まった。教室内は一瞬にして静寂につつまれ、雨音だけが響き渡っている。

6月22日、合格者が発表された。１８０４人（女子9人）が新制東京大学の第1期生となる。このうち、新制高校の出身者は345人。わずか19%にすぎない。他は旧制高校、旧制専門学校、大学予科などで占められていた。入試が年度をまたいで6月に行われたのは、国立学校設置法の制定が年度を越えて5月下旬にずれ込んだからである。

新制高校最初の入学者は、48年入学である。したがって、49年の東大入試は当然のことながら受験していない。それでは、49年に新制高校を卒業したのはどんな人たちか。それは、旧制中学、高等女学校などから移った生徒である。教育制度切り替えで、次のような「移行」がなされていた。47年に旧制中学3年（15歳）、4年（16歳）、5年（17歳）だった生徒は、48年に新制高校1年（16歳）、2年（17歳）、3年（18歳）となる。

3月25日。東京都立第一高校で卒業式が行われた。最初の卒業生のほとんどは、旧制第一中学5年から都立第一高校3年への移行組である。それゆえ、第一高校では1年間しか学ん

1949年入試

判明分のみ

順位	高校	人	順位	高校	人
1	第一（東京）	36	18	石神井（東京）	3
2	第五（東京）	28	18	◎武蔵	3
3	第四（東京）	25	18	甲府第一（山梨）	3
4	第十（東京）	16	18	松本深志（長野）	3
5	□東京高等師範学校附属（東京）	14	18	旭丘（愛知）	3
6	第九（東京）	11	18	時習館（愛知）	3
7	第三（東京）	10	29	川越（埼玉）	2
8	◎開成（東京）	8	29	川口（埼玉）	2
9	湘南（神奈川）	7	29	第十三（東京）	2
10	◎麻布（東京）	6	29	武蔵丘（東京）	2
10	第八（東京）	6	29	◎暁星（東京）	2
10	大泉（東京）	6	29	◎明治大学附属中野（東京）	2
13	九段（東京）	5	29	厚木（神奈川）	2
13	川崎（神奈川県立）	5	29	諏訪清陵（長野）	2
13	横浜第一（神奈川）	5	29	伊那北（長野）	2
13	第二（東京）	5	29	静岡第一（静岡）	2
17	上田松尾（長野）	4	29	城南（徳島）	2
18	下妻第一（茨城）	3	29	鹿児島（鹿児島）	2
18	浦和（埼玉県立）	3	41	小樽潮陵（北海道）	1
18	千葉（千葉県立）	3	41	宇都宮（栃木）	1
18	第六（東京）	3	41	船橋（千葉県立）	1
18	第七（東京）	3	41	天王寺（大阪）	1

ではいない。卒業生は156人。このうち、36人が東大に合格した。

　この年、連合国軍最高司令官総司令部（ＧＨＱ）の各地方軍政部は管轄する都道府県に対して、新しい高校のあり方として、①男女共学、②総合制（普通科と商業科の併設）、③小学区制（学区外への越境は認めず、居住地域の高校に進学させる）を進めるように指導した。「高校３原則」と呼ばれ、全国各地の高校はドラスティックな改革を求められることになる。

【１９５０年】

合格者の出身校は新制高校１２１５人、旧制高校744人、その他43人。前年の上位校と比べると、異なる校名が並ぶが、これは名称変更による。

　東京都の場合、学制改革では旧制の都立第一中学校が第一高等学校になったように、前身の名称を引き継いだところが多かった。

　ところが、49年４月、ＧＨＱの東京神奈川地区軍政部の意向を受けた東京都教育局は、これらの高校に対して「ナンバーを廃止して新校名にせよ」と行政指導を行う。「第一」「第二」という序列は、選良、特殊を意味しており、平等、民主主義の精神に反するからという理由である。都立高校の多くには、高校が所在する、あるいは縁がある地名が名づけられた。

1950年入試

順位	高校	人
1	日比谷(東京)	84
2	小石川(東京)	82
3	戸山(東京)	51
4	新宿(東京)	37
5	両国(東京)	35
6	北園(東京)	31
7	小山台(東京)	28
8	西(東京)	24
9	湘南	23
10	□東京教育大学附属(東京)	22
11	九段(東京)	21
11	新潟(新潟)	21
13	上野(東京)	19
13	横浜第一	19
15	浦和(埼玉県立)	17
15	青山(東京)	17
17	◎麻布	14
17	千歳(東京)	14
19	松山(埼玉)	12
20	立川(東京)	10
20	大泉	10
20	甲府第一	10
23	江北(東京)	9
23	豊多摩(東京)	9
23	武蔵丘	9
23	松本深志	9
23	上田松尾	9
28	◎開成	8
28	墨田川(東京)	8
28	文京(東京)	8

順位	高校	人
28	小田原(神奈川)	8
28	沼津東(静岡)	8
33	水戸第一(茨城)	7
33	宇都宮	7
33	◎成城(東京)	7
33	◎武蔵	7
33	富山(富山)	7
38	熊谷(埼玉)	6
38	千葉第一(県立)	6
38	◎芝(東京)	6
38	横浜第二(神奈川)	6
38	川崎(県立)	6
38	長野(長野県立)	6
38	浜松北(静岡)	6
38	津(三重)	6
38	小倉(福岡)	6
38	佐賀(佐賀)	6
38	熊本(熊本)	6
49	足利(栃木)	5
49	太田(群馬)	5
49	横浜緑ヶ丘(神奈川)	5
49	飯田高松(長野)	5
49	済々黌(熊本)	5
54	銚子(千葉県立)	4
54	□お茶の水女子大学附属(東京)	4
54	富士(東京)	4
54	大森(東京)	4
54	厚木	4
54	中津(大分)	4

順位	高校	人
54	静岡城内(静岡)	4
54	天王寺(大阪)	4
54	広島国泰寺(広島)	4
54	大分舞鶴(大分)	4
54	甲南(鹿児島)	4
65	秋田(秋田)	3
65	福島(福島)	3
65	大田原(栃木)	3
65	藤岡(群馬)	3
65	高崎(群馬)	3
65	渋川(群馬)	3
65	川越	3
65	不動岡(埼玉)	3
65	大宮(埼玉)	3
65	安房(千葉)	3
65	◎青山学院高等部(東京)	3
65	高田(新潟)	3
65	金沢泉丘(石川)	3
65	野沢北(長野)	3
65	松本県ヶ丘(長野)	3
65	富士(静岡)	3
65	明和(愛知)	3
65	豊橋時習館(愛知)	3
65	横須賀(神奈川県立)	3
65	北野(大阪)	3
65	岡山朝日(岡山)	3
65	福山東(広島)	3
65	城南(徳島)	3
65	高松(香川)	3

第一→日比谷、第二→立川、第三→両国、第四→戸山、第五→小石川、第六→新宿、第七→墨田川、第八→小山台、第九→北園、第十→西、第十三→豊多摩、東京高等師範学校附属→東京教育大学附属、静岡第一→静岡城内(のちに静岡)、鹿児島→鶴丸

都立第一高校にはかつて校舎があった地域、日比谷という名前がつけられた。

校名に対する指導は一部を除き、全国的に見られた。旧制第一中学の流れを汲《く》む新制高校の多くは、「第一」を名乗ることを望んだ。しかし、アメリカの意向には逆らえない。「第一」と名付けたが変更を余儀なくされた学校をいくつか紹介しよう（カッコ内は新名称）。

48年の1年または半年限り　金沢第一（金沢泉丘）、福井第一（藤島）、愛知県立第一（旭丘）、岐阜第一（岐阜）、岡山第一（岡山朝日）、鳥取第一（鳥取西）、松江第一（松江）、松山第一（松山東）、徳島第一（徳島城南）、佐賀第一（佐賀）

48〜49年　札幌第一（札幌南）、山形第一（山形東）、第一（日比谷）、横浜第一（希望ヶ丘）、静岡第一（静岡城内〈50〜52年〉、静岡〈53年〜〉）

48〜50年　大分第一（大分上野丘）

【1951年】

新制高校からの入学者が初めて東大を受験した。同時に新制高校出身者が合格者の大半を占めるようになった。出身高校の数も急増して前年の309校から429校となる。北は北海道稚内高校から、南は鹿児島県立鹿屋高校まで、高校の所在地は沖縄を除く46都道府県すべて揃う。

1951年入試

順位	高校	人
1	日比谷	86
2	西	67
3	小石川	55
4	新宿	53
5	小山台	52
6	戸山	49
7	浦和(県立)	46
8	両国	42
9	□東京教育大学附属	41
9	湘南	41
11	上野(東京)	34
12	◎武蔵(私立)	33
13	北園	30
14	九段	26
15	千歳(東京)	23
16	青山	20
17	豊多摩	18
18	◎麻布	17
18	東京都立大学附属(東京)	17
20	大泉	15
20	希望ヶ丘(神奈川)	15
20	松本深志	15
23	水戸第一	14
24	宇都宮	13
24	立川	13
24	江北	13
27	秋田	12
27	岡山朝日	12
27	城南(東京)	12
30	石神井	11

順位	高校	人
30	墨田川	11
30	沼津東	11
30	高松	11
34	千葉第一	10
34	◎成蹊(東京)	10
34	武蔵丘	10
34	長岡(新潟)	10
38	甲府第一	9
38	浜松北	9
40	前橋(群馬県立)	8
40	熊谷	8
40	◎開成	8
40	小田原	8
40	横浜緑ヶ丘	8
40	時習館	8
40	北野(大阪)	8
40	小倉	8
40	熊本	8
49	山形東(山形)	7
49	□お茶の水女子大学附属	7
49	厚木	7
49	横須賀(神奈川県立)	7
49	高田(新潟)	7
49	飯田高松	7
49	上田松尾	7
49	野沢北	7
49	修猷館(福岡)	7
49	佐賀	7
59	高崎	6
59	松山	6
59	◎成城学園(東京)	6

順位	高校	人
59	駒場(東京)	6
59	三田(東京)	6
59	江戸川(東京)	6
59	川崎(県立)	6
59	新潟	6
59	静岡城内	6
59	神戸(兵庫)	6
59	兵庫(兵庫)	6
59	中津第一(大分)	6
71	小樽潮陵	5
71	福島(福島)	5
71	磐城(福島)	5
71	土浦第一(茨城)	5
71	足利	5
71	川越	5
71	文京(東京)	5
71	◎暁星	5
71	◎青山学院高等部	5
71	横浜翠嵐(神奈川)	5
71	柏崎(新潟)	5
71	高岡(富山)	5
71	富山	5
71	瑞陵(愛知)	5
71	松江(島根)	5
71	岡山操山(岡山)	5
71	◎土佐(高知)	5
71	明善(福岡)	5
71	済々黌	5
71	鶴丸(鹿児島)	5
71	甲南(鹿児島)	5

横浜第一→希望ヶ丘、横浜第二→横浜翠嵐

高校3原則の1つ、小学区制への移行は全国各地で行われたが、旧制第一中学を前身とする名門高校は、限られた地域からしか生徒が集まらなかったことで、学力レベルが下がったところも少なくなかった。また、生活が荒れて非行に走ったり、不安定な精神状態に陥ったりする高校生が少なからず見られた。

岐阜県立岐阜高校では、50年前後、生徒の鬱屈した気分によって風紀が乱れていた。学校史にこう記されている。「ピアノの弦に雑巾や箒《ほうき》を突っ込む、代返の最高記録が一人で連続8人、授業中に脱走する、蛇を持ち込む（略）机を割って焚火にする、腰掛けを壊してバットを作る、授業中にカンシャク玉をぶつける」「けばけばしい色彩の服に過度のパーマネントで、どこの娘さんのお出掛けか、と思うような者もいた」（『創立120周年記念誌』、93年）。

49年、大阪府立北野高校で3人の生徒が自殺した。学校新聞が分析する。「敗戦後新教育制度は学生の知識を実生活に引き下げたものの、社会の頽廃《たいはい》と虚無により、生甲斐《いきがい》を失い主観に沈潜し、厭世観《えんせいかん》は死を讃美し、生の逃避手段として自殺の風潮は北高を覆い〝自殺の学校〟の異名を馳《は》せたのは哲学に凝り得る秀才の社会に対する反抗でもあった」（「六稜新聞」、53年）。

【1952年】

高校の男女共学化は全国的に進んだが、導入の方法は都道府県によって異なる。大きく分けて2つ。無視したところもあった。

①新たに女子生徒または男子生徒を募集。

前身が旧制中学は女子を、高等女学校は男子を受け入れた。49年に都立高校が女子、男子を受け入れる。戸山高校は女子3人（全体398人）、竹早高校では男子5人（全体205人）。

②旧制中学と旧制女学校を足して2で割る。たとえば北野中学＋大手前高等女学校÷2＝北野高校、大手前高校。48年9月、大阪府立夕陽丘高校では正門前に女子が並んで、一列縦隊で校内に入る男子を拍手で迎え入れていた。このなかに、作家の小田実がいた。「私がいた（旧制）天王寺中学と（旧制）夕陽丘高女の生徒、教師を半数ずつ交換して、それぞれを（新制）高校にするという画期的方法によってなされた。『男女共学』は私に『民主主義』を実感させ、その実施の方法は『革命』の可能を信じさせた」（小田実のウェブサイト）。

③無視して男子校、女子校を貫く。

埼玉、群馬、栃木、宮城で見られた。宮城県は仙台第一、仙台第二、第一女子、第二女子など別学を通した。仙台第一高校校長を務めた宇野量介氏は著書で記している。「共学にしてしまえというのは占領軍の絶対命令かと開き直ったこともあった。すると命令ではない。サジェスチョン勧告だという。そんなら、民主々義の原則に則って、地域の実情、住民の意志は尊重されてもよかろうではないか」（『戦後の宮城の教育を語る』宝文堂、69年）。

【1953年】

男女共学の完成年度を迎えた高校が多かった。

滋賀県立膳所《ぜぜ》高校は前身の大津高校時代に共学となる。51年に同校を卒業したOGが学校史で男子生徒の生態を語る。「放課後の逢い引き（デート?）のためズボンのスジを消さないように一時間中立って授業を受ける者」「授業中廊下に座って女生徒にウィンクを送る者」（『百年誌』、98年）。香川県立丸亀高校を52年に卒業したOGが学校史で振り返る。「『青い山脈』をまねて、ラブレターがはやった。謄写版で同文のラブレターを印刷し、複数の女生徒に配った猛者《もさ》がいる」（『香川県立丸亀高等学校創立百周年記念誌　亀城のほとり』、93年）。

三重県立四日市高校から1年浪人して53年に東大に合格した受験生の手記には、「ヰタ・セクスアリス」ぶりが書かれている。「十一月七日　きのう、本堂へ行ったとたん、おさえていたタブーを、夕刊の山岡荘八の『徳川家康』のうちで瀬名《せな》と万《まん》との半裸なもつれ合いを

1952年入試

順位	高校	人
1	日比谷	82
2	新宿	60
3	戸山	48
3	小山台	48
5	両国	47
6	浦和（県立）	43
7	小石川	39
8	□東京教育大学附属	38
9	西	33
10	北園	32
11	湘南	30
12	東京都立大学附属	24
13	千葉（県立）	22
13	大泉	22
15	◎成蹊	21
16	□東京大学附属（東京）	20
16	小田原	20
18	立川	18
19	希望ヶ丘	17
20	水戸第一	16
20	横須賀（神奈川県立）	16
22	◎麻布	15
22	千歳（東京）	15
24	熊谷	14
24	江北	14
24	城南（東京）	14
24	豊多摩	14
24	甲府第一	14
24	松本深志	14
24	諏訪清陵	14

順位	高校	人
24	岡山朝日	14
32	◎武蔵	13
32	高松	13
34	高崎	12
34	武蔵丘	12
36	◎開成	11
36	墨田川	11
36	青山（東京）	11
36	新潟	11
36	長野北（長野）	11
36	静岡城内	11
42	宇都宮	10
42	前橋（県立）	10
42	上野（東京）	10
42	九段	10
42	◎学習院高等科（東京）	10
42	◎灘（兵庫）	10
42	甲南（鹿児島）	10
49	◎成城学園	9
49	飯田高松	9
49	沼津東	9
49	旭丘	9
49	明和（愛知）	9
54	山形東	8
54	川越	8
54	浜松北	8
54	北野（大阪）	8
54	神戸（兵庫）	8
54	□広島大学附属東千田（広島）	8
54	修猷館	8
61	秋田	7
61	白鷗（東京）	7

順位	高校	人
61	富士（東京）	7
61	横浜翠嵐	7
61	時習館	7
61	高津（大阪）	7
61	熊本	7
61	中津南（大分）	7
69	石神井	6
69	高田（新潟）	6
69	伊那北	6
69	佐賀	6
69	鹿島（佐賀）	6
69	佐世保南（長崎）	6
69	鶴丸（鹿児島）	6
76	函館中部（北海道）	5
76	福島（福島）	5
76	文京	5
76	国立（東京）	5
76	大森	5
76	江戸川（東京）	5
76	厚木	5
76	長岡	5
76	三条（新潟）	5
76	上田松尾	5
76	韮山（静岡）	5
76	浜松西（静岡）	5
76	四日市（三重）	5
76	鴨沂（京都）	5
76	兵庫	5
76	松江	5
76	呉三津田（広島）	5
76	山口（山口）	5
76	宮崎大宮（宮崎）	5

思い出すともういけない。ええいクソという気になって、火鉢にしてしまう。（ああ、この火鉢はおれの精液をどれだけ吸ったことか。）」「一月六日　三島由紀夫の『禁色』を開いてみて、多淫の人妻が牛乳配達の逞《たくま》しい若人に自己の陰部をいじらせて、恍惚《こうこつ》としている部分を読む。（略）その姦通部分をちょっと読んで市立図書館の裏に行って放出してしまう」（『受験番号5111　東大受験生の赤裸な日記』塚本康彦、光文社、63年）。

著者の塚本氏は、のちに中央大学で文学を講じていた。

【1954年】

日比谷高校が初めて100人を超える。灘高校は9人。10倍以上の開きだが、実質は異なる。日比谷の合格率は20・6％（合格105人／受験504人）、灘の合格率は33・3％（合格9人／受験30人）。ようするに数の論理である。

50年代、大学の独自入試のほかに、進学適性検査が行われていた。出題内容は知能検査的な側面を持っていた。志願者が一定の人数や倍率を超えた場合、この検査の成績が第1段階選抜の資料として活用される。しかし、練習効果が顕著に出る、学力検査と二重の負担となる、大学の利用が積極的でない、予算が十分でなかった、などを理由に54年に廃止される。

1953年入試

順位	高校	人	順位	高校	人	順位	高校	人
1	日比谷	98	26	高松	12		立)	7
2	新宿	69	30	前橋(県立)	11	52	富山中部(富山)	7
3	戸山	61	30	青山	11	52	鶴丸	7
4	西	52	30	城南(東京)	11	58	三田	6
5	両国	49	30	新潟	11	58	横浜緑ヶ丘	6
6	小石川	46	30	修猷館	11	58	長野北	6
7	□東京教育大学附		35	豊多摩	10	58	静岡城内	6
	属	45	35	上田(長野)	10	58	沼津東	6
8	湘南	42	35	岡山朝日	10	58	神戸(兵庫)	6
9	北園	41	35	□広島大学附属		58	明善	6
10	小山台	36		東千田	10	58	宮崎大宮	6
11	浦和(県立)	34	35	◎土佐	10	66	札幌北(北海道)	5
12	東京都立大学附		40	水戸第一	9	66	弘前(青森)	5
	属	26	40	佐賀	9	66	竜ヶ崎第一(茨城)	5
13	◎麻布	25	40	熊本	9	66	桐生(群馬)	5
14	上野(東京)	24	43	国立	8	66	熊谷	5
14	◎武蔵	24	43	大森	8	66	◎青山学院高等部	5
16	◎成蹊	20	43	小田原	8	66	□東京教育大学附	
17	□東京大学附属	19	43	長岡	8		属駒場(東京)	5
18	立川	18	43	□金沢大学附属		66	◎東海(愛知)	5
19	千葉第一	17		(石川)	8	66	時習館	5
19	◎開成	17	43	諏訪清陵	8	66	岡崎(愛知)	5
21	大泉	16	43	浜松北	8	66	四日市	5
22	千歳(東京)	14	43	丸亀(香川)	8	66	北野(大阪)	5
22	◎成城	14	43	小倉	8	66	大手前(大阪)	5
24	甲府第一	13	52	山形東	7	66	岡山操山	5
24	松本深志	13	52	宇都宮	7	66	下関西(山口)	5
26	九段	12	52	□お茶の水女子大		66	防府(山口)	5
26	旭丘	12		学附属	7	66	福岡(福岡)	5
26	◎灘	12	52	横須賀(神奈川県				

【1955年】

この年、7人の合格者が東大入学を辞退している。『螢雪時代』55年8月号が7人の追跡調査を行ったところ、6人の行き先がわかった。記事のあらましは次のとおり。

4人は慶應義塾大学医学部に入学する（芝、九段、両国、東京都立大学附属の4高校出身）。前年まで慶應の学費納入期限後に東大の合格発表があった。このころ、こんな投書が新聞に掲載されている。「両方に合格した場合、学費の安い東大に入学したいのは人情だが、慶應では入学手続きをして入学金、授業料など四万三千円余りを納めたら、後で入学を取り消しても、金は返してくれない。整理の都合で仕方ないというが、こんな大金を返さないとは営利的すぎはしないか」（「朝日新聞」、55年1月25日）。

慶應はこのような声を受けて、入学手続きを東大の2次発表の3月31日まで延期した。当時、東大医学部に進学できる課程、理三はない。理一、理二に入学後、医学部試験を受けなければならない。これがやたら難関であり、不合格になると東大に籍がなくなってしまう。それならば、確実に医師になれる慶應医学部に進んだほうが得策、と考える受験生もいた。

残り2人は千葉大（富山高出身）、信州大（野沢北高出身）に通う仮面浪人である。彼らが在籍する大学は再受験を認めておらず、自らの非を認め、東大入学をとりやめた。現在に続

1954年入試

順位	高校	人
1	日比谷	105
2	戸山	66
3	新宿	57
4	西	56
5	両国	43
5	小石川	43
7	◎麻布	37
8	北園	33
9	□東京教育大学附属	32
10	湘南	31
11	東京都立大学附属	29
11	小山台	29
11	◎成蹊	29
14	上野（東京）	25
15	浦和（県立）	23
16	◎開成	22
17	九段	20
17	立川	20
19	松本深志	19
20	甲府第一	18
21	岡山朝日	16
22	□広島大学附属東千田	14
23	水戸第一	13
23	長野北	13
25	江北	11
25	静岡	11
25	北野（大阪）	11
28	前橋（県立）	10
28	高崎	10
28	◎武蔵	10
28	新潟	10
28	□金沢大学附属	10
33	千葉第一	9
33	大泉	9
33	◎桐朋（東京）	9
33	□東京大学附属	9
33	小田原	9
33	◎栄光学園（神奈川）	9
33	旭丘	9
33	◎灘	9
41	宇都宮	8
41	熊谷	8
41	石神井	8
41	豊多摩	8
41	武蔵丘	8
41	諏訪清陵	8
41	飯田（長野）	8
41	明和（愛知）	8
41	岡山操山	8
41	下関西	8
41	◎土佐	8
41	修猷館	8
53	土浦第一	7
53	千歳（東京）	7
53	◎学習院高等科	7
53	富山中部	7
53	沼津東	7
53	◎東海	7
53	高津	7
53	高松	7
53	丸亀	7
53	佐賀西（佐賀）	7
63	福島（福島）	6
63	墨田川	6
63	文京	6
63	◎芝（東京）	6
63	◎成城学園	6
63	横浜翠嵐	6
63	長岡	6
63	熊本	6
63	鶴丸	6
72	札幌南（北海道）	5
72	函館中部	5
72	山形東	5
72	◎暁星	5
72	◎成城	5
72	鶴見（神奈川）	5
72	希望ヶ丘	5
72	川崎（県立）	5
72	平塚江南（神奈川）	5
72	厚木	5
72	柏崎	5
72	高田（新潟）	5
72	上田松尾	5
72	伊那北	5
72	浜松北	5
72	時習館	5
72	◎同志社（京都）	5
72	大手前	5
72	神戸（兵庫）	5
72	松江	5
72	小倉	5
72	旭川東（北海道）	5
72	国立	5
72	高岡	5
72	藤島（福井）	5
72	◎甲南（兵庫）	5
72	津山（岡山）	5
72	済々黌	5

静岡城内→静岡

く東大入学辞退のルーツはこのあたりにある。

この年は北豊島工業、小金井工業、世田谷工業（以上、東京）、岡谷工業（長野）、江津工業（島根）、谷村工業（山梨）、宇都宮工業（栃木）、小樽工業（北海道）といった工業高校からの東大合格者が見られた。55年前後、合格者を出した工業高校は次のとおり。

54年　長野工業、呉工業（広島）、三池工業（福岡）
56年　蔵前工業、墨田工業（以上、東京）
57年　上野工業（三重）、下松工業（山口）、大分工業

地域の成績優秀な中学生が経済的な理由で、就職するために実業系に進んだが、勉強にめざめて進学というケースが見られる。とくに工業高校はエンジニアを強く希望する理系少年が集まって、なかには進学校にまさるとも劣らない天才、秀才がいた。数学、物理、化学では、東大入試に対応できたのである。

55年は北海道大に函館工業２人、名古屋大に名古屋工業２人、大阪大に大阪府立都島工業、淀川工業各５人、九州大に福岡工業３人が合格している。60年代、高度経済成長を牽引《けんいん》した優れた若手エンジニアには、多くの工業高校出身者がいた。

1955年入試

順位	高校	人	順位	高校	人	順位	高校	人
1	日比谷	108	32	◎灘	11	58	天王寺	7
2	新宿	63	34	前橋(県立)	10	58	岡山操山	7
3	戸山	58	34	◎学習院高等科	10	67	墨田川	6
4	◎麻布	57	34	□金沢大学附属	10	67	三田	6
5	小石川	56	34	高松	10	67	◎早稲田(東京)	6
6	西	55	34	小倉	10	67	横浜翠嵐	6
7	□東京教育大学附属	47	39	九段	9	67	長野北	6
8	両国	38	39	武蔵丘	9	67	明和(愛知)	6
9	小山台	29	39	小田原	9	67	高津(大阪)	6
10	◎開成	28	39	甲府第一	9	67	広島国泰寺	6
11	上野(東京)	27	39	諏訪清陵	9	67	□広島大学附属福山(広島)	6
11	松本深志	27	39	時習館	9	67	観音寺第一(香川)	6
13	湘南	25	39	北野(大阪)	9	67	鶴丸	6
14	浦和(県立)	24	39	佐賀	9	67	◎ラ・サール(鹿児島)	6
15	立川	21	47	福島(福島)	8	79	札幌南	5
15	◎栄光学園	21	47	高崎	8	79	弘前	5
17	◎武蔵	18	47	◎桐朋	8	79	土浦第一	5
18	東京都立大学附属	17	47	豊多摩	8	79	◎芝(東京)	5
19	北園	16	47	千歳(東京)	8	79	富士(東京)	5
19	静岡	16	47	富山中部	8	79	鶴見	5
21	千葉第一	15	47	飯田高松	8	79	富山	5
21	◎成蹊	15	47	旭丘	8	79	小松(石川)	5
21	修猷館	15	47	神戸(兵庫)	8	79	伊那北	5
24	水戸第一	14	47	山口	8	79	野沢北	5
24	熊谷	14	47	福岡(福岡)	8	79	沼津東	5
24	◎成城	14	58	宇都宮	7	79	宇治山田(三重)	5
27	上田松尾	13	58	□お茶の水女子大学附属	7	79	鳥取西(鳥取)	5
27	岡山朝日	13	58	青山	7	79	□広島大学附属	5
27	◎土佐	13	58	厚木	7	79	呉三津田	5
30	大泉	12	58	横須賀(神奈川県立)	7	79	嘉穂(福岡)	5
30	熊本	12	58	○横浜商業(神奈川)	7	79	宮崎大宮	5
32	新潟	11	58	◎関東学院(神奈川)	7	79	甲南(鹿児島)	5

広島大学附属東千田→広島大学附属

【1956年】

東大合格者数は494校２０４４人。東大合格者は１校あたり、4.1人になる。１人合格者校が255校で半分以上を占めている。60年の歴史のなかで、もっとも裾野が広がった年である。現在はどうか。22年は３０８５人で431校、１校あたり7.2人だった（判明分）。

50年代、現在よりも高校の数が少なく、高校への進学者は少なかった。高校進学率は、55年が51・5％、09年では97・9％となっている。それなのに、合格高校がこれほど多く裾野が広いのは、地域の進学校に成績優秀者が一極集中していなかったからである。

たとえば、56年、広島県は19校49人、１校あたり2.5人合格者を出している。22年では13校55人、１校あたり4.2人となる。56年に合格者を出して、22年に出さなかった県内の高校は、広島国泰寺、広島観音、広島皆実《みなみ》、因島《いんのしま》、呉宮原、忠海《ただのうみ》、神辺《かんなべ》、上下《じょうげ》、日彰館、福山葦陽《あいよう》松永。県内の地図を広げると合格校はバランス良く点在する。

このころ、「四当五落」ということばが、東京の受験生のあいだで広まった。４時間しか

1956年入試

順位	高校	人
1	日比谷	99
2	小石川	72
3	西	64
3	戸山	64
5	両国	55
6	新宿	46
7	◎麻布	45
8	小山台	43
9	□東京教育大学附属	41
10	浦和(県立)	35
11	◎成蹊	27
11	◎開成	27
13	湘南	25
14	◎武蔵(私立)	23
15	九段	22
15	松本深志	22
17	東京都立大学附属	21
18	前橋(県立)	17
18	北園	17
20	上野(東京)	16
20	静岡	16
22	◎灘	15
22	熊本	15
24	立川	14
24	◎栄光学園	14
24	□広島大学附属	14
27	水戸第一	13
27	大泉	13
27	甲府第一	13
27	修猷館	13
27	小倉	13
32	小田原	12
32	長野北	12
34	宇都宮	11
34	新潟	11
34	高松	11
37	熊谷	10
37	□金沢大学附属	10
37	浜松北	10
37	岡山朝日	10
41	秋田	9
41	千葉第一	9
41	平塚江南	9
41	長岡	9
41	旭丘	9
41	丸亀	9
47	仙台第二(宮城)	8
47	高崎	8
47	武蔵丘	8
47	千歳(東京)	8
47	◎学習院高等科	8
47	□お茶の水女子大学附属	8
47	諏訪清陵	8
47	上田松尾	8
47	明和(愛知)	8
56	春日部(埼玉)	7
56	◎桐朋	7
56	豊多摩	7
56	◎ラ・サール	7
60	札幌南	6
60	山形東	6
60	◎芝	6
60	青山	6
60	◎早稲田	6
60	横浜翠嵐	6
60	北野(大阪)	6
60	大手前	6
60	姫路西(兵庫)	6
60	岡山操山	6
60	城南(徳島)	6
60	◎土佐	6
60	佐賀西	6
73	会津(福島)	5
73	磐城	5
73	武蔵(都立)	5
73	◎成城学園	5
73	◎日本学園(東京)	5
73	駒場	5
73	大森	5
73	□東京大学附属	5
73	佐渡(新潟)	5
73	富山中部	5
73	富山	5
73	沼津東	5
73	韮山	5
73	四日市	5
73	住吉(大阪)	5
73	◎甲南(兵庫)	5
73	津山	5
73	○高松第一(高松市立)	5
73	長崎東(長崎)	5

眠らないほど勉強しなければ受からない。5時間眠ったら不合格という意味だ。

『螢雪時代』57年1月号では、「四当五落」の特集記事を掲載している。「夜寝る時間は三時間でも食事のあと、仕事のあと、五分でも十分でもトロトロ熟眠できれば、一日を合計すると健康保持に必要な睡眠量を得られるわけです。『四当五落』という言葉も、このように考えると全然無茶なものではなさそうです」（東京教育大学教授の談話）、「やはりきびしい試験に勝つためには、病気一歩手前くらいまでは行く覚悟をしなければいかぬかもしれませんね」（座談会で東京学芸大学助教授の発言）。「四当五落」神話を肯定しているように思える。

【1957年】

都立新宿高校が前年比で48人増やした。倍以上である。新宿の国語教諭が話す。「われわれも予想外でしたよ。その原因は先生方とも話し合ったのですが、まあ、よくわからないですね」（『螢雪時代』57年6月号）。同校の校長はこう分析する。「昨年の卒業生の中で当然入るべき人が落ちて、その人達が今年は頑張ったため」（新宿高校の新聞「朝陽時報」、57年4月30日）。認識の微妙なズレがおもしろい。優秀な浪人生が合格者を押し上げる隔年傾向は、60年代半ばまで西、戸山、小山台、小石川、両国によく見られた。

1957年入試

順位	高校	人
1	日比谷	107
2	新宿	94
3	戸山	82
4	西	69
5	◎麻布	57
6	小石川	49
7	□東京教育大学附属	48
8	湘南	39
9	両国	38
10	◎開成	33
11	上野（東京）	32
12	小山台	26
12	立川	26
14	◎武蔵（私立）	25
15	浦和（県立）	23
15	◎灘	23
17	千葉第一	21
17	□広島大学附属	21
19	北園	20
20	東京都立大学附属	19
20	松本深志	19
22	◎成蹊	17
23	水戸第一	15
23	□金沢大学附属	15
23	高松	15
26	諏訪清陵	14
27	前橋（県立）	13
27	岡山朝日	13
29	熊谷	12
29	熊本	12
31	九段	11
31	□東京教育大学附属駒場	11
31	甲府第一	11
31	長野	11
31	上田松尾	11
31	沼津東	11
31	浜松北	11
31	北野（大阪）	11
39	仙台第一	10
39	富山中部	10
39	飯田高松	10
39	旭丘	10
39	◎土佐	10
39	◎ラ・サール	10
45	武蔵丘	9
45	平塚江南	9
45	明和（愛知）	9
45	神戸（兵庫）	9
49	宇都宮	8
49	大泉	8
49	◎栄光学園	8
49	新潟	8
53	高崎	7
53	沼田（群馬）	7
53	豊多摩	7
53	三田	7
53	静岡	7
53	時習館	7
53	修猷館	7
60	◎桐朋	6
60	□お茶の水女子大学附属	6
60	白鴎	6
60	小田原	6
60	高岡	6
60	◎東海	6
60	岡山操山	6
60	広島国泰寺	6
60	小倉	6
60	佐賀西	6
60	鶴丸	6
71	秋田	5
71	福島（福島）	5
71	国立	5
71	小松（石川）	5
71	岐阜（岐阜）	5
71	宇治山田	5
71	大手前	5
71	姫路西	5
71	◎修道（広島）	5
71	山口	5
71	丸亀	5
82	札幌南	4
82	札幌東（北海道）	4
82	弘前	4
82	下妻第一	4
82	川越	4
82	春日部	4
82	木更津第一（千葉）	4
82	江北	4
82	武蔵（都立）	4
82	千歳（東京）	4
82	◎芝	4
82	駒場	4
82	城南（東京）	4
82	桜町（東京）	4
82	横須賀（神奈川県立）	4
82	長岡	4
82	魚津（富山）	4
82	勝山（福井）	4
82	豊橋東（愛知）	4
82	高津	4
82	住吉（大阪）	4
82	天王寺	4
82	下関西	4
82	城南（徳島）	4
82	明善	4
82	長崎西（長崎）	4
82	中津南	4

長野北→長野

ところで、この年の合格発表日は3月24日を予定していたが、2日早まって22日となる。しかも、午後11時35分に教養学部前で発表された。理由は、試験の採点が予定よりも早く終わったためである。ラジオのニュースで合格発表時間を知った受験生が駒場キャンパスに押しかける。井の頭線は終電後も臨時電車を運転するハメとなった。いい迷惑である。

50年代の合格発表はかなりいい加減に行われていた。53年は午前2時だった。54年は午前2時で予定より1日早い。56年は午前0時で、やはり1日早い発表となった。58年は午後4時だが予定は午後10時だったので、6時間早かった。採点終了そして受験番号、合格者氏名を筆記する時間の見当がつかなかったからだろう。合格発表時間は66年までは午後5〜7時のあいだ、それ以降は昼間の時間帯になる。

【1958年】

浪人が73・9%を占めていた（現役542人、浪人1533人）。東大入試史上、もっとも浪人合格者比率が高い年となる。53年56・1%、54年61・0%、55年66・5%、56年70・0%、57年72・0%と年々増加傾向にあった。

この58年度の入学生について、教養学部学生部でまとめた「昭和33年度入学者の生活環境

1958年入試

順位	高校	人
1	日比谷	126
2	新宿	76
2	小石川	76
4	西	69
5	戸山	66
6	両国	53
7	□東京教育大学附属	52
8	浦和(県立)	40
9	◎麻布	36
10	湘南	32
11	小山台	30
12	松本深志	29
13	上野(東京)	27
14	◎開成	25
15	千葉(県立)	22
16	◎灘	21
17	水戸第一	20
18	北園	17
19	旭丘	16
19	□広島大学附属	16
21	立川	15
21	大泉	15
21	◎武蔵	15
24	前橋(県立)	14
24	東京都立大学附属	14
24	◎成蹊	14
27	高崎	13
27	小田原	13
27	高松	13
30	宇都宮	12
30	九段	12
30	◎栄光学園	12
30	長野(県立)	12
30	熊本	12
35	熊谷	11
35	◎芝	11
35	甲府第一	11
35	静岡	11
35	沼津東	11
40	上田松尾	10
40	浜松北	10
42	北野(大阪)	9
42	神戸(兵庫)	9
42	明善	9
42	◎ラ・サール	9
46	山形東	8
46	豊多摩	8
46	□東京教育大学附属駒場	8
46	平塚江南	8
46	諏訪清陵	8
46	明和(愛知)	8
46	岡山朝日	8
46	修猷館	8
46	佐賀西	8
55	札幌南	7
55	仙台第一(宮城)	7
55	秋田	7
55	◎学習院高等科	7
55	飯田高松	7
55	伊那北	7
55	□金沢大学附属	7
55	住吉(大阪)	7
55	鶴丸	7
64	磐城	6
64	栃木(栃木)	6
64	武蔵(都立)	6
64	武蔵丘	6
64	富士(東京)	6
64	◎早稲田	6
64	□東京学芸大学附属	6
64	天王寺	6
64	鳥取西	6
64	倉吉東(鳥取)	6
64	◎土佐	6
75	札幌北	5
75	札幌西(北海道)	5
75	一関第一(岩手)	5
75	川越	5
75	春日部	5
75	千歳(東京)	5
75	◎暁星	5
75	◎成城学園	5
75	□お茶の水女子大学附属	5
75	白鷗	5
75	□東京大学附属	5
75	川崎(県立)	5
75	横浜翠嵐	5
75	横浜平沼(神奈川)	5
75	横須賀(神奈川)	5
75	富山	5
75	新潟	5
75	柏崎	5
75	富山中部	5
75	藤枝東(静岡)	5
75	◎東海	5
75	津	5
75	大手前(大阪)	5
75	豊中(大阪)	5
75	◎香川県大手前(香川)	5
75	小倉	5
75	長崎東	5
75	大分舞鶴	5

と成績の相関関係について」で、興味深い調査結果が記されている。①成績上位は現役が圧倒的で、上位1割以内に46・8％も入っている。下位1割以下になると2浪以上が多くなり、現役が少なくなっている。②成績優秀者は日比谷、東京教育大学附属、灘、札幌西が目立っている。③再起不能の重症ノイローゼ患者は開校以来初めての入学者を出した高校に多い。④九州、東北地方の出身者は一般に成績不良や留年者が多い。⑤成績上位1割以内は自宅通学が多く、次いで下宿、寮の順となっている。

　再起不能の重症ノイローゼ患者からは悲劇が生まれる。57年4月から58年3月まで、大学に届け出があった自殺者が4人いる。また、駒場寮で自殺未遂が2件あった。

　69年の芥川賞受賞作『赤頭巾ちゃん気をつけて』（中公文庫）には、学校群制度以前の日比谷高校がこう描かれている。「学校中が受験競争なんて全く忘れたような顔をして、まるで絵にかいたような戦後民主主義教育の理想みたいなものを演じていたってわけなのだ。まさに欺瞞《ぎまん》的というかキザというかいやったらしいというか、どうしようもないインチキ芝居を学校全体で足並みを揃えてやっていたといってもいい」。

　著者の庄司薫氏が日比谷を卒業したのが56年のこと。この作品で描かれているのは、発表時の60年代後半より、「民主主義」が盛んに語られ戦後の復興がまだ生々しく感じられた60

1959年入試

順位	高校	人
1	日比谷	169
2	戸山	93
3	新宿	83
3	西	83
5	小石川	63
6	□東京教育大学附属	53
7	◎麻布	51
8	両国	49
9	◎開成	47
10	湘南	32
11	上野(東京)	28
12	◎灘	27
13	小山台	24
14	◎武蔵	22
14	松本深志	22
16	浦和(県立)	21
17	上田	20
18	千葉第一	19
19	水戸第一	18
19	□金沢大学附属	18
21	東京都立大学附属	17
21	神戸(兵庫)	17
23	高松	16
24	立川	15
24	長野(県立)	15
24	□広島大学附属	15
24	◎土佐	15
28	前橋(県立)	14
28	◎成蹊	14
28	熊本	14
31	北野(大阪)	13
32	北園	12
32	大泉	12
32	旭丘	12
32	修猷館	12
36	平塚江南	11
36	岡山朝日	11
36	小倉	11
39	宇都宮	10
39	九段	10
39	□東京教育大学附属駒場	10
39	□東京学芸大学附属	10
43	福島(福島)	9
43	◎東海	9
45	川越	8
45	◎桐朋	8
45	◎栄光学園	8
45	沼津東	8
45	明和(愛知)	8
45	時習館	8
45	◎愛光(愛媛)	8
45	佐賀西	8
45	○鹿児島玉龍(鹿児島市立)	8
54	高崎	7
54	熊谷	7
54	江北	7
54	甲府第一	7
54	静岡	7
54	岡山操山	7
54	丸亀	7
54	長崎西	7
54	◎ラ・サール	7
63	札幌南	6
63	札幌北	6
63	文京	6
63	厚木	6
63	諏訪清陵	6
63	岐阜	6
63	浜松北	6
63	天王寺	6
63	倉吉東	6
63	呉三津田	6
63	◎修道	6
63	下関西	6
63	別府鶴見丘(大分)	6
76	秋田	5
76	会津	5
76	□お茶の水女子大学附属	5
76	横浜翠嵐	5
76	◎関東学院	5
76	新潟	5
76	高田(新潟)	5
76	富山中部	5
76	藤島	5
76	飯田(長野)	5
76	伊那北	5
76	高津(大阪)	5
76	大手前	5
76	豊中	5
76	姫路西	5
76	◎甲陽学院(兵庫)	5
76	桐蔭(和歌山)	5
76	星林(和歌山)	5
76	宇部(山口)	5
76	松山東(愛媛)	5
76	大分舞鶴	5
76	鶴丸	5

上田松尾→上田、飯田高松→飯田

年前後といったほうが収まりはよい。実際、庄司氏は自らの高校時代を書いたと『日比谷高校百年史』で述べている。

【1959年】

前年に比べて浪人が減少する。現役が8ポイントアップの34%。その理由として、浪人と現役で入試問題が異なっていたからと分析する高校や予備校の関係者が多かった。56年度に学習指導要領が改訂され、同年入学の高校生が大学受験を迎えるのは59年度入試にあたる。そこで、現役には新課程、浪人には旧課程の2通りの試験問題が課せられた。新課程の問題がやさしかったことが、現役有利の根拠となっているが、統計学的には証明できない話だ。

【1960年】

都立西高校が前年比17人増の100人。同校教諭は自らを難関校と称し喜びを隠さない。「本校入試の難易度は東京都第二位でありながら、歴史が新しいせいか、いままであまりふるいませんでしたが、最近、生徒の自覚も高まり、自信がついてきたといえましょう。昨年から春の講習を一週間行ない、心をひきしめる効果を与えました。（略）一〇〇名突破、つまり

1960年入試

順位	高校	人
1	日比谷	141
2	戸山	120
3	西	100
4	新宿	91
5	小石川	82
6	□東京教育大学附属	57
7	両国	56
8	◎麻布	48
9	◎灘	38
10	◎開成	36
10	湘南	36
12	小山台	35
13	旭丘	26
14	浦和(県立)	25
14	上野(東京)	25
16	千葉第一	22
16	立川	22
16	□東京教育大学附属駒場	22
19	松本深志	20
20	高松	19
21	九段	17
21	◎武蔵	17
23	◎愛光	16
24	水戸第一	15
24	小田原	15
24	長野(県立)	15
27	高崎	14
27	◎栄光学園	14
27	□金沢大学附属	14
27	大手前	14
27	□広島大学附属	14
32	宇都宮	13
32	東京都立大学附属	13
32	◎成蹊	13
32	沼津東	13
32	岡山操山	13
32	熊本	13
32	◎ラ・サール	13
39	熊谷	12
39	上田	12
41	静岡	11
41	明和(愛知)	11
41	神戸(兵庫)	11
41	◎修道	11
45	大泉	10
45	平塚江南	10
45	時習館	10
45	鶴丸	10
49	北野(大阪)	9
49	□広島大学附属福山	9
49	修猷館	9
49	小倉	9
53	前橋(県立)	8
53	木更津	8
53	北園	8
53	◎学習院高等科	8
53	高岡	8
53	岐阜	8
53	鳥取西	8
53	岡山朝日	8
53	城南(徳島)	8
62	仙台第一	7
62	秋田	7
62	土浦第一	7
62	千歳(東京)	7
62	横須賀(神奈川県立)	7
62	富山中部	7
62	藤島	7
62	諏訪清陵	7
62	◎東海	7
62	◎土佐	7
72	桐生	6
72	□お茶の水女子大学附属	6
72	□東京学芸大学附属	6
72	新潟	6
72	伊那北	6
72	浜松北	6
72	豊中	6
72	天王寺	6
72	下関西	6
81	小樽潮陵	5
81	磐城	5
81	安積(福島)	5
81	栃木	5
81	◎桐朋	5
81	豊多摩	5
81	文京	5
81	◎芝	5
81	甲府第一	5
81	日川(山梨)	5
81	伊勢(三重)	5
81	茨木(大阪)	5
81	◎甲陽学院	5
81	広島国泰寺	5
81	丸亀	5
81	松山東	5
81	◎久留米大学附設(福岡)	5
81	佐賀西	5

三ケタになることが本校の悲願でしたが、ようやく本年目標に到達したわけです」（『螢雪時代』、60年6月号）。

60年も前年比で現役合格率が増えた。とはいっても、6割以上が浪人で占められる。浪人の内訳は、1浪1003人（45・0％）、2浪260人（11・6％）、3浪54人（2.1％）、4浪15人（0.7％）、5浪4人（0.2％）、6浪6人（0.3％）、7浪2人（0.1％）、8浪2人、9浪1人。

日比谷の校務主任のS教諭は、浪人してまで東大に固執する受験生について、こんな談話を寄せている。「高校三年、ふつうにやったんじゃ東大はムリなんです。適当な大学へ行けとは言ってますよ。だけど現実に東大より金はかかるし、就職率は低い。アルバイトの口まで見つけにくい。そういう学校に行けっていえますか。東大病は社会全体の病気なんで生徒や父兄ばかり責めるのはコクですよ」（「朝日新聞」、60年2月18日）。

東大以外は大学ではないと読み取れる。こういう教諭のもとで教えられる生徒が、官僚や企業のトップとして90年代まで活躍していたことになる。

60年安保の年である。全国各地で行われた集会やデモに参加した高校生が学校史に記されている。都立高校では、戸山が「本校からも二二〇人を超えた」（『府立四中・都立戸山高百年史』）、小石川は「デモに出かけたのは一二〇名ほど」（『五中・小石川の七十年』）」、新宿では

「百名近く参加している」（『五十年の歩み』）。札幌南は「200余の生徒が参加」（『百年史』）、松本深志（長野）は「午後の街路にひびいた先生・校友千二百余り」（『深志百年』）、諏訪清陵（長野）は「八百余名の行列は静かに出発した」（『清陵八十年史』）。県立前橋（群馬）は「県民大集会では約百人の生徒が参加」（『前橋高校百三年史』）、旭丘（愛知）では「約一六〇人の生徒が参加した」（『鯱光百年史』）とある。かなりの動員力である。

【1961年】

日比谷高校が前年比30人増で171人。うち浪人は107人だった。上位校の浪人比率は、日比谷62・6％、戸山69・2％、西66・1％、新宿60％、小石川79・3％、東京教育大学附属47・1％、両国65％、麻布70・9％、湘南66・7％、小山台68・3％、浦和77・5％など。

日比谷の浪人生の多くは同校の補習科に通った。

補習科とは公立高校内に設けられた予備校のような教育機関である。設置上の法的根拠はなにもない。教師が手弁当で卒業生に受験指導をしていた。50～60年代、浪人生増加とともに全国の進学校でいくつも作られている。戸山高校は「卒業生講習」という名称で浪人生を教えていた。同校ＯＧで評論家の林望氏は著書で記している。「愉快なことに、私たちの学年まで、戸山高校は事実上四年制高校だった。（略）『卒業生講習』という制度は、もう随分前から行われていて、東大を目指して夥《おびただ》しく発生する浪人の卒業生を一年間そこに収容し、引続き戸山の先生たちが、ボランティア同様に受験講習をするのだった。（略）さながら学校の中庭に代々木ゼミナールが引っ越してきたようなものだった」（『帰らぬ日遠い昔』講談社文庫、95年）。67年、東京都の指導によって、都立高校の補習科は廃止された。

新制高校が完成年度（全学年が新制度入学者）を迎えてから10年。地域によっては旧制中学的な雰囲気を漂わせるところがある。

この年、栃木県立栃木高校の生徒らが集団乱闘事件を起こそうとして警察の調べを受けている。地元で「永野河原乱闘未遂」と呼ばれた。栃木高生21人を含む栃木商業と栃木農業ら43人が、作新学院と足利学園ら18人と乱闘寸前になった事件だ。栃木高校の学校史に原因や経過がまとめられている。「事実は作新学院と栃商との一部の不良生徒の争いに、栃商生と親しかった本校生が義侠心《ぎきょうしん》の如きものを感じて応援をかって出たことにあった。本校生は多数の人数と竹槍などの武器をそろえて相手を威嚇《いかく》すれば事はおさまると考え、首謀者は勿《もち》論《ろん》他の参加した者も相手を殺傷しようという意志は全くなかった」（『栃高八十年史』、76年）。栃木高校から東大へは60年5人、61年2人、62年5人。勉強もするが、ケンカも辞さない。

1961年入試

順位	高校	人
1	日比谷	171
2	戸山	117
3	西	109
4	新宿	100
5	小石川	82
6	□東京教育大学附属	70
7	両国	60
8	◎麻布	55
9	湘南	42
10	小山台	41
11	浦和(県立)	40
12	◎開成	34
13	◎武蔵	32
14	上野(東京)	28
15	◎灘	27
16	□東京教育大学附属駒場	23
17	松本深志	22
18	千葉第一	20
19	水戸第一	19
19	立川	19
19	大泉	19
22	◎栄光学園	18
22	□広島大学附属	18
24	◎ラ・サール	17
25	沼津東	16
25	岡山朝日	16
27	豊多摩	15
27	□東京学芸大学附属	15
27	□金沢大学附属	15
27	静岡	15
27	浜松北	15
32	東京都立大学附属	14
33	富山中部	13
33	高松	13
33	◎愛光	13
33	熊本	13
37	前橋(県立)	12
37	九段	12
37	諏訪清陵	12
37	◎土佐	12
37	修猷館	12
42	札幌南	11
42	宇都宮	11
42	熊谷	11
42	北園	11
42	◎成蹊	11
42	神戸(兵庫)	11
42	◎修道	11
49	秋田	10
49	上田	10
49	伊那北	10
49	旭丘	10
49	時習館	10
54	磐城	9
54	高崎	9
54	◎東海	9
54	岡山操山	9
54	城南(徳島)	9
54	小倉	9
60	千歳(東京)	8
60	新潟	8
60	甲府第一	8
60	岐阜	8
60	明和(愛知)	8
60	北野(大阪)	8
60	大手前	8
60	天王寺	8
60	◎甲陽学院	8
60	丸亀	8
70	仙台第一(宮城)	7
70	福島(福島)	7
70	平塚江南	7
70	長野(県立)	7
70	鶴丸	7
75	土浦第一	6
75	希望ヶ丘	6
75	横浜平沼	6
75	横須賀(神奈川県立)	6
75	藤島	6
75	□大阪教育大学附属天王寺(大阪)	6
75	姫路西	6
75	倉敷青陵(岡山)	6
75	津山	6
75	山口	6
85	川越	5
85	武蔵丘	5
85	◎芝	5
85	◎暁星	5
85	明正(東京)	5
85	青山	5
85	小田原	5
85	◎浅野(神奈川)	5
85	高津	5
85	豊中	5
85	鳥取西	5
85	□広島大学附属福山	5
85	下関西	5
85	明善	5
85	大分上野丘(大分)	5

そんな高校が存在したのは、高校進学率が5割に満たなかった60年代前半までだろう。

【1962年】

理科三類、文科三類が誕生する。理三合格トップ校は麻布高校で7人となっている。

上位校の現役比率は日比谷40・8%、西36・7%、戸山25・8%という低水準にあって、灘94・9%（現役37人／39人）は頭抜けている。ちなみに洛星は100%だ（4人／4人）。また、合格率（合格者／受験者）をみると上位組は日比谷33%、西30・9%、戸山23・5%。灘は48・8%と東大受験生2人に1人は合格してしまう勢いだ。

62年、県立千葉高校から文一に現役で合格した受験生の手記が受験雑誌に掲載されている。タイトルは「危険を承知で東大オンリーで受験」。「①私大を選ぶと試験が一期校の直前であるし、国立型の勉強では歯の立たない問題があり、失敗の可能性もある。何よりもその結果が一期校の試験に響く。②二期校を選ぶと試験が一期校の結果の発表の三日後、落ちたショックで十分実力を発揮できない」（『螢雪時代』、63年1月号）。ずいぶん慎重である。弱気といったらいいか。受験生の名は神崎武法。のちの公明党委員長だ。自民党にすり寄るばかりで思い切った政策を実現できなかったのは、失敗を過分に恐れるメンタリティによるものか。

1962年入試

順位	高校	人
1	日比谷	186
2	西	122
3	戸山	106
4	新宿	96
5	小石川	73
6	◎麻布	71
7	◎開成	67
8	両国	61
9	□東京教育大学附属	58
10	小山台	46
10	湘南	46
12	上野(東京)	39
12	◎灘	39
14	◎栄光学園	31
15	浦和(県立)	30
15	□東京教育大学附属駒場	30
17	旭丘	29
18	松本深志	27
19	千葉(県立)	23
19	立川	23
21	熊本	22
22	九段	21
23	◎愛光	19
24	□金沢大学附属	18
24	沼津東	18
24	浜松北	18
24	小倉	18
24	◎ラ・サール	18
29	水戸第一	17
29	◎武蔵	17
29	□東京学芸大学附属	17
29	□広島大学附属	17
29	高松	17
34	前橋(県立)	16
34	上田	16
34	岡山朝日	16
37	宇都宮	15
37	高崎	15
37	長野(県立)	15
40	北園	14
40	富山中部	14
42	静岡	13
43	□お茶の水女子大学附属	12
44	熊谷	11
44	岐阜	11
44	倉敷青陵	11
44	修猷館	11
48	東京都立大学附属	10
48	武蔵丘	10
48	千歳(東京)	10
48	平塚江南	10
48	◎東海	10
48	時習館	10
48	天王寺	10
48	◎甲陽学院	10
48	◎土佐	10
48	鶴丸	10
58	秋田	9
58	大泉	9
58	青山	9
58	北野(大阪)	9
58	岡山操山	9
63	仙台第一	8
63	横浜翠嵐	8
63	川崎(県立)	8
63	新潟	8
63	長岡	8
63	大手前	8
63	神戸(兵庫)	8
63	城南(徳島)	8
63	大分上野丘	8
72	福島(福島)	7
72	安積	7
72	◎桐朋	7
72	◎駒場東邦(東京)	7
72	小松(石川)	7
72	◎修道	7
72	大分舞鶴	7
79	札幌南	6
79	土浦第一	6
79	小田原	6
79	富山	6
79	諏訪清陵	6
79	明和(愛知)	6
79	四日市	6
79	津	6
79	□広島大学附属福山	6
79	下関西	6
79	宇部	6
79	佐賀西	6
91	弘前	5
91	会津	5
91	栃木	5
91	長生(千葉)	5
91	◎成蹊	5
91	国立	5
91	◎女子学院(東京)	5
91	鶴見	5
91	厚木	5
91	柏崎	5
91	高岡	5
91	藤島	5
91	甲府第一	5
91	富士(静岡)	5
91	豊中	5
91	長崎東	5
91	佐世保南	5

千葉第一→千葉

【1963年】

63年、国立大学附属高校が合格者を大幅に増やしている。前年比増加分で東京教育大学附属駒場19人、東京教育大学附属24人、金沢大学附属4人、広島大学附属5人、東京学芸大学附属3人。5校はいずれも開校以来最多となる。広島大学附属は60年代前半から受験対策に力を入れるようになった。63年の同校『学校概要』に、実力テストを「三年生には原則として年七回（一学期三回、二学期三回、三学期一回）行う」と明記している。

60年代に入ると、高校3原則の1つ、男女共学はすっかり定着した。男女の交流を深める手段として活用されたのが、フォークダンスである。全国各地の高校で文化祭、体育祭などで広まった。しかし、それに異議を唱えた校長もいた。

63年、愛知県立岡崎高校で就任したばかりの校長が、新入生歓迎のフォークダンスを、「青年男女が手をつなぐなどは淫《みだ》らなことで、もってのほか」として禁止した。それに対して一部の教員や生徒会が反発。マスコミも批判的に報じた。その結果、フォークダンスは行

1963年入試

順位	高校	人
1	日比谷	168
2	西	134
3	戸山	109
4	新宿	96
5	□東京教育大学附属	82
6	小石川	68
7	◎麻布	64
8	□東京教育大学附属駒場	49
9	◎灘	48
10	両国	45
11	浦和(県立)	44
11	小山台	44
11	上野(東京)	44
11	◎開成	44
15	湘南	37
16	旭丘	33
17	◎栄光学園	28
18	千葉(県立)	27
19	高松	24
20	◎愛光	23
21	立川	22
21	◎武蔵	22
21	□金沢大学附属	22
21	□広島大学附属	22
21	◎ラ・サール	22
26	□東京学芸大学附属	20
27	天王寺	19
28	松本深志	18
29	東京都立大学附属	16
29	九段	16
29	大泉	16
29	富山中部	16
29	長野(県立)	16
29	大手前	16
29	修猷館	16
36	浜松北	15
36	◎修道	15
38	水戸第一	14
38	前橋(県立)	14
38	岡山朝日	14
41	宇都宮	13
41	北園	13
41	平塚江南	13
41	岡山操山	13
41	熊本	13
46	北野(大阪)	12
47	新潟	11
47	藤島	11
47	上田	11
47	静岡	11
47	明和(愛知)	11
47	◎東海	11
47	時習館	11
47	小倉	11
55	◎桐朋	10
55	神戸(兵庫)	10
55	鶴丸	10
58	仙台第一	9
58	高崎	9
58	□お茶の水女子大学附属	9
58	横浜平沼	9
58	諏訪清陵	9
58	沼津東	9
58	大分上野丘	9
65	熊谷	8
65	◎成蹊	8
65	岐阜	8
65	◎土佐	8
69	札幌南	7
69	盛岡第一(岩手)	7
69	武蔵丘	7
69	青山	7
69	駒場	7
69	◎駒場東邦	7
69	横浜翠嵐	7
69	富山	7
69	伊勢	7
69	津山	7
69	城南(徳島)	7
69	明善	7
69	甲南(鹿児島)	7
82	足利	6
82	武蔵(都立)	6
82	豊多摩	6
82	千歳(東京)	6
82	◎早稲田	6
82	高田(新潟)	6
82	高岡	6
82	伊那北	6
82	姫路西	6
82	◎甲陽学院	6
82	□奈良女子大学附属(奈良)	6
82	宇部	6
94	札幌北	5
94	福島(福島)	5
94	土浦第一	5
94	匝瑳(千葉)	5
94	◎暁星	5
94	白鴎	5
94	富士(東京)	5
94	横須賀(神奈川県立)	5
94	長岡	5
94	甲府第一	5
94	飯田(長野)	5
94	津	5
94	◎洛星(京都)	5
94	住吉(大阪)	5
94	豊中	5
94	鳥取西	5
94	□広島大学附属福山	5
94	宮崎大宮	5

われることとなり、校長は他校に異動となる。愛知県高校教育史のなかで「岡崎高校フォークダンス事件」と記されている。

【1964年】

日比谷は東大合格者ピークの年を迎える。193人を送り出した高校はどんな指導をしているのか。同校進路指導主任教諭の加川仁氏が著した『必勝大学受験法《東大入学日本一》の勉強法をあなたに』（講談社、63年）の中身を紹介しよう。「補習授業をしたり、超学年制をとったりすることが、高校としてまちがっているだけでなく、受験のために決してプラスにならない」「本校ではテストの回数を極力減らしている（略）テストをたびたびすることは自発的な学習のじゃまになる」「生徒も先生もともに元気で、これだけはものにしよう、ものにさせようと、全力を正規の授業に注ぐことのほうが、実際の効果が大きい」。

各地域の中学から1、2番が集まった日比谷だからそう言えるのであって、どの高校にも通用するわけではない。そんな読後感を抱く教師が少なくなかった。なお、合格者193人のうち現役合格者は77人。現役率は39・9％。高校の指導より、日比谷卒業生の多くが通った同校補習科、駿台高等予備校（現、駿台予備学校）の力が大きいと言えよう。

1964年入試

順位	高校	人	順位	高校	人	順位	高校	人
1	日比谷	193	36	岡山操山	15	71	長崎東	7
2	西	156	40	□東京学芸大学附属	14	77	札幌南	6
3	戸山	101	40	松本深志	14	77	安積	6
4	新宿	96	40	北野（大阪）	14	77	◎芝	6
5	□東京教育大学附属	90	43	前橋（県立）	13	77	□お茶の水女子大学附属	6
6	小石川	80	43	平塚江南	13	77	高田（新潟）	6
7	◎麻布	78	43	富山中部	13	77	清水東（静岡）	6
8	両国	64	43	浜松北	13	77	明和（愛知）	6
9	◎灘	56	47	福島（福島）	12	77	四日市	6
10	□東京教育大学附属駒場	52	47	東京都立大学附属	12	77	□大阪教育大学附属天王寺	6
11	湘南	48	47	藤島	12	77	姫路西	6
12	◎開成	42	47	大手前	12	77	米子東（鳥取）	6
13	上野（東京）	40	47	◎土佐	12	77	丸亀	6
14	浦和（県立）	37	52	甲府第一	11	77	佐賀西	6
15	小山台	32	52	諏訪清陵	11	77	長崎西	6
16	◎栄光学園	31	52	◎東海	11	77	鶴丸	6
17	旭丘	29	55	仙台第一	10	92	札幌北	5
18	九段	26	55	宇都宮	10	92	秋田	5
18	高松	26	55	高崎	10	92	磐城	5
20	□広島大学附属	25	55	北園	10	92	土浦第一	5
21	千葉（県立）	24	59	豊多摩	9	92	長生	5
22	水戸第一	23	59	小田原	9	92	江北	5
22	◎ラ・サール	23	59	時習館	9	92	大泉	5
24	静岡	21	59	□広島大学附属福山	9	92	◎早稲田	5
25	◎愛光	20	59	大分舞鶴	9	92	横浜翠嵐	5
26	□金沢大学附属	19	64	千歳（東京）	8	92	新潟	5
26	城南（徳島）	19	64	富士（東京）	8	92	富山	5
26	熊本	19	64	高岡	8	92	伊那北	5
29	◎武蔵	18	64	天王寺	8	92	津	5
30	立川	17	64	神戸（兵庫）	8	92	伊勢	5
30	沼津東	17	64	◎甲陽学院	8	92	加古川東（兵庫）	5
30	修猷館	17	64	大分上野丘	8	92	出雲（島根）	5
30	小倉	17	71	山形東	7	92	呉三津田	5
34	熊谷	16	71	◎桐朋	7	92	山口	5
34	上田	16	71	長岡	7	92	○鹿児島玉龍（鹿児島市立）	5
36	長野（県立）	15	71	豊中	7			
36	岐阜	15	71	◎修道	7			
36	岡山朝日	15						

【1965年】

新制東京大学が誕生して以来、現役が浪人を初めて上回った。現役56・7％、1浪33・8％、2浪以上8.2％。合格率は現役32・3％（前年比＋4ポイント）、1浪32・5％、2浪以上11・2％。合格者は2872人で前年比199人増。これは定員枠が理系60人、文系90人増えたことによる。上位校の65年卒業生の進路を人数で示すと、日比谷＝進学188、浪人219、就職2。開成＝進学341、浪人144、就職1。灘＝進学169、浪人43。

団塊の世代（47〜49年生まれ）が高校3年生となった。前年の倍以上の受験生が生まれるが、大学の入学定員は追いつかない。交通事故死の急増が背景に生まれた「交通戦争」とともに、「受験戦争」ということばがマスコミで頻繁に使われるようになった。

そんなプレッシャーからか、精神的に不安定な高校生も現れる。

茨城県立水戸第一高校では、65年11月からおよそ半年間で4人の生徒が自殺と思われる謎の死を遂げた。学校側は対応策として、成績不振者にはあたたかな配慮をすることなどを討議している。同校の新聞で亡くなった生徒の家族が訴えている。「家族の悲しみをドン底に打ちひしぐ不祥事を敢《あえ》て行ない、何で死は美しい事であるとなど、超然たり得るや。絶対に真似ないでいただきたい」（「知道」、66年7月8日）。

1965年入試

順位	高校	人
1	日比谷	181
2	西	126
3	戸山	110
4	◎麻布	88
4	□東京教育大学附属	88
6	新宿	71
7	□東京教育大学附属駒場	66
7	◎灘	66
9	小石川	62
10	◎開成	56
11	浦和（県立）	51
12	湘南	50
13	旭丘	49
14	小山台	46
14	◎栄光学園	46
16	両国	41
17	上野（東京）	40
18	◎ラ・サール	38
19	□広島大学附属	35
20	□東京学芸大学附属	34
21	立川	29
22	高松	27
23	修猷館	24
24	天王寺	23
25	岡山朝日	22
26	長野（県立）	20
26	小倉	20
28	◎武蔵	19
28	松本深志	19
28	□広島大学附属福山	19
31	岐阜	17
32	前橋（県立）	16
32	平塚江南	16
32	富山中部	16
32	熊本	16
32	大分舞鶴	16
37	千葉（県立）	15
37	□金沢大学附属	15
37	甲府第一	15
37	静岡	15
41	◎桐朋	14
41	岡山操山	14
41	◎愛光	14
44	水戸第一	13
44	宇都宮	13
44	浜松北	13
47	仙台第一	12
47	熊谷	12
47	上田	12
47	大手前	12
47	神戸（兵庫）	12
47	◎修道	12
53	盛岡第一	11
53	高崎	11
53	新潟	11
53	藤島	11
53	◎甲陽学院	11
53	城南（徳島）	11
53	大分上野丘	11
53	鶴丸	11
61	九段	10
61	横須賀（神奈川県立）	10
61	富山	10
61	沼津東	10
61	◎東海	10
61	北野（大阪）	10
61	宇部	10
61	丸亀	10
69	福島（福島）	9
69	□お茶の水女子大学附属	9
69	高岡	9
69	時習館	9
69	住吉（大阪）	9
69	鳥取西	9
69	◎土佐	9
69	長崎東	9
69	甲南（鹿児島）	9
78	札幌北	8
78	東京都立大学附属	8
78	小田原	8
78	◎久留米大学附設	8
82	◎成蹊	7
82	大泉	7
82	横浜翠嵐	7
82	岡崎	7
82	◎淳心学院（兵庫）	7
82	□奈良女子大学附属	7
88	豊多摩	6
88	◎芝	6
88	長岡	6
88	飯田（長野）	6
88	明和（愛知）	6
88	◎六甲（兵庫）	6
88	◎広島学院（広島）	6
88	下関西	6
88	今治西（愛媛）	6
88	明善	6
88	佐賀西	6
88	宮崎大宮	6
100	秋田	5
100	磐城	5
100	安積	5
100	土浦第一	5
100	太田	5
100	長生	5
100	青山	5
100	津	5
100	加古川東	5
100	長崎西	5

「受験ノイローゼ」「受験を苦に自殺」という報道が見られたのもこのころである。昭和元禄と言われた世の中だが、はれものに触るように受験生と接していた家族もあった。

【1966年】

前年比で日比谷53人減。灘29人増。東京以外の高校が5位以内に入るのは初めて。

日比谷高校生徒のこんな発言が雑誌に掲載された。「ぼく以外の人間が、ぼくより劣った環境で、ぼくより能力が高くならないように教育されること、つまりぼくだけが甘い汁を吸えることが理想です。世界の一番上に立って有利な生活をしたいということです」（『朝日ジャーナル』、66年11月13日号）。この発言は、「日比谷高新聞」に掲載された次の記事に対して、その真意を問われて答えたものである。

「日比谷高校生の大部分は一流の私立を『すべり止め』に受けている。これは優秀な生徒が経済的に恵まれていることを示すもの（略）普通高校とは、大学の予備課程であるから、レベルを下げると大学のレベルを下げねばならない。いまの高校程度の課程を消化できない者が大学教育を受けても無意味である。（略）そこで提案する。普通科高校を減らせ、と。普通科が減ったぶんだけ、職業高校や専門高校をつくる。大学へ行っても意味のない人はそち

1966年入試

順位	高校	人
1	日比谷	128
2	西	126
3	◎灘	95
4	戸山	92
5	新宿	84
5	◎麻布	84
7	□東京教育大学附属駒場	82
8	□東京教育大学附属	71
9	旭丘	66
10	湘南	63
11	小石川	60
12	◎開成	58
13	◎武蔵	55
14	両国	54
15	上野（東京）	41
16	浦和（県立）	40
16	小山台	40
18	◎栄光学園	36
19	天王寺	32
20	高松	30
21	千葉（県立）	29
22	立川	26
22	□広島大学附属	26
24	◎愛光	25
25	□東京学芸大学附属	23
25	□金沢大学附属	23
27	◎ラ・サール	22
28	甲府第一	21
28	岐阜	21
30	修猷館	20
31	富山中部	18
31	北野（大阪）	18
31	◎甲陽学院	18
31	◎土佐	18
35	松本深志	16
35	静岡	16
35	◎広島学院	16
38	水戸第一	15
38	◎桐朋	15
38	平塚江南	15
38	◎修道	15
38	熊本	15
38	大分上野丘	15
44	大泉	14
44	高岡	14
44	藤島	14
44	浜松北	14
44	岡山朝日	14
44	小倉	14
50	宇都宮	13
50	長野（県立）	13
50	明和（愛知）	13
50	神戸（兵庫）	13
54	上田	12
54	◎淳心学院	12
54	城南（徳島）	12
57	◎駒場東邦	11
57	沼津東	11
57	◎東海	11
57	時習館	11
57	□広島大学附属福山	11
62	盛岡第一	10
62	◎芝	10
62	□お茶の水女子大学附属	10
62	大手前	10
62	丸亀	10
67	仙台第一	9
67	九段	9
67	津	9
67	◎洛星	9
67	岡山大安寺（岡山）	9
67	◎香川県大手前	9
67	◎久留米大学附設	9
74	福島（福島）	8
74	高崎	8
74	豊多摩	8
74	富士（東京）	8
74	富山	8
74	長田（兵庫）	8
74	桐蔭	8
74	下関西	8
74	長崎東	8
74	鶴丸	8
84	横浜翠嵐	7
84	□大阪教育大学附属天王寺	7
84	姫路西	7
84	加古川東	7
84	□奈良女子大学附属	7
84	米子東	7
84	宇部	7
84	長崎南（長崎）	7
92	札幌南	6
92	山形東	6
92	熊谷	6
92	川越	6
92	東京都立大学附属	6
92	◎暁星	6
92	◎慶應義塾（神奈川）	6
92	◎六甲	6
92	呉三津田	6
92	佐世保北（長崎）	6
92	大分舞鶴	6

らへまわすだけだ。（略）個人の特性も見ずに、みな同じコースに乗せてしまうなどというのは、無策の典型ではないか」（66年9月1日号）

日比谷の生徒に差別意識があったとは思えない。しかし、表現方法があまりに無神経すぎた。職業高校の実情を知らなすぎる。

60年代半ばを過ぎると、職業高校に商業実務家やエンジニア志望の優秀な生徒が集まらなくなった。普通科高校志向が強まったのである。それでも、本人の強い希望や経済的事情で大学進学を前提とせず、商業や工業分野の知識や技術を身につけたいとする生徒が、職業高校で学んでいる。一方で、学力下位の生徒が普通科に入れなかったから、不本意ながら職業高校に入学する事例も多く見られた。こうしたなか、日比谷というトップ校の立場から「そちらへまわせ」と言われれば、どうなるか。

『朝日ジャーナル』に、商業高校生徒からの反論が掲載された。「普通高校のゴミ捨場ではない」「職業高校は能力のない者の集りなどとは考えてほしくない」（12月4日号）。

【1967年】

都立高校に学校群制度が導入される。御《み》厨《くりや》貴《たかし》さん（東京大学名誉教授）は都立小石川高校に入学した。そのときの様子をこう振り返る。

「そして幸いにも、私は小石川に当たった。合格・不合格ではなく、当たり・はずれという言葉のもつ何とも言えぬむなしさは、あの時の十五の受験生にしかおそらくわかるまい。多くの友人が目標校に当たらず、無念の涙をのんで他の学校に行くことを余儀なくされたことを、つい昨日のことのように私は思い出す。ありていに言って、小石川入学者と竹早《たけはや》入学者とでは、学園生活そのものからその後の運命にいたるまでを大きく分かつことになった」

(『立志・開拓・創作――五中・小石川高の七十年』、88年)

　竹早とは、学校群で小石川が組んだ相手校である。当初、竹早は向丘と組む予定だったが、小石川に変更される。そこにはこんな裏事情があった。「竹早は小石川と群を組むように生徒会も学校も陳情交渉しました。最後の土壇場で変わったのは、校長さんが教育庁で交渉している席に、お茶大合格二十二名の報告がもたらされたことではなかったかと思います」(『竹早の百年』、03年)。成績優秀な生徒ほしさから小石川と組みたいがために、お茶の水女子大合格者実績をアピールして都教育庁を口説きおとした。

　学校群制度導入にあたって、学校間格差が解消できると主張したマスコミ、評論家の援護射撃があったことも見逃せない。大江健三郎は支持を表明している。「ぼくは早くからエリートを分けて、特別な教育をして東大から企業へと送りこむことには反対です。できるだけ長い間、いろんなタイプの人間とつきあい、ともに学んでそれ以後に大学へ行くほうがよいと思います。そのほうが画一的でない人間をつくるのに有効だと思います。だから学校群には賛成です」(『朝日ジャーナル』、11月13日号)。

東京都は学校群制度導入に合わせて、都立高校教職員の異動を大量に行う方針を打ち出した。日比谷や戸山など都立高校の東大合格者が多かったのは、生徒ばかりでなく教員も優れていたという理由もある。進学校での長年の経験と蓄積から独自の受験指導ノウハウを確立して、東大入試のプロとなった教員もいた。都は彼らを他校に移して、学校間格差解消をはかろうとしたのである。67年3月現在、同じ高校に16年以上勤務する教員数は次のとおり(全日制。カッコ内は比率。文部省調査)。日比谷23人(45・6%)、西20人(44・7%)、戸山22人(45・7%)、新宿25人(44・1%)、小石川20人(43・8%)。受験雑誌、参考書などで知られる「受験の神様」がおり、同じ都立なのに有名進学校ゆえ、予備校講師や参考書執筆の依頼が多く、副業による収入に「学校間格差」が生じていた。受験生のバイブルだった『試験にでる英単語』(青春出版社)著者の森一郎氏は55〜68年に日比谷高校で、ＮＨＫ通信講座で数学を担当し、ファンが多かった佐藤忠氏は46〜70年に戸山高校で教えていた。

1967年入試

順位	高校	人
1	日比谷	134
2	西	120
3	◎灘	112
4	戸山	104
5	□東京教育大学附属	85
6	新宿	77
7	◎麻布	75
8	旭丘	71
9	□東京教育大学附属駒場	68
10	湘南	67
11	◎開成	60
12	小石川	59
13	両国	52
14	◎武蔵	47
15	小山台	40
16	◎ラ・サール	37
17	◎栄光学園	35
18	浦和(県立)	32
19	上野(東京)	31
20	千葉(県立)	30
20	立川	30
22	□東京学芸大学附属	29
22	高松	29
24	◎甲陽学院	26
24	修猷館	26
26	◎修道	23
26	大分上野丘	23
28	岐阜	22
28	岡山朝日	22
30	北野(大阪)	20
30	天王寺	20
30	◎愛光	20
33	◎広島学院	19
34	水戸第一	17
34	前橋(県立)	17
34	◎桐朋	17
34	甲府第一	17
34	小倉	17
39	仙台第一	16
39	姫路西	16
41	平塚江南	15
41	長野(県立)	15
41	静岡	15
41	神戸(兵庫)	15
45	富山中部	14
45	高岡	14
45	□金沢大学附属	14
45	松本深志	14
45	城南(徳島)	14
45	熊本	14
51	磐城	13
51	沼津東	13
51	◎洛星	13
51	□広島大学附属福山	13
51	丸亀	13
51	◎土佐	13
57	大泉	12
57	◎聖光学院(神奈川)	12
57	新潟	12
57	藤島	12
57	◎東海	12
57	時習館	12
63	豊多摩	11
63	加古川東	11
63	鳥取西	11
63	□広島大学附属	11
63	鶴丸	11
68	高崎	10
68	熊谷	10
68	□お茶の水女子大学附属	10
68	明和(愛知)	10
68	大手前	10
68	◎淳心学院	10
68	下関西	10
75	福島(福島)	9
75	◎駒場東邦	9
75	高津(大阪)	9
75	桐蔭	9
75	岡山大安寺	9
75	大分舞鶴	9
81	九段	8
81	横浜翠嵐	8
81	長田	8
81	岡山操山	8
81	長崎東	8
86	青森(青森)	7
86	土浦第一	7
86	宇都宮	7
86	小田原	7
86	浜松北	7
86	豊中	7
86	◎六甲	7
86	□奈良女子大学附属	7
86	今治西	7
86	福岡(福岡)	7
86	別府鶴見丘(大分)	7

この年、灘が初めて100人を超えた。作家の高橋源一郎氏は64年に麻布中学から灘中学に転校。67年に灘高校に進学する。当時をこう振り返る。「中学3年間で1クラス分の50人ぐらいが減って、それで高校入試で1クラス分増やす（略）中間テスト期末テストごとに後ろから肩たたきが迫ってくるわけ。『もう辞めたほうがいいよ』って。で、下から3人ずつぐらいがどんどんカットされていく。（略）『高校へ上がっても苦しいだけだよ』『他の学校に移ればお山の大将だよ』とか、アメとムチを使ってさ。ふつうの神経だと相当きつい。（略）中3で、高3までの内容がほとんど終わってる。英数国だけなら、この段階で200人のうち50人ぐらいは東大へ入れる」（『ワンコイン悦楽堂』竹信悦夫、情報センター出版局、05年）

【1968年】

灘が日比谷を追い抜いたことを、「朝日」「読売」「毎日」3紙が見出しを立てて報じている。『週刊朝日』『サンデー毎日』『週刊読売』なども特集記事を組んだ。

両校の校長が『サンデー毎日』（4月7日号）で談話を残している。まずは、日比谷高校の田中喜一郎氏。「別にショックも受けてないし、残念だとも思わない。まあ、うちは特別の受験教育をすることを避けてますからね。灘のようにはいかんでしょう」。続いて灘高校の

1968年入試

順位	高校	人
1	◎灘	132
2	日比谷	131
3	西	102
4	戸山	92
5	□東京教育大学附属駒場	91
6	新宿	69
7	◎麻布	63
8	□東京教育大学附属	61
8	◎開成	61
10	湘南	60
11	小石川	58
12	旭丘	57
13	両国	55
14	◎武蔵	51
15	浦和(県立)	49
16	◎栄光学園	44
17	高松	39
17	◎ラ・サール	39
19	上野(東京)	33
20	□東京学芸大学附属	32
21	松本深志	31
22	立川	30
23	千葉(県立)	26
24	小山台	25
24	□金沢大学附属	25
26	北野(大阪)	24
26	修猷館	24
28	◎修道	22
29	岐阜	21
29	◎甲陽学院	21
29	城南(徳島)	21
29	◎愛光	21
33	□広島大学附属	19
33	◎広島学院	19
35	富山中部	17
35	長野(県立)	17
35	大手前	17
35	大分上野丘	17
39	大泉	16
39	平塚江南	16
39	藤島	16
39	岡山朝日	16
43	宇都宮	15
43	甲府第一	15
43	加古川東	15
43	小倉	15
43	鶴丸	15
48	◎桐朋	14
48	新潟	14
48	高岡	14
48	沼津東	14
48	岡山大安寺	14
48	□広島大学附属福山	14
48	熊本	14
55	◎東海	13
55	天王寺	13
55	姫路西	13
55	丸亀	13
59	磐城	12
59	前橋(県立)	12
59	□お茶の水女子大学附属	12
59	静岡	12
59	浜松北	12
59	明和(愛知)	12
59	◎土佐	12
59	長崎東	12
67	仙台第一	11
67	水戸第一	11
67	高崎	11
67	◎聖光学院	11
67	富山	11
67	時習館	11
67	宇部	11
74	豊多摩	10
74	横浜翠嵐	10
74	津	10
74	□大阪教育大学附属天王寺	10
74	◎淳心学院	10
74	長崎北(長崎)	10
80	◎洛星	9
80	□奈良女子大学附属	9
80	岡山操山	9
80	呉三津田	9
84	盛岡第一	8
84	山形東	8
84	◎駒場東邦	8
84	上田	8
84	伊勢	8
84	下関西	8
90	福島(福島)	7
90	安積	7
90	熊谷	7
90	桐蔭	7
90	佐賀西	7
90	甲南(鹿児島)	7
90	○鹿児島玉龍(鹿児島市立)	7
97	札幌南	6
97	札幌西	6
97	秋田	6
97	東葛飾(千葉)	6
97	◎成蹊	6
97	◎暁星	6
97	長岡	6
97	飯田(長野)	6
97	高津	6
97	三国丘(大阪)	6
97	神戸(兵庫)	6
97	鳥取西	6
97	大分舞鶴	6

梶和三郎氏。「日比谷に勝つとか負けるとか、意識したこともない。東大合格者数をふやすだけが目的なら、一番や二番をみな東大に受けさせます」。

この年の「灘高新聞」の部員が書いた「入試成績の意味するもの」という評論を抜粋する。

「数年前において、成績上位者が東大を目指したのは現在と同様である。だから東大四〇名の合格者のあった年なら五〇番、六〇番の生徒は安全圏におりはしないのである。しかし現在においてはどうだ、五〇番、六〇番といえばセイフティ・ナンバーなのである。（略）言い添えるが、本校の阪神間における、おそらく東京における日比谷校にまさると思われる、受験校としての権威が、この傾向に拍車をかけ優秀な生徒を送り込む結果となることも銘記する必要がある」（『灘高のモーレツ受験宣言』勝山正躬、協同ブックス、74年）。

こうした揺るぎない自信を植え付けたことも灘の教育の成果であろう。

この年の夏、長野県松本深志高校生徒が西穂高へ登山中、落雷に遭い11人が死亡した。災害、事故などで一度に多くの生徒が犠牲となったケースがいくつかある。54年、麻布中学の生徒22人が相模湖で遊覧船の沈没によって亡くなった。64年、秋田県立大館《おおだて》鳳鳴《ほうめい》高校の山岳部員4人が岩木山に登山中、遭難して助からなかった。88年、高知学芸高校では修学旅行中に上海《シャンハイ》で列車事故に遭い、生徒27人と教諭1人が犠牲となった。

東京大学新聞

各団体「東大入試」中止」に抗議

東大入試中止と振分増募に反対

四六大学教職組が抗議声明

「入試中止」は越権行為

確認書攻撃に抗議

名大法教授会の声明

政府による大学自治侵害に強く抗議する

日本学術会議声明文

東大入試中止を報じる当時の東京大学新聞

東大受験生の行方

68年入試で最高点をとった受験生が、69年入試を受験していたら合格できなかった。京都大学入試の文系4学部でそんな驚くべき結果がもたらされた。

69年入試の合格最低点が68年よりも126〜146点跳ね上がったのである（文＝588点→714点、法＝583点→721点、経済558点→697点、教育556点→702点。900点満点）。これらは68年入試の合格最高点をも大幅に上回っている。年によって問題の難易度、受験生のレベルに差は生じるが、100点以上も開いてしまうと、合理的な説明はできない。異常である。その理由は、東大入試中止によって、成績優秀者がどっと京大に押し寄せたことに尽きる。

69年1月20日、東大、東京教育大の入試中止が決まった。学生運動激化への対応である。これによって、京大を第一志望とする受験生のなかには、東大受験生が京大に押し寄せ入試が難化することを見越し、直前に他大学へ志望を変えた者も少なくなかった。

東大が入試を実施していれば、京大に合格できたはずなのにという仮定の話は、この年の京大合格者ランキングをみると、現実味を帯びてしまう。68年東大合格者上位校の関東の日

1969年東大入試中止による、関東地方の高校から京都大、東北大への流出情況（1968年、1969年、1970年）

京都大合格者

高校	1968	1969	1970
日比谷	5	42	4
□東京教育大学附属	8	33	3
戸山	6	31	9
湘南	4	28	9
◎開成	2	24	4
西	4	23	8
◎栄光学園	2	16	4
◎麻布	0	15	3
□東京教育大学附属駒場	1	15	5
両国	3	12	5
浦和（県立）	5	12	7
大泉	4	11	2
千葉（県立）	5	11	6
小石川	8	9	7
小田原	1	8	2

東北大合格者

高校	1968	1969	1970
湘南	14	32	21
西	3	29	7
日比谷	1	28	10
新宿	4	27	8
浦和（県立）	18	26	11
小石川	2	19	10
千葉（県立）	7	17	6
戸山	1	16	12
◎開成	4	15	4
希望ヶ丘	8	14	5
小山台	5	14	1
□東京教育大学附属駒場	3	14	2
立川	6	12	7
□東京学芸大学附属	3	12	9
□東京教育大学附属	1	12	2

比谷、西、戸山、東京教育大学附属駒場、麻布、開成、湘南の69年京大合格者は合わせて216人にのぼった。前年比で171人増だ。一方、68年京大合格上位5校の69年合格者の減少数は北野19人、天王寺35人、大手前39人、神戸35人、洛星20人となっている。

東北地方の高校もひどい目にあった。関東の東大合格上位校が東北大を受けたことで、地元および周辺地域の高校は東北大合格者数を軒並み減らすことになった。68年東北大合格上位校の69年合格者の減少数は仙台第一51人、仙台第二26人、磐城9人、秋田10人、福島15人、盛岡第一7人、山形東8人。西、日比谷、新宿、戸山、小石川、開成、両国の東京勢が合わせて130人以上も東北大の合格者を増やしたからと見て間違いない。

東大入試中止は、都内の大学にも大きな影響を与えた。本来、志望先として東大とは重ならない一橋大、東京工業大に、69年東大受験生がどっと押し寄せたのである。これで両校の合格高校地図が大きく変わってしまう。68年一橋大1位の立川は69年には9人減となり、日比谷は35人増、西は30人増となる。68年東京工業大合格者トップだった小山台は69年では16人減となった。代わりに日比谷は18人増、西が16人増となる。日比谷高校教諭がこう話している。「ごく単純化すると、東工大は例年の東大理一（工）、一橋大は文二（経）プラス文一（法）の一部と言ったところでしょう」。大きく割を喰った小山台高校の教諭は生徒に同情的だ。「気の毒なのは初めから東工大を志望していた生徒ですねえ」（いずれも「週刊朝日」、69年4月4日号）。69年の受験生で東大志望だったが、やむなく一橋大経済学部に入学した学生のなかには、経済財政政策担当大臣などをつとめた竹中平蔵氏（和歌山県立桐蔭高校出身）、東大名誉教授の伊藤隆敏氏（東京教育大附属駒場高校出身）がいる。

文部省は東大入試中止で、かなりの受験生が他大学に流れる事態を予想し、対応策を考えていた。69年1月、文部省は東大、東京教育大の定員３９００人を約70の国立大学に振り分

1969年東大入試中止による、関東地方の高校から一橋大、東京工業大への流出情況（1968年、1969年、1970年）

一橋大合格者

高校	1968	1969	1970
西	10	40	7
日比谷	4	39	9
戸山	4	31	25
◎開成	10	22	7
◎栄光学園	6	21	17
□東京教育大学附属	1	20	8
◎灘	3	15	1
小石川	5	14	10
立川	23	14	26
湘南	11	13	9
新宿	10	12	15
◎ラ・サール	9	12	14
両国	22	11	9
□東京教育大学附属駒場	1	11	3

東京工業大合格者

高校	1968	1969	1970
西	29	45	20
戸山	20	37	25
□東京教育大学附属駒場	5	34	9
◎開成	7	32	19
湘南	12	29	14
小石川	12	27	19
日比谷	7	25	17
□東京教育大学附属	7	22	9
浦和	17	21	13
◎麻布	9	20	13
□東京学芸大学附属	16	19	16
◎武蔵	4	17	5
小山台	32	16	20
立川	21	15	20
◎栄光学園	10	15	5

ける。そのためには教育経費など必要な予算措置をとる、という方針を打ち出した。各国立大学は2大学が受け入れられなかった学生分、定員を増やしてほしいというものである。

この提案を真っ先に拒否したのが京都大である。京大の奥田東《あずま》総長は「他大学への振り分け入学措置によって安易に解決しようとする政府の態度は納得できない」「水増し入学については、本学の教育環境の不備なども合わせて考えた上、受け入れられないというのが現段階における全学の大勢と判断する」という見解を示した。

北海道大、東北大、名古屋大、大阪

大、九州大、一橋大、東京工業大、お茶の水女子大なども定員振り分けを断っている。拒否の背景には、文部省が東大の意思を無視して入試中止に踏み切ったこと。それが、「大学自治への侵害」という反発があったのである。

69年秋になると高校、予備校で異変が見られた。70年東大入試に備えて高校に成績書を請求する人が相次いだこと、そして、予備校の後期編入試験の受験生が増えたことである。駿台高等予備校では、関東出身の京大生が150人押しかけてきた。11月に行われた模擬試験の成績上位10人のうち、3人は京大の1年生である。

京大からの再チャレンジ組はどのくらいになるか。再受験には在籍大学の受験許可の申請が必要である。京大への届け出はおよそ60人（京大調べ）。法学部は1割にあたる31人、工学部14人。ほかに経済、教育、文、薬に数人いる。農、医学部では在学のまま再受験を認めていないので、農2人、医1人は退学届けを出さずに受験することになるが、受験後に京大生だったことがわかると、両大学の話し合いで京大に戻される。

70年の東大入試実施前、こんな見出しをつけた記事があった。「〝東大病患者〟は60人　再受験希望の京大生」（「朝日新聞」、70年2月11日）。東大病とは、「東大以外は大学ではない。東大を出て官僚や社長になって偉くなる」という受験生を表している。そこには、記者の

高校闘争の記録（1969-1972年）

高校	闘争概要	1967~1972年の東大合格者
札幌南	70年 8月、職員室封鎖。校長軟禁	47
盛岡第一	69年 3月、卒業式で校長批判の垂れ幕	38
仙台第一	71年12月、300人がストライキ	70
秋田	70年 3月、卒業式妨害	29
磐城	71年10月、授業ボイコット。校長室座り込み	50
水戸第一	69年11月、校長室前で18人がハンスト。1人逮捕	75
宇都宮	69年11月、職員室封鎖	46
浦和（県立）	70年 3月、卒業式妨害	233
千葉（県立）	69年10月、図書館占拠。5人逮捕	120
日比谷	69年10月、同窓会会館封鎖。3人逮捕	473
□東京教育大学附属駒場	69年11月、教室封鎖	482
□東京学芸大学附属	69年10月、校長室封鎖	255
◎麻布	71年10月、文化祭混乱。機動隊導入。2人逮捕	379
横浜翠嵐	70年 1月、400人が定期試験ボイコット	66
新潟	69年11月、教室封鎖。機動隊導入で6人補導	59
長野（県立）	69年10月、校長室封鎖	101
旭丘	69年11月、1000人が市内をデモ	288
◎東海	69年11月、デモ参加生徒処分反対のハンスト	57
天王寺	69年 9月、政治活動の自由を求めて校内集会	91
◎灘	70年 6月、3日間ストライキ	634
鳥取西	72年 3月、卒業式妨害	35
◎修道	69年11月、校舎の一部封鎖。3人退学	98
城南（徳島）	69年 9月、16、7人が校内でデモ、集会	86
高松	69年 5月、体育祭で生徒が国旗引き降ろし	150
◎愛光	69年11月、職員室に投石。70年3月、卒業式ボイコット	139
小倉	69年 4月、校内放送で「校長打倒」。校舎屋上に赤旗	58
長崎北	70年 3月、卒業式妨害	30
熊本	70年 3月、校舎封鎖未遂。機動隊が排除	72
大分上野丘	69年11月、生徒処分反対で100人が授業ボイコット	83

学校史、学校新聞、警察資料、当時の報道記事から作成

「東大万能主義」への批判、東大にこだわる受験生に対するせせら笑いがよみとれる。

　東大入試中止に象徴される大学闘争が佳境を迎えた69年から70年にかけて、全国各地の高校で校則や受験教育の見直し、政治活動の自由、安保条約反対などを訴えて、試験ボイコット、ストライキ、校舎封鎖が起こった。東大合格上位校のなかには数週間授業を行わなかった学校もあり、札幌南、千葉、日比谷、麻布、新潟などでは逮捕者も出ている。

　68年、70年と東大合格1位の灘高校では70年7月、生徒による3日間ストライキが行われた。同校全学闘争委員会は、自らを「高級官僚、高級技術者、体制イデオロギーの宣教師、などをつくり出す東大への道を保証する灘受験技術教習所」とし、受験体制粉砕を訴えた。

　闘争が起こった進学校は東大合格実績を下げることはなかった。東京学芸大学附属高校は69年に校長室封鎖が起こった翌年、東大合格者を増やしている。教師はこうふり返る。「特別な受験指導ができなかったこと（略）などが、かえって、生徒の自主性を目覚めさせるという好結果を生んだようだ」（『螢雪時代』、70年5月号）。麻布高校では2カ月間授業が行われなかった。闘争の中心メンバーが東大に現役合格し、「いつ勉強したんだ」と教員たちを驚かせた。校舎封鎖など過激な活動をする生徒は理論家の優等生であり、受験勉強は苦にならなかったようだ。70年代半ば以降、闘争はなくなり、東大合格校にも平穏な日々が戻った。

3章 東大合格校の歴史Ⅲ

1970～1989年

筑波大学附属駒場高校

開成高校

① 国立大学附属の興隆 1970〜1976

【1970年】

東大闘争の余波は残っていた。３月４日、２年ぶりの東大入試。キャンパスの一部に有刺鉄線がはりめぐらされていた。受験生は検問所でチェックを受ける。その際「70年入試粉砕全共闘」の看板が視界に入るが、何ごともなかったように狭い通路を抜けて会場に入る。試験中、一部で混乱が起きた。試験会場で突然、１人の受験生が立ち上がって「答えを読む」と叫んだ。やがて、自分の答案や近くにいた受験生の答案を破り捨ててしまう。別の会場で他人の答案を奪って読み上げる受験生がいた。騒いだのは３人。いずれも失格となり、試験会場を追い出されてしまった。

普通に考えれば、この年の入試は最難関になったはずである。前年の東大入試中止で受験できなかった事実上「69年卒業の現役組」がもっとも力を発揮しそうだ。また、１浪で受験できなかった68年卒業組の２浪組も侮れない。さらに入試中止で京大、東北大などに流れた学生も東大にこだわり、再受験してくる。

1970年入試

順位	高校	人
1	◎灘	151
2	□東京教育大学附属駒場	136
3	□東京教育大学附属	105
4	西	100
5	日比谷	99
6	◎開成	86
7	戸山	80
7	◎麻布	80
9	湘南	61
10	◎ラ・サール	59
11	旭丘	57
12	◎武蔵	53
13	小石川	50
14	◎栄光学園	48
15	新宿	46
16	浦和（県立）	44
17	□東京学芸大学附属	38
18	□広島大学附属	36
19	両国	35
20	立川	34
20	◎愛光	34
22	高松	32
23	小山台	30
24	◎甲陽学院	25
25	長野（県立）	24
26	岐阜	23
26	城南（徳島）	23
28	天王寺	22
29	◎修道	21
29	修猷館	21
31	□金沢大学附属	20
32	千葉（県立）	19
32	横浜翠嵐	19
32	◎聖光学院	19
32	岡山朝日	19
36	藤島	18
36	北野（大阪）	18
38	仙台第一	17
38	松本深志	17
40	◎桐朋	16
40	大分上野丘	16
42	前橋（県立）	15
43	水戸第一	14
43	高崎	14
43	青山	14
43	沼津東	14
43	◎土佐	14
48	上野（東京）	13
48	甲府第一	13
48	静岡	13
48	熊本	13
52	宇都宮	12
52	桐蔭	12
52	◎広島学院	12
52	鶴丸	12
56	九段	11
56	墨田川	11
56	国立	11
56	◎東海	11
56	姫路西	11
61	札幌南	10
61	盛岡第一	10
61	富士（東京）	10
61	富山中部	10
61	浜松北	10
61	神戸（兵庫）	10
61	丸亀	10
68	安積	9
68	大泉	9
68	□お茶の水女子大学附属	9
68	平塚江南	9
68	横須賀（神奈川県立）	9
68	高岡	9
68	上田	9
68	◎洛星	9
68	大手前	9
68	小倉	9
78	山形東	8
78	土浦第一	8
78	◎駒場東邦	8
78	時習館	8
78	岡山大安寺	8
78	□広島大学附属福山	8
78	山口	8
78	長崎南	8
86	熊谷	7
86	東京都立大学附属	7
86	豊多摩	7
86	竹早（東京）	7
86	小松川（東京）	7
86	新潟	7
86	高田（新潟）	7
86	津	7
86	□奈良女子大学附属	7
86	下関西	7
86	宇部	7
86	◎高知学芸（高知）	7
86	宮崎大宮	7

しかし、史上空前の志願数、倍率、難関入試と言われながらフタを開けてみると、予想を裏切る出来事ばかりだった。志願者は７９９８人。68年の志願者数は１万２４５８人なので、およそ４５００人の減少だ。実際の受験者は７１３５人。つまり、863人も受験を取りやめている。倍率は2.2倍で、過去10年で最低。

合格者の現役・浪人別は現役46・７％、１浪41％、２浪以上12・３％。

きわめて優秀な受験生が集まった少数激戦になったのではないか、という見方もできよう。しかし、これも違うようだ。合格最低点が大幅に下がったのである。採点した東大教養学部教授がこう話す。「例年なら最低合格点に達しない学生が五割近くもはいっている」（『サンデー毎日』、70年４月５日号）。

ということは、問題がむずかしかったのか。開成高校教諭は否定する。「全般的にやさしかったのではないだろうか。学校側でも、これほど合格するとは思ってなく、予想外の好成績だった」（『螢雪時代』、70年６月号）。

じつは、高校、予備校、東大のあいだでは、しばらく、「70年は入りやすかった」説が流れていた。なぜだろうか。次のようなことが複合的にからみ合ったことによるものだろう。
①東大に対するイメージダウン。闘争でまともに授業が行われていないので避けた。「何

が何でも東大」志望者が減った。

②優秀な生徒が高校闘争に熱中し、受験に関心を持たなかった。

③入試問題がやさしく現役でも浪人に太刀打ちできた。

④学校群制度によって、これまで東大合格者を大量に出していた都立高校の生徒の学力が低下した。

⑤東大入試中止で京大や東北大に入学した学生の再受験がそれほど多くなかった。

⑥成績優秀な浪人生が、これ以上浪人したくないため、激戦を避けて東工大、一橋大に流れた。

【1971年】

現役55・7%。4年ぶりに現役が浪人を上回った。

東京学芸大学附属高校が前年比34人、68年比40人増やしている。その背景にあるのは、やはり学校群制度だ。同校には3つの附属中学があり、成績優秀者は卒業後に日比谷や戸山へ進んだ。しかし、67年以降は、都立高校を避けてそのまま東京学芸大学附属に進むというケースが増えたのである。東京教育大学附属の125人にも同じことがいえる。68年の高校入試で千代田区立麹町《こうじまち》中、一橋中から成績優秀者各10人が入学している。学校群制度以前ならば、両中学から日比谷、東大というエリートコースが成立していた。しかし、学校群制度以降はこのコースは国立大学附属に切りかわってしまう。

理数系に優れた生徒の資質、才能をできるだけ伸ばそう。文部省の政策を受けて全国の高校に理数科が設置されたのが68年のことである。北海道、秋田、山形、群馬、富山、徳島、高知、長崎など16道県29校で募集が行われた。以後、各地に理数科が作られた。

理数科１期生が東大入試を迎えたのが71年。

福井県立高志《こし》高校理数科から東大合格者１人を出している。同校から東大へは約10年ぶりだ。理数科１期生は合計１１７９人で大学進学者は703人（60％）。大学進学率が23％だった当時としては高い水準といえる。

【1972年】

都立高校の学校群制度による影響がでてきた。学校群以前の卒業生68年と72年を比べると、減少したのが日比谷131→52人、新宿69→20人、両国55→30人、西102→80人、小石川58→40人、上野33→16人。増加した高校もある。学校群で進学校と組んだところだ（カッコ内は組んだ

1971年入試

順位	高校	人
1	□東京教育大学附属	125
2	◎灘	124
3	□東京教育大学附属駒場	103
4	◎麻布	84
5	西	81
5	◎開成	81
7	□東京学芸大学附属	72
8	湘南	70
9	戸山	69
10	◎武蔵	60
11	◎ラ・サール	59
12	浦和(県立)	58
13	日比谷	57
14	◎栄光学園	55
15	旭丘	51
16	新宿	44
17	青山	43
18	小石川	42
19	富士(東京)	36
20	◎愛光	33
21	立川	32
22	九段	28
23	国立	26
23	岐阜	26
23	高松	26
26	両国	25
27	□金沢大学附属	24
28	小山台	23
28	長野(県立)	23
28	◎甲陽学院	23
31	千葉(県立)	22
31	天王寺	22
33	◎桐朋	21
34	◎聖光学院	20
34	藤島	20

順位	高校	人
36	竹早	19
36	富山中部	19
36	◎修道	19
36	修猷館	19
40	◎駒場東邦	18
40	静岡	18
42	□広島大学附属	17
43	水戸第一	16
43	新潟	16
43	□広島大学附属福山	16
46	熊谷	15
46	富山	15
46	松本深志	15
46	岡山朝日	15
50	札幌南	14
50	高崎	14
50	平塚江南	14
50	諏訪清陵	14
54	墨田川	13
54	横浜翠嵐	13
54	上田	13
54	◎土佐	13
58	仙台第一	12
58	大泉	12
58	□お茶の水女子大学附属	12
58	甲府第一	12
58	沼津東	12
58	時習館	12
58	岡山大安寺	12
58	丸亀	12
58	熊本	12
67	前橋(県立)	11
67	三田	11
67	浜松北	11
67	◎洛星	11
67	北野(大阪)	11

順位	高校	人
72	城南(徳島)	10
72	大分上野丘	10
72	鶴丸	10
75	盛岡第一	9
75	福島(福島)	9
75	磐城	9
75	高岡	9
75	◎広島学院	9
80	山形東	8
80	宇都宮	8
80	上野(東京)	8
80	希望ヶ丘	8
80	□大阪教育大学附属	8
80	加古川東	8
80	長崎東	8
80	長崎北	8
88	駒場	7
88	田園調布(東京)	7
88	白鷗	7
88	◎東海	7
88	四日市	7
88	大手前	7
88	神戸(兵庫)	7
88	姫路西	7
88	鳥取西	7
88	防府	7
88	小倉	7
99	浦和第一女子(埼玉)	6
99	木更津	6
99	長岡	6
99	津	6
99	◎淳心学院(兵庫)	6
99	下関西	6
99	山口	6
99	徳山(山口)	6
99	大村(長崎)	6

大阪教育大学附属は、天王寺、池田の合計

相手)。青山5→38人(戸山)、富士1→34人(西)、墨田川1→13人(両国)、九段4→14人(日比谷、三田)。

69〜71年、全国に広がった高校生運動はほぼ終焉を迎える。70年代前半、闘争が激しかった一部の高校では、生徒にやる気のなさ、倦怠感《けんたいかん》、自暴自棄が見られた。以下、学校史に次のような記録が残っている。

札幌南高校はかなりすさんでいた。「昭和46年度には、授業を抜け出し喫茶店で読書や喫煙に耽《ふけ》る者、麻雀荘・パチンコ店に出入りする者が上級学年に目立ち、午後の教室は空席だらけということもあった」(『百年史』)。

新宿高校では家出事件が起きる。「同級生の男女が神奈川県下で下宿していたもので、この発見、連れ戻しに、数夜父兄宅に集まって対策を相談したものである」(『六十周年記念誌府立六中=新宿高校』)。

神奈川県立希望ヶ丘高校も暗い雰囲気が漂う。「紛争に対する挫折感から、未来に対する展望をなくして、荒廃した精神状況になっていて、記念祭などもお祭り化して来たようだ」(『八十周年記念誌』)。

1972年入試

順位	高校	人
1	◎灘	115
2	□東京教育大学附属	97
3	□東京教育大学附属駒場	84
3	□東京学芸大学附属	84
5	戸山	81
6	西	80
6	◎開成	80
8	湘南	78
9	◎麻布	77
10	◎ラ・サール	74
11	◎栄光学園	59
12	日比谷	52
12	旭丘	52
14	浦和(県立)	50
15	◎武蔵	45
16	□金沢大学附属	44
17	小石川	40
18	青山	38
19	富士(東京)	34
20	◎愛光	31
20	鶴丸	31
22	両国	30
23	◎甲陽学院	28
24	◎桐朋	27
24	修猷館	27
26	高松	24
27	千葉(県立)	23
28	立川	22
28	長野(県立)	22
28	□広島大学附属	22
31	新宿	20
31	松本深志	20
31	岐阜	20
34	国立	19
34	富山中部	19
34	熊本	19
37	富山	18
37	静岡	18
37	城南(徳島)	18
40	水戸第一	17
40	□お茶の水女子大学附属	17
40	北野(大阪)	17
40	岡山朝日	17
40	大分上野丘	17
45	上野(東京)	16
45	横浜翠嵐	16
47	高崎	15
47	熊谷	15
47	平塚江南	15
47	◎洛星	15
51	札幌南	14
51	仙台第一	14
51	前橋(県立)	14
51	九段	14
51	◎東海	14
51	天王寺	14
51	◎広島学院	14
51	丸亀	14
59	墨田川	13
59	高岡	13
59	◎修道	13
62	時習館	12
63	安積	11
63	小山台	11
63	田園調布	11
63	◎聖光学院	11
63	藤島	11
63	□大阪教育大学附属	11
63	岡山大安寺	11
63	山口	11
71	磐城	10
71	新潟	10
71	高田(新潟)	10
71	上田	10
71	神戸(兵庫)	10
71	◎土佐	10
71	小倉	10
78	福島(福島)	9
78	三田	9
78	◎駒場東邦	9
78	甲府南(山梨)	9
78	□京都教育大学附属(京都)	9
78	姫路西	9
78	◎淳心学院	9
78	宮崎大宮	9
86	青森	8
86	秋田	8
86	竹早	8
86	希望ヶ丘	8
86	横浜緑ヶ丘	8
86	清水東	8
86	伊勢	8
86	三国丘	8
86	□広島大学附属福山	8
95	◎函館ラ・サール(北海道)	7
95	会津	7
95	足利	7
95	白鷗	7
95	沼津東	7
95	浜松北	7
95	津	7
95	加古川東	7
95	岡山操山	7
95	◎高知学芸	7
95	宮崎南(宮崎)	7

大阪教育大学附属は、天王寺、池田の合計

【1973年】

トップの東京教育大学附属駒場（教駒）の合格者134人のうち現役は93人を数えた。同年の卒業生は167人。現役合格率（現役合格者／卒業生）は57・１％である。また、彼ら現役生が合格した比率（合格者／受験者）は65・６％にのぼった。いずれも灘や開成を大きくリードした。教駒、東京教育大学附属、東京学芸大学附属の国立３校いずれも100人を超えて351人にのぼる。合格者総数が３０６３人なので、占有率は11・４％。73年卒業組は67年に附属駒場中学へ入学している。学校群制度が導入された年だ。つまり、その前年に学校群制度で都立高校が衰退することを見こした小学生とその保護者が、国立大附属校受験になびいたと言える。

　実際、67年中学入試を控えた、ある進学塾では上位のほとんどが教駒へ進んでいる。「麻布、開成はクラスで１、２番。教駒は学年で１番でないと入れない」という神話が広がったくらいだ。もう１つ教駒が強かったのは、生徒の通学圏を厳しく規制しなかったことがあげられる。

【1974年】

県立浦和（埼玉）が前年比24人増の60人。現役は32人で過去最多となった。理由は、71年

1973年入試

順位	高校	人	順位	高校	人	順位	高校	人
1	□東京教育大学附属駒場	134	36	小山台	18	74	安積	9
2	◎灘	128	36	◎淳心学院	18	74	前橋(県立)	9
3	□東京学芸大学附属	110	36	城南(徳島)	18	74	九段	9
4	東京教育大学附属	107	40	藤島	17	74	田園調布	9
5	◎ラ・サール	88	41	◎駒場東邦	16	74	大泉	9
6	西	81	41	富山	16	74	新潟	9
7	◎麻布	80	41	浜松北	16	74	北野(大阪)	9
8	湘南	78	41	◎広島学院	16	74	大手前	9
9	戸山	77	41	大分上野丘	16	74	岡山大安寺	9
10	◎開成	74	46	磐城	15	74	岡山操山	9
11	◎武蔵	58	46	新宿	15	84	熊谷	8
12	◎栄光学園	52	46	□お茶の水女子大学附属	15	84	川越	8
13	旭丘	48	46	横浜翠嵐	15	84	三田	8
14	浦和(県立)	36	46	高岡	15	84	白鷗	8
15	富士(東京)	34	46	松本深志	15	84	甲府第一	8
16	青山	32	46	静岡	15	84	沼津東	8
17	千葉(県立)	31	46	◎修道	15	84	天王寺	8
18	□金沢大学附属	30	54	両国	14	84	姫路西	8
19	日比谷	29	55	平塚江南	13	84	◎高知学芸	8
19	立川	29	55	上田	13	93	竹早	7
19	□広島大学附属	29	55	◎洛星	13	93	高田(新潟)	7
22	小石川	26	58	盛岡第一	12	93	甲府南	7
22	◎甲陽学院	26	58	福島(福島)	12	93	諏訪清陵	7
22	◎愛光	26	58	◎創価(東京)	12	93	清水東	7
25	◎桐朋	25	58	富山中部	12	93	鳥取西	7
25	岐阜	25	62	山形東	11	93	□広島大学附属福山	7
27	長野(県立)	23	62	高崎	11	93	宇部	7
27	熊本	23	62	駒場	11	93	◎土佐	7
27	鶴丸	23	62	津	11	102	上野(東京)	6
30	高松	22	62	丸亀	11	102	時習館	6
31	仙台第一	21	67	秋田	10	102	四日市	6
31	国立	21	67	□東京教育大学附属	10	102	加古川東	6
33	札幌南	20	67	墨田川	10	102	□奈良女子大学附属	6
33	岡山朝日	20	67	◎聖光学院	10	102	米子東	6
33	修猷館	20	67	◎東海	10	102	松江南(島根)	6
36	水戸第一	18	67	三国丘	10	102	山口	6
			67	桐蔭	10	102	今治西	6

に埼玉県が大学区制を採り入れたからである。埼玉県からの合格者も前年比で21人増えた。

東京都の高校出身者が前年比140人減。その理由を都立高校入学辞退組の動向に求めたのが、東大文学部の尾崎盛光《もりてる》事務長だった。こう分析する。「彼らは従来なら日比谷なら日比谷という都立にはいって、がんばって東大にはいった（略）ところが学校群制度後、彼らは都立高校をふって、早慶など有名私大の附属高校に流れて、私大にはいる傾向がはっきり出ている。だから、ことしの〝東大入試場所〟は、東京出身の多数の関脇・小結クラスは欠場で、これまでわずかの差で負け越してきた幕じり力士、つまり地方有名校勢が相対的にぐっと浮上してきたのでしょう」（『週刊朝日』、74年4月5日号）。東大が地方差別していいのだろうか。

70年代、進学校のスターといえば、灘の校長の勝山正躬《まさみ》氏であろう。『灘高のモーレツ受験宣言』（共同出版）は、東大受験生、進学校をめざす高校関係者の必読本となった。「秘訣」をいくつか並べてみる。①ラジオ・テレビは遠慮する。②学校の授業を十分に活用する。③そのためには宿題・予習は必ずやる。④参考書は補充型と整理型にし、数を少なくする。⑤各科とも自分独得《ママ》のノートを作る。⑥精選された問題集を十分に活用する。

千葉県立船橋高校が5人増の8人。東京工業大学合格者は8人増の9人。同校は70年に理数科を設置した。「難関大学へのこの急激な伸びは、理数科の力によるところが大きい。す

1974年入試

順位	高校	人
1	◎灘	120
2	□東京教育大学附属駒場	115
3	◎開成	98
4	□東京学芸大学附属	91
5	◎ラ・サール	86
6	□東京教育大学附属	84
7	◎麻布	74
8	湘南	66
9	浦和（県立）	60
10	西	57
11	戸山	54
12	旭丘	44
13	◎栄光学園	42
14	◎愛光	41
15	◎武蔵	40
16	長野（県立）	35
17	富士（東京）	33
18	青山	31
19	千葉（県立）	30
19	岐阜	30
19	◎甲陽学院	30
22	◎桐朋	29
22	□金沢大学附属	29
24	日比谷	27
25	横浜翠嵐	26
25	◎広島学院	26
27	高松	25
28	立川	24
29	富山中部	23
29	松本深志	23
29	静岡	23
32	小石川	22
32	□広島大学附属	22
34	前橋（県立）	20
34	両国	20

順位	高校	人
34	鶴丸	20
37	岡山朝日	19
37	大分上野丘	19
39	富山	17
40	国立	16
40	新潟	16
40	高岡	16
40	藤島	16
40	◎洛星	16
40	城南（徳島）	16
40	修猷館	16
47	宇都宮	15
47	沼津東	15
47	四日市	15
47	◎淳心学院	15
47	熊本	15
52	福島（福島）	14
52	水戸第一	14
52	◎東海	14
52	天王寺	14
56	盛岡第一	13
56	仙台第一	13
56	墨田川	13
56	□お茶の水女子大学附属	13
56	◎聖光学院	13
56	浜松北	13
56	時習館	13
56	◎修道	13
64	札幌南	12
64	山形東	12
64	新宿	12
64	小山台	12
64	姫路西	12
64	岡山大安寺	12
70	磐城	11
70	安積	11
70	熊谷	11

順位	高校	人
70	◎駒場東邦	11
70	◎創価	11
70	北野（大阪）	11
70	桐蔭	11
70	□広島大学附属福山	11
78	岡山操山	10
79	竹早	9
79	大手前	9
79	三国丘	9
79	加古川東	9
79	鳥取西	9
84	旭川東	8
84	会津	8
84	土浦第一	8
84	船橋（千葉県立）	8
84	上野（東京）	8
84	平塚江南	8
84	明和（愛知）	8
84	津	8
84	□大阪教育大学附属天王寺	8
84	丸亀	8
84	小倉	8
84	◎久留米大学附設	8
96	秋田	7
96	九段	7
96	横須賀（神奈川県立）	7
96	飯田	7
96	上田	7
96	清水東	7
96	松江南	7
96	呉三津田	7
96	下関西	7
96	宇部	7
96	長崎西	7
96	甲南（鹿児島）	7

なわち、本校の進学成績に量的増加から質的な変化をも加えることになった」（『千葉県立船橋高等学校七十年史』）。

【1975年】

都立高校がベストテンから消える。2年続けて灘がトップ。70年代は灘の全盛期といっていい。70〜79年で7回トップに立った。

灘の生徒は勝山正躬校長の「秘訣」をどう受けとめているか。74年に現役で東大合格を果たした園池靖さんは、著書『灘高校生の受験日記』（秋元書房、74年）で、こう記している。「灘高における予習と復習、宿題のあり方を考えてみる。とにかく灘高では、それも授業の延長だし、少なくとも英、数、国はそれさえやっておけばあるいは十分なのかもしれない。少なくとも先生は、生徒が家で勉強すべきカリキュラムまで作って、生徒を入試のための実力養成エレベーターにのせている」。エレベーターにのれなかった生徒もいた。園池さんが高校3年の夏、クラスメートが自殺している。受験日記にこう綴られている。「暗い、そして無性に腹立たしく、涙が出る。（略）彼はおれよりえらく、俗物でなかったから自殺という終局を選んだかもしれない。クラスメートも、あまり意見を吐かぬ。しかし、彼らの心の

1975年入試

順位	高校	人
1	◎灘	126
2	□東京教育大学附属駒場	123
3	◎麻布	106
4	◎開成	104
5	□東京学芸大学附属	95
6	◎ラ・サール	83
7	□東京教育大学附属	76
8	湘南	60
9	◎武蔵	57
10	浦和(県立)	55
11	戸山	46
12	◎栄光学園	45
13	西	42
13	旭丘	42
15	富士(東京)	35
16	長野(県立)	34
16	岐阜	34
18	青山	33
19	千葉(県立)	32
20	◎久留米大学附設	30
21	立川	28
21	高松	28
23	◎桐朋	27
24	両国	26
24	松本深志	26
24	大分上野丘	26
27	小石川	24
28	金沢大学附属	23
28	岡山操山	23
28	◎愛光	23
28	熊本	23
32	高岡	21
32	◎広島学院	21
32	鶴丸	21
35	水戸第一	20
35	前橋(県立)	20
35	□広島大学附属	20
38	高崎	19
38	富山中部	19
38	藤島	19
38	◎甲陽学院	19
38	修猷館	19
43	国立	18
44	福島(福島)	16
44	日比谷	16
44	□お茶の水女子大学附属	16
44	竹早	16
44	横浜翠嵐	16
44	岡山朝日	16
44	小倉	16
51	札幌南	15
51	富山	15
51	浜松北	15
51	北野(大阪)	15
55	上田	14
55	沼津東	14
55	◎洛星	14
55	姫路西	14
55	城南(徳島)	14
60	◎駒場東邦	13
60	諏訪清陵	13
60	伊勢	13
60	□大阪教育大学附属	13
60	◎修道	13
65	宇都宮	12
65	熊谷	12
65	甲府第一	12
68	盛岡第一	11
68	仙台第一	11
68	新宿	11
68	小山台	11
68	希望ヶ丘	11
68	光陵(神奈川)	11
68	時習館	11
68	津	11
68	天王寺	11
77	九段	10
77	新潟	10
77	加古川東	10
77	下関西	10
81	秋田	9
81	駒場	9
81	小田原	9
81	平塚江南	9
81	◎聖光学院	9
81	四日市	9
81	◎淳心学院	9
81	岡山大安寺	9
81	□広島大学附属福山	9
90	磐城	8
90	土浦第一	8
90	船橋(県立)	8
90	墨田川	8
90	静岡	8
90	明和(愛知)	8
90	今治西	8
90	長崎北(長崎)	8
98	青森	7
98	川越	7
98	小松川	7
98	桐蔭	7
98	松江南	7
98	宇部	7

大阪教育大学附属は、天王寺、池田、平野3校の合計

中には、やはり彼に対するなにかの負担を感じているようだ。もっと生きるための努力をしてほしかった」。

【1976年】

現役52・３%。浪人がやや盛り返している。都立高校全体の東大合格者数334人（72年541人）、都立高校比率は35・６%（同62・５%）。76年は、70〜72年で合格者が急激に落ち込む姿を見た73年高校入学組である。

73年、都立普通科高校全体の入学辞退者は４４３９人で19・４%にのぼった。日比谷高校の入学辞退者（男子）は64人いる。中学校で１、２番の生徒は、第１志望東京教育大学附属、第２志望開成、すべり止めに第11学群（日比谷、三田、九段）というパターンが見られた。

都立高校入試では中学校の内申書を重視していたが、それも嫌われる原因の１つとなった。体育が得意でなくオール５がとれず、進みたい都立があるけど、あきらめざるを得ない。入試一発勝負で決まる私立のほうが受かりやすい。都立離れに拍車がかかるばかりだった。

学校群制度が始まって10年を迎える。制度導入の立役者だった都教育長の小尾乕雄《おびとらお》氏が当初の思惑や、東大合格者数で日比谷の減少と戸山の現状維持についてこう話している。「私

1976年入試

順位	高校	人
1	◎灘	118
2	□東京教育大学附属駒場	113
3	□東京学芸大学附属	96
4	□東京教育大学附属	94
5	◎麻布	81
6	◎開成	74
7	◎ラ・サール	68
8	◎武蔵	66
9	浦和（県立）	59
10	戸山	52
11	◎栄光学園	51
12	湘南	50
13	西	46
14	青山	40
15	千葉（県立）	35
16	富士（東京）	34
17	◎広島学院	31
18	◎愛光	30
18	岐阜	30
20	立川	25
20	旭丘	25
20	◎甲陽学院	25
23	◎桐朋	24
23	長野（県立）	24
23	高松	24
26	富山中部	23
27	◎久留米大学附設	21
28	四日市	20
29	□金沢大学附属	18
30	日比谷	17
30	富山	17
30	□広島大学附属	17
33	修猷館	16
34	鶴丸	15
35	国立	14
35	高岡	14
35	松本深志	14
35	藤島	14
35	岡山朝日	14
40	横浜翠嵐	13
40	浜松北	13
40	千種（愛知）	13
43	水戸第一	12
43	□お茶の水女子大学附属	12
43	◎駒場東邦	12
46	小石川	11
46	◎聖光学院	11
46	◎東海	11
49	北野（大阪）	10
49	◎修道	10
51	◎東大寺学園（奈良）	9
51	◎洛星	9
51	岡山操山	9
51	大分上野丘	9
55	札幌南	8
55	福島（福島）	8
55	上田	8
55	静岡	8
55	沼津東	8
55	天王寺	8
55	◎淳心学院	8
55	姫路西	8
55	城南（徳島）	8
64	安積	7
64	船橋（県立）	7
64	清水東	7
64	丸亀	7
64	長崎北	7
69	盛岡第一	6
69	仙台第一	6
69	高崎	6
69	横須賀（神奈川）	6
69	時習館	6
69	津	6
69	伊勢	6
69	◎六甲（兵庫）	6
69	熊本	6
78	札幌北	5
78	秋田	5
78	山形東	5
78	前橋（県立）	5
78	九段	5
78	◎創価	5
78	小田原	5
78	平塚江南	5
78	◎桐蔭学園（神奈川）	5
78	新潟	5
78	甲府第一	5
78	金沢泉丘	5
78	岡崎	5
78	明和（愛知）	5
78	茨木	5
78	三国丘	5
78	加古川東	5
78	松江北（島根）	5
78	倉敷青陵（岡山）	5
78	津山	5
78	松山東	5
78	新居浜西（愛媛）	5
78	今治西	5
78	長崎南	5
78	宮崎南	5

の構想では学校群によって受験に有利な名門校をふやし、その上で学区の細分化をはかろうと思ったわけです。当時私が『日比谷を二つも三つもつくる』といったのは、そういう意味だったんです。それが少しは高校格差の是正にもつながるだろうと思ったのです」「昔の日比谷は優秀な生徒を集めて自由な教育をやってきた。悪くいえば秀才のうえにあぐらをかいていた。だから学校群になって、学力の低い生徒をどう教えたらよいのかわからなくなってしまったのでしょう。その点、戸山はガリ勉型だから、生徒の質が落ちても校風が変わらなかった」（『週刊朝日』、76年4月8日号）。

この年、第11群の日比谷、九段、三田の3校を合わせた東大合格者は25人。学校群以前の日比谷が3つできるどころか、1つにも遠く及ばない。小尾氏がそれについて学校の教育方針に責任があるように総括するのは、日比谷にすれば不愉快極まりないことだっただろう。

73～75年にかけて愛知、三重、岐阜、大分、千葉で学校群制度（総合選抜制）が導入される。このころ、日教組は小学区制や学校群制度によって平等主義の実現をめざす政策を掲げていた。74年、日教組委員長の槙枝元文氏は教研集会でアピールする。「高校全入運動、なかでも小学区制確立の運動は、北海道、埼玉、長野、大阪など多くの都道府県で、具体案を県民のまえに提示して運動を発展しております」（『日本の教育23集』一ツ橋書房、74年）。

② 灘から開成へ

1977〜1983

【1977年】

開成が初めてトップになる。上位30校1483人のうち、17校962人が中高一貫校。高校からの入学組を除いても、6割が中学受験したことになる。これを象徴するような調査が発表された。文部省の「児童・生徒の学校外学習に関する実態調査」であり、小学校6年生の26・6％が塾通いしていることがわかった。新聞各紙は一面、社会面を大きく使って報道する（77年3月12日）。

朝日新聞「乱塾ぶり、全国に及ぶ」「受験過熱浮き彫り」

毎日新聞「塾5万に310万人」「〃乱塾時代〃まざまざ」「底に学校への不満」

東京新聞「〃乱塾〃列島おおう」「学校教育の本体どこへ……」「授業だけでは心配で」

読売新聞「塾通い5人に1人」「全国に乱立、ついに5万」「〃乱塾〃もてあます文部省」

サンケイ新聞「塾通い全国で300万越す」「学校教育のひずみ浮彫り」

記事のほとんどは、塾に通わせなければならない中学受験のあり方を憂えた論調である。

それは、塾にとっては最大の成果となる生徒の送り込み先（合格校）――開成、麻布、武蔵、灘、東京教育大学附属駒場といった東大合格上位校への批判につながっていた。「乱塾」の名付け親である「毎日新聞」の論調は、塾性悪説に満ちている。「どうみても異常なほどの学習塾ブームだが、この狂態が子供たちの将来にどのような影響をもたらすのか、予測はむずかしい。しかし、子供たちを学習塾へ通わせることへの、いくつかの疑問点は指摘できる。心身ともに未発達な小学生たちに、学校プラス塾という長時間の勉強を押しつけてよいか。運動をしたり、友だちと遊んだり、家族とスキンシップする時間が極端に少なくならないか。塾での〝点取り競争〟に熱中していると、将来、他人を顧みない利己主義人間になるのでは……」（『進学塾の実態　乱塾時代』毎日新聞社会部、サイマル出版会、77年）。

【1978年】

ラ・サールが80人台を推移している。同校のモーリス・ピカール校長がこう話している。

「ラ・サールで東大を言いだしたのは、飛行機で便利に行けるようになってからです。今では、席次の下な生徒ほど、東大東大というようになりました」（『月刊現代』、77年12月号）。

全日空の羽田、鹿児島の直行便が初めて運航されたのが70年のこと。１日１便だった。72

1977年入試

順位	高校	人
1	◎開成	124
2	◎麻布	108
3	◎灘	97
4	□東京教育大学附属駒場	88
4	□東京学芸大学附属	88
6	◎ラ・サール	83
7	湘南	67
8	◎武蔵	63
9	◎栄光学園	59
10	西	52
11	□東京教育大学附属	50
12	浦和（県立）	44
13	青山	41
13	◎広島学院	41
15	富士（東京）	40
16	□金沢大学附属	38
17	千葉（県立）	35
17	戸山	35
17	◎久留米大学附設	35
20	旭丘	34
20	◎愛光	34
22	◎桐朋	31
23	◎駒場東邦	28
23	◎甲陽学院	28
23	□広島大学附属	28
26	鶴丸	25
27	高松	23
28	長野（県立）	22
29	岐阜	21
29	修猷館	21
31	国立	20
31	富山中部	20
31	高岡	20
31	藤島	20
31	千種	20
36	◎洛星	19
36	熊本	19
38	横浜翠嵐	18
39	水戸第一	17
39	宇都宮	17
39	◎東海	17
42	小石川	16
42	◎修道	16
44	両国	15
44	富山	15
44	松本深志	15
44	浜松北	15
44	岡山朝日	15
49	札幌南	14
49	高崎	14
49	日比谷	14
49	天王寺	14
53	□お茶の水女子大学附属	13
53	平塚江南	13
55	熊谷	12
55	立川	12
55	岡山操山	12
55	◎土佐	12
59	津	11
59	□大阪教育大学附属天王寺	11
59	◎淳心学院	11
59	岡山大安寺	11
59	□広島大学附属福山	11
59	◎広陵（広島）	11
59	徳山	11
59	丸亀	11
67	◎暁星	10
67	竹早	10
67	◎聖光学院（神奈川）	10
67	上田	10
67	静岡	10
67	三国丘	10
67	◎東大寺学園	10
74	秋田	9
74	磐城	9
74	船橋（県立）	9
74	希望ヶ丘	9
74	厚木	9
74	北野（大阪）	9
74	米子東	9
74	新居浜西	9
74	大分上野丘	9
83	駒場	8
83	◎桐蔭学園	8
83	新潟	8
83	清水東	8
83	神戸（兵庫）	8
83	桐蔭	8
83	長崎東	8
83	大分舞鶴	8
91	盛岡第一	7
91	仙台第一	7
91	山形東	7
91	春日部	7
91	沼津東	7
91	倉敷青陵	7
91	山口	7
91	松山東	7
91	今治西	7

年には4便に増える。所要時間1時間40分。それ以前は空路だと徳島経由で約4時間かかっていた。鉄道を使うと東京、鹿児島間を寝台特急「はやぶさ」を使って約22時間要したのである。60年代に灘が東大合格者を増やしたのは、64年の新幹線開業がきっかけといわれているが、経済成長、所得倍増に加えて交通網の発展が、地方高校における東大進学気運を高めた要因といえる。

全国高校野球選手権大会東東京予選。麻布対都立小山台の試合で、麻布の応援席から「落ちこぼれ」「バーカ」「悔しかったら東大へこい」の野次がとんだ。それがテレビで放映されてしまう。マスコミはこぞって取り上げ、他校の生徒や教師、評論家が登場して麻布批判が繰り返された。

これに対して「麻布学園新聞」10月号がこう論評する。「『ひどい』、『下品だ』というような評があったが、それはそのとおりである。しかし、『あんたらの気持ちはお見とおしだよ』という感じで決めつけられるとは非常に心外である。(略)『野次』は『野次』であって、それ以上の何物でもなく、その内容をうんぬんする種類のものではない。マスコミは自分たちが作った虚像が何か事を起こすと、『われ先に』と取り上げ紙上をにぎわすのが得意である」。

火に油を注いでしまったようなもので、「朝日新聞」紙上を中心に再び麻布バッシングが

1978年入試

順位	高校	人
1	◎灘	129
2	□東京教育大学附属駒場	123
3	◎開成	111
4	□東京学芸大学附属	89
5	◎ラ・サール	82
6	◎麻布	80
7	□東京教育大学附属	79
8	◎武蔵	77
8	湘南	77
10	◎栄光学園	63
11	西	57
12	戸山	46
12	◎桐朋	46
14	浦和(県立)	42
15	千葉(県立)	41
16	◎甲陽学院	40
17	◎愛光	37
18	青山	36
18	富士(東京)	36
20	◎広島学院	30
21	◎久留米大学附設	29
22	◎駒場東邦	28
23	国立	27
23	横浜翠嵐	27
25	旭丘	25
26	高岡	22
26	高松	22
26	修猷館	22
29	両国	21
29	立川	21
29	千種	21
29	□大阪教育大学附属天王寺	21

順位	高校	人
29	◎淳心学院	21
34	小石川	20
35	岐阜	19
35	鶴丸	19
37	□金沢大学附属	18
37	長野(県立)	18
39	富山中部	17
39	◎洛星	17
41	水戸第一	15
41	◎聖光学院	15
41	静岡	15
41	□広島大学附属	15
41	◎修道	15
41	熊本	15
47	日比谷	14
47	藤島	14
47	岡山大安寺	14
50	宇都宮	13
50	船橋(県立)	13
50	平塚江南	13
50	◎桐蔭学園	13
50	富山	13
55	仙台第一	11
55	横須賀(神奈川県立)	11
55	松本深志	11
55	浜松北	11
55	北野(大阪)	11
55	□広島大学附属福山	11
55	山口	11
62	盛岡第一	10
62	山形東	10
62	前橋(県立)	10
62	高崎	10
62	竹早	10

順位	高校	人
62	光陵	10
62	金沢泉丘	10
62	清水東	10
62	◎東海	10
62	神戸(兵庫)	10
62	桐蔭	10
62	岡山操山	10
62	小倉	10
75	札幌南	9
75	秋田	9
75	磐城	9
75	◎海城(東京)	9
75	希望ヶ丘	9
75	新潟	9
75	諏訪清陵	9
75	加納(岐阜)	9
75	鳥取西	9
75	丸亀	9
75	◎土佐	9
86	札幌北	8
86	岡崎	8
86	三国丘	8
86	岡山朝日	8
86	岡山芳泉(岡山)	8
86	大分舞鶴	8
92	福島(福島)	7
92	土浦第一	7
92	◎桜蔭(東京)	7
92	◎創価	7
92	上田	7
92	沼津東	7
92	長田	7
92	□奈良女子大学附属	7
92	◎東大寺学園	7
92	城南(徳島)	7

始まった。

【1979年】

共通一次試験がスタートした。入試制度の変わり目は現役有利という説は裏付けられた。とはいっても、灘は新しい入試制度も眼中にない。同校教員が話す。「問題が非常にやさしいし、共通一次で失敗するおそれはまずないですから、あくまでも勝負は二次試験です。共通一次はあってもなくても同じ、というのが生徒の意識ですね」(『週刊サンケイ』、80年4月10日号)。

戸山高校が3年連続で増やしている。前年末、東京都教育委員会は、都立高校教師の予備校アルバイト講師兼業の調査を公表した。都内の大手予備校で教えている教員が戸山11人、日比谷、広尾各3人、新宿、富士、小石川、両国各2人。戸山高校の学校史に興味深い記述がある。

「『受験体制に流されず幅広く教養を身につけさせる』という学校の姿勢に対して、(昭和)四十年代には『戸山は受験に毒されていない』と、それを誇りにする生徒もいた。しかし、五十年以降になると、この『戸山教養主義』に対して、『大学入試に関係のない科目は受験

1979年入試

順位	高校	人	順位	高校	人	順位	高校	人
1	◎開成	121	36	修猷館	19	70	盛岡第一	9
2	◎灘	114	37	日比谷	18	70	福島(福島)	9
3	□筑波大学附属駒場	102	37	北野(大阪)	18	70	◎暁星	9
4	□東京学芸大学附属	101	39	札幌南	16	70	平塚江南	9
5	◎麻布	97	39	水戸第一	16	70	光陵	9
6	◎ラ・サール	87	41	□広島大学附属	15	70	上田	9
7	◎武蔵(私立)	86	42	小石川	14	70	浜松北	9
8	□筑波大学附属	61	42	加納	14	70	津	9
9	湘南	60	44	磐城	13	70	今治西	9
10	浦和(県立)	59	44	◎桐蔭学園	13	79	仙台第一	8
11	戸山	55	44	岡山朝日	13	79	秋田	8
12	◎栄光学園	53	44	熊本	13	79	新潟	8
13	西	44	48	前橋(県立)	12	79	清水東	8
14	◎甲陽学院	43	48	◎聖光学院	12	79	時習館	8
15	富士(東京)	42	48	姫路西	12	79	◎六甲	8
16	◎桐朋	41	48	◎淳心学院	12	79	◎東大寺学園	8
17	◎駒場東邦	36	48	松山東	12	79	岡山操山	8
18	◎広島学院	33	53	宇都宮	11	79	◎土佐	8
18	◎久留米大学附設	33	53	東葛飾	11	79	小倉	8
20	国立	32	53	船橋(県立)	11	79	大分上野丘	8
21	立川	30	53	両国	11	90	山形東	7
21	青山	30	53	横須賀(神奈川県立)	11	90	高崎	7
21	藤島	30	53	長野(県立)	11	90	熊谷	7
24	◎洛星	29	53	天王寺	11	90	春日部	7
24	◎愛光	29	53	◎修道	11	90	□お茶の水女子大学附属	7
26	旭丘	28	61	川越	10	90	竹早	7
27	□金沢大学附属	27	61	富山	10	90	◎桜蔭	7
28	千葉(県立)	24	61	松本深志	10	90	飯田(長野)	7
28	千種	24	61	岐阜	10	90	◎大阪星光学院(大阪)	7
30	富山中部	23	61	静岡	10	90	桐蔭	7
30	◎東海	23	61	□大阪教育大学附属天王寺	10	90	米子東	7
32	横浜翠嵐	22	61	神戸(兵庫)	10	90	松江北	7
32	高岡	22	61	岡山芳泉	10	90	下関西	7
32	高松	22	61	□広島大学附属福山	10			
35	鶴丸	20						

東京教育大学附属駒場→筑波大学附属駒場、東京教育大学附属→筑波大学附属

の妨げになる』と不満をもつ生徒がふえてきた。予備校通い、が多くなったのもこの頃からである」(『府立四中、都立戸山高校百年史』)

生徒からの要望で戸山の教員は予備校的な授業をするようになった。それは実際の予備校でも通用する。だから、戸山の教員には予備校アルバイト講師が多い。いや、予備校講師を続ける中で培われた「予備校的な授業」が、戸山の合格実績を高めた。いずれにしても、これによって「戸山教養主義」が失われた。なにもかもみんな学校群制度が悪い。そう読み取れる。

東京教育大学が消滅したことにより、この年から筑波大学附属、筑波大学附属駒場に名称変更した。

【1980年】

愛光が初めて50人を超した。77年に1クラス増設。これによって愛媛県外からの生徒が半分以上になり各地から優秀な中学生が入ってきた。その世代が受験したことによる。80年前後はいわゆるエリート校、東大合格上位校で事件が起こっている。

77年10月、家庭内暴力が激しかった開成の2年生を父親が殺害。「青春を返せ。おれの人

1980年入試

順位	高校	人
1	◎灘	131
2	◎開成	130
3	◎麻布	107
3	□筑波大学附属駒場	107
5	◎ラ・サール	104
6	□東京学芸大学附属	100
7	◎武蔵（私立）	78
8	□筑波大学附属	76
9	湘南	67
10	浦和（県立）	58
11	◎愛光	52
12	◎栄光学園	47
13	◎桐朋	40
14	西	37
15	◎駒場東邦	34
16	国立	33
16	青山	33
18	◎広島学院	31
19	戸山	28
20	富士（東京）	27
20	◎久留米大学附設	27
22	鶴丸	26
23	□金沢大学附属	25
23	千種	25
23	◎洛星	25
26	高岡	24
26	旭丘	24
28	◎甲陽学院	23
29	立川	22
30	千葉（県立）	21
30	富山中部	21
32	◎桐蔭学園	20
32	□広島大学附属	20
34	◎東海	19
34	高松	19
36	水戸第一	18
36	◎聖光学院	18
36	◎淳心学院	18
39	松本深志	17
40	横浜翠嵐	15
40	富山	15
40	長野（県立）	15
40	沼津東	15
40	浜松北	15
45	宇都宮	14
45	厚木	14
45	静岡	14
45	◎東大寺学園	14
49	札幌南	13
49	小石川	13
49	岐阜	13
49	岡山朝日	13
49	□広島大学附属福山	13
49	修猷館	13
55	北野（大阪）	12
55	熊本	12
57	熊谷	11
57	両国	11
57	諏訪清陵	11
57	岡崎	11
57	◎大阪星光学院	11
57	大分雄城台（大分）	11
63	札幌北	10
63	東葛飾	10
63	◎桜蔭	10
63	平塚江南	10
63	藤島	10
63	天王寺	10
63	□大阪教育大学附属天王寺	10
63	丸亀	10
63	新居浜西	10
63	松山東	10
73	秋田	9
73	山形東	9
73	福島（福島）	9
73	前橋（県立）	9
73	日比谷	9
73	加納	9
73	清水東	9
73	◎高田（三重）	9
73	岡山操山	9
73	宮崎西（宮崎）	9
83	高崎	8
83	船橋（県立）	8
83	横須賀（神奈川県立）	8
83	光陵	8
83	三国丘	8
83	◎白陵（兵庫）	8
83	鳥取西	8
83	宮崎大宮	8
91	仙台第一	7
91	◎海城	7
91	新潟	7
91	岡崎北（愛知）	7
91	□大阪教育大学附属池田	7
91	桐蔭	7
91	岡山芳泉	7
91	小倉	7

生は破滅だ、と言って殴る蹴るの毎日」と母親が証言する。

79年11月、早稲田大学高等学院2年生が祖母を殺害して自殺。「エリートをねたむ貧相で無教養で下品で無神経で低能な大衆、劣等生どもが憎いから」などと動機を記した遺書を残す。

80年12月、海城高校出身の2浪生が金属バットで両親を殺害。父親に「お前の学力では大学は無理だ」と言われたことが遠因となる。

「乱塾」がまだホットな話題だったので、これらの事件を報道するスタンスとして、大学受験というシステムが背景にあるという説をにじませているものが少なくなかった。それを象徴する記事がある。「『偏差値価値観』の犠牲者」「塾で身につけた『差別感覚』」という見出しで「今の教育体制では、『勉強』することしか能力や趣味を持たない子か、あるいは周囲の重圧によってそのように改造させられた子、つまりは異常な子でなければ、なかなか進学できなくなった」（「朝日新聞」、79年2月21日、24日）。

記者は本多勝一氏である。受験体制を作り出した社会が悪いと読み取れる。何でも社会のせいにすれば免罪されるのであれば被害者はうかばれない。

1981年入試

順位	高校	人
1	◎灘	139
2	◎開成	135
3	□筑波大学附属駒場	110
4	□東京学芸大学附属	89
5	◎ラ・サール	88
6	◎麻布	84
7	◎栄光学園	75
8	□筑波大学附属	72
9	◎武蔵	68
10	浦和（県立）	51
11	湘南	49
12	西	46
13	千葉（県立）	43
13	◎愛光	43
15	◎桐朋	38
16	◎駒場東邦	35
16	◎甲陽学院	35
18	戸山	33
19	◎広島学院	31
19	◎久留米大学附設	31
21	◎東海	29
21	千種	29
21	◎洛星	29
24	旭丘	27
25	国立	26
26	立川	25
26	富山中部	25
28	青山	24
28	高岡	24
30	修猷館	23
31	富士（東京）	22
31	◎桐蔭学園	22
33	□金沢大学附属	21
33	□広島大学附属	21
35	光陵	18
35	静岡	18
35	鶴丸	18
38	小石川	17
39	□お茶の水女子大学附属	16
39	富山	16
39	◎淳心学院	16
39	高松	16
39	熊本	16
44	札幌南	15
44	藤島	15
44	北野（大阪）	15
47	横浜翠嵐	14
48	水戸第一	13
48	厚木	13
48	加納	13
48	浜松北	13
48	□大阪教育大学附属天王寺	13
48	岡山芳泉	13
54	両国	12
54	◎雙葉（東京）	12
54	◎聖光学院	12
54	長野（県立）	12
54	◎大阪星光学院	12
54	□広島大学附属福山	12
54	松山東	12
61	平塚江南	11
61	三国丘	11
61	姫路西	11
61	◎東大寺学園	11
61	岡山朝日	11
61	◎土佐	11
67	高崎	10
67	熊谷	10
67	東葛飾	10
67	新潟	10
67	松本深志	10
67	諏訪清陵	10
67	清水東	10
67	◎修道	10
67	◎青雲（長崎）	10
67	宮崎西	10
77	札幌北	9
77	盛岡第一	9
77	仙台第二	9
77	船橋（県立）	9
77	横須賀（神奈川）	9
77	岐阜	9
77	小倉	9
84	山形東	8
84	福島（福島）	8
84	磐城	8
84	宇都宮	8
84	春日部	8
84	◎桜蔭	8
84	◎白陵	8
84	岡山操山	8
92	三田	7
92	小松川	7
92	◎巣鴨（東京）	7
92	時習館	7
92	◎滝（愛知）	7
92	神戸（兵庫）	7
92	宇部	7
99	旭川東	6
99	◎函館ラ・サール	6
99	秋田	6
99	安積	6
99	栃木	6
99	前橋（県立）	6
99	金沢泉丘	6
99	野沢北	6
99	岡崎	6
99	□大阪教育大学附属池田	6
99	◎六甲	6
99	桐蔭	6
99	徳山	6

【1981年】

灘が過去最高の139人合格者を出した。同校の進学指導主任の前歴は公立高校教諭である。灘に来てから、公立と同じような授業を進めたら、生徒が退屈してしまった。そこで、スピードアップしてもよくついてくるという。指導主任の話。「とにかく生徒たち、よくできるんですわ。そういう頭のいい子が、ものすごい努力をする。鬼に金棒です」（『週刊サンケイ』、80年４月10日号）。

筑波大学附属駒場高校も77年の「25期生」以降、100人越えが続く。同校ＯＢの英語教諭が語る。「遊んでて、テレビばかり見ているのが、東大へバンバン入っちゃうんだから、頭のいい集団であるのは確かですよ。しかし、塾で勉強して、学校の授業は聞かないのがいるのは困りものだな。（略）頭のいい均質集団だからバラエティーに乏しいのが欠点といえるかな」（『サンデー毎日』、81年４月12日号）。

現役・浪人別では現役50・６％、１浪40・１％、２浪７％、３浪以上2.3％。

【1982年】

開成と灘の１、２位争奪戦に終止符が打たれた。開成はこの年から世紀が代わって22年ま

1982年入試

順位	高校	人
1	◎開成	134
2	◎灘	121
3	◎麻布	115
4	◎ラ・サール	104
5	□東京学芸大学附属	103
6	□筑波大学附属駒場	93
7	◎栄光学園	61
8	□筑波大学附属	60
8	◎武蔵（私立）	60
10	浦和（県立）	54
11	◎愛光	49
12	◎久留米大学附設	46
13	戸山	43
13	◎桐朋	43
13	湘南	43
16	◎駒場東邦	42
17	千葉（県立）	38
18	◎広島学院	37
19	◎東海	33
20	青山	32
21	富士（東京）	31
21	旭丘	31
23	西	30
24	国立	27
25	◎桐蔭学園	26
25	□広島大学附属	26
27	千種	24
27	◎甲陽学院	24
29	◎東大寺学園	23
30	横浜翠嵐	22
31	□金沢大学附属	21
32	◎桜蔭	20
33	立川	19
34	藤島	18
34	浜松北	18
36	厚木	17
36	高岡	17

順位	高校	人
36	高松	17
39	平塚江南	16
39	富山中部	16
39	熊本	16
39	鶴丸	16
43	□お茶の水女子大学附属	15
43	横須賀（神奈川県立）	15
43	◎洛星	15
46	仙台第二	14
46	水戸第一	14
46	小石川	14
46	新潟	14
46	清水東	14
46	◎滝	14
46	◎大阪星光学院	14
53	長野（県立）	13
53	岐阜	13
53	岡崎	13
56	札幌南	12
56	前橋（県立）	12
56	◎暁星	12
56	◎修道	12
60	宇都宮	11
60	松本深志	11
60	岡山芳泉	11
60	修猷館	11
64	山形東	10
64	熊谷	10
64	◎巣鴨	10
64	◎聖光学院	10
64	静岡	10
64	姫路西	10
64	◎淳心学院	10
71	川越	9
71	東葛飾	9
71	両国	9
71	時習館	9

順位	高校	人
71	□大阪教育大学附属天王寺	9
71	岡山朝日	9
71	松山東	9
78	土浦第一	8
78	船橋（県立）	8
78	◎女子学院	8
78	◎雙葉	8
78	富山	8
78	徳山	8
78	新居浜西	8
78	◎土佐	8
86	札幌北	7
86	白鷗	7
86	◎創価	7
86	加納	7
86	神戸（兵庫）	7
86	◎六甲	7
86	鳥取西	7
86	◎青雲	7
94	盛岡第一	6
94	秋田	6
94	磐城	6
94	春日部	6
94	三田	6
94	◎海城	6
94	金沢泉丘	6
94	沼津東	6
94	韮山	6
94	北野（大阪）	6
94	◎白陵	6
94	松江北	6
94	松江南	6
94	岡山操山	6
94	下関西	6
94	丸亀	6
94	宮崎西	6

で、40年間1位を独走することになる。60年代前半に開学した新興の私立高校は、神奈川の桐蔭学園26人、兵庫の白陵《はくりょう》6人、そして、62年に校名変更でリニューアルした京都の洛南4人となっている。これら3校は、当時から合格実績を伸ばすため、能力別クラス編成を採用し、夏冬休み期間中はほとんどを補習、勉強合宿に充《あ》てるなど、公立ではまねできない受験シフトを敷いた。

白陵はここ数年、6～8人で頭打ち。目標をもう少し高く置いていたが、到達できなかった。学校理事長からカミナリを落とされた事務長が話す。「一般企業なら居られへんぞ、学生を預っていながら目標を遂げられんで、世間に申しわけない、といわれまして、来年の進学対策を検討してるとこですわ」（『週刊文春』、82年4月1日号）。

【1983年】

13年ぶりに現役が5割を割った。現役48・6％、1浪42・2％、2浪6.9％、3浪以上2.3％。

女子が前年比30人増で248人となる。東大の女子合格者数の推移を追うと、49年15人、54年78人、59年90人、64年113人、70年123人、75年190人、80年206人、81年230人、82年217人。

女子合格者の高校別では東京学芸大学附属の25人がトップ。これもさかのぼってみると、

1983年入試

順位	高校	人
1	◎開成	129
2	◎灘	123
3	◎麻布	106
4	□筑波大学附属駒場	102
5	□東京学芸大学附属	92
6	◎ラ・サール	82
7	◎武蔵	73
7	◎栄光学園	73
9	湘南	58
10	浦和（県立）	57
10	□筑波大学附属	57
12	◎桐朋	39
13	◎広島学院	36
13	◎久留米大学附設	36
15	国立	35
16	◎愛光	34
17	西	33
17	青山	33
17	千種	33
20	千葉（県立）	32
21	鶴丸	29
22	高岡	28
22	□金沢大学附属	28
24	立川	27
24	旭丘	27
26	戸山	26
26	◎駒場東邦	26
28	札幌南	25
28	◎甲陽学院	25
30	◎淳心学院	23
31	◎桐蔭学園	22
32	修猷館	19
33	富士（東京）	18
33	◎桜蔭	18
33	光陵	18
33	富山中部	18
33	◎東海	18
33	◎東大寺学園	18
39	富山	17
39	◎洛星	17
39	北野（大阪）	17
39	□広島大学附属	17
39	熊本	17
44	浜松北	16
44	□広島大学附属福山	16
46	川越	15
46	◎聖光学院	15
46	岐阜	15
49	仙台第二	14
49	横浜翠嵐	14
49	厚木	14
49	高松	14
53	熊谷	13
53	長野（県立）	13
53	加納	13
56	水戸第一	12
56	◎女子学院	12
56	宮崎西	12
59	松本深志	11
59	◎修道	11
61	◎函館ラ・サール	10
61	高崎	10
61	小石川	10
61	平塚江南	10
61	藤島	10
61	□大阪教育大学附属天王寺	10
61	□大阪教育大学附属池田	10
61	米子東	10
61	小倉	10
70	土浦第一	9
70	横浜緑ヶ丘	9
70	横須賀（神奈川県立）	9
70	新潟	9
70	静岡	9
70	岡崎	9
70	津	9
70	三国丘	9
70	◎大阪星光学院	9
70	新居浜西	9
70	松山東	9
81	札幌北	8
81	宇都宮	8
81	両国	8
81	□お茶の水女子大学附属	8
81	◎海城	8
81	沼津東	8
81	◎滝	8
81	姫路西	8
81	徳山	8
90	福島（福島）	7
90	前橋（県立）	7
90	船橋（県立）	7
90	白鷗	7
90	◎巣鴨	7
90	諏訪清陵	7
90	岡崎北	7
90	◎洛南（京都）	7
90	岡山朝日	7
90	下関西	7
90	宇部	7
90	◎青雲	7

79年26人、80年33人、81年29人、82年24人を数える。受験業界では「学大附《がくだいふ》」と呼ばれているが、これほど多いのは、母数が大きいことがあげられる。学生数（1学年）約380人のうち、ちょうど半分、年によっては半分以上が女子で占められる。その数190人あまり。

60年代、女子合格者数の上位は都立勢に占められていた。学校群制度はこんなところにも影響を及ぼしている。日比谷、戸山に進んでいた女子層が学大附を選んだことによる。筑波大学附属の生徒数（1学年260人）の男女比は2対1で、女子生徒数は約90人なので（87年から1対1になる）、母集団で学大附にはかなわない。お茶の水女子大学附属の学生数（1学年）も約90人なので、太刀打ちできそうもない。

80年代に入ると、女子東大生を特別視する風潮はすっかり薄らいだが、60年代までは差別的ともいえる色眼鏡で見られることがあった。54年、都立小石川高校から7人の女子が東大に進んだ。同校54年卒業のOGが当時の雰囲気を振り返っている。「東大に女を入れるのは税金のムダ使いだとか、女が入って落ちた男が泣くのは許せない、女は最初から東大受験を遠慮すべきだと言う人もあったほどである」（『立志・開拓・創作——五中・小石川高の七十年』）。

【1984年】

出身高校で公立対国立と私立の比率が初めて逆転した。

女子合格者が261人となる。牽引役《けんいんやく》を果たしたのが、桜蔭32人だ。女子合格者では、東京学芸大学附属33人に次ぐもの。以下、筑波大学附属14人、雙葉9人、国立8人、女子学院7人、湘南7人、お茶の水女子大学附属6人、戸山6人。

桜蔭関係者にはマスコミの取材がどっと押しかけた。『週刊文春』では「桜蔭学園高校32名　その驚異の身上調書」（84年4月5日号）と銘打って、合格者の父の職業や学歴が事細かに紹介されている。父親が東大出身12人、兄が東大在学または出身4人、妹が桜蔭在学2人。エリートの再生産と断定するのは安易だが、東大に進む環境が整備されているのは間違いない。桜蔭の進路指導教諭がこう話している。「今年の東大も、本人が受けたいといえば十分に合格できたと思われる生徒はまだまだおりました」（『週刊読売』、84年4月8日号）。

偽らざる感想だろう。中学受験業界では、すでに開成の女性版的な存在であり、塾で成績優秀の女子のほとんどは桜蔭を選んでいた。塾や予備校関係者では、「これまで東大合格者が少なすぎた。70年代に合格者50人を超えてもおかしくなかった」と不思議がっていたくらいだ。

桜蔭の赤星秀子校長は「うちは大学受験の予備校ではないので、特別な教育は何もしていません」という趣旨の発言を繰り返した。翌年に刊行された『桜蔭学園　東大にいちばん近い女子校　東大女子入学トップの秘密』（大隈秀夫、ダイワアート、85年）には、桜蔭関係者（生徒、保護者、教員）が東大合格校としての立ち位置に戸惑っている様子が紹介されている。

6つの出版社から取材や手記執筆依頼、テレビの出演交渉まであった生徒の保護者の話。

「やっかみやせん望が入り交じっていろいろと言われますので、最近、うちの娘は身構えています。これ以上恥？　の上塗りはしたくありません。親たちで子どもたちをガードしましようってみんなで話し合ったほどです。（略）桜蔭にはもともと頭のよい生徒さんが集まって参りますので、優秀な人が東大に入るのがあたりまえでしょう」

駿台甲府、智辯学園《ちべんがくえん》和歌山が初合格者を出した。

1984年入試

順位	高校	人
1	◎開成	134
2	◎灘	119
3	□東京学芸大学附属	110
3	◎ラ・サール	110
5	◎麻布	94
6	□筑波大学附属駒場	89
7	◎武蔵	86
8	◎栄光学園	62
9	浦和（県立）	54
10	□筑波大学附属	51
11	千葉（県立）	47
12	◎駒場東邦	45
13	湘南	41
13	◎愛光	41
15	◎桐朋	38
15	国立	38
15	◎久留米大学附設	38
18	◎桐蔭学園	37
19	西	36
20	◎広島学院	34
21	◎桜蔭	32
21	◎東海	32
23	戸山	31
24	旭丘	27
25	千種	25
26	◎聖光学院	24
27	立川	23
27	□広島大学附属	23
29	富士（東京）	22
30	小石川	21
30	高岡	21
30	◎甲陽学院	21
30	熊本	21
34	◎海城	19
34	富山中部	19
34	鶴丸	19
37	青山	18
37	□金沢大学附属	18
37	浜松北	18
37	◎東大寺学園	18
41	仙台第二	17
42	清水東	16
43	川越	15
43	厚木	15
43	長野（県立）	15
43	◎修道	15
43	松山東	15
43	修猷館	15
49	◎巣鴨	14
49	加納	14
51	札幌南	13
51	船橋（県立）	13
51	松本深志	13
51	岡崎	13
51	◎淳心学院	13
51	□広島大学附属福山	13
57	札幌北	12
57	水戸第一	12
57	光陵	12
57	岐阜	12
57	丸亀	12
62	新潟	11
62	◎洛星	11
62	姫路西	11
62	◎白陵	11
62	高松	11
67	富山	10
67	韮山	10
67	北野（大阪）	10
67	松江南	10
67	宮崎西	10
72	熊谷	9
72	東葛飾	9
72	◎雙葉	9
72	藤島	9
72	静岡	9
72	岡山操山	9
78	盛岡第一	8
78	秋田	8
78	山形東	8
78	安積	8
78	土浦第一	8
78	高崎	8
78	横浜翠嵐	8
78	平塚江南	8
78	横浜緑ヶ丘	8
78	横須賀（神奈川県立）	8
78	○菊里（名古屋市立）	8
78	◎滝	8
78	長田	8
78	岡山朝日	8
78	下関西	8
78	◎青雲	8
94	前橋（県立）	7
94	◎暁星	7
94	◎女子学院	7
94	◎浅野	7
94	◎高田（三重）	7
94	岡山一宮（岡山）	7

【1985年】

現役45・5％、1浪44・1％、2浪7.7％、3浪以上2.7％。現役受験組は66年の「ひのえうま」生まれにあたる。「女性は気が強くて嫁に行ったさきで夫を殺す」などの迷信に従って、子供を産むことを避けた家庭が多かった。65〜67年の出生数は、65年182・4万人。66年136・1万人。67年193・6万人。66年生まれは前後の年に比べて約50万人少ないことになる（出生率5ポイント減）。現役の絶対数が少ない分、浪人がもっと伸びると予想されたが、そうでもなかった。

【1986年】

上位10位以内から公立高校が消えた。それを象徴するのが、神奈川県立湘南高校の前年比16人減少である。順位も、前年の11位から大きく落とした。その理由は、「地域に根ざした学校づくり」を標榜《ひょうぼう》した学区制度の変更によるものとみていい。

81年に全県9学区を16学区に増やし、1学区あたりの受け入れ中学校が少なくなった。茅《ち》ヶ崎《がさき》、藤沢、鎌倉の3市と寒川町から、藤沢と鎌倉市だけとなる。これまで湘南の入学者は、茅ヶ崎市内の出身者で半数近くが占められていたので、影響は大きかった。厚木、県立横須

1985年入試

順位	高校	人
1	◎開成	157
2	◎灘	121
3	◎ラ・サール	117
4	□東京学芸大学附属	100
5	◎麻布	82
6	◎武蔵	73
7	□筑波大学附属駒場	72
8	◎栄光学園	62
9	浦和(県立)	61
10	□筑波大学附属	59
11	湘南	54
12	千葉(県立)	50
13	◎桐朋	46
14	◎久留米大学附設	44
15	◎駒場東邦	42
15	◎甲陽学院	42
17	◎桐蔭学園	40
18	◎広島学院	37
19	□金沢大学附属	36
19	◎愛光	36
21	戸山	32
22	国立	30
23	◎洛星	27
24	西	26
24	青山	26
24	千種	26
27	◎東海	23
28	□お茶の水女子大学附属	21
28	◎桜蔭	21
30	東葛飾	20
31	立川	19
31	高岡	19
31	□広島大学附属	19
31	鶴丸	19
35	◎聖光学院	18
36	富士(東京)	17
36	◎東大寺学園	17
36	◎修道	17
39	厚木	16
39	旭丘	16
39	熊本	16
42	札幌南	15
43	宇都宮	14
43	川越	14
43	◎巣鴨	14
43	新潟	14
47	熊谷	13
47	船橋(県立)	13
47	富山	13
47	静岡	13
47	清水東	13
47	岡崎	13
47	高松	13
54	水戸第一	12
54	◎海城	12
54	岡崎北	12
54	◎白陵	12
58	仙台第二	11
58	光陵	11
58	富山中部	11
58	浜松北	11
58	北野(大阪)	11
58	三国丘	11
58	◎大阪星光学院	11
58	◎淳心学院	11
58	□広島大学附属福山	11
58	◎青雲	11
58	宮崎大宮	11
58	宮崎西	11
70	小石川	10
70	多摩(神奈川)	10
70	藤島	10
73	札幌北	9
73	前橋(県立)	9
73	横浜翠嵐	9
73	平塚江南	9
73	岐阜	9
73	下関西	9
73	小倉	9
80	◎函館ラ・サール	8
80	◎女子学院	8
80	松本深志	8
80	時習館	8
80	◎滝	8
80	□大阪教育大学附属平野	8
80	松江南	8
80	岡山朝日	8
88	山形東	7
88	安積	7
88	土浦第一	7
88	高崎	7
88	希望ヶ丘	7
88	◎浅野	7
88	高志(福井)	7
88	◎駿台甲府	7
88	甲府南	7
88	○菊里(名古屋市立)	7
88	◎高田(三重)	7
88	姫路西	7
88	松江北	7
88	岡山一宮	7
88	丸亀	7
88	新居浜西	7
88	◎土佐	7
88	修猷館	7

賀、小田原などの上位校も減少。78年は公立高校からの合格者177人が、86年では110人と減ってしまう。そのかわり、同期間で栄光学園、桐蔭学園、聖光学院の私立3校の合計が、91人から135人と増えた。

【1987年】

「ジャイアンツは強かった。タイガースの負けです」

A日程B日程方式が導入され、東大は京大との併願が可能になった。それによって、京大合格者の多くが東大に流れてしまう。とくに理学部は、4割の水増し合格者を出したにもかかわらず、61人の定員割れを起こした。この結果を見て、阪神ファンの京大理学部長が思わず口にしたのが、このコメントである。

入学手続き直前、京大は追加予定者で東大を受験した生徒の名簿を東大にFAXで送信。東大はその名簿から入学手続きした生徒をチェックして京大に送り返す。両大学で行われた「入学手続き情報交換票」をもとに追加合格者が決まっていく。ダブル合格者約1500人のうち8割が東大を選んだことがわかった。

これは、東大合格高校の動きにも大きな影響を与えることになる。まず、前年の京大合格

1986年入試

順位	高校	人
1	◎開成	162
2	◎灘	122
3	□東京学芸大学附属	102
4	□筑波大学附属駒場	98
5	◎麻布	97
6	◎ラ・サール	87
7	◎栄光学園	74
8	◎武蔵	73
9	◎桐朋	64
10	□筑波大学附属	59
11	浦和（県立）	56
12	千葉（県立）	53
13	◎桐蔭学園	49
14	◎久留米大学附設	48
15	◎駒場東邦	42
16	◎愛光	40
17	湘南	38
17	◎広島学院	38
19	西	36
20	戸山	35
21	旭丘	32
21	◎甲陽学院	32
23	◎桜蔭	30
24	◎洛星	28
25	□金沢大学附属	26
25	◎東海	26
27	千種	25
28	高岡	24
29	◎東大寺学園	21
30	国立	18
30	◎海城	18
32	札幌南	17
32	小石川	17
32	□お茶の水女子大学附属	17
32	新潟	17
32	富山中部	17
37	水戸第一	16
37	東葛飾	16
37	横浜翠嵐	16
37	光陵	16
37	浜松北	16
42	◎巣鴨	15
42	□広島大学附属	15
44	厚木	14
44	岐阜	14
44	◎滝	14
44	◎高田（三重）	14
44	北野（大阪）	14
44	熊本	14
50	宇都宮	13
50	両国	13
50	富山	13
50	□広島大学附属福山	13
50	高松	13
55	札幌北	12
55	川越	12
55	◎聖光学院	12
55	静岡	12
55	清水東	12
55	岡崎	12
55	□大阪教育大学附属天王寺	12
55	◎青雲	12
55	宮崎西	12
55	鶴丸	12
65	仙台第二	11
65	青山	11
65	松本深志	11
65	長野（県立）	11
65	松江南	11
65	修猷館	11
71	土浦第一	10
71	前橋（県立）	10
71	日比谷	10
71	時習館	10
71	三国丘	10
71	□大阪教育大学附属池田	10
71	◎高知学芸	10
78	盛岡第一	9
78	熊谷	9
78	武蔵（都立）	9
78	八王子東（東京）	9
78	◎浅野	9
78	甲府南	9
78	岡崎北	9
78	津西（三重）	9
78	◎大阪星光学院	9
78	山口	9
78	◎土佐	9
78	東筑（福岡）	9
90	春日部	8
90	船橋（県立）	8
90	横須賀（神奈川県立）	8
90	◎駿台甲府	8
90	姫路西	8
90	◎淳心学院	8
90	白陵	8
90	筑紫丘（福岡）	8
98	仙台第一	7
98	立川	7
98	◎女子学院	7
98	国分寺	7
98	柏陽（神奈川）	7
98	諏訪清陵	7
98	沼津東	7
98	新居浜西	7
98	松山東	7

上位5位以内だった私立4校が合格者を大幅に増やした（カッコ内は、前年比）。洛南（6.8倍）、洛星（2倍）、東大寺学園（1.8倍）、甲陽学院（1.8倍）。

京大合格者でも異変があった。灘が29人から102人となり初めてトップに立つ。東京の高校からもかなりの数が京大に押しかけた（カッコ内は前年比）。東京学芸大学附属42人（7倍）、開成40人（6.7倍）、筑波大学附属駒場25人（5倍）、麻布35人（5.8倍）。

関西の受験生で京大志望者が、京大入試のあとで行われる東大にも挑戦した結果である。京大合格を決めて、「受かればラッキー」という感覚で東大入試に挑んだ者がいた。また、東大志望者にすれば、京大入試は地元ゆえ大きな移動や宿泊はなく、たいした疲労を伴わず受験しやすい。現役は模擬試験感覚で、浪人は「念のため受けておこう」という東大のすべり止めとして受験した者もいた。

東大は、京大とのダブル合格による入学辞退者に備えて、定員よりも大幅な水増し合格者を出した。その数518人、前年比43・1倍である。フタを開ければ辞退者は290人。定員よりも228人多く入学させてしまった。

1987年入試

順位	高校	人
1	◎開成	141
2	◎灘	131
3	◎ラ・サール	115
4	□東京学芸大学附属	96
5	□筑波大学附属駒場	81
6	◎武蔵	79
7	◎麻布	75
8	◎栄光学園	71
9	◎甲陽学院	57
10	□筑波大学附属	56
10	◎洛星	56
12	◎桐蔭学園	54
13	◎愛光	53
14	千葉(県立)	51
14	◎久留米大学附設	51
16	◎桐朋	50
17	◎駒場東邦	49
18	浦和(県立)	48
19	湘南	41
19	◎広島学院	41
21	◎東大寺学園	38
22	西	35
23	戸山	34
23	◎桜蔭	34
23	◎洛南	34
26	旭丘	33
27	◎東海	31
28	千種	30
29	◎巣鴨	27
29	◎聖光学院	27
31	北野(大阪)	26
32	◎大阪星光学院	25
33	高松	24
34	高岡	23
35	□広島大学附属	22
36	□大阪教育大学附属	21
37	◎海城	20
37	□金沢大学附属	20
37	宮崎西	20
40	東葛飾	19
40	熊本	19
42	□お茶の水女子大学附属	18
42	厚木	18
44	宇都宮	17
44	前橋(県立)	17
44	国立	17
44	◎淳心学院	17
44	□広島大学附属福山	17
44	修猷館	17
44	◎青雲	17
51	川越	16
51	□大阪教育大学附属	16
51	◎修道	16
54	水戸第一	15
54	横浜翠嵐	15
54	富山	15
54	◎白陵	15
54	鶴丸	15
59	盛岡第一	14
59	岡崎北	14
61	船橋(県立)	13
61	青山	13
61	富山中部	13
61	岐阜	13
61	浜松北	13
61	岡崎	13
61	茨木	13
61	姫路西	13
61	松江北	13
70	土浦第一	12
70	高崎	12
70	小石川	12
70	清水東	12
70	◎高田(三重)	12
70	奈良	12
76	仙台第二	11
76	藤島	11
76	静岡	11
76	◎滝	11
76	徳山	11
76	◎土佐	11
76	東筑	11
76	筑紫丘	11
84	札幌北	10
84	日比谷	10
84	武蔵(都立)	10
84	新潟	10
84	◎駿台甲府(山梨)	10
84	長野(県立)	10
84	韮山	10
84	膳所(滋賀)	10
84	四條畷(大阪)	10
93	熊谷	9
93	小田原	9
93	平塚江南	9
93	柏陽	9
93	高津	9
93	天王寺	9
93	三国丘	9
93	生野(大阪)	9
93	山口	9
93	◎高知学芸	9
93	小倉	9

【1988年】

「あなたは、昭和63年度東京大学入学試験において、理科一類の合格者となりましたので、通知します。本学に入試の意思のある場合は、速やかにその旨を〈略・電話番号が明記〉にて申し出ること」

3月20日、東大合格発表で自分の受験番号が見あたらなかった受験生の元に、26日付で右記のようなレタックス（電子郵便）が届けられた。追加合格の報せである。

どうしてこんなことになったのか。25日に入学手続きを締め切ってみたところ、理一64人と理二38人の計102人が定員割れとなり、急遽同人数の追加合格者を出した。前年、529人の水増し合格者を出したが、辞退者は292人にとどまった。おかげで定員を200人以上超えてしまい、教育施設が足りなくて大混乱した、という経緯があった。そこで、前年を参考に377人の水増しをしたが、予想が大きく外れてしまい、入学辞退者が大量に出たのである。

東大・京大ダブル合格者の高校別ランキングは次のとおり。①灘59人、②開成37人、③東大寺学園36人、④洛星34人、⑤東京学芸大学附属、甲陽学院28人、⑦麻布、洛南26人。上位8校中、半分以上が関西なのは、入試日が東大よりも前だからだろう。関西の受験生は地の利がよい。関東の受験生にすれば東大入試前に京都へ出かけるのはしんどい、という思いが

1988年入試

順位	高校	人
1	◎開成	162
2	◎灘	130
3	□東京学芸大学附属	115
4	◎ラ・サール	96
5	◎栄光学園	78
6	◎武蔵	77
7	□筑波大学附属駒場	73
8	◎麻布	72
9	◎洛星	66
10	◎東大寺学園	63
11	千葉(県立)	62
12	浦和(県立)	60
13	◎甲陽学院	56
14	□筑波大学附属	55
15	◎久留米大学附設	54
16	◎桐蔭学園	52
17	◎桐朋	48
18	◎駒場東邦	36
19	◎広島学院	35
20	◎洛南	34
20	◎愛光	34
22	湘南	32
22	厚木	32
22	旭丘	32
25	戸山	31
25	□広島大学附属	31
27	千種	30
28	高岡	29
28	岐阜	29
28	◎大阪星光学院	29
31	西	28
31	◎桜蔭	28
31	◎東海	28
34	◎巣鴨	26
35	北野(大阪)	22
35	◎白陵	22

順位	高校	人
35	◎修道	22
38	◎海城	21
38	◎滝	21
40	川越	20
41	◎淳心学院	19
41	熊本	19
43	土浦第一	18
43	□お茶の水女子大学附属	18
43	国立	18
43	横須賀(神奈川県立)	18
43	□大阪教育大学附属天王寺	18
48	◎聖光学院	17
48	富山中部	17
48	□大阪教育大学附属池田	17
51	札幌南	16
51	青山	16
53	船橋(県立)	15
53	小石川	15
53	平塚江南	15
53	□金沢大学附属	15
53	□広島大学附属福山	15
58	山形東	14
58	三国丘	14
60	◎奈良学園(奈良)	13
60	高松	13
60	◎青雲	13
63	札幌北	12
63	盛岡第一	12
63	仙台第一	12
63	八王子東	12
63	◎高田(三重)	12
63	◎高槻(大阪)	12
63	姫路西	12

順位	高校	人
63	宮崎西	12
71	水戸第一	11
71	◎浅野	11
71	富山	11
71	金沢泉丘(石川)	11
71	浜松北	11
71	生野	11
71	徳山	11
71	修猷館	11
71	佐賀西	11
71	鶴丸	11
81	東葛飾	10
81	日比谷	10
81	柏陽	10
81	高志(福井)	10
81	清水東	10
81	岡崎	10
81	◎六甲	10
88	両国	9
88	◎フェリス女学院	9
88	四條畷	9
88	◎智辯学園和歌山(和歌山)	9
88	◎岡山(岡山)	9
88	岡山一宮	9
88	松山東	9
95	◎函館ラ・サール	8
95	前橋(県立)	8
95	高崎	8
95	武蔵(都立)	8
95	富士(東京)	8
95	◎雙葉	8
95	高田(新潟)	8
95	膳所	8
95	◎神戸女学院高等部(兵庫)	8
95	奈良	8
95	丸亀	8

あったはずだ。京大入試東京会場があれば、関東の受験生が殺到しただろう。
東大が大幅な水増し合格を行ったおかげで、予想を超えた合格者数を出した高校が少なくなかった。神奈川県立横須賀高校もその1つである。驚きを隠さなかった。「現役11名（うち理Ⅲ2名、現役・浪人あわせると18名）が合格したことは、ここ20年以上みられなかった『大異変』であった」（『横須賀中学・高等学校八十年史』、89年）。

【1989年】

たった2年で入試制度を変えてしまった。分離分割方式の導入である。A日程の大学に入学手続きをすれば、B日程の大学に合格しても入学することができない、という制度だ。したがって、京大に合格者が手続きをしないで、東大の合格発表を待ち、東大に落ちてしまった場合、京大までも入れなくなってしまうことになる。これは、受験生の東大志向にあわてた京大に対する救済措置といえる。
関西の受験生にすれば、前年までの「京大志望だけど東大も受かってラッキー」がなくなり、不公平感を抱いた者が少なくなかった。東大志望だったが、京大に受かった時点で先の読めない不安から迷いが生じてしまう。そして、東大の結果発表前に京大の入学手続きをす

1989年入試

順位	高校	人
1	◎開成	167
2	□東京学芸大学附属	113
3	◎灘	102
4	◎麻布	94
5	◎ラ・サール	92
6	□筑波大学附属駒場	75
7	□筑波大学附属	66
8	◎桐蔭学園	65
9	◎武蔵	63
10	◎栄光学園	62
11	浦和（県立）	54
12	千葉（県立）	53
12	◎桜蔭	53
14	◎愛光	47
15	◎桐朋	45
16	◎久留米大学附設	40
17	◎巣鴨	39
17	◎東大寺学園	39
19	◎駒場東邦	36
20	◎広島学院	35
21	湘南	34
21	高岡	34
23	戸山	31
23	□金沢大学附属	31
25	◎海城	30
26	◎甲陽学院	28
27	◎聖光学院	27
28	◎洛星	26
29	札幌南	24
29	東葛飾	24
29	□お茶の水女子大学附属	24
29	富山中部	24
33	◎大阪星光学院	23
34	土浦第一	21
34	◎東海	21
34	岡崎	21

順位	高校	人
34	千種	21
38	西	20
39	浜松北	19
39	北野（大阪）	19
41	川越	18
41	旭丘	18
41	◎高知学芸	18
41	熊本	18
45	◎女子学院	16
45	□広島大学附属	16
47	岐阜	15
47	可児（岐阜）	15
47	◎白陵	15
47	□広島大学附属福山	15
47	高松	15
47	◎青雲	15
47	鶴丸	15
54	横須賀（神奈川）	14
54	光陵	14
54	◎高田（三重）	14
54	◎洛南	14
54	◎修道	14
54	宮崎西	14
60	宇都宮	13
60	船橋（県立）	13
60	両国	13
60	青山	13
60	◎早稲田	13
60	富山	13
66	国立	12
66	◎浅野	12
66	清水東	12
66	岡山朝日	12
66	○徳島市立	12
71	水戸第一	11
71	高崎	11
71	日比谷	11
71	八王子東	11

順位	高校	人
71	平塚江南	11
71	厚木	11
71	金沢泉丘	11
71	松本深志	11
71	松山東	11
80	仙台第二	10
80	秋田	10
80	春日部	10
80	◎暁星	10
80	◎雙葉	10
80	横浜緑ヶ丘	10
80	◎フェリス女学院	10
80	長野（県立）	10
80	◎滝	10
89	盛岡第一	9
89	柏陽	9
89	藤島	9
89	静岡	9
89	◎淳心学院	9
89	修猷館	9
89	東筑	9
96	小石川	8
96	横浜翠嵐	8
96	高志（福井）	8
96	大垣北（岐阜）	8
96	韮山	8
96	□大阪教育大学附属池田	8
96	松江北	8
96	小倉	8
96	佐賀西	8
105	◎函館ラ・サール	7
105	磐城	7
105	前橋（県立）	7
105	立川	7
105	希望ヶ丘	7
105	岡崎北（愛知）	7
105	◎岡山	7
105	下関西	7

ませてしまった。そんな受験生が関西の高校で多く見られた。

実際、87、88年において関西の高校が合格者数を伸ばしたが、89年は一転する。前年比で洛星が40人減少したのをはじめ、灘28人、甲陽学院28人、東大寺学園24人、洛南20人と軒並み減らしている。東大寺学園の進路指導部長の話。「東大に十分合格できそうな生徒が京大に手続きしたケースは、我々が予想した以上にすごく多かった」。ラ・サール高校進路指導係の教諭もこう話す。「今年の東大は数学が難しかった。だから理Ⅲには確実に入ると思われていた生徒も（京大に）手続きしましたよ」（いずれも『週刊現代』、89年4月8日号）。

89年は女子合格者が437人で、過去最多となる。女子トップは桜蔭53人。25人増加である。東京学芸大学附属36人、お茶の水女子大学附属24人、女子学院16人、筑波大学附属12人、雙葉10人、フェリス女学院10人。

桜蔭の卒業生の話がこう紹介されていた。「桜蔭では世間の大学を測る物差しとは全然レベルが違うんです。早稲田、慶応は東大のすべり止め。私立女子大なんかは、馬鹿の行くところって、平気で口にする生徒も多いんです」（『ＡＥＲＡ』、88年9月27日号）。こういう生徒はどの進学校にもいるもの。桜蔭のすべてを象徴しているわけではなかろう。

彼女たちの東大合格体験記を読むと鉄緑会《てつりょくかい》、ＳＥＧ、平岡塾などが出てくる。80年代後半、東大合格実績が高い学校に限定した少人数制の塾が人気を博すようになる。現役生からすれば選ばれた者としてプライドをくすぐられるだろう。

ＳＥＧは東京大学理学部数学科の学生や卒業生によって81年に設立された。「心に広がる数学の世界を！」というスローガンを掲げる。09年現在、女子校では延べ人数で雙葉134人、女子学院103人、桜蔭65人が通う。鉄緑会は83年設立。名称の由来は東大医学部の同窓会組織「鉄門倶楽部」の鉄、東大法学部の同窓会組織「緑会」の緑をつなげたものだ。「講師陣も東大卒の専任講師を中心にすべて東大・東大卒業生の中から厳選されており、有名中高で6年間一貫教育を受け、現役合格した者が主体となっています」（鉄緑会ウェブサイト）。平岡塾は65年設立。「開成・筑駒・桜蔭・麻布・筑附・女子学院・雙葉・武蔵・巣鴨・学芸大附などの生徒を中心に一流の生徒を育ててきました」（平岡塾ウェブサイト）。

80年代以降、東大生は入学後、知っている名前とめぐりあう。中学受験で日能研、ＳＡＰＩＸ、早稲田アカデミー、四谷大塚、浜学園、希学園の模試成績優秀者。大学受験では駿台、河合塾、代々木ゼミナールの東大模試成績上位者などの名前だ。中学受験模試の優秀者が、そのまま財務省、法務省、経済産業省、外務省などで次官（大使）をめざす出世争いのライバルとなる。「〇〇年の模試で1番だった」を自慢話として語る者もいる。

東大合格校御用達の予備校、通信添削

70〜80年代、受験生のあいだでは、「生徒の駿台、講師の代ゼミ、机の河合」と呼ばれていた。机とは勉強する環境の良さを意味するが、「テキストの河合」と訂正を求める声もあった。駿台は「東大合格の1／3が出身」が売りで、たとえば、新聞広告に「70年1380人」などと掲げて自慢する。

74年、河合塾は東大に絞った模試「東大入試オープン」を始めた。76年には東大合格者の62.8％にあたる1940人が受験する。灘高校が同模試の会場だった時の逸話。同校OBで精神科医の和田秀樹氏（79年卒）が語る。「『教師が賄賂をもらっているのでは？』と噂が流れ、全員が『東大オープン』をボイコット」（『読売ウイークリー』、07年5月6・13日号）。通信添削のＺ会は、60年代から今日まで高校が入れかわっても、東大合格者会員率の高さを誇る。また鉄緑会は83年に設立。全国展開することなく、東大合格校の生徒のみの受け入れで、関東・関西で勢力を拡大した。

東大合格者のZ会会員比率（％）

1962年度	日比谷	41.8
	西	27.3
	戸山	30
	新宿	16.8
	小石川	30.2
	◎麻布	29.6
	◎開成	22.6
1978年度	◎灘	83.6
	□東京教育大学附属駒場	66.1
	◎開成	61.9
	◎ラ・サール	40.7
	◎麻布	68.8
	□東京教育大学附属	62
	湘南	59.7

Z会の新聞雑誌広告から（当時）

鉄緑会指定校・在籍生徒数一覧
（東京校　2022年10月現在）

◎開成	1084
◎桜蔭	852
□筑波大学附属駒場	602
◎麻布	462
◎海城	471
◎駒場東邦	345
□筑波大学附属	425
◎豊島岡女子学園	409
◎女子学院	247
◎雙葉	235
◎渋谷教育学園幕張	244
◎渋谷教育学園渋谷	214
◎聖光学院	122
◎栄光学園	103

鉄緑会ウェブサイトから

渋谷教育学園幕張高校

岡崎高校

① 中高一貫校の新設ラッシュ 1990～1996

【1990年】

また、入試制度が変わった。共通一次試験に代わってセンター試験が導入され、二次試験も前期・後期に分けて行うようになった。後期は「一芸に秀でた人をとりたい」というねらいから、センター試験3教科プラス論述試験である。合格者には、東大合格実績がない公立高校出身者が散見される。後期試験1人合格が唯一であり、過去10年で初めて合格者を出した高校として、角田（宮城）、稲毛（千葉）、成瀬（東京）、都岡（神奈川）、犬山南（愛知）、山田（大阪）、芦屋南（兵庫）、三本松（香川）、宮崎北（宮崎）などがある。

東大合格校が多様化したという意味では、当時の中教審（中央教育審議会）の思惑に合致することになる。とはいっても、東大側にはそんな意図はない。たまたまの結果である。

80年代から90年代にかけて、中教審で「学歴偏重の是正」が議論されていく中で、東大合格校を憤然とさせる案が浮上してきた。

90年3月、灘中学・高校の校長が、文部省から中教審小委員会への出席を求められた。灘

1990年入試

順位	高校	人	順位	高校	人	順位	高校	人
1	◎開成	155	37	岐阜	19	72	◎智辯学園和歌山	10
2	◎灘	123	37	◎淳心学院	19	72	◎岡山	10
3	◎桐蔭学園	102	41	水戸第一	18	80	山形東	9
4	□東京学芸大学附		42	厚木	17	80	両国	9
	属	100	42	◎フェリス女学院	17	80	◎早稲田	9
5	□筑波大学駒場	95	44	宇都宮	16	80	◎創価	9
6	◎麻布	88	44	船橋(県立)	16	80	光陵	9
7	◎栄光学園	67	44	静岡	16	80	清水東	9
8	◎武蔵	65	44	◎大阪星光学院	16	80	□大阪教育大学附	
9	◎ラ・サール	64	44	□広島大学附属	16		属天王寺	9
10	千葉(県立)	62	49	小石川	15	80	岡山芳泉	9
11	浦和(県立)	60	49	富山	15	80	下関西	9
11	◎桐朋	60	49	◎修道	15	80	○徳島市立	9
13	◎駒場東邦	57	49	高松	15	90	栃木	8
14	□筑波大学附属	56	49	熊本	15	90	日比谷	8
15	◎久留米大学附設	51	49	宮崎西	15	90	◎雙葉	8
16	◎桜蔭	42	55	仙台第二	14	90	柏陽	8
16	◎東大寺学園	42	55	青山	14	90	大垣北	8
18	湘南	41	55	◎女子学院	14	90	□大阪教育大学附	
19	◎洛星	39	55	◎浅野	14		属池田	8
19	◎広島学院	39	55	◎洛南	14	90	徳山	8
21	◎愛光	36	55	□広島大学附属		90	修猷館	8
22	戸山	35		福山	14	90	◎弘学館(佐賀)	8
23	◎白陵	30	61	札幌南	13	90	◎青雲	8
24	◎東海	29	61	八王子東	13	100	青森	7
25	◎巣鴨	28	63	鶴丸	12	100	磐城	7
26	千種	27	64	熊谷	11	100	春日部	7
27	東葛飾	26	64	川越	11	100	◎成蹊	7
27	□お茶の水女子大		64	立川	11	100	◎芝	7
	学附属	26	64	浜松北	11	100	希望ヶ丘	7
27	◎甲陽学院	26	64	岡崎	11	100	平塚江南	7
30	土浦第一	25	64	北野(大阪)	11	100	横須賀(神奈川)	7
30	西	25	64	◎高槻	11	100	甲府南	7
32	旭丘	24	64	姫路西	11	100	長野(県立)	7
33	◎海城	23	72	前橋(県立)	10	100	◎高田(三重)	7
33	高岡	23	72	太田	10	100	□大阪教育大学附	
35	国立	21	72	◎市川(千葉)	10		属平野	7
35	□金沢大学附属	21	72	横浜緑ヶ丘	10	100	◎清風南海(大阪)	7
37	◎聖光学院	19	72	新潟	10	100	松江北	7
37	富山中部	19	72	◎滝	10	100	◎土佐	7

の校長はヒアリングで「悪平等を排除し、個性重視の教育、一人ひとりに差のある教育を行うことが非常に大事」と発言。すると、委員の西尾幹二氏（当時、電気通信大教授）が灘批判ともとれる主張をした。

「特定の知能、才能を持った者を独占するスタイルが過度に進むと、経済の法則の寡占体制と同じで、一種の独占禁止法でも作って過度独占体制を打破しないとダメ」

「一つの高等学校から十人ないし二十人以上の高校生は一つの大学は採ることができないというような、つまり、国家権力の介入を行ったらどうなるか。先生方の学校はお困りになるだろうが、おそらく才能の分散ということは可能になるだろうと思える」

東大入試で灘、開成、麻布など中高一貫校の生徒ばかりが合格するのは、独占禁止法違反みたいなもの。東大入学者は1つの高校で何人までと制限をつけるべき、という趣旨である。

12月、中教審の中間報告が発表され、「一つの高校からある大学に一定数以上入学することを防ぐため、定数の上限を決める」と記されていた。これに灘の校長が反論する。「公教育の力が低下している問題など、もっと目を向ける課題があるはずだ。伸びる者の足を引っ張るだけで実現性があるとは考えない。（略）大学も学区制にし、例えば、灘高からは大阪大か神戸大にしか行けないとした方がまだまし」（「毎日新聞」大阪版、90年11月15日）。

【1991年】

4月、中教審の最終答申がまとまる。東大など特定大学への入学者に「数字上の上限を定める」という表現がなくなる。「できるだけ出身高校が広範囲に分散するよう」「特定高校出身者の一大学における寡占を是正する」というフレーズは残ったが、受験業界になにも影響を及ぼさなかった。「入学制限」問題はこれで収束する。

中教審委員の渋谷教育学園理事長、田村哲夫氏はこう訴えていた。「東大が少数の高校で占めている寡占状態を防ぐことは意味がある。現在の入試は、人間の持っている数多くの能力のうち、もっぱら記憶力だけをテストしているが、それだけなら訓練でかなり伸ばせるし、そのノウハウばかりを備えた大都市圏の生徒が有利になる。（略）東大に人気が集中する歪んだ序列から変えなくてはいけない」（『週刊朝日』、91年5月3日・10日号）。

これから11年後の02年、同学園系列の渋谷教育学園幕張が東大合格者で県立千葉を超え県内トップになる。東大寡占組の仲間入りを果たしてしまった。

【1992年】

桐蔭学園114人。同校では過去最高の数字である。同校の１学年１６００人、31クラスは日本最大級である（当時）。数の論理から、東大合格者で開成を超す可能性があるのは桐蔭学園だけと、受験関係者はみていた。初代校長の鵜《う》川《かわ》昇氏は、「トップは見えた」「200人はいきたい」など強気の発言を繰り返していた。東大、一橋、東京工業大、京大の合格者は合計すると245人。「この生徒に全員、東大を受けさせたら東大合格者は開成を抜きます」（『週刊朝日』、92年9月11日号）。鵜川氏の単著は30冊以上、対談や翻訳をあわせれば50冊を超える。

桐蔭学園が開学時から続けている能力別クラスに対しては、平等主義、機会均等の立場から多くの批判があった。鵜川氏はこう反論している。「学力差の歴然としている生徒を一緒にして授業をすることは、伸びるものを伸ばさないし、力のないものはほったらかしにするという、まことに不適切な教育と言わざるをえない」（『鍛える、伸ばす、育てる　桐蔭学園式全員エリート教育』プレジデント社、94年）。

80年代後半のバブル好景気は大学受験にも反映されている。受験生が1人で10校近くも出願し、私立大志願者は軒並み増加。難易度は大きく変動した。90年代前半にこんな報道があった。「ここまで進んだ大学下克上　日東駒専は偏差値で旧帝大　北大・東北大・九大に並んだ」（『週刊現代』、90年3月10日号）。これに反論するような記事も出た。「日東駒専大東亜

1991年入試

順位	高校	人
1	◎開成	191
2	◎ラ・サール	105
3	◎麻布	102
4	◎灘	101
5	□東京学芸大学附属	96
6	◎桐蔭学園	90
7	◎武蔵	70
7	◎栄光学園	70
9	□筑波大学附属駒場	65
10	千葉(県立)	61
11	◎桜蔭	59
12	浦和(県立)	58
13	◎東大寺学園	55
14	◎駒場東邦	51
15	□筑波大学附属	46
16	◎巣鴨	44
17	◎久留米大学附設	43
18	◎桐朋	40
18	◎愛光	40
20	◎洛星	38
20	◎洛南	38
22	◎海城	36
23	◎広島学院	32
24	◎東海	31
25	湘南	30
25	◎聖光学院	30
27	戸山	29
27	高岡	29
27	◎甲陽学院	29
30	◎白陵	28
31	土浦第一	27
32	◎大阪星光学院	25
33	西	24
33	旭丘	24
33	岡崎	24
36	□金沢大学附属	23
37	東葛飾	21
38	水戸第一	20
38	千種	20
38	□大阪教育大学附属池田	20
38	□広島大学附属	20
42	◎女子学院	19
42	岐阜	19
44	◎青雲	18
45	◎修道	17
46	札幌南	16
46	□お茶の水女子大学附属	16
46	八王子東	16
46	岡崎北	16
46	◎淳心学院	16
51	船橋(県立)	15
51	厚木	15
51	◎浅野	15
51	富山中部	15
51	富山	15
51	鶴丸	15
57	川越	14
57	◎滝	14
57	熊本	14
60	札幌北	13
60	宇都宮	13
60	高崎	13
60	両国	13
60	◎フェリス女学院	13
60	柏陽	13
66	武蔵(都立)	12
66	国立	12
66	◎雙葉	12
66	光陵	12
66	金沢泉丘	12
66	◎清風南海	12
66	◎智辯学園和歌山	12
66	高松	12
74	◎暁星	11
74	青山	11
74	清水東	11
74	北野(大阪)	11
74	□広島大学附属福山	11
79	秋田	10
79	前橋(県立)	10
79	熊谷	10
79	横浜翠嵐	10
79	横須賀(神奈川)	10
79	高志(福井)	10
79	可児	10
79	◎高田(三重)	10
79	◎高知学芸	10
79	宮崎西	10
89	◎函館ラ・サール	9
89	◎芝	9
89	甲府南	9
89	松本深志	9
89	□大阪教育大学附属天王寺	9
89	◎岡山	9
89	○徳島市立	9
89	丸亀	9
97	盛岡第一	8
97	仙台第二	8
97	◎江戸川学園取手(茨城)	8
97	藤島	8
97	沼津東	8
97	浜松北	8
97	韮山	8
97	◎奈良学園	8
97	山口	8
97	徳山	8
107	旭川東	7
107	山形東	7
107	福島(福島)	7
107	真岡(栃木)	7
107	日比谷	7
107	立川	7
107	修猷館	7

帝国は国立大学を超えたの嘘」（『週刊文春』、92年4月2日号）。早慶上智明治立教中央に落ちて東大合格というケースは実際にあった、国立大学よりも有名私大のほうがむずかしい、という通説が広がっていくさなかの受験記事だった。予備校関係者が模試結果を検証したところ、反論記事のほうが現実に近い、ということだった。

【1993年】

海城51人、洛南46人。いずれも過去最高の合格者数となった。2校の教育方針は大きく異なる。現役で理三合格者の話を紹介しよう。

まずは海城高校。96年に合格のS・Nさん。「勉強、勉強と強制しないし、それなりに遊ばせてくれる（略）生徒は自由奔放にやりたいことをやっていたユニークな人が多かったし、先生も生徒に負けじとユニークさを発揮していました（略）英語のリーダーズの先生はいい奴だけど使えなかった。その先生の授業は内職専用に設定して、席替えでいちばん前の席に移ったときも、黙々と生物の勉強にいそしんでいました」（『天才たちのメッセージ　東大理Ⅲ　1996』）。

次に洛南高校。95年に合格したI・Sさん。「進学校だけに、とても勉強に関してうるさ

1992年入試

順位	高校	人	順位	高校	人	順位	高校	人
1	◎開成	201	38	水戸第一	20	72	甲府南	10
2	◎麻布	126	38	◎浅野	20	72	北野(大阪)	10
3	◎桐蔭学園	114	38	◎久留米大学附設	20	72	姫路西	10
4	◎灘	105	41	西	18	72	◎六甲	10
5	□東京学芸大学附		41	国立	18	72	□広島大学附属	
	属	95	41	◎女子学院	18		福山	10
6	◎武蔵	85	44	高松	17	80	船橋(県立)	9
7	□筑波大学附属駒		44	◎青雲	17	80	武蔵(都立)	9
	場	81	44	鶴丸	17	80	◎雙葉	9
7	◎ラ・サール	81	47	高崎	16	80	◎創価	9
9	◎巣鴨	78	47	◎フェリス女学院	16	80	横浜緑ヶ丘	9
10	◎栄光学園	74	47	◎東海	16	80	金沢泉丘	9
11	千葉(県立)	61	50	□お茶の水女子大		80	藤島	9
12	◎桜蔭	59		学附属	15	80	長野(県立)	9
13	◎駒場東邦	56	50	◎修道	15	80	浜松北	9
14	◎聖光学院	53	52	◎暁星	14	80	◎滝	9
15	◎東大寺学園	52	52	八王子東	14	80	◎奈良学園	9
16	◎愛光	49	52	厚木	14	80	今治西	9
17	浦和(県立)	47	52	□大阪教育大学附		92	札幌南	8
18	◎海城	42		属池田	14	92	◎江戸川学園取手	8
19	◎洛南	41	52	□広島大学附属	14	92	◎清真学園(茨城)	8
20	◎桐朋	39	57	札幌北	13	92	太田	8
21	□筑波大学附属	38	57	小石川	13	92	日比谷	8
22	湘南	33	57	可児	13	92	横須賀(神奈川)	8
23	◎洛星	32	57	清水東	13	92	光陵	8
24	□金沢大学附属	30	57	千種	13	92	大垣北	8
24	◎甲陽学院	30	62	盛岡第一	12	92	時習館	8
26	旭丘	29	62	前橋(県立)	12	92	◎清風南海	8
26	岡崎	29	62	横浜翠嵐	12	92	◎智辯学園和歌山	8
28	◎広島学院	26	62	静岡	12	92	◎土佐	8
29	東葛飾	25	62	◎高田(三重)	12	92	修猷館	8
29	岐阜	25	62	◎淳心学院	12	92	東筑	8
31	宇都宮	23	68	新潟	11	92	◎弘学館	8
32	土浦第一	22	68	松本深志	11	107	会津	7
32	高岡	22	68	一宮(愛知)	11	107	◎市川(千葉)	7
32	◎大阪星光学院	22	68	松江北	11	107	青山	7
32	◎白陵	22	72	川越	10	107	高志(福井)	7
32	熊本	22	72	富山中部	10	107	諏訪清陵	7
37	戸山	21	72	富山	10	107	◎岡山	7

くて厳しいんです。授業を受ける前に予習をしておかないと、先生の話が理解できないし、予習を忘れると正座をさせられたり、担任の先生から怒鳴られたり、ビシビシ指導されるんです。（略）極めつきは、高1～高3まで毎年行われる勉強合宿（略）朝6時に起床して、朝の散歩と食事、風呂以外はほとんど勉強していましたね」（『天才たちのメッセージ　東大理Ⅲ　1995』）

この年の現役合格者比率は62・5％。90年代になると、浪人が4割を超えなくなった。

80年代まで、「東大ひと筋、苦節○○年」という浪人生が見られた。地方から上京して、何年も東大を受けるが、結果は出ない。恥ずかしい、自尊心が保てないなどの理由から身の置き場がなくなり、実家に戻れず音信が途絶えてしまう浪人生もいた。こんなとき、週刊誌の東大合格者氏名一覧が役に立った。「やっと合格できたか」「今年もダメだったか」と。

90年代になると、何が何でも東大という受験生は減少する。東大にありがたみがなくなったのか。受験生が変質したのか。メディアが命名した「東大病」が撲滅されつつあった。

【1994年】

80年代に誕生した中高一貫校からの合格者が目立ちはじめた（以下、開校した年、94年の合

1993年入試

順位	高校	人
1	◎開成	171
2	◎ラ・サール	107
3	□東京学芸大学附属	104
3	◎灘	104
5	◎麻布	96
6	◎桐蔭学園	85
7	□筑波大学附属駒場	75
8	◎巣鴨	59
9	千葉(県立)	56
10	◎駒場東邦	54
11	◎海城	51
12	◎桐朋	50
13	浦和(県立)	48
13	□筑波大学附属	48
13	◎栄光学園	48
16	◎武蔵	47
16	◎桜蔭	47
18	◎洛南	46
19	◎聖光学院	41
19	◎久留米大学附設	41
21	◎愛光	40
22	岡崎	38
22	◎広島学院	38
24	旭丘	34
24	◎白陵	34
26	◎東大寺学園	33
27	西	31
27	高岡	31
29	◎大阪星光学院	29
30	◎女子学院	28
31	□金沢大学附属	26
32	富山中部	24
32	◎智辯学園和歌山	24
32	◎青雲	24
35	◎洛星	23
36	土浦第一	22
36	戸山	22
36	◎浅野	22
36	◎東海	22
36	◎甲陽学院	22
41	湘南	21
42	水戸第一	20
42	宇都宮	20
44	札幌南	19
44	□お茶の水女子大学附属	19
44	岐阜	19
44	高松	19
44	鶴丸	19
49	◎フェリス女学院	17
49	高志(福井)	17
51	仙台第二	16
51	◎城北(東京)	16
53	八王子東	15
54	盛岡第一	14
54	東葛飾	14
54	◎暁星	14
54	国立	14
54	静岡	14
54	修猷館	14
54	◎弘学館	14
61	□広島大学附属福山	13
61	◎修道	13
61	熊本	13
64	札幌北	12
64	川越	12
64	◎雙葉	12
64	◎創価	12
64	清水東	12
64	小倉	12
70	◎芝	11
70	柏陽	11
70	松本深志	11
70	磐田南	11
70	◎奈良学園	11
75	山形東	10
75	高崎	10
75	両国	10
75	厚木	10
75	横須賀(神奈川県立)	10
75	富山	10
75	浜松北	10
75	◎滝	10
75	◎清風南海	10
75	□広島大学附属	10
75	宮崎西	10
86	前橋(県立)	9
86	船橋(県立)	9
86	小石川	9
86	藤島	9
86	◎高田(三重)	9
86	○徳島市立	9
92	◎茗溪学園(茨城)	8
92	◎清真学園	8
92	◎早稲田	8
92	甲府南	8
92	長野(県立)	8
92	可児	8
98	仙台第一	7
98	秋田	7
98	宇都宮女子(栃木)	7
98	太田	7
98	熊谷	7
98	立川	7
98	横浜翠嵐	7
98	新潟	7
98	大垣北	7
98	時習館	7
98	姫路西	7
98	下関西	7
98	今治西	7
98	◎岩田(大分)	7

格者数）。
85年　昭和学院秀英１人。86年　池田学園池田１人、新潟第一１人、鈴鹿１人。87年　江戸川学園取手１人、弘学館18人、土佐塾４人。88年　西大和学園６人、東明館１人

　進学実績がないなかで、どうやって生徒を集めていくか。難関大学に受かるまで面倒見の良さをアピールするしかない。そこが腕の見せどころである。中学入学時に地域のトップ校に入れなかった生徒を６年間徹底的に鍛えて、東大合格へつなげていく。全寮制、予備校のノウハウ活用、勉強合宿、早朝授業や補習充実、夏休みや冬休みを短縮して年間授業日数拡大など、既存校が行ってきた効果的と思われるシステムを採り入れたのである。厳しい管理のもと、詰め込み型教育を行う学校もあった。塾、予備校、メディアが「中学は入りやすいが、高校を出るとき、東大・京大に合格させる『お買い得』学校」と勧めていた。

　こうした中高一貫校の登場は、親からも歓迎されていた。80年代後半は私立中学に対する関心が高まった時期でもあった。２つ要因が考えられる。

　①85年のプラザ合意以降、急速な円高基調によりバブル経済の恩恵を受けた高所得者層が出現。彼らは子どもの私立中学への進学を一種のステイタスと考えるようになった。②公立中学校に対する不信感が高まった。70年代後半からの校内暴力やいじめがピークを迎えてい

1994年入試

順位	高校	人
1	◎開成	197
2	◎麻布	105
3	◎灘	100
4	◎桐蔭学園	90
5	□筑波大学附属駒場	87
6	□東京学芸大学附属	83
7	◎ラ・サール	81
8	◎桜蔭	70
9	◎栄光学園	66
10	◎駒場東邦	65
11	◎巣鴨	64
12	◎武蔵	58
13	千葉(県立)	57
14	◎愛光	54
15	◎洛南	53
16	浦和(県立)	49
17	◎海城	47
18	◎桐朋	41
19	◎東大寺学園	40
20	岡崎	37
21	□筑波大学附属	35
21	◎聖光学院	35
23	◎大阪星光学院	33
24	◎久留米大学附設	32
25	土浦第一	30
25	岐阜	30
25	◎洛星	30
25	◎広島学院	30
29	旭丘	29
29	◎東海	29
31	湘南	28
32	◎甲陽学院	27
33	◎浅野	26
33	鶴丸	26
35	東葛飾	25
35	◎青雲	25
37	◎女子学院	22
37	熊本	22
39	水戸第一	21
39	時習館	21
41	高岡	20
41	高松	20
43	高崎	19
43	◎暁星	19
43	□お茶の水女子大学附属	19
43	□金沢大学附属	19
47	西	18
47	富山中部	18
47	◎智辯学園和歌山	18
47	◎弘学館	18
51	盛岡第一	17
51	◎白陵	17
51	□広島大学附属福山	17
51	◎修道	17
55	宇都宮	16
55	戸山	16
55	宮崎西	16
58	山形東	15
58	川越	15
58	修猷館	15
61	◎高知学芸	14
62	札幌北	13
62	仙台第二	13
62	八王子東	13
62	□広島大学附属	13
66	青森	12
66	小石川	12
66	可児	12
66	◎滝	12
66	◎高田(三重)	12
66	大分上野丘	12
72	◎創価	11
72	◎フェリス女学院	11
72	新潟	11
72	◎駿台甲府	11
76	仙台第一	10
76	前橋(県立)	10
76	沼津東	10
76	◎淳心学院	10
80	札幌南	9
80	太田	9
80	船橋(県立)	9
80	◎国際基督教大学(東京)	9
80	厚木	9
80	高志(福井)	9
80	甲府南	9
80	長野(県立)	9
80	静岡	9
80	清水東	9
80	◎岡山白陵(岡山)	9
80	松山東	9
92	安積	8
92	大垣北	8
92	浜松北	8
92	刈谷(愛知)	8
92	◎清風南海	8
92	姫路西	8
92	松江北	8
92	松江南	8
92	○徳島市立	8

た。83年、町田市立忠生中学校で教師が殴りかかってきた生徒をナイフで刺す事件が発生。86年には中野区立中野富士見中学校の生徒がいじめを苦に自殺した。「葬式ごっこ」や遺書の「生きジゴクになっちゃうよ」が、中学校に入学する子どもを持つ親に大きな衝撃を与えた。

【1995年】

1月17日、阪神・淡路大震災が起こった。被災した灘高校出身の理三合格者がふり返る。

「それは、受験勉強を終えて、寝入りばなに起こりました。グラッと来た瞬間は、何が起きたかわからなかったんですけど、とにかく身の危険を感じて反射的に布団を頭からかぶりました。激しい縦揺れに続いて、横揺れも起こり、『ゴゴーッ』という衝撃波の重低音が凄かったです。（略）早く安全な場所へ避難しようと思って、玄関に殺到したら、ドアが歪んでしまって、人ひとり通れる程も開かないんです。外に出られないっ！　と焦った僕達でしたが、よく見るとドアの蝶番《ちょうつがい》が、地震で弱っていたので、無理矢理力で取り外して、脱出したんです。（略）昼は自分のことも構わずに水汲みをしている学校の先生方を手伝って、夜は遺体置場の体育館から奥まったところにある、ふだん部活動の合宿で使われる研修館に避

1995年入試

順位	高校	人	順位	高校	人	順位	高校	人
1	◎開成	170	35	富山中部	22	71	◎暁星	11
2	□東京学芸大学附属	110	38	西	21	71	◎フェリス女学院	11
3	◎桐蔭学園	107	38	甲府南	21	71	高志(福井)	11
4	◎麻布	101	40	◎智辯学園和歌山	20	71	◎高田(三重)	11
5	◎灘	95	40	鶴丸	20	71	◎修道	11
6	□筑波大学附属駒場	84	42	◎滝	19	78	◎芝	10
7	◎ラ・サール	73	43	山形東	18	78	静岡	10
8	◎桜蔭	72	43	高崎	18	78	◎大阪星光学院	10
9	◎栄光学園	70	43	◎女子学院	18	78	◎淳心学院	10
10	◎海城	68	43	◎甲陽学院	18	78	□広島大学附属	10
11	◎巣鴨	63	47	□金沢大学附属	17	83	仙台第二	9
12	◎洛南	58	48	札幌南	16	83	栃木	9
13	◎武蔵	57	48	◎清風南海	16	83	立川	9
14	千葉(県立)	55	48	高松	16	83	金沢泉丘	9
14	◎桐朋	55	51	船橋(県立)	15	83	磐田南	9
16	浦和(県立)	50	51	可児	15	83	姫路西	9
17	◎愛光	48	51	松江北	15	89	秋田	8
18	□筑波大学附属	47	51	□広島大学附属福山	15	89	◎江戸川学園取手	8
18	◎駒場東邦	47	55	盛岡第一	14	89	国立	8
20	◎久留米大学附設	41	55	八王子東	14	89	平塚江南	8
21	岡崎	40	55	◎弘学館	14	89	松本深志	8
22	◎聖光学院	38	55	宮崎西	14	89	清水東	8
23	◎白陵	37	59	東葛飾	13	89	□大阪教育大学附属天王寺	8
24	◎広島学院	34	59	◎早稲田	13	89	徳山	8
25	土浦第一	33	59	富山	13	89	松山東	8
26	◎東大寺学園	31	59	時習館	13	89	◎高知学芸	8
27	◎青雲	29	59	修猷館	13	89	宮崎大宮	8
28	高岡	28	64	前橋(県立)	12	100	◎城北(東京)	7
29	岐阜	27	64	太田	12	100	◎横浜雙葉(神奈川)	7
30	旭丘	26	64	川越	12	100	新潟	7
31	湘南	25	64	戸山	12	100	長野(県立)	7
32	熊本	24	64	□お茶の水女子大学附属	12	100	浜松北	7
33	◎東海	23	64	一宮	12	100	◎岡山	7
33	◎洛星	23	64	福岡	12	100	丸亀	7
35	宇都宮	22	71	水戸第一	11	100	◎岩田	7
35	◎浅野	22	71	春日部	11			

難していました」（『天才たちのメッセージ　東大理Ⅲ　１９９５』）。

灘高校は避難所に指定されることになり、教員たちは家をなくした人たちの対応に追われていた。勉強どころではなかった。しかし、東大合格者数で灘は前年比５人減、兵庫県全体は１人増と例年と変わらなかった。

【１９９６年】

現役比率65％、女子616人はいずれも過去最高となった。女子合格者数の高校別では①桜蔭93人、②東京学芸大学附属35人、③女子学院31人、④お茶の水女子大学附属15人、⑤桐蔭学園14人、⑥筑波大学附属10人、⑦フェリス女学院８人。

私立中高一貫校では「７年周期説」が唱えられることがある。X年、中高一貫のA校で東大合格者が増えた。それを知った成績優秀な小学校５年生が、翌年にA校へ入学する（１年）。これら優秀な生徒が中高６年間をすごして東大を受験する（６年）。こうして７年という数字が出たわけだ。たとえば、江戸川学園取手（茨城）は89年に５人合格（前年比１人増）。この結果を見た成績優秀な生徒が90年に江戸川学園取手中学に入学。６年間（90〜96年）すごして、96年に彼らは東大を受験し15人が合格している（前年比増７人）。

1996年入試

順位	高校	人
1	◎開成	158
2	◎灘	104
3	◎麻布	103
4	□筑波大学附属駒場	102
5	◎桜蔭	93
6	□東京学芸大学附属	90
7	◎ラ・サール	87
8	◎桐蔭学園	83
9	◎武蔵	66
10	◎洛南	63
11	◎栄光学園	60
12	◎巣鴨	53
13	◎桐朋	47
13	◎駒場東邦	47
15	◎海城	45
15	◎久留米大学附設	45
17	千葉(県立)	43
18	◎聖光学院	40
19	□筑波大学附属	37
20	◎東海	36
21	◎東大寺学園	35
21	◎広島学院	35
23	◎青雲	34
24	土浦第一	32
25	◎女子学院	31
25	◎白陵	31
27	岡崎	30
28	熊本	29
29	◎愛光	27
30	◎智辯学園和歌山	26
31	宇都宮	24
31	浦和(県立)	24
31	高岡	24
31	◎洛星	24
35	◎浅野	23
35	一宮	23
37	東葛飾	22
37	◎弘学館	22
39	岐阜	21
39	旭丘	21
41	□金沢大学附属	19
42	湘南	18
42	◎甲陽学院	18
42	◎修道	18
42	鶴丸	18
46	高崎	17
46	□広島大学附属	17
48	浜松北	16
48	◎大阪星光学院	16
48	松江北	16
48	□広島大学附属福山	16
48	宮崎西	16
53	盛岡第一	15
53	◎江戸川学園取手	15
53	□お茶の水女子大学附属	15
53	富山中部	15
53	修猷館	15
58	山形東	14
58	新潟	14
60	前橋(県立)	13
60	時習館	13
60	◎岡山白陵	13
60	高松	13
64	戸山	12
64	西	12
64	◎暁星	12
64	◎創価	12
68	札幌北	11
68	水戸第一	11
68	◎城北(東京)	11
68	富山	11
68	可児	11
68	○徳島市立	11
74	秋田	10
74	高志(福井)	10
74	府南	10
74	◎南山(愛知)	10
74	◎高田(三重)	10
74	◎西大和学園(奈良)	10
80	福島(福島)	9
80	八王子東	9
80	厚木	9
80	松本深志	9
80	長野(県立)	9
80	姫路西	9
80	小倉	9
87	◎市川(千葉)	8
87	◎攻玉社(東京)	8
87	横浜緑ヶ丘	8
87	◎フェリス女学院	8
87	静岡	8
87	大分舞鶴	8
87	◎岩田	8
94	旭川東	7
94	太田	7
94	◎西武学園文理(埼玉)	7
94	◎早稲田	7
94	藤島	7
94	大垣北	7
94	磐田南	7
94	□大阪教育大学附属池田	7
94	◎徳島文理(徳島)	7
94	丸亀	7
94	松山東	7
94	今治西	7

【1997年】

公立トップの茨城県立土浦第一高校43人は、同校にとって過去最高となる。要因の1つに、93年の学区割り変更がある。県内8学区が5学区になり、牛久《うしく》・龍ケ崎・取手の3市が加わる。つくば市が学区外となるも、学区外からの入学比率が15％から30％に広がったことで、つくば市の研究学園都市で働く研究者の子弟を失わずに済んだことは大きい。

同校の進路指導部長は進学実績についてこう話す。「平常授業での学力養成に徹底して力を注いできたこと」「個別面談を数多く実施して、生徒の生活指導や学習相談にきめ細かく対応してきたこと」「三年時で文・理のコース分けを行い、二年生時は『物理』、『化学』を全生徒が履修すると言うカリキュラムの中で、受験効率型でない本格的な総合学力を育成してきたこと」（『進修百年——土浦中学、土浦一高百年の歩み』、97年）。60年代の都立高校の教養主義的な教育に、80年代の私立高校の受験対策型を足して2で割ったようなものである。

佐賀の弘学館高校が31人。県内の高校として初めて30位以内に入った。87年、弘学館は中

1997年入試

順位	高校	人
1	◎開成	188
2	□東京学芸大学附属	111
3	◎灘	96
4	◎桐蔭学園	95
5	◎麻布	93
6	◎桜蔭	92
7	□筑波大学附属駒場	90
8	◎洛南	68
9	◎巣鴨	63
9	◎ラ・サール	63
11	◎武蔵	58
12	◎駒場東邦	57
13	◎栄光学園	48
14	□筑波大学附属	46
15	◎海城	45
16	土浦第一	43
17	◎桐朋	41
18	◎愛光	40
19	千葉（県立）	37
20	◎東大寺学園	36
20	◎広島学院	36
22	◎女子学院	35
22	◎久留米大学附設	35
24	◎白陵	33
24	◎青雲	33
26	浦和（県立）	32
27	岡崎	31
27	◎弘学館	31
29	◎聖光学院	30
30	旭丘	29
31	◎東海	28
32	時習館	25
32	高松	25
34	□お茶の水女子大学附属	24
34	◎洛星	24
36	熊本	22
37	岐阜	21
38	高崎	20
38	◎浅野	20
40	◎フェリス女学院	18
40	◎智辯学園和歌山	18
42	◎城北（東京）	17
42	◎甲陽学院	17
44	山形東	16
44	東葛飾	16
44	戸山	16
44	高岡	16
44	◎大阪星光学院	16
49	富山中部	15
49	□金沢大学附属	15
49	修猷館	15
52	水戸第一	14
52	宇都宮	14
52	湘南	14
55	◎江戸川学園取手	13
55	宮崎西	13
57	青森	12
57	◎雙葉	12
57	富山	12
57	◎高田（三重）	12
57	◎西大和学園	12
57	□広島大学附属	12
57	□広島大学附属福山	12
57	◎修道	12
57	◎香川県大手前	12
66	札幌北	11
66	盛岡第一	11
66	福島（福島）	11
66	◎暁星	11
66	八王子東	11
66	甲府南	11
66	松江北	11
66	小倉	11
74	両国	10
74	◎駿台甲府	10
74	長野（県立）	10
74	静岡	10
74	清水東	10
74	一宮	10
80	太田	9
80	新潟	9
80	藤島	9
80	松本深志	9
80	浜松北	9
80	◎淳心学院	9
80	◎岡山白陵	9
87	秋田	8
87	◎渋谷教育学園幕張（千葉）	8
87	西	8
87	◎早稲田	8
87	◎攻玉社	8
87	国際情報（新潟）	8
87	刈谷	8
87	鳥取西	8
95	◎茗溪学園	7
95	船橋（県立）	7
95	◎市川（千葉）	7
95	平塚江南	7
95	厚木	7
95	横浜緑ヶ丘	7
95	横須賀（神奈川県立）	7
95	◎南山	7
95	◎滝	7
95	□大阪教育大学附属池田	7
95	◎清風南海	7
95	◎土佐塾（高知）	7
95	◎岩田	7
95	鶴丸	7

学と高校を同時に開校する。1期生が卒業した90年に8人合格。この成果を見た成績優秀な生徒が入学し、彼らが受験する97年の東大合格者が増えた、ということでは、7年周期説が当てはまる。

桜蔭92人は過去最高。東京都内の女子校出身193人でこちらも過去最高となる。

【1998年】

開成205人は同校で最多合格者。1つの高校の最多記録として、現在(22年)でも破られていない。7位までに並んだ高校の合格者合計は700人を超える。91年中教審最終答申が指摘した「特定高校出身者の一大学における寡占状態」となった。一方、上位20から公立高校が姿を消した。東京、神奈川の公立高校は上位40に入っていない。最高で戸山47位(16人)、湘南67位(12人)。

年々、公立高校が東大と縁遠くなっていくなか、希有ともいうべき学校があった。しかも新設である。都立八王子東(76年設立)の東大合格者は7人。校長が学力別クラス編成を実施するなど熱心だった。82年の学区変更で八王子市から立川、国立高校に進学できなくなり、その分、成績優秀な生徒が八王子東に集まった、などが理由である。

1998年入試

順位	高校	人
1	◎開成	205
2	◎麻布	101
3	◎桐蔭学園	96
4	◎灘	92
5	□東京学芸大学附属	81
6	□筑波大学附属駒場	79
7	◎ラ・サール	77
8	◎栄光学園	63
9	◎桜蔭	58
10	◎駒場東邦	55
11	◎海城	54
12	◎洛南	53
13	◎巣鴨	46
14	◎武蔵	44
15	◎久留米大学附設	40
16	◎東海	39
16	◎愛光	39
18	◎聖光学院	36
19	□筑波大学附属	35
20	◎東大寺学園	32
21	岡崎	30
22	◎白陵	29
22	◎広島学院	29
24	土浦第一	27
25	◎弘学館	26
25	◎青雲	26
25	鶴丸	26
28	千葉（県立）	25
28	◎桐朋	25
28	◎浅野	25
28	一宮	25
28	熊本	25
33	浦和（県立）	24
33	◎岡山白陵	24
33	高松	24
36	◎フェリス女学院	23
36	岐阜	23
36	旭丘	23
39	◎甲陽学院	22
40	水戸第一	21
40	◎智辯学園和歌山	21
42	高岡	20
42	□金沢大学附属	20
44	◎洛星	18
44	◎西大和学園	18
46	盛岡第一	17
47	山形東	16
47	◎江戸川学園取手	16
47	戸山	16
47	富山中部	16
51	高崎	15
51	東葛飾	15
51	□お茶の水女子大学附属	15
51	◎女子学院	15
51	新潟	15
51	◎大阪星光学院	15
57	宇都宮	14
57	◎創価	14
57	時習館	14
57	刈谷	14
57	◎香川県大手前	14
57	修猷館	14
63	西	13
63	◎暁星	13
63	◎早稲田	13
63	姫路西	13
67	仙台第二	12
67	川越	12
67	◎渋谷教育学園幕張	12
67	湘南	12
67	甲府南	12
67	浜松北	12
67	清水東	12
67	松江北	12
75	◎攻玉社	11
75	◎城北（東京）	11
75	◎清風南海	11
75	□広島大学附属福山	11
75	宮崎西	11
80	前橋（県立）	10
80	高志（福井）	10
80	◎滝	10
80	◎高田（三重）	10
84	札幌北	9
84	◎雙葉	9
84	横浜翠嵐	9
84	厚木	9
84	富山	9
84	小倉	9
84	◎岩田	9
91	◎東邦大学附属東邦（千葉）	8
91	◎奈良学園	8
91	□広島大学附属	8
91	福岡（福岡）	8
91	◎明治学園（福岡）	8
96	札幌南	7
96	旭川東	7
96	◎北嶺（北海道）	7
96	安積	7
96	宇都宮女子	7
96	国立	7
96	◎豊島岡女子学園（東京）	7
96	八王子東	7
96	小田原	7
96	藤島	7
96	長野（県立）	7
96	静岡	7
96	□大阪教育大学附属池田	7
96	◎徳島文理	7
96	今治西	7

ほかに竹園高校3人（79年設立）、新潟県立国際情報高校6人（92年設立）がある。大都市圏の公立高校は、60年代の日比谷、戸山、80年代までの湘南、旭丘、県立浦和、県立千葉などでも、受験につながる勉強を課すことなく、生徒の自主性に任せていた。いわば自由放任型である。それに比べて、八王子東、竹園、国際情報は進学指導が熱心で補習や宿題が盛りだくさんだ。スパルタ型といっていい。

【1999年】

桐蔭学園が前年比43人減少。それに代わって合格者を増やしているのが、サレジオ学院5人、逗子開成4人、桐光学園3人、そして、初めて卒業生を出した公文国際6人。

神奈川県からの合格者は、86年以降、300人を超えていた。92年の385人でピークを迎えるが、それから下降線をたどる。

80年代から90年代にかけて、公立高校からの合格者が100人前後から50人前後へと半減したことが大きい。81年の学区数増加によって各校受け持ちの通学地域が縮小することになるが、私立中学受験ブームも手伝って、10年の間でじわじわと成績上位者の公立高校離れをもたらした。川崎、横浜の小学生は都内の国立大学附属と私立の中高一貫校に流れてしまう。東京

1999年入試

順位	高校	人
1	◎開成	165
2	◎灘	110
3	◎麻布	104
3	□筑波大学附属駒場	104
5	□東京学芸大学附属	103
6	◎ラ・サール	71
7	◎武蔵	64
8	◎洛南	59
9	◎桜蔭	57
9	◎栄光学園	57
11	◎桐蔭学園	53
12	◎海城	52
12	◎駒場東邦	52
14	□筑波大学附属	50
15	◎久留米大学附設	46
16	◎巣鴨	45
17	◎聖光学院	40
18	岡崎	35
19	◎弘学館	33
20	◎広島学院	32
21	◎愛光	31
22	土浦第一	30
22	◎女子学院	30
22	◎白陵	30
22	◎青雲	30
26	浦和(県立)	29
26	◎東海	29
26	◎東大寺学園	29
26	鶴丸	29
30	宇都宮	28
30	千葉(県立)	28
30	熊本	28
33	◎桐朋	25
33	◎浅野	25
35	一宮	24
36	□金沢大学附属	23
37	高松	21
38	◎江戸川学園取手	20
39	旭丘	19
40	山形東	17
40	新潟	17
42	◎フェリス女学院	16
42	時習館	16
42	修猷館	16
45	盛岡第一	15
45	仙台第二	15
45	◎暁星	15
45	◎早稲田	15
45	◎城北(東京)	15
45	湘南	15
45	◎大阪星光学院	15
45	◎淳心学院	15
45	◎智辯学園和歌山	15
54	水戸第一	14
54	高崎	14
54	高岡	14
57	八王子東	13
57	長野(県立)	13
57	岐阜	13
57	◎洛星	13
57	◎西大和学園	13
57	□広島大学附属福山	13
63	札幌北	12
63	前橋(県立)	12
63	◎渋谷教育学園幕張	12
63	西	12
63	◎岡山白陵	12
63	福岡(福岡)	12
69	東葛飾	11
69	◎攻玉社	11
69	高志(福井)	11
69	甲府南	11
69	松本深志	11
69	◎甲陽学院	11
69	松江北	11
76	秋田	10
76	横浜緑ヶ丘	10
76	富山中部	10
76	◎滝	10
76	岡山朝日	10
76	◎修道	10
76	大分上野丘	10
76	◎岩田	10
84	旭川東	9
84	栃木	9
84	□お茶の水女子大学附属	9
84	◎白百合学園(東京)	9
84	金沢泉丘	9
84	静岡	9
84	浜松北	9
84	◎高田(三重)	9
84	◎清風南海	9
84	小倉	9
84	宮崎西	9
95	青森	8
95	福島(福島)	8
95	◎東邦大学附属東邦	8
95	武蔵(都立)	8
95	◎創価	8
95	◎高知学芸	8
95	◎泰星(福岡)	8

都の学校群制度と似たような結果を生み出した。

【2000年】

女子校合格者の裾野が広がっている。東洋英和女学院高等部6人、豊島岡女子学園4人、頌栄《しょうえい》女子学院2人、吉祥女子2人、鴎友学園女子2人、四天王寺4人など。98〜00年のあいだに、江戸川女子、品川女子学院高等部、東京純心女子、実践女子学園、カリタス女子、鎌倉女学院、大阪女学院、福岡女学院などが合格者を出している。これらの女子校からの東大合格者のほとんどが、中高一貫校出身である。

80年代まで、中学受験する女子は、①難関大学をめざすために桜蔭、女子学院に進む、②親の意向によって、しつけのため厳しい校則があり習い事がバラエティーに富む女子校に進む、というケースに分かれていた。後者には、良妻賢母観が残っており、「情操教育をしっかり受けて、将来、良縁に恵まれるようになればいい。進学先は短大で十分」という考えが少なからずあった。

しかし、90年代に入ってから、女子に対する教育観に変化が見られた。「東大、早慶上智など難関大学に進み、将来はバリバリ仕事をしてほしい」と子どもに期待する傾向が強くな

2000年入試

順位	高校	人
1	◎開成	166
2	◎灘	103
3	□筑波大学附属駒場	97
4	◎麻布	91
5	□東京学芸大学附属	86
6	◎桜蔭	74
7	◎ラ・サール	73
8	◎桐蔭学園	58
9	◎海城	57
9	◎洛南	57
11	◎巣鴨	46
12	□筑波大学附属	45
13	◎武蔵	44
14	◎駒場東邦	39
15	◎久留米大学附設	38
16	◎桐朋	37
17	◎広島学院	36
18	◎栄光学園	34
18	◎白陵	34
20	浦和（県立）	32
21	土浦第一	31
21	◎聖光学院	31
21	◎愛光	31
24	岡崎	30
25	◎浅野	28
25	熊本	28
27	◎城北（東京）	26
27	旭丘	26
29	千葉（県立）	25
29	◎洛星	25
29	◎青雲	25
32	◎東海	24
32	◎東大寺学園	24
34	水戸第一	23
34	◎岡山白陵	23
36	□金沢大学附属	21
36	一宮	21
36	◎西大和学園	21
36	◎智辯学園和歌山	21
40	◎大阪星光学院	20
41	◎女子学院	19
42	盛岡第一	18
42	宇都宮	18
44	◎フェリス女学院	17
45	時習館	16
45	◎甲陽学院	16
45	高松	16
48	高崎	15
49	山形東	14
49	姫路西	14
49	◎高知学芸	14
49	修猷館	14
49	鶴丸	14
54	◎江戸川学園取手	13
54	◎渋谷教育学園幕張	13
54	国立	13
54	◎修道	13
58	湘南	12
58	高岡	12
58	高志（福井）	12
58	長野（県立）	12
62	前橋（県立）	11
62	川越	11
62	◎早稲田	11
62	八王子東	11
62	西	11
62	◎芝	11
62	刈谷	11
62	◎高田（三重）	11
62	◎弘学館	11
71	春日部	10
71	新潟	10
71	松本深志	10
71	◎滝	10
71	福岡（福岡）	10
71	宮崎西	10
77	◎北嶺	9
77	□お茶の水女子大学附属	9
77	◎白百合学園	9
77	厚木	9
77	富山中部	9
77	小倉	9
83	旭川東	8
83	札幌南	8
83	◎東邦大学附属東邦	8
83	◎暁星	8
83	富士（静岡）	8
83	磐田南	8
83	松江北	8
83	東筑	8
91	札幌北	7
91	◎西武学園文理	7
91	◎雙葉	7
91	◎穎明館（東京）	7
91	岡山朝日	7
91	□広島大学附属	7
91	◎徳島文理	7

った。女子大、短大の人気がなくなっていくのと軌を一にする。これには、母親の高学歴化、そして、学歴がなく社会で苦労した母親のリターンマッチを娘に託すという背景もある。

一方、女子中学・高校側は、少子化を迎えるにあたって、従来のような教育方針では定員割れを起こすと危機感を抱くようになった。そこで、親のニーズに応えるべく、難関大学合格のための「選抜クラス」「補習の充実」「勉強合宿の実施」「成績優秀者授業料免除」など受験に特化したシステムを作ったのである。

【2001年】

「エリート校の子を殺せば死刑になると思った」。6月、大阪教育大学附属池田小学校で児童8人を殺害した宅間《たくま》守《まもる》元死刑囚の供述である。文部科学省、国立大学附属小中学校・高校関係者は大きな衝撃を受けた。「エリート校」としてのあり方を問われたからだ。

奇しくも4月に文科省「国立の教員養成系大学・学部の在り方に関する懇談会」が、国立大学附属校の現状について、「本来の目的から離れ、一部エリート化している。閉鎖的で大学との連携も不十分」と指摘したばかりだった。8月、文科省は批判の手をゆるめず、次のような検討項目を織り込む。「研究や教育実習を附属校ではなく公立校で行う」「『教員養成』

2001年入試

順位	高校	人
1	◎開成	175
2	□筑波大学附属駒場	96
3	◎灘	94
4	◎麻布	87
4	◎ラ・サール	87
6	□東京学芸大学附属	75
7	◎駒場東邦	68
8	◎桜蔭	67
9	◎海城	65
10	◎巣鴨	58
11	◎栄光学園	48
11	◎聖光学院	48
11	◎桐蔭学園	48
14	◎武蔵	45
14	◎洛南	45
16	◎青雲	44
17	◎桐朋	37
18	□筑波大学附属	36
19	◎愛光	35
20	土浦第一	32
21	岡崎	31
22	◎久留米大学附設	30
23	◎東海	29
23	鶴丸	29
25	千葉（県立）	27
26	◎大阪星光学院	25
26	◎甲陽学院	25
28	◎城北（東京）	23
28	◎広島学院	23
30	◎白陵	22
30	◎岡山白陵	22
32	旭丘	21
32	◎東大寺学園	21
32	◎弘学館	21
35	◎浅野	20
36	◎西大和学園	19
36	熊本	19
38	◎暁星	18
38	高岡	18
38	長野（県立）	18
38	◎智辯学園和歌山	18
38	□広島大学附属福山	18
38	修猷館	18
44	盛岡第一	17
44	高崎	17
44	□金沢大学附属	17
47	浦和（県立）	16
47	東葛飾	16
47	◎渋谷教育学園幕張	16
47	◎女子学院	16
51	□お茶の水女子大学附属	15
51	八王子東	15
51	高松	15
54	水戸第一	14
54	◎江戸川学園取手	14
54	◎修道	14
57	西	13
58	仙台第二	12
58	湘南	12
58	松江北	12
61	◎フェリス女学院	11
61	時習館	11
61	一宮	11
61	◎高田（三重）	11
65	八戸（青森）	10
65	前橋（県立）	10
65	戸山	10
65	富山中部	10
65	富山	10
65	松本深志	10
65	◎洛星	10
72	◎早稲田	9
72	高志（福井）	9
72	姫路西	9
72	丸亀	9
76	旭川東	8
76	札幌北	8
76	◎白百合学園	8
76	◎豊島岡女子学園	8
76	厚木	8
76	甲府南	8
76	富士（静岡）	8
76	◎滝	8
76	◎清風南海	8
76	◎六甲	8
76	◎香川県大手前	8
76	宮崎西	8
88	札幌南	7
88	青森	7
88	仙台第一	7
88	福島（福島）	7
88	◎東邦大学附属東邦	7
88	◎芝	7
88	◎雙葉	7
88	新潟	7
88	藤島	7
88	刈谷	7
88	◎淳心学院	7
88	◎泰星	7
88	大分上野丘	7
88	◎志學館高等部（鹿児島）	7

を目的としない附属校の存廃を検討」「いわゆるエリート教育のため、可能なところは学校法人化（私立校化）する」。

筑波大学附属の2校（駒場、大塚）、東京学芸大学附属、大阪教育大学附属の3校（天王寺、池田、平野）、広島大学附属、金沢大学附属は、東大合格校を続けたいなら、国から独立して私立になってしまえ、と脅しているようなものだ。しかし、11月にまとめた報告では大きくトーンダウン。「エリート校」という表現もなくなった。

【2002年】

渋谷教育学園幕張高校が千葉県で初めて東大合格者数トップになる。同校のグランドデザインを考えた設立者の田村哲夫氏は、千葉高神話との戦いを振り返る。

「千葉は東京の隣県なのに、私立学校の評価はまるで違います。すごい官尊民卑で、千葉高校という一番古い県立高を頂点に強固なピラミッドができています。（略）特に県教育委員会は『千葉高が一番』という姿勢が見え見え。千葉では私立でも建物を造る時は県教委にあいさつに行く習慣があると言われ、渋幕の開校前に出向いたことがあります。担当者が設計図を見て『先生、講堂を作るのですか？　千葉高にもこんな講堂はないんですよ』と言った

2002年入試

順位	高校	人
1	◎開成	164
2	◎麻布	94
2	◎灘	94
4	□東京学芸大学附属	87
5	□筑波大学附属駒場	79
6	◎ラ・サール	78
7	◎桜蔭	74
8	◎巣鴨	63
9	◎駒場東邦	62
10	◎海城	53
11	◎桐蔭学園	49
12	◎栄光学園	48
13	◎洛南	47
14	◎聖光学院	43
15	◎久留米大学附設	40
16	◎武蔵	37
16	◎東海	37
18	岡崎	36
19	□筑波大学附属	34
20	土浦第一	33
20	◎広島学院	33
22	◎桐朋	32
23	◎白陵	29
24	浦和（県立）	28
25	一宮	26
26	◎浅野	24
26	鶴丸	24
28	旭丘	23
28	◎愛光	23
28	◎青雲	23
28	熊本	23
32	◎渋谷教育学園幕張	22
33	千葉（県立）	21
33	◎城北（東京）	21
33	富山中部	21
33	□金沢大学附属	21
33	◎西大和学園	21
38	◎洛星	20
39	◎女子学院	19
39	高岡	19
39	◎甲陽学院	19
39	修猷館	19
39	◎弘学館	19
44	◎智辯学園和歌山	18
44	◎岡山白陵	18
44	高松	18
47	宇都宮	17
47	西	17
49	東葛飾	16
49	岡山朝日	16
51	高崎	15
51	◎大阪星光学院	15
51	◎東大寺学園	15
54	盛岡第一	14
55	国立	13
55	新潟	13
57	川越	12
57	刈谷	12
57	◎高田（三重）	12
57	◎淳心学院	12
61	水戸第一	11
61	宇都宮女子	11
61	前橋（県立）	11
61	◎フェリス女学院	11
61	◎滝	11
61	◎修道	11
67	仙台第一	10
67	◎雙葉	10
67	浜松北	10
67	時習館	10
67	姫路西	10
72	旭川東	9
72	◎白百合学園	9
72	八王子東	9
72	湘南	9
72	◎サレジオ学院（神奈川）	9
72	松江北	9
72	□広島大学附属福山	9
72	丸亀	9
72	今治西	9
72	宮崎西	9
82	八戸	8
82	◎江戸川学園取手	8
82	□お茶の水女子大学附属	8
82	◎攻玉社	8
82	◎豊島岡女子学園	8
82	藤島	8
82	◎清風南海	8
82	鳥取西	8
90	秋田	7
90	◎西武学園文理	7
90	◎芝	7
90	◎世田谷学園（東京）	7
90	◎光塩女子学院高等科（東京）	7
90	横浜翠嵐	7
90	松本深志	7
90	長野（県立）	7
90	◎南山	7
90	□広島大学附属	7
90	◎徳島文理	7
90	東筑	7

ので愕然《がくぜん》としました。（略）第一期生が卒業した時、一人だけ東京大学へ合格しました。それから周りの見る目も変わり、年々、優秀な子供たちが集まるようになりました。今では千葉県のトップ校に躍り出たと自負しています」（「日本経済新聞」、07年9月17日付夕刊）

90年代、難関校進学に特化した中高一貫コースを作った学校から合格者が出ている（カッコ内の前の数字は中高一貫コースのスタート年、後の数字は初めて東大合格者を出した年）。

＊西武台中学校（埼玉　92年、02年）

＊安田学園中学校（東京　90年、02年）

＊洗足学園中学（東京　96年、02年）

＊青稜中学校（東京　95年、03年）。青蘭学院高等学校から名称変更

＊渋谷教育学園渋谷中学高校（東京　96年、02年）。前身は渋谷女子高校。共学化

＊目黒学院（東京　95年、07年）。目黒高校から名称変更

＊銀河学院中学（広島　97年、03年）。福山女子高校から名称変更

＊文徳中学（熊本　96年、03年）。崇城大学附属高校から名称変更

中高一貫コースを作った学校のなかには、かつて、「ツッパリ」「ヤンキー」「スケバン」文化を担ってきた高校もある。男子は長ランとボンタン（裾が長い詰め襟《えり》制服。寸胴のように

全体に幅広いズボン)、女子はロングスカートで茶髪のパーマといういでたちで繁華街を闊歩《かっぽ》。ケンカ、カツアゲで近隣の高校から恐れられていた。70年代のマンガ『愛と誠』の花園実業高校、80年代の『ビー・バップ・ハイスクール』の愛徳高校、90年代の『クローズ』の鈴蘭男子高校を彷彿《ほうふつ》させるものがあったが受験校へ生まれ変わる。さびしさを感じる。

この年、学習指導要領の改訂によって完全週休２日制が導入され、学習時間は大幅に削減されることになった。中学校の総授業時間数は国語455→350、外国語420→315、数学385→315、理科350→290、社会385→295となる。「ゆとり教育」世代の誕生だ。

大手受験塾の日能研によれば、02年、首都圏１都３県（東京、千葉、埼玉、神奈川）の私立中学受験者数は４万５０００人（受験率13・９％）を数えた。以降、08年の６万１０００人（同20・６％）まで右肩上がりを示す。私立は土曜日に授業があり、公立と比べ時間割が充実している。「ゆとり教育」では難関大学合格はおぼつかない、という報道も見られた。

私立中学受験、そのための塾通いに対して、マスコミからネガティブな論調が消えている。06年、「朝日新聞」東京版に連載された「中高一貫校のいま」「塾をのぞけば」では、中学受験と塾を好意的に取り上げるなど、以前とは教育報道のスタンスが大きく変わっている。

【2003年】

灘、甲陽学院、洛南、洛星、広島学院、久留米大学附設、青雲、ラ・サールなど西日本の私立校が前年比で減少した。00年代前半に入ってからこうした傾向が見られる。洛星高校の進路指導担当者の話。「不況で東京に行くのが経済的な負担になることもあって、東大志向が減っています」（『週刊朝日』、01年4月8日号）。灘高校の進路主任もこう話す。「東大に合格できる力のある生徒が、地元の国立大の医学部を目指し、経済的な理由から浪人を避ける大学選びをした生徒が多かった」（『サンデー毎日』、03年3月30日号）。

90年代から続いた「失われた10年」の後半にあたり、ＩＴバブルの崩壊直後だった。企業の倒産、リストラ、消費の落ち込み、株価低迷など、日本経済が冷え込んでいた時期である。この年、石川県松任《まっとう》市（現・白山市）の私立叡明館高校が廃校となった。イギリスのイートン校をモデルにした中高一貫の全寮制男子校で84年に開校した。90年代には東大合格者を2人出すなど、進学実績をあげたが、定員割れが続いた。校舎建設などの借入金で約60億円の負債を抱えて、95年に経営が破綻。新しい経営陣で再建を進めたが、持ちこたえられなかった。

00年以降、東大受験校をめざして中高一貫校へ生まれ変わる学校が相次いだが、いくつか定員割れが見られる。たいへん心配である。

2003年入試

順位	高校	人
1	◎開成	181
2	□筑波大学附属駒場	112
3	◎麻布	111
4	◎灘	88
5	◎栄光学園	77
6	◎桜蔭	72
6	□東京学芸大学附属	72
8	◎ラ・サール	52
9	◎海城	51
9	◎駒場東邦	51
11	◎武蔵	49
12	◎桐蔭学園	47
13	◎洛南	45
14	◎桐朋	44
15	◎巣鴨	40
16	岡崎	38
17	◎聖光学院	37
18	◎東大寺学園	35
19	◎愛光	33
20	土浦第一	32
21	□筑波大学附属	31
21	◎久留米大学附設	31
23	◎広島学院	30
24	浦和（県立）	29
25	◎浅野	26
25	◎東海	26
27	西	25
27	◎西大和学園	25
29	◎女子学院	24
29	◎智辯学園和歌山	24
31	◎城北（東京）	23
31	◎白陵	23
33	旭丘	22
34	千葉（県立）	21
34	一宮	21
34	◎岡山白陵	21
34	熊本	21
38	◎渋谷教育学園幕張	20
38	岐阜	20
38	岡山朝日	20
41	高岡	19
42	水戸第一	18
42	◎江戸川学園取手	18
42	高松	18
45	◎青雲	17
45	鶴丸	17
47	□金沢大学附属	16
47	刈谷	16
47	◎高田（三重）	16
47	◎甲陽学院	16
51	宇都宮	15
51	藤島	15
51	◎大阪星光学院	15
51	修猷館	15
51	◎弘学館	15
56	盛岡第一	14
56	◎滝	14
58	八王子東	13
58	大分上野丘	13
60	前橋（県立）	12
60	高崎	12
60	高志（福井）	12
63	札幌南	11
63	◎豊島岡女子学園	11
63	□大阪教育大学附属池田	11
66	小石川	10
66	◎暁星	10
66	◎早稲田	10
66	長野（県立）	10
66	時習館	10
66	丸亀	10
66	福岡（福岡）	10
73	国立	9
73	◎攻玉社	9
73	◎雙葉	9
73	湘南	9
73	◎公文国際学園（神奈川）	9
73	甲府南	9
73	浜松北	9
73	□広島大学附属	9
73	□広島大学附属福山	9
73	◎徳島文理	9
83	◎フェリス女学院	8
83	松本深志	8
83	◎洛星	8
83	◎修道	8
83	◎高知学芸	8
88	仙台第二	7
88	◎茨城（茨城）	7
88	太田	7
88	◎市川（千葉）	7
88	◎芝	7
88	横浜翠嵐	7
88	◎横浜雙葉	7
88	新潟	7
88	姫路西	7
88	◎六甲	7

③ 少子化時代の東大合格作戦 2004〜2009

【2004年】

サンデーショック。中学受験の業界用語である。東京の主だった私立中学入試は2月1日が多い。しかし、この日が日曜日にあたる場合、女子学院などミッション系の学校は礼拝を行うため、入試を翌2日に行っていた。そうなると、たとえば本来、入試日が同じである桜蔭と女子学院は、この年に限って併願が可能となる。有名塾の成績優秀者が、桜蔭と女子学院いずれも受験するので、ボーダーライン上の受験生にとっては、ショックということになる。両方合格した場合は桜蔭へ進む生徒が多い。それを見こして、女子学院は定員よりも多めに合格者を出している。全国で上位100位ぐらいまでの成績優秀者にすれば選択範囲が広がり、「サンデーハッピー」と言われることもある。

中学受験の入試日は大学進学実績を大きく左右する場合もある。豊島岡女子学園高校の教頭が話す。「平成元年から試験日を2月2日に変え、桜蔭との併願が可能になりました。試験日を変えてから、東大合格者が出るようになりました」（『週刊朝日』、03年4月25日号）。

2004年入試

順位	高校	人
1	◎開成	177
2	□東京学芸大学附属	93
3	◎灘	89
4	□筑波大学附属駒場	81
5	◎桜蔭	80
6	◎麻布	69
7	◎駒場東邦	57
8	◎栄光学園	49
9	◎巣鴨	48
10	◎桐朋	43
11	◎桐蔭学園	42
11	◎ラ・サール	42
13	◎海城	40
14	□筑波大学附属	38
15	◎洛南	36
15	◎久留米大学附設	36
17	◎聖光学院	32
17	◎白陵	32
17	◎東大寺学園	32
17	◎青雲	32
21	岡崎	31
22	◎女子学院	30
23	土浦第一	29
23	◎城北(東京)	29
23	旭丘	29
23	◎広島学院	29
27	◎武蔵	26
27	◎愛光	26
29	◎東海	25
29	一宮	25
31	宇都宮	23
31	千葉(県立)	23
33	浦和(県立)	22
33	◎浅野	22
33	◎甲陽学院	22
33	熊本	22
33	鶴丸	22
38	◎暁星	21
38	◎岡山白陵	21
40	高岡	19
41	□金沢大学附属	17
42	◎渋谷教育学園幕張	16
42	◎大阪星光学院	16
42	修猷館	16
45	◎西大和学園	15
46	仙台第二	14
46	静岡	14
46	時習館	14
46	◎智辯学園和歌山	14
50	札幌南	13
50	甲府南	13
50	岐阜	13
50	岡山朝日	13
54	◎江戸川学園取手	12
54	高崎	12
54	◎弘学館	12
57	水戸第一	11
57	前橋(県立)	11
57	西	11
57	高志(福井)	11
57	小野(兵庫)	11
62	山形東	10
62	高松	10
62	◎香川県大手前	10
65	◎北嶺	9
65	盛岡第一	9
65	◎茗溪学園	9
65	□お茶の水女子大学附属	9
65	◎豊島岡女子学園	9
65	藤島	9
65	長野(県立)	9
65	□広島大学附属	9
65	□広島大学附属福山	9
65	◎修道	9
65	○徳島市立	9
76	川越	8
76	両国	8
76	◎雙葉	8
76	八王子東	8
76	湘南	8
76	◎公文国際学園	8
76	可児	8
76	◎高田(三重)	8
76	◎清風	8
76	◎六甲	8
76	◎岡山	8
76	小倉	8
76	大分上野丘	8
76	宮崎西	8
90	札幌北	7
90	安積	7
90	栃木	7
90	船橋(県立)	7
90	国立	7
90	◎早稲田	7
90	◎攻玉社	7
90	◎白百合学園	7
90	◎穎明館	7
90	厚木	7
90	浜松北	7
90	富士(静岡)	7
90	◎徳島文理	7
90	◎土佐	7
90	佐賀西	7

【２００５年】

河合塾、駿台予備学校、代々木ゼミナールが05年11月に実施した東大模試の受験者数が、それぞれ前年比９～20％増だった。06年の東大志願者数が前年比で前期321人増。東大受験のノウハウを描いた漫画『ドラゴン桜』（03～07年に『週刊モーニング』で連載、05年にはドラマ化）の影響とみていいだろう。元ネタのいくつかは、灘から東大へ進んだ担当編集者の体験談に基づく。

06年に長野県立松本深志高校から理三に現役合格したＫ・Ｈさんが記している。「理Ⅲは最高峰としていかにも次元が違う気がして何か嫌いでした。そのイメージを変えたのは、『ドラゴン桜』です。このおかげで東大が親しみやすく、近い存在になりました」（『天才たちのメッセージ　東大理Ⅲ　２００６』）。

学区制廃止は全国的な趨勢《すうせい》になりつつあった。01年４月に就任した小泉純一郎首相は、規制緩和と地方分権の政策を積極的に推進する。同年７月、地方教育行政組織法が改正され、都道府県に義務づけられていた公立高校の学区設置義務を廃止。これによって、教育の世界にも自由化の波が押し寄せ、高校選択において市場原理と競争主義という考え方が広まりつつあった。09年までに和歌山、宮城、福島、群馬などが学区制を廃止している。

2005年入試

順位	高校	人
1	◎開成	170
2	□筑波大学附属駒場	105
3	◎灘	101
4	◎麻布	87
5	□東京学芸大学附属	81
6	◎桜蔭	64
6	◎駒場東邦	64
8	◎海城	60
9	◎栄光学園	56
10	◎ラ・サール	50
11	◎聖光学院	49
12	◎桐蔭学園	42
12	◎洛南	42
14	◎巣鴨	40
15	◎渋谷教育学園幕張	38
16	◎女子学院	37
17	◎武蔵	34
18	□筑波大学附属	32
19	◎東海	30
20	◎桐朋	29
20	◎東大寺学園	29
22	岡崎	28
23	浦和（県立）	27
24	土浦第一	26
24	◎智辯学園和歌山	26
24	◎愛光	26
27	◎浅野	25
27	◎久留米大学附設	25
29	◎岡山白陵	23
29	◎広島学院	23
31	岡山朝日	22
32	宇都宮	21
32	旭丘	21
32	◎白陵	21
32	◎青雲	21

順位	高校	人
32	鶴丸	21
37	千葉（県立）	20
37	◎西大和学園	20
39	西	18
39	一宮	18
39	熊本	18
42	◎大阪星光学院	17
42	高松	17
42	修猷館	17
45	◎江戸川学園取手	16
46	高岡	15
46	岐阜	15
48	高崎	14
48	日比谷	14
48	◎城北（東京）	14
48	□広島大学附属福山	14
48	◎弘学館	14
53	水戸第一	13
53	前橋（県立）	13
53	◎攻玉社	13
53	富山中部	13
53	浜松北	13
53	◎甲陽学院	13
59	札幌南	12
59	札幌北	12
59	仙台第二	12
59	◎芝	12
59	刈谷	12
59	大分上野丘	12
65	◎雙葉	11
65	松本深志	11
65	静岡	11
65	時習館	11
69	盛岡第一	10
69	秋田	10
69	◎白百合学園	10
69	◎豊島岡女子学園	10

順位	高校	人
69	藤島	10
69	◎滝	10
69	福岡（福岡）	10
69	宮崎西	10
77	◎北嶺	9
77	山形東	9
77	川越	9
77	八王子東	9
77	湘南	9
77	◎南山	9
77	丸亀	9
77	小倉	9
85	□お茶の水女子大学附属	8
85	新潟	8
85	□金沢大学附属	8
85	◎修道	8
89	八戸	7
89	東葛飾	7
89	戸山	7
89	◎暁星	7
89	甲府南	7
89	長野（県立）	7
89	磐田南	7
89	◎洛星	7
89	◎六甲	7
89	佐賀西	7
99	◎開智（埼玉）	6
99	◎成蹊	6
99	国立	6
99	◎穎明館	6
99	◎公文国際学園	6
99	国際情報（新潟）	6
99	金沢泉丘	6
99	高志（福井）	6
99	◎高田（三重）	6
99	◎清風南海	6
99	松江北	6

【2006年】

現役合格率が69・5％で過去最高となった。東大に限らない。早稲田大の現役比率は80年代までだいたい4割ほどだったが、00年以降、7割近くまで増えている。当然、予備校に通う浪人生が減少した。「浪人を嫌う風潮がある。あと1年、勉強すれば東大に受かる生徒が現役で私大に入学する。東大に魅力がなくなったのか」と嘆く予備校関係者もいた。

00年前後にスタートした中高一貫コースから合格者が出た。安田女子、尚志館、春日部東、流通経済大学付属柏、鶯谷など。07年は盛岡中央、如水館、履正社《りせいしゃ》などがある。

06年の大学受験生が小学生だった90年代後半、完全週休2日制、授業時間の削減が打ち出され、「ゆとり教育」「学力低下」が大きな社会問題となっていた。教科書は親の世代よりもはるかに薄っぺらなものが使われる。これでは学力が身につかず、大学入試に耐えられるのか。教育熱心な親ほど授業時間削減に不安を抱いた。

99年、大手学習塾の日能研が通勤電車内広告で、円の面積の解法を「ウッソー!?　半径×半径×3」と掲げて、「ゆとり教育」批判をはじめたことも大きい。「公立小学校では円周率は3と教えることになった」「ゆとり教育で学力低下を引き起こす」「あなたの子供の将来が危ない」というコピーは強烈なインパクトを与えた（実際には円周率3・14で教えている）。

2006年入試

順位	高校	人
1	◎開成	140
2	◎麻布	89
3	□筑波大学附属駒場	86
4	◎灘	80
5	□東京学芸大学附属	77
6	◎栄光学園	70
7	◎桜蔭	68
8	◎海城	52
9	◎ラ・サール	50
10	◎駒場東邦	46
11	□筑波大学附属	45
12	◎聖光学院	44
13	岡崎	36
14	◎東大寺学園	35
15	◎広島学院	33
15	◎久留米大学附設	33
17	◎桐朋	32
18	◎武蔵	30
19	◎巣鴨	29
20	宇都宮	28
20	◎女子学院	28
20	一宮	28
20	◎洛南	28
24	富山中部	27
24	◎西大和学園	27
26	◎渋谷教育学園幕張	26
27	◎東海	25
28	岐阜	24
28	◎白陵	24
30	千葉(県立)	23
30	◎桐蔭学園	23
30	◎岡山白陵	23
33	◎甲陽学院	22
33	岡山朝日	22
33	◎愛光	22
33	◎弘学館	22
37	土浦第一	21
37	高岡	21
37	◎青雲	21
37	鶴丸	21
41	金沢泉丘	20
41	旭丘	20
43	西	19
44	◎江戸川学園取手	18
44	熊本	18
46	◎高田(三重)	17
47	仙台第二	16
47	浦和(県立)	16
47	◎暁星	16
47	◎城北(東京)	16
47	◎智辯学園和歌山	16
52	松本深志	15
52	時習館	15
52	◎大阪星光学院	15
55	◎北嶺	14
55	◎豊島岡女子学園	14
55	◎浅野	14
58	山形東	13
58	高崎	13
58	高松	13
61	前橋(県立)	12
61	日比谷	12
61	□お茶の水女子大学附属	12
61	宮崎西	12
65	◎早稲田	11
65	□金沢大学附属	11
65	可児	11
65	刈谷	11
65	姫路西	11
65	大分上野丘	11
71	秋田	10
71	◎雙葉	10
71	八王子東	10
71	新潟	10
71	甲府南	10
71	長野(県立)	10
71	◎洛星	10
78	国立	9
78	◎白百合学園	9
78	◎渋谷教育学園渋谷	9
78	湘南	9
78	◎フェリス女学院	9
78	◎サレジオ学院	9
78	静岡	9
78	浜松北	9
78	□広島大学附属福山	9
78	修猷館	9
88	札幌南	8
88	盛岡第一	8
88	水戸第一	8
88	大宮	8
88	◎芝	8
88	◎穎明館	8
88	◎佐久長聖(長野)	8
88	◎滝	8
88	◎清風南海	8
88	◎六甲	8
98	札幌北	7
98	◎東邦大学附属東邦	7
98	◎攻玉社	7
98	富山	7
98	藤島	7
98	大垣北	7
98	◎南山	7
98	四日市	7
98	天王寺	7
98	◎高槻	7
98	◎香川県大手前	7
98	筑紫丘	7
98	長崎西	7

一方で、99年は小中高の校内暴力は約３万件、いじめの発生件数３万６０００件。小中学生で30日以上の不登校12万７７００人。高校生の中退10万１５００人。いずれも過去最高を示している。

授業時間削減で学力低下、いじめや不登校の「温床」である公立の学校を回避するため、私立中学を受験した。06年以降はそんな世代が大学受験を迎えたのである。

この年、東大寺学園高校の生徒が自宅に放火し母子３人を死亡させる事件が起きた。生徒が放火した動機には父親の厳しい躾があった。しかし、70～80年代のように「受験戦争」「偏差値の犠牲者」という切り口で、この事件を報じるマスコミはほとんどなかった。

【２００７年】

前年10月に「履修漏れ問題」が発覚した。学習指導要領で定められた必修科目を、大学受験には関係ないとして生徒に履修させず、単位不足で卒業が危ぶまれる生徒が多数いることがわかった。灘、東大寺学園、巣鴨、愛光、智辯学園和歌山、山形東、盛岡第一、長野（県立）、静岡、藤島、松江北、仙台第一、松山東など、東大合格常連校も含まれる。地方の公立が多かったのは予備校が少なく、履修すべき時間帯を受験指導に充てたから、という事情

2007年入試

順位	高校	人
1	◎開成	190
2	◎灘	100
3	◎麻布	97
4	□筑波大学附属駒場	84
5	□東京学芸大学附属	72
6	◎桜蔭	68
7	◎海城	51
8	◎聖光学院	48
8	◎ラ・サール	48
10	◎栄光学園	44
11	◎駒場東邦	42
11	◎浅野	42
13	□筑波大学附属	40
14	◎久留米大学附設	35
15	浦和(県立)	33
16	◎東大寺学園	31
17	◎渋谷教育学園幕張	30
17	◎愛光	30
19	◎東海	29
20	土浦第一	28
20	日比谷	28
20	◎桐蔭学園	28
20	旭丘	28
24	◎武蔵	26
24	◎巣鴨	26
24	岡崎	26
27	宇都宮	24
27	◎桐朋	24
27	◎甲陽学院	24
27	◎白陵	24
31	◎渋谷教育学園渋谷	23
32	◎大阪星光学院	22

順位	高校	人
33	千葉(県立)	20
33	◎青雲	20
35	◎女子学院	19
35	□金沢大学附属	19
35	◎洛南	19
35	◎智辯学園和歌山	19
35	◎広島学院	19
35	熊本	19
41	一宮	18
41	修猷館	18
43	盛岡第一	17
43	◎城北(東京)	17
43	岡山朝日	17
46	山形東	16
46	水戸第一	16
46	西	16
46	国立	16
46	八王子東	16
46	鶴丸	16
52	前橋(県立)	15
52	◎高田(三重)	15
54	◎江戸川学園取手	14
54	◎豊島岡女子学園	14
54	富山中部	14
54	金沢泉丘	14
54	刈谷	14
54	◎西大和学園	14
60	長野(県立)	13
60	◎岡山白陵	13
60	大分上野丘	13
63	札幌北	12
63	高崎	12
63	新潟	12
63	藤島	12
67	仙台第二	11
67	◎早稲田	11

順位	高校	人
67	湘南	11
67	岐阜	11
67	時習館	11
67	◎洛星	11
67	◎土佐	11
74	◎暁星	10
74	□お茶の水女子大学附属	10
74	◎白百合学園	10
74	姫路西	10
78	旭川東	9
78	東葛飾	9
78	◎雙葉	9
78	◎吉祥女子(東京)	9
78	◎淳心学院	9
78	□広島大学附属福山	9
78	◎修道	9
78	高松	9
78	筑紫丘	9
87	福島(福島)	8
87	厚木	8
87	高岡	8
87	四日市	8
87	松山東	8
92	◎北嶺	7
92	安積	7
92	大宮	7
92	◎芝	7
92	◎攻玉社	7
92	◎公文国際学園	7
92	松本深志	7
92	可児	7
92	◎南山	7
92	◎徳島文理	7
92	宮崎西	7

があった。履修漏れをカバーするためには、補習を行わなければならない。入試直前の時期に受験指導が十分に行えず、07年入試に影響を及ぼすことが懸念されたが、杞憂に終わる。

横浜市内にある聖光学院、池袋駅に近い豊島岡女子学園の合格者数が増えている。予備校はその理由として、ＪＲ「湘南新宿ライン」の運行開始をあげている。池袋から乗り換えなしで横浜へ、横浜から池袋へ一直線というルートによって、両校とも通学範囲が広がり優秀な生徒が集まったから、という見方だ。

【２００８年】

中学から「ゆとり教育」を受けた世代が大学に入学する。平成生まれの大学生が誕生した。武蔵が43年ぶり10人台、ラ・サールが40年ぶり30人台、桐蔭学園が29年ぶり10人台、弘学館が07年に15年ぶり１ケタ台。

かつて合格者100人台を誇った私立高校が減少した背景には、①東大受験を意識した私立高校が増えた、②中高一貫校の受験生と親が東大進学実績より教育方針を重視するようになったことがあげられる。ラ・サールは九州全県や中四国、関西地方、桐蔭学園は関東全都県から優秀な生徒を集めたが、それぞれの地域で中高一貫コースが誕生して「集客力」が落ちた

2008年入試

順位	高校	人
1	◎開成	188
2	◎灘	114
3	◎麻布	76
4	□筑波大学附属駒場	75
5	□東京学芸大学附属	74
6	◎桜蔭	59
7	◎海城	44
7	◎聖光学院	44
9	◎栄光学園	43
9	◎東大寺学園	43
11	岡崎	40
12	◎ラ・サール	39
13	◎駒場東邦	38
14	◎渋谷教育学園幕張	35
15	◎東海	34
16	浦和（県立）	33
17	◎桐朋	32
17	◎広島学院	32
19	◎洛南	31
20	宇都宮	29
20	◎浅野	29
22	西	28
22	◎甲陽学院	28
24	土浦第一	26
24	◎女子学院	26
24	◎西大和学園	26
24	◎久留米大学附設	26
28	□筑波大学附属	25
28	旭丘	25
28	時習館	25
31	◎巣鴨	22
31	◎愛光	22
31	鶴丸	22
34	◎青雲	21
35	◎江戸川学園取手	20
35	富山中部	20
37	千葉（県立）	19
37	一宮	19
37	◎白陵	19
37	□広島大学附属福山	19
37	修猷館	19
42	◎武蔵	18
42	◎智辯学園和歌山	18
42	高松	18
45	岡山朝日	17
46	高岡	16
47	藤島	15
47	四日市	15
47	◎高田（三重）	15
47	◎大阪星光学院	15
51	札幌南	14
51	◎早稲田	14
51	◎渋谷教育学園渋谷	14
51	◎桐蔭学園	14
51	浜松北	14
51	熊本	14
57	前橋（県立）	13
57	高崎	13
57	日比谷	13
57	◎暁星	13
57	◎雙葉	13
57	岐阜	13
57	大分上野丘	13
64	盛岡第一	12
64	◎城北（東京）	12
64	◎豊島岡女子学園	12
64	□金沢大学附属	12
64	金沢泉丘	12
64	◎滝	12
64	宮崎西	12
71	仙台第二	11
71	◎公文国際学園	11
71	新潟	11
71	長野（県立）	11
75	◎北嶺	10
75	水戸第一	10
75	◎芝	10
78	札幌北	9
78	山形東	9
78	◎開智	9
78	◎攻玉社	9
78	横浜翠嵐	9
78	◎岡山白陵	9
78	◎弘学館	9
78	◎昭和薬科大学附属（沖縄）	9
86	旭川東	8
86	秋田	8
86	太田（群馬）	8
86	湘南	8
86	大垣北	8
86	静岡	8
86	◎土佐	8
93	◎国学院久我山（東京）	7
93	八王子東	7
93	◎フェリス女学院	7
93	◎逗子開成（神奈川）	7
93	長岡	7
93	韮山	7
93	◎南山	7
93	◎徳島文理	7
93	◎香川県大手前	7
93	小倉	7

ことが、東大合格実績に影響を与えたとみていい。

教育方針について、武蔵といえば「自由」「教養」が看板である。授業は、１つのテーマを幅広い角度からとらえるような教養教育型で、考える力を養うものだ。職人気質の教員も少なくない。

07年に理三合格のI・Hさんが話す。「受験指導も高３の時に少しある程度で、開成、麻布のように学校で模試をやるようなことも一切ありませんでした。中学に入ったころから、フィールドワークの課題を多く出されて。取材のようなことをしてレポートにまとめる、そういうことばかりやってきました（略）学校の授業は受験に則しているとは言えないけど、ちゃんと聞いていれば基礎学力が付きました」（『天才たちのメッセージ　東大理Ⅲ　１９９９』）。

武蔵と対極にあるのが、弘学館である。厳しい管理型教育は有名だ。全寮制で中学１年から高校１年までは４人で共同生活を行う。高校２年生からは個室が与えられる。中３以上の平日の日課は次のように定められている。起床6時50分、朝礼・点呼7時〜7時10分、清掃・朝食7時10分〜8時10分、（登校準備）、登校完了8時10分、昼食12時35分〜13時20分、入浴16時〜19時、夕食17時50分〜19時。「学習可能時間」は19時10分〜翌1時（中３・高１）または翌2時（高２・高３）とされ、その間30分程度の休憩が2回設けられている（23年版学寮ガイドより）。夜、寮では主要5教科の指導教員が待機して、生徒からの質問に答えている。06年に文一に合格したK・Rさんの話。「勉強しなければいけない時間が決められているんですよ。それは夜の7時から11時なのですが、間に30分の休憩がある以外は、みんな勉強させられます。でも、私をはじめ、時には遊んでしまう生徒もいて、監視の先生によく怒られましたね」（『国家を託される若者たち　東大文Ⅰ　２００６』）。

　武蔵のような自由放任型では遊んでしまって勉強しなくなる。少しでも面倒見がよいほうがいい。だからといって弘学館のような管理型は窮屈そうで6年も耐えられそうもない。中学受験生と保護者のメンタリティは、時代によって揺れ動いている。

【2009年】

公立高校出身者は１２０４人。07年１０７４人、08年１１３５人と3年続けて増えた。大きな理由として、全国的に学区撤廃や学校群制度廃止が広がりかつての名門校が復活したこと、難関大学合格を教育目標に掲げ東大に特化したコースをつくる公立が現れたことがあげられる。

　公立合格者の牽引役を果たしているのが、愛知県である。09年の公立高校からの合格者数は①愛知138人、②埼玉71人、③東京68人、④福岡50人、⑤富山48人。ほぼ、埼玉と東京を合わせた人数である。

愛知県のなかでも際立っているのが県立岡崎高校だ。同校の生徒は岡崎市と隣接する豊田市在住者で7割以上を占めている（09年＝756人／１０７７人）。地元にはトヨタ自動車やデンソーなど世界的な企業、そして、自然科学研究機構の岡崎共通研究施設（81年設立の岡崎国立共同研究機構を改組）がある。これらに勤務するエンジニアや研究者の子供たちが、地元の公立高校の実績をあげたといえる。

また、愛知県内トップの公立高校は地元の名古屋大より東大を意識している。刈谷の教諭がこう話す。「入学時に、京大や名大志望の生徒たちには、東大にチャレンジするように気持ちを高めさせています」（『週刊朝日』、03年4月4日号）。岡崎の教諭もこう語る。「能力の高い生徒には東大を考えてみろよと背中を押してあげる」（『ＡＥＲＡ』、06年3月27日号）。

08年に文一合格の一宮出身、Ｉ・Ｍさんはこう記す。「進路指導で東大入学を勧められました。ある程度の成績の人は名古屋大学を、それ以上のレベルの人は東京大学を勧められたのです」（『国家を託される若者たち　東大文Ｉ　２００８』）。09年、文一合格の時習館出身、Ｅ・Ｓさんの話。「高校に入学すると、『最初は東大を目指せ』という指導方針の学校だった

2009年入試

順位	高校	人
1	◎開成	138
2	□筑波大学附属駒場	106
3	◎灘	102
4	◎麻布	76
5	□東京学芸大学附属	74
6	◎桜蔭	69
7	◎栄光学園	59
8	◎ラ・サール	53
9	◎聖光学院	49
10	◎東大寺学園	44
11	□筑波大学附属	43
12	岡崎	42
13	◎駒場東邦	39
14	◎久留米大学附設	38
15	浦和（県立）	36
16	◎海城	34
17	◎広島学院	30
18	◎洛南	29
19	◎渋谷教育学園幕張	28
20	宇都宮	27
20	千葉（県立）	27
20	◎愛光	27
23	◎浅野	25
23	富山中部	25
23	一宮	25
26	◎東海	24
27	◎女子学院	23
28	◎桐朋	22
28	◎巣鴨	22
28	◎青雲	22
28	大分上野丘	22
32	札幌南	21
32	◎智辯学園和歌山	21
34	◎武蔵	20
34	刈谷	20
34	◎甲陽学院	20
37	旭丘	19
37	◎白陵	19
37	岡山朝日	19
37	◎岡山白陵	19
37	高松	19
42	熊本	18
43	高崎	17
43	◎豊島岡女子学園	17
43	岐阜	17
43	◎西大和学園	17
43	◎修道	17
48	土浦第一	16
48	日比谷	16
48	□広島大学附属福山	16
51	仙台第二	15
51	山形東	15
51	水戸第一	15
51	西	15
51	◎城北（東京）	15
51	修猷館	15
51	筑紫丘	15
58	◎早稲田	14
58	横浜翠嵐	14
58	新潟	14
58	鶴丸	14
62	国立	13
62	◎白百合学園	13
62	◎滝	13
65	◎芝	12
65	◎桐蔭学園	12
65	四日市	12
65	◎大阪星光学院	12
69	◎北嶺	11
69	◎栄東（埼玉）	11
69	◎横浜雙葉	11
69	高岡	11
69	富山	11
74	札幌北	10
74	川越	10
74	◎フェリス女学院	10
74	金沢泉丘	10
74	藤島	10
74	松本深志	10
74	時習館	10
81	盛岡第一	9
81	前橋（県立）	9
81	春日部	9
81	◎雙葉	9
81	◎渋谷教育学園渋谷（東京）	9
81	長野（県立）	9
81	◎洛星	9
81	□大阪教育大学附属池田	9
81	長田	9
81	松江北	9
81	◎土佐	9
92	青森	8
92	安積	8
92	◎穎明館	8
92	湘南	8
92	◎桐蔭学園中等教育（神奈川）	8
92	浜松北	8
92	長崎西	8
92	宮崎西	8

ので、そこで東大を目指すことを意識し出しました」(『同2009』)。

公立高校出身者の最盛期は67年の2136人。公立中高一貫校の登場で、5年後、150人台までは回復するかもしれない。東大進学をすすめる学校が増えているからだ。「東大合格者○○人」をマニフェストに掲げて、東大対策講座、東大見学会も花盛りだ。「学校間格差解消」政策による学校群や小学区制で一部の公立名門校が「平準化」した70～80年代であれば、「高校の予備校化」と厳しく批判されたはずである。

06年あたりから、「格差社会」が大きなテーマになった。「学力低下」も深刻な問題として取り上げられている。いずれも政策課題となった。それなのに「学校間格差」が問われることはほとんどない。学校間に「格差」があるのはあたりまえ、とホンネで語られるようになったからだろう。平等主義から能力主義への移り変わりに疑問はあまり持たれなくなった。それは必ずしも悪いことではない。みんなが平等というタテマエ論よりは健全だ。東大合格校、非東大合格校、専門職養成校など、学校の役割や性格が区別されるのは、多様な人々を受け入れる教育機関として当然である。ただ、あまりにもホンネすぎてそれが差別につながる危険性もある。そうならないような健全さを保ってほしいところだ。

5章

東大合格校の歴史V

2010〜2022年

日比谷高校

桜蔭高校

【2010年】

京都市立堀川高校から合格者を9人出した。05年から09年まで2人、3人、4人、5人、7人と増えていく。堀川は府内全域から優れた生徒を受け入れ、探究型の教育を行ったところ、02年は国公立大合格者106人を数えた。これは前年比100人増である。京大は6人で同6人増となった。87～01年まで15年間の京大合格者数累計5人を上回る。「堀川の奇跡」と呼ばれた進学実績の向上は、東大合格者増加につながっていく。同校校長の荒瀬克己氏は「奇跡」の要因を2つあげた。「1つは、批判的な評価も多かった公立高校が、教職員の頑張り次第で変われると認めてもらえたこと。もう1つは、堀川が取り組んできたような『課題探究型』の学習が、大学入試と矛盾しないものだと理解してもらえたことです」（教育専門サイト「eduview（エデュビュー）」、13年10月1日）。

10年代前半、『東大合格生のノートはかならず美しい』（太田あや、文藝春秋、08年）と『東大合格生のノートはどうして美しいのか？』（同、09年）が累計発行部数50万部のベストセ

2010年入試

順位	高　校	人
1	◎開成	168
2	◎灘	103
3	□筑波大学附属駒場	100
4	◎麻布	91
5	◎桜蔭	67
6	◎聖光学院	65
7	◎駒場東邦	61
8	◎栄光学園	57
9	□東京学芸大学附属	54
10	◎海城	49
11	◎渋谷教育学園幕張	47
12	岡崎	41
13	□筑波大学附属	40
14	日比谷	37
14	◎東大寺学園	37
16	◎浅野	36
16	◎ラ・サール	36
18	◎東海	34
19	旭丘	32
20	浦和（県立）	29
21	◎女子学院	26
21	◎岡山白陵	26
23	土浦第一	24
23	◎武蔵（私立）	24
23	◎豊島岡女子学園	24
23	◎甲陽学院	24
23	◎久留米大学附設	24
28	岐阜	23
28	◎愛光	23
30	千葉（県立）	22
30	◎西大和学園	22
32	◎桐朋	21
32	◎白陵	21
32	◎広島学院	21
35	西	20
35	◎城北（私立）	20
37	◎攻玉社	18
37	一宮	18
37	時習館	18
37	岡山朝日	18
41	高岡	17
41	富山中部	17
43	秋田	16
43	大宮	16
43	◎早稲田	16
43	◎巣鴨	16
43	藤島	16
43	◎洛南	16
43	◎智辯学園和歌山	16
43	◎修道	16
51	◎雙葉	15
51	金沢泉丘	15
51	◎大阪星光学院	15
51	□広島大学附属福山	15
51	鶴丸	15
56	盛岡第一	14
56	国立	14
56	高松	14
56	修猷館	14
56	◎青雲	14
56	熊本	14
56	大分上野丘	14
63	□金沢大学附属	13
63	◎高田	13
65	仙台第二	12
65	山形東	12
65	長野（県立）	12
65	◎洛星	12
69	札幌南	11
69	◎江戸川学園取手	11
69	宇都宮	11
69	湘南	11
69	◎サレジオ学院	11
74	◎渋谷教育学園渋谷	10
74	横浜翠嵐	10
74	新潟	10
74	松本深志	10
74	明和	10
79	高崎	9
79	前橋（県立）	9
79	◎暁星国際	9
79	沼津東	9
79	◎滝	9
79	◎南山	9
79	○堀川（京都市立）	9
86	八王子東	8
86	◎暁星	8
86	◎桐蔭学園	8
89	札幌北	7
89	安積	7
89	栃木	7
89	◎桐蔭学園中等教育	7
89	韮山	7
89	刈谷	7
89	半田	7
89	◎土佐	7
89	筑紫丘	7
89	宮崎西	7

ラーになった。美しさの理由は①余白を十分にとる、②インデックスを使う、③必要ならばコピーを貼り付ける点にあるという。難関大学受験生にはうってつけの指南本となった。

【2011年】

3月11日、東日本大震災が起こった。宮城県内で被災した県立古川黎明高校3年の男子生徒は東大前期試験に合格できず、後期試験の勉強をしているさなかだった。震災直後の試験はとても受けられる状態ではなかった。「震災から5日間は停電していて、お寺からたくさんのロウソクをもらい、その明かりで勉強しました。ただ落ち着いて勉強できる状態ではなく、焦りも手伝って手が震えていたことを覚えています。昼間は田のあぜ道でテキストを広げていましたが、寒くて集中できませんでした」（『サンデー毎日』、12年3月25日号）。東北大、岩手大、筑波大、一橋大、東京外国語大などが後期試験を取りやめる中、東大は予定どおり行った。しかも、後期試験を受けられなかった者を対象に追試験も行った。交通機関の復旧が遅れているなどの事情を考慮したのである。東大の追試情報は、学校の進路指導部を介して男子生徒にも伝えられた。彼は復興の手伝いができないことにつらさを覚えながらも受験の準備をして、無事合格した。

2011年入試

順位	高校	人
1	◎開成	171
2	□筑波大学附属駒場	103
3	◎灘	99
4	◎麻布	79
5	◎桜蔭	75
6	◎駒場東邦	64
7	◎栄光学園	63
8	◎聖光学院	60
9	□東京学芸大学附属	58
10	◎東大寺学園	43
11	岡崎	38
12	□筑波大学附属	36
12	◎久留米大学附設	36
14	◎渋谷教育学園幕張	34
14	◎海城	34
16	◎桐朋	32
16	◎女子学院	32
16	◎浅野	32
19	浦和（県立）	30
19	◎巣鴨	30
21	土浦第一	29
21	日比谷	29
21	西	29
21	◎ラ・サール	29
25	◎武蔵（私立）	28
26	◎西大和学園	27
27	◎城北（私立）	26
28	旭丘	25
28	◎洛南	25
28	◎甲陽学院	25
28	◎愛光	25
28	鶴丸	25
33	◎白陵	24
34	◎東海	22
35	◎広島学院	21
36	千葉（県立）	19
36	岡山朝日	19
38	◎開智	17
38	熊本	17
38	大分上野丘	17
41	大宮	16
41	◎雙葉	16
41	富山中部	16
41	◎青雲	16
45	◎渋谷教育学園渋谷	15
45	◎智辯学園和歌山	15
47	水戸第一	14
47	◎暁星	14
47	◎早稲田	14
47	◎攻玉社	14
47	□広島大学附属福山	14
52	国立	13
52	◎豊島岡女子学園	13
52	◎桐蔭学園中等教育	13
52	高岡	13
52	金沢泉丘	13
52	一宮	13
52	四日市	13
52	修猷館	13
52	筑紫丘	13
61	札幌南	12
61	仙台第二	12
61	◎栄東	12
61	時習館	12
61	◎洛星	12
61	◎岡山白陵	12
67	◎白百合学園	11
67	◎フェリス女学院	11
67	◎桐蔭学園	11
67	新潟	11
67	□金沢大学附属	11
67	浜松北	11
67	◎大阪星光学院	11
67	□広島大学附属	11
75	宇都宮	10
75	湘南	10
75	藤島	10
75	長野（県立）	10
75	岐阜	10
75	◎南山	10
75	高松	10
82	前橋（県立）	9
82	□お茶の水女子大学附属	9
82	横浜翠嵐	9
82	静岡	9
82	刈谷	9
82	◎滝	9
82	◎修道	9
89	山形東	8
89	◎江戸川学園取手	8
89	松本深志	8
89	富士（静岡）	8
89	◎高田	8
89	◎土佐	8
89	小倉	8
89	佐世保北	8
97	札幌北	7
97	盛岡第一	7
97	高崎	7
97	◎東邦大付東邦	7
97	戸山	7
97	八王子東	7
97	◎世田谷学園	7
97	◎光塩女子学院高等科	7
97	◎公文国際学園高等部	7
97	膳所	7
97	○堀川（京都市立）	7
97	岡山操山	7
97	◎弘学館	7

05年、都立白鴎高校は附属中学校を併設し、その1期生から合格者5人が出た。東京都は00年代半ばから、「社会の様々な場面、分野において人々の信頼を得て、将来のリーダーとなり得る人材を育成する」ために中高一貫校として中等教育学校と併設型（都立中学校＋都立高校）を作った。中等教育学校は小石川、桜修館、立川国際、南多摩、三鷹の5校。併設型は白鴎、両国、武蔵、富士、大泉の5校。なお都立九段高校は閉校したあと、千代田区に移管され区立九段中等教育学校になる。国立では東京学芸大学附属国際中等教育学校、東京大附属中等教育学校が開校。これらはいずれも10年代に東大合格者を出した。

05年に開校した私立片山学園中学高校（富山）の1期生4人が合格した。県で唯一の私立中高一貫校だ。同校の校長がこう話す。「週41時限という公立中学の約1・4倍もの授業時間を確保し、加えて夜間特別授業や個別指導も行なうなど、学習指導に関しては特徴のある学校と自負しています」（読売新聞オンライン、14年12月10日）。

沖縄の宮古島にある県立宮古高校から合格者を出した。国費制度（380ページ）廃止後、初めての東大生誕生となる。同校の校長が談話を発していた。「本人の猛勉強、努力のたまもの。計画的・継続的な指導が合格に結び付いた。この快挙は後輩らの道標になる」（「宮古毎日新聞」、11年3月11日）。

【2012年】

東日本大震災、福島第一原発事故で、岩手、宮城、福島3県合計の東大合格者数に変化は見られただろうか。10年から15年まで56人→42人→45人→39人→47人と推移し、隔年傾向が見られる。震災と事故のせいで受験勉強が十分にできないので減少、反対に、被災地を避け東北大志望を東大に変えて増加という見方がなされたが、因果関係はないようだ。

07年に開校した海陽中等教育学校の1期生13人が合格した。卒業生101人の小規模校なので10人に1人が東大生になった。東大、京大、一橋大、東京工業大の4校合わせて21人、早稲田大と慶應義塾大は51人を数える。建学の精神に「将来の日本を牽引する、明るく希望に満ちた人材の育成」を掲げ、設立にあたってはトヨタ自動車、JR東海、中部電力などの中部地方の財界が合わせて200億円を投じるなど、有力企業が参画している。ハウスと呼ばれる寮ではトヨタ自動車から出向したフロアマスターが生徒の面倒を見る。

1期生で東大に進んだOBがこうふり返る。「自室を出てものの数秒で仲間のもとへ遊びに行けるという環境は、寮生活ならではの貴重な体験でした。ハウスのラウンジにはいつも仲間がいて、皆で語り合ったり、ボードゲームをしたり、スポーツ観戦をしたり、『何か楽しいこと』が常に転がっていました。また、その中で『自分のやりたいことを通じて自分自身を表現する』ことが当たり前という雰囲気がありました」（同校の入学案内）。
海陽中等教育に通うためには年間で授業料73・２万円、施設維持・充実費50・４万円、寮費126万円、食費42万円、合計で291万６０００円かかる。卒業までの６年間で１７４９万６０００円になる（22年度。12年度は授業料ほか合計が年間約280万円なのでもうすこし安い）。鹿児島のラ・サールの６年間の授業料と寮費を合わせると約971万円（22年度）なので、海陽中等教育の授業料、寮費などは相当な高額となる。それでも全国から優秀な生徒が集まるため、毎年、東大にコンスタントに合格者を出しており、22年までに東大合格者累計は93人になる。
09年開校の横浜市立横浜サイエンスフロンティア高校の１期生が３人合格。

【２０１３年】

首都圏でこれまでの最多合格者数を出した女子校があった。豊島岡女子学園27人、鷗友学園女子11人、浦和明の星女子（埼玉）６人である。吉祥女子、洗足学園高校、光塩女子学院高等科はいずれも４人、頌栄《しょうえい》女子学院と横浜雙葉は３人合格したが、これらの女子校は５人前後で推移してきた。瀧野川女子学園が初めて合格者を出した。同校が進学校になったことについては『瀧野川女子学園のキセキ　パーソナルブランディングで生徒が、学校が変わっ

2012年入試

順位	高校	人
1	◎開成	203
2	◎灘	98
3	◎麻布	90
4	□筑波大学附属駒場	83
5	◎栄光学園	70
6	◎駒場東邦	69
7	◎聖光学院	65
8	◎桜蔭	58
9	□東京学芸大学附属	55
10	◎渋谷教育学園幕張	49
11	◎海城	47
12	◎東大寺学園	42
13	◎巣鴨	41
14	浦和（県立）	40
15	◎久留米大学附設	35
16	旭丘	32
17	千葉（県立）	31
17	□筑波大学附属	31
19	日比谷	30
19	◎ラ・サール	30
21	◎浅野	29
21	◎広島学院	29
23	岡崎	27
24	◎東海	26
25	◎桐朋	25
25	◎豊島岡女子学園	25
25	◎甲陽学院	25
25	◎白陵	25
29	西	24
30	◎早稲田	23
30	◎女子学院	23
32	土浦第一	22
32	◎愛光	22
34	湘南	21
35	◎武蔵（私立）	20
36	◎攻玉社	19
37	◎高田	18
38	前橋（県立）	17
38	大宮	17
38	□金沢大学附属	17
38	◎洛南	17
38	◎大阪星光学院	17
43	◎北嶺	16
43	◎城北（私立）	16
43	◎渋谷教育学園渋谷	16
43	新潟	16
43	一宮	16
43	刈谷	16
43	◎西大和学園	16
50	水戸第一	15
50	国立	15
52	秋田	14
52	◎芝	14
52	藤島	14
52	時習館	14
52	◎智辯学園和歌山	14
57	◎海陽中等教育（愛知）	14
57	高松	13
57	大分上野丘	13
60	札幌南	12
60	仙台第二	12
60	宇都宮	12
60	◎世田谷学園	12
60	◎フェリス女学院	12
60	長野（県立）	12
60	岐阜	12
60	熊本	12
60	鶴丸	12
69	仙台第一	11
69	◎江戸川学園取手	11
69	◎栄東	11
69	横浜翠嵐	11
69	◎公文国際学園高等部	11
69	金沢泉丘	11
75	安積	10
75	◎東邦大付東邦	10
75	戸山	10
75	◎雙葉	10
75	◎洛星	10
75	□広島大学附属福山	10
75	山口	10
82	◎開智	9
82	◎暁星	9
82	◎桐蔭学園中等教育	9
82	高岡	9
82	浜松北	9
82	四日市	9
82	□広島大学附属	9
82	◎修道	9
82	◎青雲	9
91	札幌北	8
91	山形東	8
91	◎サレジオ学院	8
91	富山中部	8
91	松本深志	8
91	静岡	8
91	膳所	8
91	岡山朝日	8
91	修猷館	8
91	筑紫丘	8
91	長崎西	8

た！』（刈谷裕子、長崎出版、13年）でまとめられている。

この年、『学年ビリのギャルが1年で偏差値を40上げて慶應大学に現役合格した話』（坪田信貴、KADOKAWA、13年）が刊行され、100万部を超すベストセラーになった。学業成績がまったくふるわなかった女子が、塾の指導のもとで難関大学に合格するサクセスストーリーである。女子を激励する、奮い立たせる本が注目されたのは、女子の東大、医学部など難関大学志向が強まったことを象徴しているようだ。

10年開校の幸福の科学学園高校（栃木）の１期生２人が合格した。15年には５人が合格している。岡山県の私立朝日塾中等教育学校から初めて合格者１人を出した。前身校の朝日塾中学校高校は小泉純一郎政権が進めた規制緩和政策の１つ、構造改革特別区域法（構造改革特区）によって04年に開校している。日本で最初の株式会社立学校だった。しかし、やがて定員割れを起こして経営難となり、11年に学校法人に移行して現校名に改称した。

文一志願者が大幅に減少した。前年比マイナス26・６％である。予備校関係者は、センター試験が難化したこと、法学部の人気が低下したことが要因とみている。

2013年入試

順位	高校	人
1	◎開成	170
2	◎灘	105
3	□筑波大学附属駒場	103
4	◎麻布	82
5	□東京学芸大学附属	68
6	◎桜蔭	66
7	◎聖光学院	62
8	◎渋谷教育学園幕張	61
9	◎駒場東邦	59
10	◎栄光学園	52
11	浦和（県立）	46
12	◎海城	40
12	◎ラ・サール	40
14	□筑波大学附属	38
15	◎女子学院	37
16	西	34
17	岡崎	32
18	日比谷	29
18	◎武蔵（私立）	29
18	旭丘	29
18	◎東海	29
18	◎西大和学園	29
23	◎豊島岡女子学園	27
23	◎浅野	27
25	千葉（県立）	25
25	◎巣鴨	25
27	土浦第一	24
27	◎東大寺学園	24
27	◎久留米大学附設	24
30	◎桐朋	23
31	国立	22
32	宇都宮	21
32	◎愛光	21
34	◎広島学院	20
35	熊本	19
36	◎大阪星光学院	18
36	◎白陵	18
36	◎岡山白陵	18
39	◎暁星	17
39	横浜翠嵐	17
39	◎洛南	17
39	□広島大学附属福山	17
39	修猷館	17
44	◎芝	16
45	金沢泉丘	15
46	◎攻玉社	14
46	湘南	14
46	◎逗子開成	14
46	◎高田	14
50	札幌南	13
50	盛岡第一	13
50	◎江戸川学園取手	13
50	◎市川（千葉）	13
50	◎早稲田	13
50	◎桐蔭学園中等教育	13
50	一宮	13
50	◎滝	13
58	◎栄東	12
58	◎世田谷学園	12
58	◎城北（私立）	12
58	◎渋谷教育学園渋谷	12
58	静岡	12
58	◎洛星	12
58	高松	12
65	大宮	11
65	◎開智	11
65	◎雙葉	11
65	◎鴎友学園女子	11
65	新潟	11
65	高岡	11
65	□金沢大学附属	11
65	藤島	11
65	岐阜	11
65	◎南山	11
65	◎甲陽学院	11
65	◎青雲	11
77	前橋（県立）	10
77	◎東邦大付東邦	10
77	戸山	10
77	◎フェリス女学院	10
77	時習館	10
77	岡山朝日	10
77	◎修道	10
77	鶴丸	10
85	船橋（県立）	9
85	八王子東	9
85	◎土佐	9
88	仙台第二	8
88	長野（県立）	8
88	浜松北	8
88	半田	8
88	刈谷	8
88	◎海陽中等教育	8
88	小倉	8
88	筑紫丘	8
96	八戸	7
96	山形東	7
96	◎本郷	7
96	◎サレジオ学院	7
96	富山中部	7
96	沼津東	7
96	長崎西	7
96	宮崎大宮	7

【２０１４年】

開成高校の合格者158人は２０１０年代でもっとも少ない。隔年傾向といっていい。同校に柳沢幸雄校長が就任して３年目となり、メディアへ盛んに発信している。灘校長の和田孫博氏との対談をまとめた『「開成×灘式」思春期男子を伸ばすコツ』（中公新書クラレ、14年）、『エリートの条件』（ＫＡＤＯＫＡＷＡ、14年）などがある。柳沢氏はこう話す。

「校長就任時、すでに東大合格者数日本一を三十年続けており、その意味で開成は成功した学校でした。しかし、就任して違和感に気付きました。新しい物事を判断しようとするとき教員は前例を調べましょうと言い出す。これでは思考停止につながります。そこで、まず自分たちで判断することを徹底させました」（「文藝春秋」、21年12月号）。

13年、柳沢校長は学内に国際交流留学生委員会を設置し、海外に留学する道筋をつけた。柳沢校長自ら海外の大学に推薦文を出すことがあった。14年、開成からハーバード大、プリンストン大、イェール大など海外トップ校の合格者を出している。

08年開校の県立並木中等教育学校（茨城）の１期生４人が合格した。

2014年入試

順位	高校	人	順位	高校	人	順位	高校	人
1	◎開成	158	31	◎西大和学園	22	64	高松	12
2	□筑波大学附属駒場	104	35	土浦第一	21	68	◎市川（千葉）	11
2	◎灘	104	35	宇都宮	21	68	◎芝	11
4	◎麻布	82	35	千葉（県立）	21	68	□金沢大学附属	11
5	◎駒場東邦	75	35	◎攻玉社	21	68	大分上野丘	11
6	◎聖光学院	71	35	◎大阪星光学院	21	72	札幌南	10
7	◎桜蔭	69	40	新潟	20	72	◎江戸川学園取手	10
8	◎栄光学園	67	40	◎愛光	20	72	高崎	10
9	□東京学芸大学附属	56	42	水戸第一	19	72	◎開智	10
10	◎渋谷教育学園幕張	48	43	◎北嶺	18	72	船橋（県立）	10
11	◎ラ・サール	41	43	◎城北（私立）	18	72	姫路西	10
12	◎海城	40	43	富山中部	18	78	盛岡第一	9
13	◎久留米大学附設	38	43	熊本	18	78	秋田	9
14	日比谷	37	47	湘南	17	78	◎本郷	9
15	◎浅野	34	47	岐阜	17	78	◎鴎友学園女子	9
16	浦和（県立）	33	49	□広島大学附属福山	16	78	金沢泉丘	9
16	◎豊島岡女子学園	33	49	◎広島学院	16	78	吉田（山梨）	9
18	西	31	51	◎雙葉	15	78	長野（県立）	9
18	◎東大寺学園	31	51	◎フェリス女学院	15	78	刈谷	9
20	□筑波大学附属	29	53	◎栄東	14	78	◎海陽中等教育	9
21	岡崎	27	53	◎渋谷教育学園渋谷	14	78	◎高田	9
21	◎東海	27	53	浜松北	14	78	○堀川（京都市立）	9
23	◎早稲田	26	53	◎白陵	14	89	山形東	8
23	◎巣鴨	26	53	筑紫丘	14	89	小松（石川）	8
25	旭丘	25	53	長崎西	14	89	藤島	8
26	国立	24	59	大宮	13	89	◎駿台甲府	8
26	◎女子学院	24	59	時習館	13	89	静岡	8
26	◎洛南	24	59	一宮	13	89	北野（大阪）	8
26	◎甲陽学院	24	59	◎洛星	13	89	◎修道	8
30	岡山朝日	23	59	鶴丸	13	89	◎青雲	8
31	◎桐朋	22	64	仙台第二	12	97	八王子東	7
31	◎武蔵（私立）	22	64	◎暁星	12	97	◎世田谷学園	7
31	横浜翠嵐	22	64	◎桐蔭学園中等教育	12	97	高岡	7
						97	甲府南	7
						97	□広島大学附属	7
						97	修猷館	7

【2015年】

ミッション系女子校から多くの合格者が出た。藤女子高校（北海道）、恵泉女学園、光塩女子学院、頌栄女子学院、東京女学館、目黒星美学園、立教女学院、横浜雙葉、清泉女学院（以上、東京）、静岡雙葉（静岡）、甲南女子、神戸海星女子学院、小林聖心女子学院（以上、兵庫）、福岡雙葉（福岡）など。

女子校からの東大合格者を過去10年おきにみると75年16校、85年21校、95年38校、05年40校、15年40校となっている。女子校からの東大志望者が増えたことを示す。

しかし、全体的に女子の東大志望者が増えたわけではない。東大の女子学生比率は90年代から10年代まで、2割に届かない状態が長く続き、上向きになる気配はみせなかった。東大合格者に女子校出身者が増えても、東大女子学生の数は変わらない。これは東大合格者がこれまで特定の女子校に集中していたのが、さまざまな女子校に分散されたからと考えられる。たとえば97年は桜蔭、女子学院、お茶の水女子大附属3校で151人だったが、15年になると桜蔭、女子学院、豊島岡女子学園で136人、16年では前記3校で134人になっている。トップ層の女子校でなくても東大など難関大学を十分に狙える。特進クラスなどで熱心な教育を行ってきた成果だ。夢を与えたとも言えるが、相当な努力も必要となろう。

2015年入試

順位	高校	人
1	◎開成	185
2	□筑波大学附属駒場	112
3	◎灘	94
4	◎麻布	88
5	◎駒場東邦	82
6	◎桜蔭	76
7	◎聖光学院	74
8	◎渋谷教育学園幕張	56
8	◎海城	56
10	□東京学芸大学附属	54
11	◎栄光学園	45
12	◎浅野	40
13	日比谷	37
13	◎久留米大学附設	37
15	◎渋谷教育学園渋谷	33
16	◎東大寺学園	32
17	◎女子学院	30
17	◎豊島岡女子学園	30
19	◎早稲田	28
19	◎甲陽学院	28
19	◎西大和学園	28
22	浦和（県立）	27
22	◎武蔵（私立）	27
22	富山中部	27
22	◎東海	27
26	◎広島学院	25
26	◎ラ・サール	25
28	土浦第一	23
28	千葉（県立）	23
30	西	22
30	◎白陵	22
32	◎攻玉社	21
32	◎巣鴨	21
32	岡崎	21
32	◎洛南	21
32	修猷館	21
37	国立	20
38	湘南	19
39	旭丘	18
39	◎大阪星光学院	18
41	仙台第二	17
41	□筑波大学附属	17
43	横浜翠嵐	16
43	◎愛光	16
45	◎暁星	15
45	岡山朝日	15
47	◎芝	14
48	船橋（県立）	13
48	◎市川（千葉）	13
48	◎桐朋	13
51	秋田	12
51	前橋（県立）	12
51	◎雙葉	12
51	◎サレジオ学院	12
51	岐阜	12
51	浜松北	12
57	札幌南	11
57	水戸第一	11
57	◎開智	11
57	戸山	11
57	新潟	11
57	□金沢大学附属	11
57	金沢泉丘	11
57	四日市	11
57	◎洛星	11
57	◎岡山白陵	11
57	熊本	11
68	◎江戸川学園取手	10
68	宇都宮	10
68	大宮	10
68	高岡	10
68	静岡	10
68	時習館	10
68	一宮	10
68	◎高田	10
68	高松	10
68	鶴丸	10
78	◎北嶺	9
78	高崎	9
78	◎栄東	9
78	小石川中等教育	9
78	◎本郷	9
78	◎桐蔭学園	9
78	藤島	9
78	◎修道	9
78	◎青雲	9
78	大分上野丘	9
88	◎白百合学園	8
88	◎城北（私立）	8
88	◎フェリス女学院	8
88	長野（県立）	8
88	刈谷	8
88	◎滝	8
88	○堀川（京都市立）	8
88	北野（大阪）	8
88	◎智辯学園和歌山	8
88	長崎西	8

小石川→小石川中等教育

トップクラスの女子校の優秀な生徒が東大より地元の国立大医学部をめざす傾向が高まったことも見逃せない。96年、桜蔭は東大合格者93人を出した。しかし05年以降22年まで80人を超えたことはない。13年、同校の関東の国公立大医学部合格者は群馬大、筑波大、千葉大、東京医科歯科大、横浜市立大の５校合計で29人いる。これは開成、筑駒、麻布を圧倒する。桜蔭から東大に合格できる層が医学部に進んだとみていい。

ところで、東京学芸大附属54人、筑波大附属17人など共学校の東大合格者数が減少している。いずれも100人以上の合格者を出していた時代には、女子が多く含まれており、東京学芸大附属は80年に33人を数えた。首都圏の優秀な女子が、進学指導をほとんどしない国立大学附属よりも、私立女子校を選ぶようになったとも言えよう。

09年に開校した県立相模原中等教育学校（神奈川）の１期生が５人合格する。

【2016年】

東大は初めて推薦入試を導入した。その目的は『東京大学の行動シナリオ　ＦＯＲＥＳＴ２０１５』（22年3月、濱田純一総長時代）に基づき、タフな東大生の育成に向けて多様で優秀な学生を受け入れるため、としている。代わりに後期試験は廃止された。

2016年入試

順位	高校	人
1	◎開成	170
2	□筑波大学附属駒場	102
3	◎麻布	94
3	◎灘	94
5	◎渋谷教育学園幕張	76
6	◎聖光学院	71
7	◎桜蔭	59
8	□東京学芸大学附属	57
8	◎駒場東邦	57
8	◎栄光学園	57
11	日比谷	53
12	◎ラ・サール	44
13	◎豊島岡女子学園	41
14	◎早稲田	38
15	◎東大寺学園	37
15	◎久留米大学附設	37
17	◎女子学院	34
18	◎西大和学園	33
19	千葉（県立）	32
19	□筑波大学附属	32
19	西	32
22	◎東海	31
23	◎海城	30
23	◎渋谷教育学園渋谷	30
23	◎浅野	30
26	◎甲陽学院	29
27	◎栄東	27
28	◎武蔵（私立）	26
28	岡崎	26
30	旭丘	23
31	浦和（県立）	22
32	◎攻玉社	21
32	岐阜	21
34	国立	20
34	◎桐朋	20
34	横浜翠嵐	20
34	◎広島学院	20
38	土浦第一	18
38	宇都宮	18
38	◎芝	18
41	札幌南	17
41	◎開智	17
41	新潟	17
41	◎愛光	17
41	熊本	17
46	湘南	16
46	◎白陵	16
48	◎暁星	15
49	水戸第一	14
49	小石川中等教育	14
49	◎雙葉	14
49	◎フェリス女学院	14
49	◎洛南	14
49	鶴丸	14
55	高崎	13
55	大宮	13
55	◎市川（千葉）	13
55	◎巣鴨	13
55	藤島	13
55	一宮	13
55	刈谷	13
55	◎大阪星光学院	13
55	◎青雲	13
64	富山中部	12
64	浜松北	12
64	◎高田	12
67	◎江戸川学園取手	11
67	武蔵（都立）	11
67	◎白百合学園	11
67	◎城北（私立）	11
67	◎本郷	11
67	静岡	11
67	大分上野丘	11
74	山形東	10
74	◎逗子開成	10
74	長野（県立）	10
74	四日市	10
78	◎北嶺	9
78	盛岡第一	9
78	明和	9
78	岡山朝日	9
82	仙台二華（宮城）	8
82	秋田	8
82	前橋（県立）	8
82	船橋（県立）	8
82	高岡	8
82	◎六甲	8
82	◎智辯学園和歌山	8
82	松山東	8
82	修猷館	8
82	筑紫丘	8

16年の推薦入試では前年11月から出願を受け付け、書類による1次選考は全学部学科合計で173人中149人が通過した。12月19、20日に面接などの2次選考を実施し、センター試験の結果も踏まえて最終合格者77人（女子29人）が決定した。センター試験は720点程度（医学部医学科は780点程度）が必要といわれている。

学校長が推薦できる人数は、各校男女各1人まで。学部ごとに入試を行い、研究したい内容によって文科一～三類、理科一～三類に分かれる。合格者を出した学校には地方の公立高が多く見られる。そして一般入試に比べて女子の比率が高い。これは東大が全国から優秀な女子学生を採りたいという思惑の表れと言える。一校につき男女1人ずつなので、16年の上位男子校＝灘、開成、麻布、筑駒、駒場東邦、聖光学院、栄光学園からは推薦で1人しか受け入れられない、という不利な立場におかれた。男女共学の進学校が多い国公立のほうが推薦合格者は多くなる。2人出した学校が5校あった。札幌南、東京学芸大附属、渋谷教育学園幕張、日比谷、大阪教育大附属天王寺校舎である。

推薦入試で合格者を出した高校のうち、2校のケースを見てみよう。

桐朋高校から理学部に進学した生徒は、在学中に化学グランプリ（公益社団法人日本化学会主催）で大賞を取ったことが推薦入試を受けるきっかけとなった。入試の様子をこうふり返る。「量子のこと、原子、電子の軌道について、炎色反応、有機化学など、実に多岐にわたる質問内容で、高校生レベルではありませんでしたが、桐朋の先生が、大学生が使う教科書を読む機会をくださっていたので、対応できたのです」（桐朋高校ウェブサイト）。

推薦入試の願書を提出する際、出願要件を満たすためには学校の協力が必要だ。

札幌北高校から合格者（工学部進学）を出したことについて、同校進路指導部長がこうふり返る。「担任のバックアップはもとより、国語教諭による小論文指導や、部活動の顧問に対する活動歴の照会など、多くの教員がかかわっています。本人と教員が一丸となって向かったから合格できたのです」（「サンデー毎日」、16年2月28日号）。

07年開校の宝仙学園共学部理数インターから初めて合格者を出した。ＯＢの西岡壱誠《いっせい》氏が同校校長との対談でこう話す。「多くのことを学べる『失敗』と友達になろうということです。失敗や、先生からのお叱りの言葉から逃げずに、そこから学んでほしいです。」（School Networkウェブスクールポット、17年）。西岡氏は在学中から、「ドラゴン桜２」を監修、『東大読書』（東洋経済新報社、18年）、『東大独学』（同、22年）、『東大集中力』（大和書房、19年）、『東大思考』（東洋経済新報社、20年）、『東大メンタル』（中山芳一共著、日経ＢＰ、21年）など多くの受験指南本、東大関連本を著したことで知られている。

【2017年】

渋谷教育学園幕張（渋幕）78人は同校史上もっとも多い。16年に76人で初めて5位以内に入っている。千葉では05年以降22年までトップの座を譲っていない。なぜ、千葉に学校を作ったのか。設立者の田村哲夫氏は80年代の状況をふり返ってこう話す。「いずれ千葉県に住んで東京に通う〝千葉都民〟が激増するのは明らかでした。当時の千葉県は、優秀な子は県立高校に進学するものだ、という意識が強い地域でしたが、今後、そんな意識にとらわれない千葉都民が流入すると確信したので、チャンスを活かして21世紀に活躍できる人材を育てようと、千葉の地に学校を作ることに決めました」（「週刊新潮」17年6月22日号）。02年、渋幕は県立千葉を抜き、千葉県で初めて東大合格者でトップになった。このとき、系列校の渋谷教育学園渋谷（渋渋）が最初に東大合格者を出した。16年には、渋渋と渋幕の東大合格者数が合わせて100人を超えた。

神奈川の横浜女学院、横浜翠陵《すいりょう》、横浜清風が初めて合格者を出す。いずれも校名変更、

2017年入試

順位	高校	人
1	◎開成	161
2	□筑波大学附属駒場	102
3	◎灘	95
4	◎麻布	79
5	◎渋谷教育学園幕張	78
6	◎聖光学院	69
7	◎桜蔭	63
8	◎栄光学園	62
9	◎駒場東邦	51
10	◎海城	49
11	□東京学芸大学附属	46
12	日比谷	45
13	◎ラ・サール	40
14	□筑波大学附属	39
14	◎甲陽学院	39
16	旭丘	37
17	◎女子学院	36
18	◎西大和学園	35
19	横浜翠嵐	34
20	浦和（県立）	32
20	◎武蔵（私立）	32
20	◎浅野	32
23	◎早稲田	30
23	◎東海	30
25	西	27
25	◎久留米大学附設	27
27	◎東大寺学園	26
28	◎渋谷教育学園渋谷	25
29	◎愛光	22
30	◎豊島岡女子学園	21
30	◎洛南	21
32	土浦第一	20
32	岡崎	20
34	□広島大学附属福山	19
34	◎広島学院	19
34	熊本	19
37	◎開智	18
37	千葉（県立）	18
37	◎市川（千葉）	18
37	◎芝	18
37	湘南	18
37	岡山朝日	18
43	国立	17
43	浜松北	17
45	水戸第一	16
45	◎城北（私立）	16
47	◎栄東	15
47	富山中部	15
47	金沢泉丘	15
50	小石川中等教育	14
50	◎攻玉社	14
50	◎雙葉	14
50	四日市	14
50	○堀川（京都市立）	14
50	修猷館	14
56	◎桐蔭学園中等教育	13
56	長野（県立）	13
56	岐阜	13
59	札幌南	12
59	宇都宮	12
59	◎巣鴨	12
59	□金沢大学附属	12
59	鶴丸	12
64	大宮	11
64	◎白陵	11
64	宮崎西	11
67	◎北嶺	10
67	盛岡第一	10
67	前橋（県立）	10
67	戸山	10
67	◎本郷	10
67	◎洛星	10
67	◎大阪星光学院	10
67	◎智辯学園和歌山	10
67	筑紫丘	10
67	大分上野丘	10
77	□お茶の水女子大学附属	9
77	◎暁星	9
77	◎鴎友学園女子	9
77	◎洗足学園	9
77	◎サレジオ学院	9
77	富山	9
77	吉田（山梨）	9
77	◎青雲	9
85	高崎	8
85	◎桐朋	8
85	◎逗子開成	8
85	高岡	8
85	藤島	8
85	山口	8
85	高松	8
85	小倉	8
93	八戸	7
93	秋田	7
93	山形東	7
93	並木中等教育（茨城）	7
93	船橋（県立）	7
93	◎世田谷学園	7
93	◎フェリス女学院	7
93	静岡	7
93	沼津東	7
93	明和	7
93	刈谷	7
93	◎高田	7
93	岡山大安寺中等教育	7

改革が行われた。横浜女学院は横浜女子商業、横浜清風は明倫を前身とし、いずれも起源となる女学校の開校は戦前までさかのぼる老舗だ。横浜翠陵は86年開校の横浜国際女学院翠陵高校から改称した。横浜清風とともに女子校から共学に転じる。3校は少子化への対応として、難関大学受験コース設置の進学校をめざしている。横浜清風からの東大合格者はこうふり返る。「在学中多くの経験や先生方のサポートのおかげで、大学に合格することができました。大学生活においては、学習面のみならずサークル活動やバイト、その他の課外活動などにも力を入れ、多くの経験を積みたいと思います」（同校ウェブサイト）。

【2018年】

早稲田高校からの合格者38人は同校にとって最多となる。同校は1学年約300人で、早稲田大学の推薦枠が169人分あるが、すべて埋まることはない。18年は138人、19年は152人だった。東大の合格者数を増やすことを意識した指導はしていないという。定員が常に埋まるのは政治経済、法の2学部だ。校長が次のように話す。「本校では中3からキャリア教育に力を入れているため、『早稲田大学ならどこでもいい』『外部受験は大変だからしたくない』という生徒はほとんどいません。明確な志向と熱意をもって進路を決めていきます」（ＴＯＭＡＳの

2018年入試

順位	高校	人
1	◎開成	175
2	□筑波大学附属駒場	109
3	◎麻布	98
4	◎灘	91
5	◎桜蔭	77
5	◎栄光学園	77
7	◎聖光学院	72
8	□東京学芸大学附属	49
9	◎渋谷教育学園幕張	48
9	日比谷	48
9	◎海城	48
12	◎駒場東邦	47
13	◎浅野	42
13	◎ラ・サール	42
15	□筑波大学附属	38
15	◎早稲田	38
17	◎女子学院	33
18	◎東海	30
18	◎西大和学園	30
20	◎武蔵（私立）	27
20	◎甲陽学院	27
22	国立	26
22	岡崎	26
24	◎渋谷教育学園渋谷	25
24	湘南	25
24	旭丘	25
27	◎久留米大学附設	23
28	浦和（県立）	22
28	千葉（県立）	22
30	◎豊島岡女子学園	21
30	金沢泉丘	21
32	◎洛南	20
33	西	19
33	岐阜	19
33	修猷館	19
36	仙台第二	18
36	◎開智	18
36	◎市川（千葉）	18
36	◎白陵	18
36	◎東大寺学園	18
41	◎本郷	17
41	新潟	17
43	宇都宮	16
43	富山中部	16
43	◎大阪星光学院	16
46	土浦第一	15
47	前橋（県立）	14
47	◎栄東	14
47	船橋（県立）	14
47	横浜翠嵐	14
51	◎北嶺	13
51	秋田	13
51	武蔵（都立）	13
51	◎桐朋	13
51	◎攻玉社	13
51	◎雙葉	13
51	◎フェリス女学院	13
51	長野（県立）	13
51	◎愛光	13
51	熊本	13
61	小石川中等教育	12
61	◎城北（私立）	12
61	浜松北	12
61	◎海陽中等教育	12
61	◎広島学院	12
66	戸山	11
66	◎芝	11
66	◎巣鴨	11
66	静岡	11
66	四日市	11
66	岡山朝日	11
66	□広島大学附属福山	11
66	大分上野丘	11
74	◎洛星	10
74	□広島大学附属	10
76	◎暁星	9
76	◎白百合学園	9
76	相模原中等教育	9
76	◎サレジオ学院	9
76	◎桐蔭学園中等教育	9
76	□金沢大学附属	9
76	鶴丸	9
83	札幌南	8
83	盛岡第一	8
83	高崎	8
83	甲府南	8
83	刈谷	8
83	◎高田	8
83	◎六甲	8
83	◎岡山白陵	8
83	広島	8
83	宮崎西	8
93	安積	7
93	◎江戸川学園取手	7
93	青山	7
93	◎洗足学園	7
93	◎逗子開成	7
93	明和	7
93	一宮	7
93	◎南山	7
93	◎滝	7
93	北野（大阪）	7
93	姫路西	7
93	◎智辯学園和歌山	7
93	高松	7
93	福岡（福岡）	7
93	◎青雲	7

教育情報メディア「Schala」、19年7月25日）。

おもな大学の附属、系列校からの合格者は次のとおり。帝京6人、日本女子大学附属3人、創価3人、青山学院高等部2人、立教女学院2人、成蹊2人、学習院高等科2人、国際基督教大学高校2人、明治大学附属明治1人、国学院久我山1人など。

かつて、大学の附属校は系列大学への「エスカレーター式」をセールスポイントにしていた。根強い人気はあったが、いまは系列大学よりも東大や早慶などブランド力が高い大学への進学実績を打ち出す傾向にある。これも少子化対策の一環である。なお、早慶の附属、系列校では早稲田大学高等学院は05年から、早稲田実業学校は08年から東大合格者を出していない。慶應義塾高校は04年から、慶應女子高校は14年から東大合格者ゼロが続く。早稲田と慶應にしてみれば、東大に「頭脳流出」していないという意味で良いことかもしれない。

東大合格者上位の大学附属、系列校のうち、大学とは名称が異なる学校には以下が挙げられる。①渋谷教育学園幕張と渋谷教育学園渋谷（多摩大など）、②駒場東邦（東邦大）、③東海（東海学園大）、④西大和学園（大和大）、⑦洛南（種智院大）、⑧栄東（平成国際大）、⑨桐朋（桐朋学園大）、⑩桐蔭学園中等教育学校（桐蔭横浜大）、⑪江戸川学園取手（江戸川大）、⑯修道（広島修道大）、⑰駿台甲府（駿河台大）など。

12年開校の横浜市立南高校附属中学校1期生が5人合格した。初代校長・高橋正尚氏はこう話す。「6年間、先生たちが期待に応えようと、やってきたことが実ったようでうれしい。入学時から主体的な学習習慣を身につけさせて、生徒たちが目標に向かって粘り強く頑張ってくれた結果ではないか」（「産経新聞」、18年3月27日）。県内公立高校では湘南、横浜翠嵐《すいらん》、相模原中等教育に次ぐ5番目の多さで、東京工業大に4人、一橋大にも1人が合格した。

【2019年】

聖光学院（神奈川）からの合格者が93人で同校の歴代最多となる。工藤誠一校長が話す。「東大や京大などの最難関大は、短期間の詰め込み型の指導で合格できるものではありません。中学生の頃から、時間をかけていろいろな指導・経験を積み重ねたことが相乗効果を生み、今回の実績に結びついたものと考えています」（ＴＯＭＡＳの教育サイト「Schala」、19年9月5日）。放課後、鉄緑会など東大専門塾へ通う生徒は1割程度という。

西大和学園から42人が合格した。設立者の田野瀬良太郎氏は『田舎の無名高校から東大、京大にバンバン合格した話』（主婦の友社、15年）を著した。版元の出版社は、ウェブサイトで同書をこう紹介している。「0時間目、泊まり込み補講、夏季休暇3日、正月特訓……一部ネットでは『受験少年院』と言われたほどの〝体育会系〟スパルタ受験の実態とは?」。生徒は自由をえられず、受験漬けになっているかのようだが、どうなのか。19年に東大合格した男子生徒が記す。「高校１年生の夏から同級生の女性と付き合っていて、高校３年生の夏前まではデートに行き、受験期も交際関係は続けていました。恋人がいることのメリットはお互いに励ましあったり慰めあったりすることで精神の安定が得られることです」(『'20年版 私の東大合格作戦』エール出版社、19年)。高校生活を楽しんでいた生徒もいるようだ。

この年の入試結果は、東大にすれば衝撃的だった。総合点で合格最低ラインが文科一類351・８３３３点、文科二類358・０６６７点であり、人文社会系では最難関と言われた東大文一(主に法学部進学)が文二(主に経済学部進学)より低かった。文二が優秀ということになる。法学部から法曹、官僚になるよりも、経済学部→外資系企業(銀行、証券、コンサルタント)で活躍する生き方のほうに魅力を感じる学生が増えたからだろうか。20年春、東大の学部卒業生の就職先ランキング上位には、３位ＰｗＣコンサルティング16人、４位アクセンチュア15人、10位デトロイト トーマツ コンサルティング10人、11位Ａ.Ｔ.カーニー９人、15位マッキンゼー・アンド・カンパニー８人が並ぶ。徹底した能力主義で責任ある仕事をまかされ、やりがいがあり、給料は日本の企業より高いことに魅了されるようだ。

2019年入試

順位	高校	人
1	◎開成	186
2	□筑波大学附属駒場	119
3	◎麻布	100
4	◎聖光学院	93
5	◎灘	74
6	◎渋谷教育学園幕張	72
7	◎桜蔭	66
8	◎駒場東邦	61
9	◎栄光学園	54
10	◎久留米大学附設	50
11	日比谷	47
12	◎海城	46
13	□東京学芸大学附属	45
14	◎西大和学園	42
15	浦和（県立）	41
16	◎浅野	39
17	◎東海	37
18	◎甲陽学院	34
18	◎ラ・サール	34
20	□筑波大学附属	32
21	◎早稲田	30
22	◎豊島岡女子学園	29
23	◎女子学院	27
23	岡崎	27
23	◎東大寺学園	27
26	旭丘	26
27	◎武蔵（私立）	22
28	◎巣鴨	21
28	横浜翠嵐	21
30	土浦第一	20
30	◎大阪星光学院	20
32	札幌南	19
32	◎栄東	19
32	千葉（県立）	19
32	西	19
32	◎渋谷教育学園渋谷	19
32	湘南	19
38	金沢泉丘	18
39	仙台第二	17
39	大分上野丘	17
41	◎市川（千葉）	16
41	小石川中等教育	16
41	国立	16
41	富山中部	16
41	岐阜	16
41	浜松北	16
41	◎洛星	16
48	船橋（県立）	15
48	◎攻玉社	15
48	◎世田谷学園	15
48	◎白陵	15
52	◎開智	14
52	◎芝	14
54	盛岡第一	13
54	◎洛南	13
54	岡山朝日	13
54	◎広島学院	13
54	◎愛光	13
59	秋田	12
59	宇都宮	12
59	戸山	12
59	◎城北（私立）	12
59	□広島大学附属福山	12
59	熊本	12
65	◎桐朋	11
65	一宮	11
65	◎高田	11
65	◎修道	11
65	修猷館	11
70	大宮	10
70	青山	10
70	新潟	10
70	明和	10
70	四日市	10
70	◎六甲	10
70	◎智辯学園和歌山	10
70	◎岡山白陵	10
70	長崎西	10
79	◎北嶺	9
79	山形東	9
79	◎東邦大学附属東邦	9
79	藤島	9
79	長野（県立）	9
79	◎海陽中等教育	9
79	鶴丸	9
86	水戸第一	8
86	武蔵（都立）	8
86	◎雙葉	8
86	○南（横浜市立）	8
86	高岡	8
86	◎滝	8
86	□広島大学附属	8
93	並木中等教育	7
93	前橋（県立）	7
93	高崎	7
93	八王子東	7
93	桜修館中等教育（東京）	7
93	◎洗足学園	7
93	◎フェリス女学院	7
93	◎桐光学園	7
93	静岡	7
93	時習館	7
93	姫路西	7
93	高松	7
93	宮崎大宮	7
93	宮崎西	7

【2020年】

N高校から初めて合格者が出た。角川ドワンゴ学園が16年に設立した通信制高校で、17年に通学コースを設置した。全国から入学できるネットコース、キャンパス（全国19カ所）で学ぶ通学コースがある。本校は沖縄県うるま市の伊計島にある。同校のネットコースには特進専攻があり、教員が受験勉強をサポートして、入試までのスケジュールや参考書選びなどをアドバイスする。アドバンストプログラムのなかに大学受験対策授業があり予備校講師の授業が配信される。ベーシック、スタンダード、ハイレベルの3ステップに分かれており、授業は一方通行ではなく生徒がチャットで質問できる。

東大に合格した生徒は公立の通信制高校からN高に転校した。こう話す。「2年次に特進専攻で勉強し、東大と自分との距離感がつかめてきました。そこで、どうせ大学に行くなら目標を高く設定しようと思ったんです。自分の長所でも欠点でもあるんですが、合格できるという根拠のない自信がありました。難関高校に通わなければ東大に合格できないという思い込みもありませんでした」（「朝日新聞EduA」、20年4月15日）。なお、N高校から21年に4人、22年には1人合格者を出している。

2020年入試

順位	高校	人
1	◎開成	185
2	□筑波大学附属駒場	93
3	◎桜蔭	85
4	◎灘	79
5	◎渋谷教育学園幕張	74
6	◎麻布	65
7	◎駒場東邦	63
8	◎聖光学院	62
9	◎海城	59
10	◎栄光学園	57
11	◎西大和学園	53
12	◎ラ・サール	42
13	日比谷	40
14	◎浅野	39
15	□筑波大学附属	36
15	◎東大寺学園	36
17	◎渋谷教育学園渋谷	35
18	浦和（県立）	33
18	◎女子学院	33
18	◎甲陽学院	33
21	◎久留米大学附設	31
22	旭丘	30
23	◎豊島岡女子学園	29
24	□東京学芸大学附属	28
25	◎早稲田	27
26	土浦第一	26
26	横浜翠嵐	26
26	◎東海	26
29	富山中部	24
30	湘南	22
31	◎武蔵（私立）	21
31	岡山朝日	21
33	千葉（県立）	20
33	西	20
33	浜松北	20
33	◎愛光	20
37	岡崎	19
38	札幌南	18
38	熊本	18
40	◎北嶺	17
40	◎栄東	17
42	国立	16
42	◎洛南	16
42	修猷館	16
45	船橋（県立）	15
45	高岡	15
45	金沢泉丘	15
45	◎白陵	15
49	◎市川（千葉）	14
49	◎芝	14
49	岐阜	14
49	◎海陽中等教育	14
53	大宮	13
54	仙台第二	12
54	秋田	12
54	戸山	12
54	◎巣鴨	12
54	鶴丸	12
59	宇都宮	11
59	◎攻玉社	11
59	◎世田谷学園	11
59	四日市	11
59	北野（大阪）	11
64	山形東	10
64	並木中等教育	10
64	◎開智	10
64	小石川中等教育	10
64	◎雙葉	10
64	◎サレジオ学院	10
64	新潟	10
64	□金沢大学附属	10
64	藤島	10
64	一宮	10
64	◎高田	10
64	□広島大学附属福山	10
64	宮崎西	10
77	桜修館中等教育	9
77	◎逗子開成	9
77	姫路西	9
77	◎広島学院	9
77	筑紫丘	9
77	長崎西	9
77	大分上野丘	9
84	福島（福島）	8
84	水戸第一	8
84	武蔵（都立）	8
84	◎城北（私立）	8
84	◎本郷	8
84	◎フェリス女学院	8
84	◎大阪桐蔭	8
84	松山東	8
84	◎土佐	8
93	仙台二華（宮城）	7
93	川越	7
93	◎桐朋	7
93	◎白百合学園	7
93	◎鴎友学園女子	7
93	◎洗足学園	7
93	○南（横浜市立）	7
93	刈谷	7
93	神戸	7
93	岡山大安寺中等教育	7
93	高松	7

【2021年】

受験生は例年に比べ、いくつもの対策を講じなければならなかった。新しい入試制度である大学入学共通テストを準備する、新型コロナウイルス感染症拡大防止のため最善の努力をすることである。試験当日、陽性反応が出た場合、試験会場には入れない。2次試験を受けられなかった受験生は、「大学入学共通テストの結果及び調査書、また、理科三類入学者の選抜においては、面接試験を行い、その結果を含めて総合的に判定」することになった。

受験生はコロナ禍で、これまでとはまったく異なる環境で受験勉強をしなければならなかった。学校に通うことができず、自宅でオンライン授業を受ける日々が続いたのである。

開成高校からの合格者がふり返る。「本来なら5月に開催される運動会がコロナの影響でなくなったりしたことで、消化不良な感じで、初めのほうはあまり勉強に身が入りませんでした。（略）僕の学校では、学校行事、部活の大会の中止やコロナでの休校などで、切り替えができない人が多く、その時期の差がそのまま入試の合否に影響したのかなと僕自身は感じています」（『’22年版　私の東大合格作戦』エール出版社、21年）。開成の合格者数は前年比39人減、うち現役は12人減だった。同校は運動会が盛んで長い時間をかけて準備する。その主役は3年生だ。しかし、運動会が中止で達成感がないまま受験勉強に挑もうとしてもそんな

2021年入試

順位	高校	人
1	◎開成	146
2	◎灘	97
3	□筑波大学附属駒場	89
4	◎麻布	86
5	◎聖光学院	79
6	◎西大和学園	76
7	◎桜蔭	71
8	◎渋谷教育学園幕張	67
9	日比谷	63
10	◎駒場東邦	56
11	横浜翠嵐	50
12	◎浅野	48
13	◎海城	47
13	◎栄光学園	47
15	浦和（県立）	46
16	◎久留米大学附設	36
17	◎早稲田	33
17	◎渋谷教育学園渋谷	33
17	◎ラ・サール	33
20	旭丘	31
20	岡崎	31
20	◎東海	31
20	◎甲陽学院	31
24	□東京学芸大学附属	30
25	□筑波大学附属	29
25	◎東大寺学園	29
27	◎武蔵（私立）	28
28	◎洛南	26
29	水戸第一	23
30	土浦第一	22
30	◎市川（千葉）	22
30	◎女子学院	22
33	◎豊島岡女子学園	21
34	西	20
34	富山中部	20
36	宇都宮	19
36	千葉（県立）	19
36	国立	19
39	小石川中等教育	18
39	修猷館	18
41	◎攻玉社	17
42	札幌南	16
42	◎愛光	16
44	大宮	15
44	◎白陵	15
44	岡山朝日	15
44	熊本	15
48	船橋（県立）	14
48	藤島	14
48	◎海陽中等教育	14
51	仙台第二	13
51	戸山	13
51	金沢泉丘	13
51	静岡	13
51	北野（大阪）	13
56	秋田	12
56	◎栄東	12
56	◎芝	12
56	湘南	12
56	岐阜	12
56	四日市	12
56	◎大阪星光学院	12
56	大分上野丘	12
64	浜松北	11
64	◎洛星	11
64	高松	11
67	山形東	10
67	◎洗足学園	10
67	◎横浜雙葉	10
67	高岡	10
67	高志	10
67	明和	10
67	◎広島学院	10
67	鶴丸	10
75	□お茶の水女子大学附属	9
75	武蔵（都立）	9
75	◎桐朋	9
75	◎暁星	9
75	◎城北（私立）	9
75	◎本郷	9
75	新潟	9
75	□広島大学附属	9
83	盛岡第一	8
83	◎開智	8
83	◎巣鴨	8
83	◎雙葉	8
83	◎フェリス女学院	8
83	◎サレジオ学院	8
83	長田	8
83	◎智辯学園和歌山	8
83	岡山大安寺中等教育	8
83	筑紫丘	8
93	札幌北	7
93	◎北嶺	7
93	前橋（県立）	7
93	◎白百合学園	7
93	◎東京都市大学附属	7
93	沼津東	7
93	一宮	7
93	◎高田	7
93	◎須磨学園	7
93	◎岡山白陵	7
93	宮崎西	7

意欲、気力がわかなかったということだろうか。もっとも、10人前後の増減は隔年現象の範囲内であり、合格者減少をコロナに結びつけるのは無理があるだろう。

東大の推薦入試の枠組みが、「1校2名まで。男女は各1名まで」から「1校4名まで。男女は各3名まで」に変更された。男子校、女子校は最多3人なので、共学に比べての不利は変わらない。3人合格者は秋田高校、山形東高校、麻布高校の3校だった。

女子比率が初めて2割を超えた。入学者3085人のうち女子は640人、女子比率は20・7%だった、科類別では文三40・9%、理二23・8%、文一22・8%、文二17・2%、理三15・3%、理一9.6%。推薦入試入学者の女子比率45・7（42人）が押し上げたといっていい。

【2022年】

日比谷高校65人は71年以降では過去最多となった。10年代後半、日比谷の関係者が高校入試における最難関校との併願で日比谷を選ぶ生徒が増えた旨の発言をしている。①16年に日比谷、開成の両方に合格して日比谷を選んだのが17人いた、②18年には筑波大附属駒場、筑波大附属、東京学芸大附属に受かった受験生の2割が日比谷を選んだ、などだ（①「週刊ダイヤモンド」16年11月19日号、②「NIKKEI STYLE」、18年1月14日）。これらが本当ならば、

2022年入試

順位	高校	人
1	◎開成	193
2	□筑波大学附属駒場	97
3	◎灘	92
4	◎聖光学院	91
5	◎西大和学園	79
6	◎桜蔭	77
7	◎渋谷教育学園幕張	74
8	日比谷	65
9	◎麻布	64
10	◎駒場東邦	60
11	◎栄光学園	58
12	◎海城	57
13	横浜翠嵐	52
14	◎久留米大学附設	43
15	□筑波大学附属	42
16	◎渋谷教育学園渋谷	38
17	◎ラ・サール	37
18	◎浅野	36
19	◎女子学院	31
19	旭丘	31
21	◎早稲田	29
22	浦和（県立）	27
22	□東京学芸大学附属	27
22	西	27
25	◎東海	26
26	◎東大寺学園	25
27	岡山朝日	24
28	◎市川（千葉）	23
29	小石川中等教育	20
29	◎洗足学園	20
29	湘南	20
29	岡崎	20
29	◎白陵	20
34	千葉（県立）	19
34	国立	19
34	◎武蔵（私立）	19
34	◎広島学院	19
38	熊本	18
38	大分上野丘	18
40	◎愛光	17
41	◎大阪星光学院	16
41	◎甲陽学院	16
43	金沢泉丘	15
43	浜松北	15
45	水戸第一	14
45	土浦第一	14
45	宇都宮	14
45	◎栄東	14
45	◎芝	14
45	◎豊島岡女子学園	14
45	四日市	14
45	北野（大阪）	14
53	◎本郷	13
53	高岡	13
53	岐阜	13
53	一宮	13
57	仙台第二	12
57	山形東	12
57	戸山	12
57	◎攻玉社	12
57	◎東京都市大学附属	12
57	富山中部	12
57	明和	12
57	◎青雲	12
65	前橋（県立）	11
65	高崎	11
65	船橋（県立）	11
65	武蔵（都立）	11
65	◎桐朋	11
65	修猷館	11
71	札幌南	10
71	大宮	10
71	◎フェリス女学院	10
71	◎洛南	10
71	□広島大学附属福山	10
76	並木中等教育	9
76	◎開智	9
76	東葛飾	9
76	◎暁星	9
76	◎白百合学園	9
76	◎城北（私立）	9
76	◎雙葉	9
76	◎鴎友学園女子	9
76	◎逗子開成	9
76	神戸	9
76	高松	9
87	盛岡第一	8
87	◎巣鴨	8
87	◎サレジオ学院	8
87	藤島	8
87	長野（県立）	8
87	◎高田	8
87	◎洛星	8
94	◎北嶺	7
94	◎浦和明の星女子	7
94	○九段中等教育	7
94	□金沢大学附属	7
94	静岡	7
94	◎智辯学園和歌山	7
94	□広島大学附属	7
94	◎土佐	7

九段→○九段中等教育

日比谷の立ち位置は60年代半ば、学校群制度以前に戻ったことになる。当時は高校受験で第1志望が日比谷、第2志望は開成、武蔵、麻布、慶應、教駒（現、筑駒）などだった。いまの日比谷は教育内容、カリキュラムで先進的な内容を採り入れ受験対策も効率的だ。半世紀前の日比谷とは時代も生徒の気質も違う。比べられないだろう。

　横浜翠嵐52人は開校以来もっとも多い。同校では自宅での学習時間として、平日で「学年＋2時間」、休日は「学年＋4時間」を掲げるほど、熱心な指導を行っている。そのハードさゆえ在校生から「翠嵐予備校」と揶揄されることがある。かつて神奈川のトップだった湘南を大きくリードした。教育ジャーナリストの後藤健夫氏は高校受験段階に注目する。「塾の競争が激しい神奈川では、横浜翠嵐と湘南とを合わせて合格者数を提示するよりも『横浜翠嵐　○名』と打ち出したほうがインパクトがあるから、受験先を一つに絞って生徒を誘導しました。特に高校無償化で、仮に横浜翠嵐に不合格でも私立の特進コースが拾ってくれるから横浜翠嵐はこれまでにないほどの志願者が集まりました。入学段階で、横浜翠嵐と湘南とでは既に差がついていたんです」（「ダイヤモンドオンライン」、21年5月27日）。

　日比谷、横浜翠嵐は生徒募集がカギになる。公立の伝統校でも「受験対策をしない」「受験指導の成果が出ても発信しない」では、優秀な生徒は集まらないと考えているようだ。

地方の公立進学校、私立高校の一部に「朝課外」がある。これは1時間目（あるいは朝のホームルーム）の前、多くは朝7時30分（あるいは40分）に始まる補習授業だ。教育課程外の非正規カリキュラムで強制力はないが、「0時限授業」とも呼ばれ出席率は高い。生徒にすれば、塾や予備校がわりになる、あるいはサボって教員の心証を悪くしたくない、というところだろう。開成、灘、筑駒にはない。彼らは鉄緑会などに通えば十分だからだ。

とりわけ熱心なのが九州である。だが、最近になって廃止の動きも出ている。公立高校では、大分が18年に廃止。熊本も23年から廃止の方針を打ち出している。

個別でみると、修猷館《しゅうゆうかん》、佐賀西の2校は22年で廃止した。佐賀西の青木勝彦校長はこう語る。「実施しないことへの先生の不安もあるが、『主体的な学び』が重視されている新学習指導要領が新1年生から導入されるタイミングでもあった。総合的に考えて今だった」（「佐賀新聞」、22年4月13日）。また、修猷館高校の教員はこう話す。「生徒の時間をこっちで全部組み立ててやって、カリキュラム的なものをレールに乗っかって全部こなすだけじゃなくてやっぱり、主体性を持って動いてもらうっていうんでしょうか。生徒に時間を返そうよっていう、その大きい流れを取り込んだ」（ＮＨＫ「ロクいち！福岡」、22年10月14日）。

宮崎は宮崎大宮、宮崎西、宮崎南などが「朝課外」を続けている。宮崎南の教員がこう話す。「大学共通テスト、この難易度が高度さを増している。これに対応していくためには、どうしても授業だけでは演習する時間が足りないので、大学の入学の第一希望を叶えるために課外の必要性を感じている」（宮崎放送ウェブサイト、22年６月４日）。鹿児島では、鶴丸は以前から行っていない。甲南は熱心だ。生徒にこう語りかける。「30分間ではありますが、集中して取り組みましょう！　そして、慌てて登校することがないように、時間に余裕を持って行動しましょう」（同校ウェブサイト、22年４月18日）。

予備校の代わりとしての「朝課外」だが、生徒の主体性尊重、教員の働き方改革、受験対策授業の無料配信等で、徐々に姿を消す方向にある。生徒にとって健全なことだ。

大学入試をめぐって２つの事件が起こった。１つは大学入学共通テストの試験会場、東大本郷キャンパス前で東大志望の高校生が３人を刃物で切りつけた。もう１つは再受験をする大学生が、大学入学共通テストの問題を試験中に撮影し、ネットで外部に送り解答させた。いずれも大きく報道されている。大学入試は社会にとって一大イベントである。とくに東大入試とその結果（合格者、合格高校）に対しては、将来の日本のリーダーとなる優れた人材が生まれるのではないかと期待も寄せられる。49年に新しい東大が誕生してから４分の３世紀が経とうとしている。東大合格高校の歴史を見守っていきたい。

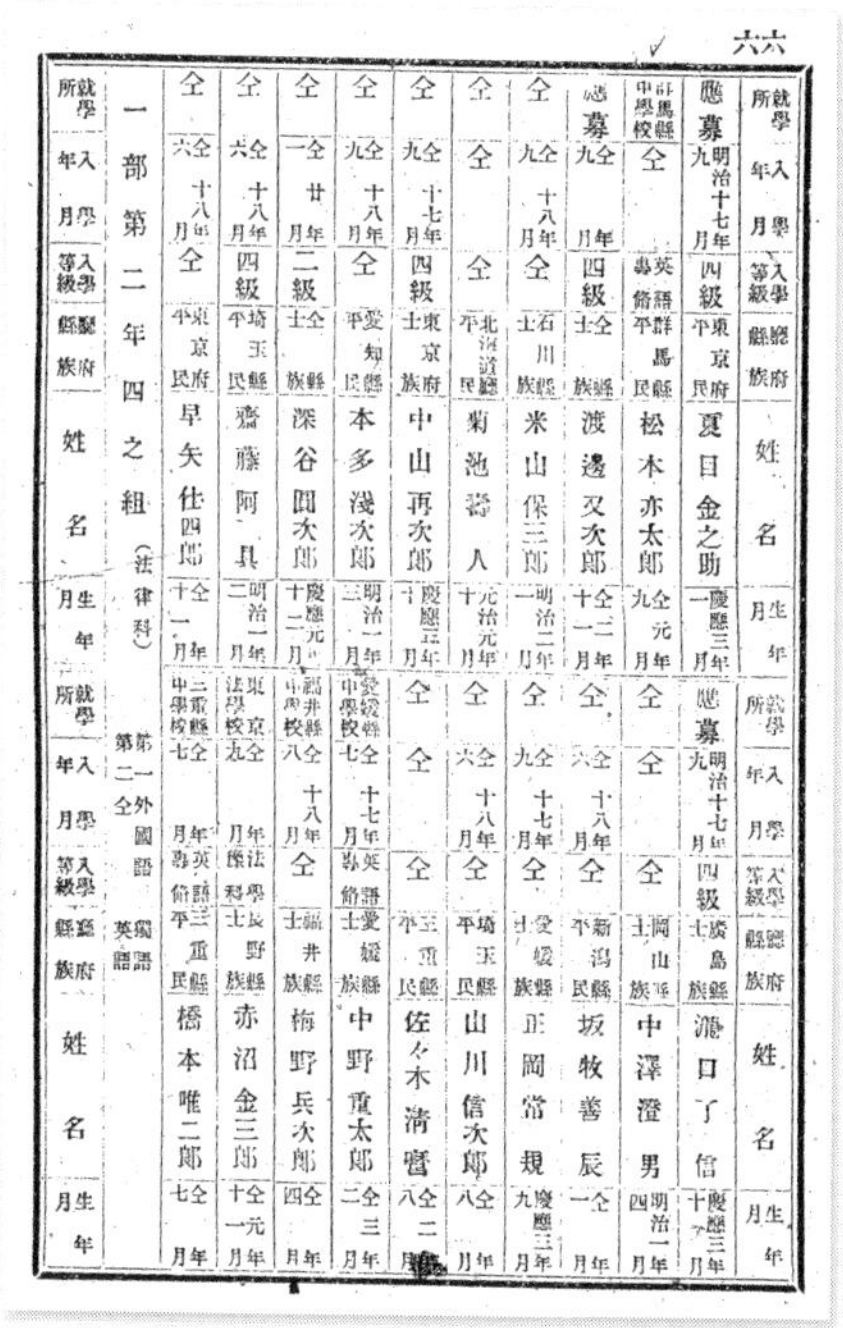

六六

一部第二年四之組（法律科）

第一外國語 英語　第二仝 獨語

就學所	入學年月	入學等級	府縣族	姓名	生年月
應募	明治十七年九月	四級	東京府平民	夏目金之助	慶應三年一月
群馬縣中學校	仝	英語專修	群馬縣平民	松本亦太郎	仝元年九月
應募	仝年九月	四級	仝縣士族	渡邊又次郎	仝二年十一月
仝	仝十八年九月	仝	石川縣士族	米山保三郎	明治二年一月
仝	仝	仝	北海道廳平民	菊池壽人	元治元年十月
仝	仝十七年九月	四級	東京府士族	中山再次郎	慶應三年十月
仝	仝十八年九月	仝	愛知縣平民	本多淺次郎	明治一年三月
仝	仝廿年一月	二級	仝縣士族	深谷圓次郎	慶應元年十二月
仝	仝十八年六月	四級	埼玉縣平民	齋藤阿具	明治一年二月
仝	仝十八年六月	仝	東京府平民	早矢仕四郎	仝一年十月
應募	明治十七年九月	四級	廣島縣士族	瀧口了信	慶應三年十月
仝	仝	仝	岡山縣士族	中澤澄男	明治一年四月
仝	仝十八年六月	仝	新潟縣平民	坂牧善辰	仝年一月
仝	仝十七年九月	仝	愛媛縣士族	正岡常規	慶應三年九月
仝	仝十八年六月	仝	埼玉縣平民	山川信次郎	仝年八月
仝	仝	仝	三重縣平民	佐々木清麿	仝二年八月
愛媛縣中學校	仝十七年七月	英語專修	愛媛縣士族	中野重太郎	仝三年二月
福井縣中學校	仝十八年八月	仝	福井縣士族	梅野兵次郎	仝年四月
東京法學校	仝年九月	法學修科	長野縣士族	赤沼金三郎	仝元年十一月
三重縣中學校	仝年七月	英語專修	三重縣平民	橋本唯二郎	仝年七月

「第一高等中學校一覧」に掲載された明治22年の在校生名簿。夏目金之助（漱石）、正岡常規（子規）の名前がある。「就学所」は出身校を示し、「三重縣中學校」などの校名が見える

神聖なる儀式だった。

50年3月25日、「第一高等学校」の看板が、厳《おごそ》かに外されようとしていた。場所は、現在の東大駒場キャンパス正門である。これをもって、旧制第一高等学校（一高）が東京大学に生まれ変わった、と単純に位置づけることはできない。『東京大学百年史』によれば、旧制の東京高等学校、東京帝国大学などが「包摂」されて、東大が作られたとされている。現実には、一高が、東大教養学部の基礎を築く中心となっていた。たとえば、教養学部のカリキュラムは、一高時代の名残をとどめており、教員も4割近くは一高で教鞭《きょうべん》をとっていた。

戦後の学制改革直前まで、教育課程のルートは多様化していたが、代表的なものが6533制である。小学校6年、中学校5年、高校3年、大学3年。現在の6334制に学年をあてはめると、旧制中学4年と5年（15、16歳）が新制高校1年と2年に、旧制高校1年（17歳）が新制高校3年にあたる。

そこで、現在の高校から大学への受験を、旧制中学から旧制高校への受験にスライドさせてランキングを作ってみた。わかりやすくいえば、旧制の府立第一中学から第一高等学校の受験に置き換えたわけである。もちろん、旧制中学と新制高校、旧制高校と新制大学を同一視することはできない。それぞれ性格が異なるまったく別物の教育機関であることを留意してほしい。

一高の旧制中学別ランキングはどうなっているか。学制改革以前、大正から昭和にかけて、『サンデー毎日』も『週刊朝日』も創刊されていたが、「全調査、一高合格中学ランキング」という記事は見あたらない。当時の教育誌『教育時報』『受験と学生』（研究社）にほんの少しだけ掲載されている程度だ。

そこで、『第一高等學校一覧』（『一高一覧』）を調べてみることにした。ここには、在校生の氏名、出身地、出身校が掲載されている。旧制第一高等学校の歴史をさらにさかのぼってみよう。起源は、１８７４（明治７）年開学の官立東京英語学校である。その後、明治政府が教育制度を改革するたびに、名称が移り変わっていく。77年東京大学予備門、86年第一高等中学校、94年第一高等学校（大学予科）、１９１９（大正８）年第一高等学校（高等科）（以後、煩雑さを避けるためこれらを一高と称す）。

１８８０～90年代にかけて『一高一覧』の在校生名簿で、出身校欄の9割以上は、「應募」と記されている。これは、一高への入学者に、中学校（途中で尋常中学校と名称変更）卒業者はほとんどいないことを意味している。中学を退学あるいは通わずに予備校から受験した浪人が「應募」したことを意味する。

これには、中学校が十分に整備されておらず、中学校修了の学力レベルでは、旧制高校に入学するのはほとんど不可能だった、という背景がある。尋常中学校卒業程度の学力と高等教育中学校入試で求められる学力のあいだに、3年は差があったと言われている。現在の大学入試問題に中学3年生が挑むぐらい学力レベルに差があった。

ごくわずかだが、当時の『一高一覧』の出身校欄には全国の中学校が並んでいる（以下、旧中学名のあとのカッコ内は新制高校移行後の現校名）。愛知県中学（旭丘高）、群馬県中学（前橋高）、鹿児島県中学（鶴丸高）など。これらの学校からは成績優秀者であれば無試験で入学できる制度があった。「聯絡《れんらく》」校とよばれていたが、いまでいう「指定校推薦」に近い。

85年の『一高一覧』には正岡子規、夏目漱石、尾崎紅葉が同級で並ぶが、3人とも「應募」とある（入学時は東京大学予備門）。子規は松山中学（松山東高）を中退して東京大学予備門を受験するため、共立学校という予備校に通った。漱石、紅葉も東京府第一中学（日比谷高）を中退して予備校通いをはじめる。漱石は成立学舎、紅葉は三田英学塾で学んだ。漱石はこう回想する。「正則の方では英語をやらなかったから卒業して後更に英語を勉強しなければ予備門へは入れなかったのである。面白くもないし、二、三年で僕は此中学を止めて了《しま》つて……」（『中学文芸』臨時増刊「名士の中学時代」、1906年）。

ここで、東京府第一中学の歴史を簡単に振り返ろう。１８７８（明治11）年に創立した。やがて、81年東京府中学、87年東京府尋常中学校、99年東京府中学校、１９００（明治33）年東京府立第一中学校、43年都立第一中学校、学制改革を経て48年都立第一高等学校、50年都立日比谷高等学校と名称が変わる。

さて、漱石が在学していたころの一中は、教育内容で「正則」「変則」の2コースに分かれており、漱石が所属していた「正則」では3年次まで英語の授業がなかった。退学して予備校に通い一高を受けるほうが、受験勉強する上でも経済的にも効率が良かった。

このように、１８８０年代までは一高受験生を予備校が引き受けていた。88年一高入試において、合格者出身予備校ランキングの記録が残っている。共立学校53人、東京英語学校53人、成立学舎30人（『日本人』１８８８年）。共立学校の年別合格者数の推移を見てみよう。79年120人、82年75人、84年72人、85年85人、86年76人、87年46人、88年53人、89年56人、90年64人。なお、90年には一高合格者のうち21％を占めていた。これらのデータの出典は『開成学園七十年史』による。そう、一高に多くの合格者を出した予備校は、開成高校の前身なのである。

共立学校のライバルは東京英語学校である（一高の前身、官立英語学校とは別機関）。同校の一高合格者の推移は、86年36人、87年67人、88年53人、89年67人、90年94人となっている。これらのデータは『日本学園百年史』による。現在の日本学園高校である。

共立学校、東京英語学校からの一高合格者の多くは、東京府尋常中学退学組に支えられていたといっていい。89年、東京府尋常中学の卒業生は27人しかいない。中退者は204人にのぼる（『東京府史』）。その多くが予備校に通ったのである。もっとも、予備校といっても未修の科目を初めて学ぶという点などで、現在の大学受験予備校とは性格が異なる。

86年中学校令の公布によって、中学卒業と高校入学のレベルの差が解消され、両者の接続がスムーズに行くようになった。予備校に通わなくても中学でしっかり学べば高校受験に対応できるようになった。

これで商売上がったりと、困った予備校はどうしたか。先述したように、自ら中学校へ生まれ変わったのである（以下、カッコ年は創立）。共立学校は開成中学（91年）、東京英語学校は日本中学（92年）、尾崎紅葉が通った三田英学校は錦城中学（92年）となった。予備校時代に培われた一高受験のノウハウはいかんなく発揮され、既存の中学にとっては脅威となった。

１８９０年代の一高合格者ランキングは私学が上位を占めている。

91年、東京府尋常中学校に入学した渋沢元治（渋沢栄一の甥。名古屋帝国大学の初代総長）

旧制一高の旧制中学別入学者

中学	人
1885年	
岩手	1
群馬県	1
東京府	1
富山県	1
岐阜	1
掛川	1
愛知	1
三重県	1
京都府	1
広島県	1
山口	1
熊本県	1
鹿児島	1
1890年	
東京府尋常	13
長野県尋常	5
静岡県尋常	5
愛知県尋常	5
◎学習院	4
水戸県尋常	2
千葉県尋常	1
1892年	
愛知県尋常	7
東京府尋常	6
群馬県尋常	4
長野県尋常	4
茨城県尋常	3
栃木県尋常	2
山梨県尋常	2
千葉県尋常	1
◎学習院	1
静岡県尋常	1
1900年	
◎獨逸学協会	42
府立第一	30
府立第四	19
◎開成	18
◎大成	18
◎郁文館	16
◎日本	14
◎東京	12
◎早稲田	10
◎錦城	10
□東京高等師範附属	9
◎京華	9
◎麻布	5
◎立教	4
◎正則	4
◎商工	4
東京府のみ	
1907年	
府立第一	35
府立第四	33
□東京高等師範附属	33
◎早稲田	31
◎京北	29
◎獨逸学協会	28
◎京華	27
◎開成	26
◎郁文館	20
◎錦城	20
府立第三	19
◎東京	16
◎麻布	16
◎大成	14
東京府のみ	
1909年	
府立第一	31
◎獨逸学協会	20
◎早稲田	15
横浜第一	10
府立第四	9
◎京北	9
◎開成	8
◎錦城	8
千葉	7
◎立教	6
◎京華	6
◎学習院	6
盛岡	5
長岡	5
愛知第一	5
1911年	
◎獨逸学協会	31
府立第一	27
◎早稲田	19
□東京高等師範附属	18
府立第四	15
◎開成	10
◎麻布	8
府立第三	7
◎暁星	6
千葉	5
新潟	5
諏訪	4
愛知第一	4
松山（愛媛）	4
修猷館	4

はこう振り返る。「第一高等中学校（のちの一高）へ卒業生中最上位にあった数人だけ無試験入学を許され、成績により第二（仙台）以下に無試験入学を許された」（『八〇年の回想』）。第二＝第二高等中学校はのちに東北大に「包摂」）。渋沢の成績では最上位まで至らず、二高への入学許可となったが、それを良しとしなかった。一高の受験に備えるために、日本中学五年に入学して勉強を続け、合格することができた。

この時代、府立一中は自らの立ち位置を、『日比谷高校百年史』（79年）でこう記している。「私学全盛時代で、東京では、開成中学、麻布中学、京華中学、独協中学、暁星中学、錦城中学、正則中学、日本中学その他有名中学がきら星の如く並び、上級学校への進学率を誇っていた。（略）府立一中はこれらの私立中学に追いつき、追い越し、次第に府立中学の名声を高めていったことも事実である」。

「きら星」の中学校を見てみよう。

京華中学は99年に第1期生が卒業し、7人が一高に合格する。その多くが編入生だった。これは、入試制度が変わって、高校受験のためには中学卒業の資格が必要になったからである。「なかには三十歳に手の届く書生もいたという。（略）教師がへたな講義をすると、逆に突っ込む学力の持ち主もいて多士済々だった」（『京華学園百年史』）。

旧制一高の旧制中学別入学者

中学	人
1917年	
府立第一	43
府立第四	27
◎獨逸学協会	22
◎開成	9
府立第三	8
◎京華	7
第一神戸	7
◎立教	6
◎高千穂(東京)	5
◎早稲田	4
愛知第四	4
第一岡山	4
広島第一	4
□広島高等師範附属	4
1925年	
府立第一	61
府立第四	43
府立第五	22
◎開成	13
□東京高等師範附属	9
◎成蹊	9
□広島高等師範附属	8
◎麻布	7
横浜第一	7
◎暁星	6
府立第三	5
浦和	3
千葉	3
諏訪	3
沼津	3
第一神戸	3
広島第一	3
1934年	
府立第一	35
府立第四	22
府立第五	20
第一神戸	12
□東京高等師範附属	10
府立第六	9
◎麻布	8
湘南	8
府立第三	6
○第二東京市立	6
横浜第一	6
◎暁星	4
札幌第一	3
◎開成	3
府立第八	3
府立第七	3
□広島高等師範附属	3
1939年	
府立第一	54
府立第五	27
府立第四	22
府立第三	22
第一神戸	16
□東京高等師範附属	15
府立第六	13
府立第八	12
湘南	8
◎開成	6
宇都宮	5
◎暁星	5
○第一東京市立	5
横浜第一	5
1942年	
府立第一	62
府立第五	30
府立第四	26
府立第三	23
□東京高等師範附属	20
府立第六	17
湘南	15
◎麻布	14
第一神戸	13
◎開成	10
○第一東京市立	10
横浜第一	10
府立第八	8
府立第二	7
沼津	7
浦和	6
○第二東京市立	5
◎青山学院	5
府立第七	5
福岡	5
青森	4
宇都宮	4
◎暁星	4
府立第九	4
小倉	4
帯広	3
札幌第一	3
秋田	3
磐城	3
◎早稲田	3
府立第十	3
甲府	3
飯田	3
静岡	3
浜松第一	3
京都第一	3
徳島	3

07年、09年にベスト10入りした京北中学は01年に第1期生が卒業する。うち、一高合格者は5人。このなかに『三太郎日記』著者、阿部次郎がいる。2期生には華厳《けごん》の滝《たき》で「巌頭《がんとう》之《の》感《かん》」を書き残して自殺した藤村《ふじむら》操《みさお》がいた。「入学時五〇名位だったのが、四年、五年になっても編入を許したので、卒業時には、結局百人位出たようである。途中編入は大体地方の中学から転じて来た優秀な者が多かった」（『京北学園九〇年史』、88年）。

開成中学は公立中学だった時期がある。95年から01年にかけて、東京府開成尋常中学校と名のっていた。私学としての経営が厳しくなることが予想され、東京府に公立として認可してもらうよう申請して、認められたのである。その背景には、90年の中学校令改正がある。公立校は徴兵猶予、判任文官任用の特典がつき、地方の公立高校の生徒を確保するため、上京禁止という措置までとられたのである。これによって、開成中学の生徒は前年比100人減という事態が2年続くことになり、公立へと転換したのである。しかし、公立学校時代は6年しか続かなかった。規制に縛られ出費が多い一方で、メリットは感じられない、と認識するようになり、まもなく公立であることを辞退する。「一々書類を出してお役人にお辞儀しなくてはならないから、先生方は面白くないであろう。（略）講堂は無いので必要に応じて大学の講堂を借用すると言訳する。肩身の狭いことであった」（『開成学園九十年史』、61年）。

私立中学のなかで特に抜きんでていたのが、獨逸学協会中学校だった。現在の獨協高校である。03年の一高合格者は44人でトップ。このうち35人が第三部のなかにあった医科だった。当時、一高は第一部（法科、文科）、第二部（工科、理科、農科）、第三部（医科、薬科）に分かれていた。医科の授業ではドイツ語が必須なため、受験でドイツ語必須枠が40人設けられていた（ドイツ語以外でも受験できたが、ごく少数だった）。これはドイツ語教育に力を入れている獨逸学協会中学にとって、大きなアドバンテージになる。このころ、旧制中学でドイツ語を学べるのは、府立一中、愛知一中（旭丘）など限られており、受講生も少ない。こうした背景もあって、獨逸学協会中学からドイツ語受験組が大挙して一高医科に進んだのである。

一高第三部の入試は難関だった。しかし、この時代、医師になることに今ほどステイタスはなかった。そして事実上、ドイツ語必須だったので入学希望者が限られていた――等々を考えれば、東大理三のような最難関というわけではないだろう。

１９１０年をすぎるころ、経済状況の悪化によって、私立中学の経営が逼迫《ひっぱく》する。倒産した学校もある。生き残るためには、財源を学費に求めるしかない。多くの私立中学は学費値上げに踏み切らざるを得なかった。

18年、第二次高等学校令の公布によって、旧制高校は文科、理科に分けられるなど、その性格を変えていく。一高の第三部（医科、薬科）は理科となり、ドイツ語受験枠がなくなったことで、獨逸学協会中学校からの合格者が減少した。

この時代、高学歴を望む層が拡がり中学校への進学熱が高まったことに対応するため、各地で公立中学が次々と誕生している。東京府では、19年府立第五中学校（小石川中等教育）、22年六中（新宿）、七中（墨田川）、23年八中（小山台）、28年九中（北園）、36年十中（西）と続き、43年までに二十三中（大森）まで作られた。元号が大正から昭和に変わろうとしていたころ、受験生は学費が高くなった私立を敬遠して府立を選ぶという傾向が強まった。東京は私高公低から公高私低に逆転してしまう。

府立一中に対して猛烈なライバル意識を持っていたのが、府立四中である。一高合格者を競い合い、１９２０年から20年間以上、一中と四中で1位2位までをほぼ独占していた。

府立四中の起源は、88年開学の私立の補充中学校にさかのぼる。当時、東京府尋常中学校は受験者の急増に対応するため分校を設置する予定だったが、財政上、頓挫《とんさ》してしまう。しかし、分校を見込んで多めに合格者を出したことで、学生があふれてしまった。そこで、尋常中学に欠員が生じたときに補充できる教育機関を作ろう、という趣旨で設立された。名称が補充中学となったのはそんな背景がある。

開学から2年半後、両校のこうした関係は終わる。91年補充中学は完全に独立した共立中学に変わった。しかし、尋常中学への編入という特典がなくなったことで、同校は志願者が激減してしまう。そこで、学校関係者は東京府にかけ合い、「府立校待遇」を願い出て、94年に府立校に準ずる扱いだが東京府城北尋常中学校になった。そして、01年、東京府立第四中学校と名のることになる。

四中は高校受験にかなり力を入れていた。中学3年までに修業年限である5年かかる授業をすべて終わらせる。夏季は朝7時から授業開始。「小説を読むな」「野球をしてはいけない」といった指導もあった。同校の校長を務めた大輝秀穂氏は四中の役割を記す。「みなが争ってこの校門に馳せ参じたのはなぜか。（略）理由はただ一つ、立派な高等学校、特に一高にはいりたいためであった」（『東京都立戸山高等学校創立八十周年小史』）。

現在、東大合格者を多く輩出する私立中高一貫校では、高校修了までの教科を高校2年までに終わらせてしまうカリキュラムを取っているが、その嚆矢《こうし》を四中に見ることができる。

学費が安い公立が増えたことで、私立は優秀な生徒を奪われてしまう。当時の中学入試は3つの時期に分かれていた。たとえば受験生は第1期で公立、第2期が麻布、開成などの私立、第3期でその他私立を受けた。麻布、開成は一中、四中受験に失敗した生徒が入った。

麻布中学では、入学しても一年の途中で一中の編入試験を受けて移る生徒が見られた。仮面中学生である。他の中学では仮面がばれて編入試験に失敗すれば、退学など厳しい処分を科したが、麻布中学はおおらかさを見せた。同校の清水由松《よしまつ》校長は、38年の入学式でこう話している。「私立の月謝は七円二〇銭、府立の方が八〇銭安いですが、それだから行きたがる訳ではないでしょう。行きたがるのは府立の程度が高いからでしょう。そこへ移りたい諸君の希望を抑える事は出来ません。自由に編入試験をお受けなさい」（『麻布の百年』）。

１９２０～30年代（大正末期から昭和初期）、旧制高校受験についてこんな報道がある。

「学生を人身御供に　詰込教育の悲劇　続出するこの事実！　世の父兄も教育家も考えよ第五高等学校入学試験の第一日午前十時半頃文科受験者済々黌《せいせいこう》卒業〇〇〇〇は国語試験の答案作製《ママ》中突然発狂し『お父さん　お父さん』と騒ぎ回り……、（略）診断によれば過度の勉強と心配の余り精神錯乱したものと判明した。（略）詰込主義教育の下に教育されつつある問題の某中学の一学生はその実情について次の如く語っている。私の学校には居残り勉強という事がありまして課せられた宿題や、予習などを少しでも出来ないとその日の放課後は二三時間も教室へ立たせられて勉強させられます。よく生徒をおう打して問題となる〇〇の某先生などの居残りになると私達はもう泣かずに帰る事はありません」（「東京朝日新聞」、１９

旧制一高の旧制中学別入学者（1934-1942年累計）①

順位	旧制中学校（現在の新制高校）	人
1	府立第一（日比谷）	430
2	府立第四（戸山）	234
3	府立第五（小石川中等教育）	207
4	第一神戸（神戸）	130
5	府立第三（両国）	120
6	□東京高等師範附属（筑波大学附属）	115
7	府立第六（新宿）	87
8	府立第八（小山台）	70
9	湘南（湘南）	61
10	◎麻布（麻布）	56
11	横浜第一（希望ヶ丘）	54
12	第一東京市立（九段中等教育）	50
13	◎開成（開成）	46
14	第二東京市立（都立上野）	27
15	宇都宮（宇都宮）	24
15	府立第二（立川）	24
17	府立第七（墨田川）	22
17	◎暁星（暁星）	22
19	府立第九（北園）	21
20	沼津（沼津東）	20
20	京都第一（洛北）	20
20	北野（大阪府立北野）	20
23	◎芝（芝）	19
24	□広島高等師範附属（広島大学附属）	18
24	小倉（小倉）	18
26	高松（高松）	17
27	浦和（県立浦和）	16
27	◎京華（京華）	16
29	千葉（県立千葉）	15
29	甲府（甲府第一）	15
31	◎早稲田（早稲田）	14
32	札幌第一（札幌南）	13
32	青森（青森）	13
32	磐城（磐城）	13
32	川崎（神奈川県立川崎）	13

順位	旧制中学校（現在の新制高校）	人
36	小樽（小樽潮陵）	12
36	小田原（小田原）	12
36	横須賀（神奈川県立横須賀）	12
36	上田（上田）	12
40	諏訪（諏訪清陵）	11
41	横浜第二（横浜翠嵐）	10
41	浜松第一（浜松北）	10
43	秋田（秋田）	9
43	◎青山学院（青山学院高等部）	9
43	徳島（徳島県立城南）	9
46	前橋（県立前橋）	8
46	高崎（高崎）	8
46	◎巣鴨（巣鴨）	8
46	府立第一商業（東京都立第一商業）	8
46	静岡（静岡）	8
46	愛知第一（旭丘）	8
46	住吉（大阪府立住吉）	8
46	天王寺（天王寺）	8
46	姫路（姫路西）	8
46	広島第一（広島国泰寺）	8
46	呉第一（呉三津田）	8
46	福岡（福岡県立福岡）	8
58	福島（福島県立福島）	7
58	安積（安積）	7
58	川越（川越）	7
58	安房（安房）	7
58	飯田（長野県立飯田）	7
58	◎灘（灘）	7
58	鳥取第一（鳥取西）	7
58	◎土佐（土佐）	7
58	大分（大分上野丘）	7
67	仙台第一（仙台第一）	6
67	足利（足利）	6
67	木更津（木更津）	6
67	◎立教（立教）	6
67	長岡（長岡）	6

２７年３月18日）

「受験戦争」「受験地獄」という表現はすでにこの時代に使われており、「受験苦に自殺」報道も散見される。受験倍率が高かったこともあるが、いま、振り返ると社会もマスコミも旧制高校受験生を特別視して、冷静さを欠き大げさに騒いでいる感じがしないでもない。

なお、某中学が府立四中をさすことは、同校１９２２年卒業のＯＢの回顧からわかる。

「宿題や予習などを怠ったりして先生の名指しの質問に答えられないでいると、すかさず『〇〇！　居残り』とくる。この居残り組は教員室の三方に立ったまま勉強のできるように作られた書見台で、放課後少なくとも一時間その日の復習をすることが義務づけられ、『通知簿』によりそのつど父兄に報告されることになっていた」（『府立四中、都立戸山高校百年史』、88年）。

34～42年の一高入学者累計をみると、第一神戸中学（神戸高）130人、大阪府立北野中学（北野）20人、京都府立第一中学（洛北）20人、京都一中、北野中は地元の第三高等学校（現、京都大学）に多く進学したのに対し、第一神戸中学は三高よりも一高という意識が強かったようだ。なぜだろうか。神戸には芦屋や六甲在住の裕福な家庭が多く、子供を東京へ送り出せるだけの経済的余裕があった。一高に通う第一神戸中学出身者が後輩を次々に呼び寄せた、

旧制一高の旧制中学別入学者(1934−1942年累計)②

順位	旧制中学校(現在の新制高校)	人
67	岐阜(岐阜)	6
67	明倫(愛知県立明和)	6
67	津(津)	6
67	神戸第二(兵庫)	6
67	和歌山(桐蔭)	6
67	松江(松江)	6
67	第一岡山(岡山朝日)	6
67	豊浦(豊浦)	6
67	長崎(廃校)	6
81	函館(函館中部)	5
81	旭川(旭川東)	5
81	釧路(釧路湖陵)	5
81	会津(会津)	5
81	水戸(水戸第一)	5
81	栃木(栃木)	5
81	◎正則(正則)	5
81	◎本郷(本郷)	5
81	高津(大阪府立高津)	5
81	奈良(奈良)	5
81	鳥取第二(鳥取東)	5
81	宮崎(宮崎大宮)	5
93	帯広(帯広柏葉)	4
93	盛岡(盛岡第一)	4
93	仙台第二(仙台第二)	4
93	米沢興譲館(米沢興譲館)	4
93	下妻(下妻第一)	4
93	佐倉(佐倉)	4
93	◎攻玉社(攻玉社)	4
93	厚木(厚木)	4
93	福井(藤島)	4
93	長野(長野県立長野)	4
93	舞鶴(西舞鶴)	4
93	今宮(今宮)	4
93	修猷館(修猷館)	4
93	佐賀(佐賀西・佐賀東・佐賀北)	4
107	大館(大館鳳鳴)	3
107	藤岡(藤岡)	3
107	桐生(桐生)	3
107	富岡(群馬県立富岡)	3
107	府立第十(西)	3
107	◎日本(日本学園)	3
107	◎海城(海城)	3
107	◎京北(京北)	3
107	横浜第三(横浜緑ヶ丘)	3
107	新発田(新発田)	3
107	神通(富山中部)	3
107	恵那(恵那)	3
107	掛川(掛川西)	3
107	豊橋(豊橋)	3
107	上野(三重県立上野)	3
107	八日市(八日市)	3
107	市岡(市岡)	3
107	◎甲陽(甲陽学院)	3
107	第三神戸(長田)	3
107	畝傍(畝傍)	3
107	郡山(奈良県立郡山)	3
107	倉吉(倉吉東)	3
107	境(境)	3
107	山口(山口)	3
107	徳山(徳山)	3
107	萩(萩)	3
107	丸亀(丸亀)	3
107	三豊(観音寺第一)	3
107	高知城東(高知追手前)	3
107	明善(明善)	3
107	三池(三池)	3
107	若松(若松)	3
107	糸島(糸島)	3
107	天草(天草)	3
107	中津(中津南)	3
107	第一鹿児島(鶴丸)	3

などの背景が考えられる。

都道府県内の一高入学者トップ校をみると、その地域でもっとも古い「一中」格の公立旧制中学の名前が並ぶ。たった1つだけ、私立が強い地域があった。高知県である。土佐中学（土佐）が高知城東中学（高知追手前）を上回っている。今に続く高知県の私立優位の根っこは、旧制中学時代から地中に深く張られていたのである。

戦争中、一高の入試は中断されることはなかった。43～45年、敗戦色が濃厚になっても、国にとっては優秀な指導者を育成したいという思いが強かったのだろう。入試だけは強行したのである。受験生は時代に敏感である。43年5月号の『螢雪時代』の「英語公開質問」にこんな投稿が載っている。質問「今や全國民の合言葉になつてゐる『撃ちてし止まむ』はどんな風に譯《やく》したらよいでせうか」、答「“Until the Enemy is Crushed”」。質問「大東亞戰爭をthe Greater East Asia Warと言ひますが此際何故Greaterと比較級にするのですか」。答「日本が共榮圏を建設せんとするのは所謂《いわゆる》東亞（East Asia）よりも更に廣い地域を目標として居るので大東亜（Greater East Asia）と言ふのです」。

一高合格を競った学校は、戦後、東大合格の実績はどうであったか。公立は地域の俊才を集めて「名門校」視されることになるが、私立で栄華を誇るのは麻布と開成ぐらいだった。

１９００年、一高合格者数18人で開成と同数だった大成中学の学校史をひもとくとこう記されている。「来年こそは一高の難門を突破して信愛の浅からぬ母校の温情にお応えしなければならないと懸命に頑張りに頑張って（略）級友達と共に見事に一高突破の栄冠を得られたということは、これこそ『大成魂』である」（第22回卒業生。『大成九〇年史』、87年）。

　戦後は大成高校となるが、50年以降、東大合格者を出していない。地元では、昔でいう「ツッパリ」、今ならば「ヤンチャ」な生徒が多いことで有名だった。『大成九〇年史』から卒業生の声を紹介しよう。「学校の第一印象はというと、ガラが悪い生徒が多いのにはビックリしました。（略）第一印象は悪かったのですが、人間外見だけの判断では、ほんとうのところよく解らないということがわかりました」（八十二回）。「大成高校は大変、不安な所でした。それは学食へ初めて行ったときのことです。上級生がケンカをしていたのです。はっきり言って怖かった。（略）次第に友だちが増えました。話してみると案外、みんないい奴でした。毎日も楽しくなって……」（九十回）。

　開成中学のもう１つのライバル、受験予備校だった共立学校時代、一高合格で鎬《しのぎ》を削った東京英語学校（現在の日本学園高校）はどうなったか。１９６０年代後半以降、学校の存続が危ぶまれるような苦難の道のりが待っていた。生徒数の急減による経営難、校地売却問題、暴力事件などが表面化する。『日本学園百年史』によると「この一年間、生徒の処分問題に追われた年であった。特に目立ったのは、校内外の暴力問題で応援団にからんだ他校との事件も起こり、応援団の解散など対応に苦慮した」（67年）。「野球部内の不祥事件が報道され（略）高野連から当分の間、対外試合禁止などを含む処分が通達された」（78年）。「生徒間の些細なやりとりが原因で、木製バットで頭部を強打、被害生徒は出血、昏倒した」（79年）。野球部の不祥事件とは先輩による暴力で、高野連から1年間の対外試合禁止の処分を受けた。ドラマ化されたマンガ『ＲＯＯＫＩＥＳ』を地でいくような話である。

日本学園の卒業生には、日本の近現代において政財官、法曹、文化を築いてきた人材がそれこそ、きら星のごとく並ぶ（肩書はいずれも元職）。上田敏《びん》（詩人）、高山樗牛《ちょぎゅう》（作家）、永井荷風（作家）、佐佐木信綱（歌人）、横山大観（画家）、吉田茂（首相）、加藤勘十（労働大臣）、斎藤博（駐米大使）、菅《すが》礼之助（東京電力会長）、三好達《とおる》（最高裁長官）、佐藤義夫（新潮社社長）、岩波茂雄（岩波書店創立者）、丸山千里（丸山ワクチン）など。

『大成九〇年史』『日本学園百年史』は、当事者によって編まれている。良くないイメージ、負の歴史をきちんと記載する姿勢に感動する。東大合格高校を語る上で、両校はその名を歴史に刻んでおきたい。

7章 全国から東大へ I

北海道・東北・関東

札幌南高校

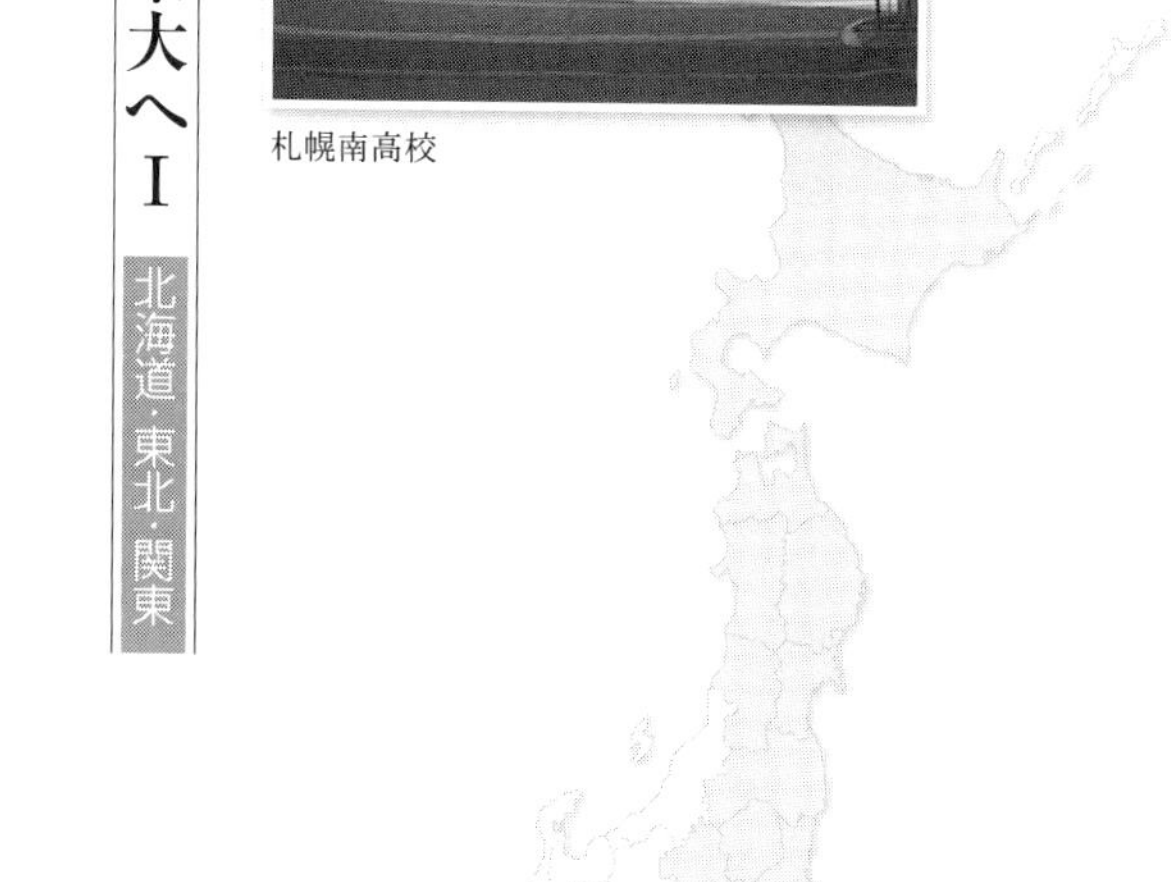

県立浦和高校

【北海道】

09年、札幌南高校は20年ぶりに20人を超える合格者を出した。同校では08年から「東大プロジェクト」をスタートした。ある保護者がこう話している。「進学先は北大と思っていたが、有名教授や研究費の多い東大なら子供のためになる。卒業後の選択肢も多い。下宿代など負担は増すが、子供の希望をかなえてあげたい」（「北海道新聞」、09年7月12日）。

2010〜2020年代にかけて合格者を増やしているのが、立命館慶祥《けいしょう》高校である。同校は96年開校し、01年に初めて東京大合格者を出した。22年には現役で理三合格者を出している。東大、医学部などを目指す「高入SPコース」では「高校2年生までにセンター試験の学習範囲を修了し、放課後講習等で丁寧に指導します。高校3年では志望大学別の講座を実施」（同校ウェブサイト）している。道内の歴史をすこしふり返ろう。

札幌南が最初に合格者20人を超えたのは73年である。このころ、東大に特化した指導などまったく行われていない。合格者増の背景は学区制の変更にあった。66年、高校入試制度で道内134学区を8学区に移行する。1学区あたりの地域が大幅に拡大。大学区制と呼ばれた。しかも、入学者の1割は学区外の居住者を認めた。これで道内の名門校の多くが復活した。

大学区制1期生以降の東大入試は70年から（卒業は入試中止の69年）。64〜68年と70〜74年を比べてみた（カッコ内が70〜74年）。札幌南24人（70人）、旭川東6人（23人）、小樽潮陵《ちょうりょう》5人（12人）、苫小牧東1人（6人）、函館中部7人（11人）。

大学区制の旗振り役だった道教育委員会の川村秀夫委員長は、そのねらいをこう話してい

北海道①

高校	人
1952年	
函館中部	5
札幌南	3
旭川東	3
小樽潮陵	3
函館西	3
室蘭清水丘	3
○函館東	3
1957年	
札幌南	4
札幌東	4
旭川東	3
1962年	
札幌南	6
旭川東	3
札幌西	3
小樽桜陽	3
1967年	
札幌北	6
札幌南	3
◎函館ラ・サール	3
1972年	
札幌南	14
◎函館ラ・サール	7
旭川東	4
○札幌旭丘	3
1978年	
札幌南	9
札幌北	8
旭川東	5
函館中部	3
岩見沢東	3

高校	人
1982年	
札幌南	12
札幌北	7
函館中部	4
旭川東	3
1986年	
札幌南	17
札幌北	12
帯広柏葉	5
◎函館ラ・サール	3
室蘭栄	3
旭川東	3
1991年	
札幌南	16
札幌北	13
◎函館ラ・サール	9
旭川東	7
釧路湖陵	3
1996年	
札幌北	11
旭川東	7
札幌南	5
◎函館ラ・サール	4
室蘭栄	3
2002年	
旭川東	9
札幌南	6
◎北嶺	6
札幌北	5
◎函館ラ・サール	5

る。「これまで遅れていた本道の学力水準を高め、のびのびとした自由な、個性と特色のある教育をますます伸ばしていきたい」(『道教委だより』、65年6月)。

札幌南が他校を圧倒する進学実績を示すなか、同校の女子生徒は複雑な心情を吐露している。「私自身は、妙なひけめを感じ『エリート』アレルギー気味でした。しかし、いかに顔をそむけても、この名誉ある? 烙印は消えないと悟ったいま、私はむしろ、こう居直りたい気持ちです。『そのとおり、私はエリートの誇りを持っているわ。だって私たちの南高は名実ともに日本一の名門校ですもの』」(「札幌南高校新聞」、68年4月8日)。

73年、「エリート育成」と不評を買った大学区制は中学区制に移行する。8から21学区となり、学区外からの入学者も5%に減らした。札幌南、札幌北ともに東大、北大合格者が大きく落ち込むことはなかった。中学区制は今日まで続いている。

札幌南、北に次ぎ合格者累計が多い旭川東。その矜持《きょうじ》を示す一文。「地方の中心といわれる高校が北大合格者を減らし続けていて、東大・京大への合格者もほとんど出していない(略)中高一貫の学校も多く開校しており、場合によっては小学校段階から親元を離れる、そうしたことを普通のこととしないためにも本校の役割は大きい」(『創立一〇〇年史』、04年)。

旭川東が気にかける私立中高一貫校の1つ、北嶺中・高校は85年に設立。00年には道内で東大合格トップ校となった。同校から理三合格のM・Nさんが話す。「高3時に、放課後の6時まで、教科ごとに教科担任が講習を開いてくれます。そのため僕たちは勉強したい教科の講習を選んで受けることができました。この制度のおかげで、北嶺の生徒は塾や予備校に通わなくても大丈夫だった」（『天才たちのメッセージ　東大理Ⅲ　2006』）。

北海道②

高校	人
2009年	
札幌南	21
◎北嶺	11
札幌北	10
◎函館ラ・サール	3
札幌西	3
◎立命館慶祥	3
旭川東	2
室蘭栄	2
帯広柏葉	2
2011年	
札幌南	12
札幌北	7
◎北嶺	6
札幌西	6
◎函館ラ･サール	5
帯広柏葉	4
◎立命館慶祥	2
旭川東	2
室蘭栄	2
2014年	
◎北嶺	18
札幌南	10
札幌北	4
帯広柏葉	3
旭川東	3
札幌西	2
岩見沢東	2
◎立命館慶祥	2

高校	人
2016年	
札幌南	17
◎北嶺	9
札幌北	7
旭川東	4
◎函館ラ・サール	4
2018年	
◎北嶺	13
札幌南	8
◎立命館慶祥	5
札幌北	4
旭川東	2
札幌西	2
帯広柏葉	2
北見北斗	2
2020年	
札幌南	18
◎北嶺	17
札幌北	6
◎立命館慶祥	6
室蘭栄	2
釧路湖陵	2
2022年	
札幌南	10
◎北嶺	7
◎立命館慶祥	4
旭川東	2
札幌北	2

【青　森】

「最近、青森高の進学率は、弘前高校、八戸高校に比べて悪い。それは男女共学が原因だ。新設される西高を女子高校に、青高を男子だけにして進学率向上をはかってはどうか」

60年代前半、県教育委員会ではこんな要望が出されていた。49～65年の東大合格者累計は、県内御三家の青森高校24人、八戸35人、弘前高校40人。青森高校は弘前大、東北大、北大の合格者についても2校に差をつけられていた。当時、同校の男女比率3対2で、2校より女子比率が高い。青森の進学実績が伸びないのは、就職する女子が多いからといわれたのである。

50年代、県内トップの進学実績を誇る弘前高校には、「予備校化」という批判が高まっていた。同校の学校史に当時の小木喬《たかし》校長の反論が記されている。「東大に何人入った、弘大に何人入った、という大学入学の数によって学校の鼎《かなえ》の軽重を問う風潮は考えものである。（略）弘高はその全国的風潮に振り回されてはいなかった」（『鏡ヶ丘百年史』、83年）。

55年、弘前市内に「駿台講習会弘前事務所」という看板が掲げられた。弘前の生徒、卒業生合わせて55人が受講料を払い込む。ところが、講習会は実施されなかった。受講料を持ち逃げされてしまう。計画的詐欺にひっかかったのである。「全国的風潮に振り回され」てし

青　森

高校	人
1952年	
青森	3
弘前	2
八戸	1
1955年	
弘前	5
青森	3
八戸	3
五所川原	1
1959年	
八戸	3
青森	1
1962年	
弘前	5
八戸	2
青森	1
黒石	1
三戸	1
1968年	
青森	3
弘前	2
八戸	2
八戸工業	1
1972年	
青森	8
弘前	4
八戸	2
1977年	
青森	6
八戸	6
弘前	4
1980年	
八戸	5
青森	4
弘前	2
1986年	
弘前	3
青森	2
八戸	2
十和田	1
1990年	
青森	7
弘前	2
八戸	1
田名部	1
1994年	
青森	12
八戸	2
弘前	1
1998年	
青森	5
弘前	3
八戸	2
三本木	1
2000年	
八戸	4
弘前	2
青森	1
五所川原	1
2003年	
八戸	4
弘前	2
青森	1
五所川原	1
2006年	
弘前	6
八戸	5
青森	3
五所川原	2
2009年	
青森	8
八戸	7
弘前	2
2013年	
八戸	7
青森	4
弘前	2
2018年	
弘前	4
八戸	3
青森	3
青森北	1
2022年	
八戸	6
青森	3
弘前	2

まい、駿台というブランドにだまされた情けない話である。

県内でもっとも古い青森高校を名門校として復活させたい。県教育委員会は決断を下した。63年、青森は入学定員の男女比率を3対2から5対1に変更した。男子450人、女子110人である。

男子を増やしたことで、青森の東大合格者は増加した。進学指導を徹底させたことも大きい。「特別編成授業」、2年生の「サマーセミナー」（事実上の勉強合宿）、「モーニングタイム」（朝自習）などだ。

しかし、県内の大学進学率は沖縄と最下位争いをしていた。八戸の学校史は冷静に語っている。「いろいろな統計でみても、青森県はすべてビリから見た方が早いことは相変らずであり、大学進学に関する限りやはりご三家といわれる旧三市の三高校が大きな牽引力となっている」（『春秋大杉平　八中八高の百年』、93年）。

青森は99年からは東大見学会を実施する。同校の学校史にマニフェストが掲げられている。「最大の目標は、現役生の東京大学・京都大学の二桁進学である。本校の例年の現役合格者は5人前後。それでもほぼ毎年県下ナンバーワンであった」（『青森高校百年史』、03年）。

なお、青森の男女比は80年代後半から3対1になり、96年から男女の定員枠が撤廃された。

【岩　手】

65年、県立盛岡第一高校は東大合格者数を初めて2ケタに乗せた。前年比8人増である。学校新聞はこう伝えている。「入試に好成績。東大十一、東北大三十九、岩大八十九。反映した学力向上対策」（「盛岡一高新聞」、65年5月13日）。

63年、盛岡第一は新校長が就任するとともに、「学力向上三か年計画骨子」を打ち出し、モデル校を選定し、徹底的に調査分析し、進学率を向上させようとした。モデル校は仙台第一、仙台第二、秋田、山形東、安積《あさか》、福島、磐城、土浦第一、水戸第一、東京教育大学附属、新宿、両国、神代《じんだい》、開成、麻布、湘南、長野、松本深志、上田、そして代々木ゼミナール。視察の結果、65分授業、週28時間授業、能力別授業編成、文理別編成、添削指導、小テストなど、他校の「いいとこ取り」をして、「三か年」を待たずに結果を出した。

60年代以降、東大合格者数で盛岡第一の「一人勝ち」状態が続いている。それまで、一関第一が何度かトップに立った。同校の学校史には、東大合格者紳士録というべき記載がある。「昭和二十八年の卒業生の中に、岩手日報コンクールでトップになった畠中杉夫（東大・大蔵省）がいる。畠中の英語は、英語の先生が時に教わるというほどの実力を身につけたものであった。三十九年には、現役で東大合格者を果たしたものが一名いる。佐々木勇男（東大・理・日本電気）である。（略）静かで、やさしく、授業中、先生が勇男を見ると、目くばせや、頭を振ったりしてまちがったことを指摘するという心使いもあった秀才」（『一関一高90年史』、88年）。

時はくだって06年。岩手県教育委員会は進学事業支援策として盛岡第一など11校に一律300万円を助成した。対象となった学校は連携して予備校講師を招いて集中講義を行っている。その結果、07年、盛岡第一の東大現役合格者は前年比13人増の15人となった。

公立王国の岩手は、私立進学校の参入はむずかしいとされていたが、07年、盛岡中央が初めて東大合格者を出す。このとき、「祝〇〇君　平成19年度大学入試　東京大学（理科二類）現役合格」と、校内に大きな横断幕を掲げた。同校の前身は、63年設立の龍澤。92年に改称し、96年に特進コースを作った。

09年、盛岡中央のウェブサイトのトップページに「東京大学2年連続現役合格（平成19年、平成20年）。平成21年度大学入試国公立大学91名。東北・北海道の高校で偏差値第一位。難関大学合格率東北の私立高校で第一位（『読売ウイークリー』）。受験者数13年連続岩手県第一位」（09年7月現在）とある。成果主義のわかりやすさに魅了される保護者は少なくない。

岩　手

高校	人
1951年	
一関第一	4
盛岡第一	1
水沢	1
釜石南	1
黒沢尻北	1
岩谷堂	1
1954年	
盛岡第一	3
一関第一	2
水沢	2
○盛岡市立	2
釜石南	1
1958年	
一関第一	5
盛岡第一	4
黒沢尻北	1
◎花巻商業	1
1960年	
盛岡第一	2
一関第一	1
福岡	1
1963年	
盛岡第一	7
岩谷堂	1
1968年	
盛岡第一	8
黒沢尻北	2
水沢	1
一関第一	1
○盛岡市立	1
1972年	
盛岡第一	5
水沢	4
一関第一	2
釜石南	1
金ヶ崎	1
盛岡第四	1
1976年	
盛岡第一	6
一関第一	1
黒沢尻北	1
1980年	
盛岡第一	6
水沢	2
釜石南	2
1983年	
盛岡第一	6
水沢	3
一関第一	1
大船渡	1
1988年	
盛岡第一	12
水沢	2
黒沢尻北	1
1994年	
盛岡第一	17
盛岡第三	1
盛岡北	1
1997年	
盛岡第一	11
花巻北	3
水沢	1
黒沢尻北	1
2002年	
盛岡第一	14
盛岡第三	1
釜石南	1
2007年	
盛岡第一	17
水沢	2
◎盛岡中央	1
2009年	
盛岡第一	9
盛岡第三	3
一関第一	1
水沢	1
2011年	
盛岡第一	7
水沢	1
◎盛岡中央	1
2016年	
盛岡第一	9
一関第一	4
2017年	
盛岡第一	10
盛岡第三	2
◎盛岡中央	1
2021年	
盛岡第一	8
盛岡第三	1
◎花巻東	1
2022年	
盛岡第一	8
一関第一	4
◎盛岡中央	1

【宮　城】

16年、仙台二華高校が東大合格者数で県内トップに立ち、宮城の教育関係者を驚かせた。同校の前身は宮城第二女子高校で、10年に共学の中高一貫校となり、その1期生6人が合格している。長年続いた公立高校の男女別学が廃止されてから7年目のことだった。

06年6月、仙台第一、仙台第二、仙台第三、第一女子、第二女子、第三女子の6高校の生徒約2千人が仙台市内をデモ行進して、「男女共学反対」を訴えていた。

宮城県の公立高校は、別学を貫いてきた。ところが、02年、県知事は高校の共学化案を打ち出す。これに対して、名門高校が「伝統を守れ」と猛反対したのである。仙台第二の同窓会は、03年に高校の共学化を進めた福島県を引き合いに出して、こう訴えた。「福島県内ではこの4年間で性感染症の報告数が5倍に跳ね上がり（略）同世代の人工妊娠中絶の割合も全国で3番目に高い。（略）共学化の推進と直接の因果関係は特定出来ないものの、高校に子供を通わせる親としては無関心でいられない」（「共学化に関する問題中間報告」、04年）。共学化すれば性病と中絶が増える、と読み取れる。これでは支持を得られまい。

07年に仙台第二、09年に仙台第三は女子を受け入れた。仙台第一も11年から共学化に踏み

宮　城

高校	人
1950年	
仙台第一	2
仙台第二	2
○仙台（市立）	1
古川	1
1955年	
仙台第一	4
◎東北学院	2
◎東北	2
仙台第二	1
気仙沼	1
築館	1
1960年	
仙台第一	7
仙台第二	2
古川	2
気仙沼	1
○仙台（市立）	1
石巻	1
白石	1
大河原商業	1
1964年	
仙台第一	10
仙台第二	1
気仙沼	1
築館	1
岩ヶ崎	1
1967年	
仙台第一	10
仙台第二	1
1973年	
仙台第一	21
石巻	2
仙台第二	1
角田	1
1979年	
仙台第一	8
仙台第二	1
古川	1
第一女子	1
仙台第三	1
1984年	
仙台第二	17
仙台第一	6
古川	1
第一女子	1
第二女子	1
1991年	
仙台第二	8
仙台第一	4
第一女子	2
第二女子	1
1998年	
仙台第二	12
仙台第一	2
第二女子	2
仙台第三	1
白石	1
◎東北学院	1
◎古川学園	1
2003年	
仙台第二	7
◎古川学園	4
第一女子	3
仙台第一	1
仙台第三	1
2009年	
仙台第二	15
◎古川学園	1
仙台第一	1
◎仙台育英学園	1
宮城野	1
宮城第一	1
2012年	
仙台第二	12
仙台第一	11
◎聖ウルスラ学院英智	2
2016年	
仙台二華	8
仙台第二	7
◎仙台青陵中等教育	2
仙台第一	1
仙台第三	1
◎聖ウルスラ学院英智	1
2019年	
仙台第二	17
仙台二華	3
仙台第一	2
◎仙台青陵中等教育	1
◎仙台白百合学園	1
宮城第一	1
2022年	
仙台第二	12
仙台二華	6
仙台第一	4
◎仙台青陵中等教育	2
仙台第三	1
◎聖ウルスラ学院英智	1

切る。08年、第一女子は宮城第一高校となり男子を受け入れた。10年、第二女子は中高一貫校の仙台二華中学・高校、第三女子は仙台三桜高校になり共学になる。

東大合格者数を競う仙台第一と仙台第二。70年代まで仙台第一がリードしていた。77年に市内南北に学区が分かれ、仙台第一は「南」、仙台第二が「北」の地域から生徒を受け入れる。80年代前半、仙台第二が逆転する。地元の学校関係者は、北学区のほうに教育熱心な家庭が集まっており成績上位者が多いから、とみていた。

しかし、仙台第二はその説に与しない。「学区制再編成が行われ（略）一・二高はほぼ学力同等の新入生を迎えた」「今春（五十五年入試）では、（略）県下は勿論、東北第一の座を占め全国屈指の名声を得た」「嚇々《かくかく》たる成果は新入試制度にいち早く対応し、学校一体となり進学指導に当たったことによるものと確信できる」（『仙台二高八十年のあゆみ』、80年）。

仙台第一にすれば、仙台第二の後塵《こうじん》を拝した理由を学区制に求めたいが、我慢するしかない。「いわゆる南北学区制実施以後、その合格者数の数字等について、それ以前と比較して、色々と議論がないわけではないが、あくまでも現在の彼らのおかれた状況を、全国的なすう勢を踏まえて考えた論議があることを望む次第である」（『仙台一中、一高百年史』、93年）。

10年から学区廃止、全県一学区制に移行した。

【秋　田】

22年、秋田南高校が合格者３人を出した。16年に開校した秋田南の中等部１期生が受験し、彼らが原動力となった。進路指導が熱心に行われており、「担任をはじめとする教師との面談などを通してきめ細やかな指導が行われます。長期休業中には夏季補習や冬季補習、東京大学・東北大学などの大学説明会、医療系講座、教養講座なども実施しています」（同校ウェブサイト）。地元では秋田南に大きな期待が寄せられる。秋田は毎年、小学生の「全国学力テスト」で好成績をおさめながら、大学進学実績がふるわなかったからだ。

06年度、秋田県の大学進学率（短大含む）は約43％（全国平均は約53％）。これは全国37位にあたる。大学入試センター試験の７科目平均点が全国34位。07年度の東大合格者数８人は全国43位で、東北では唯一の１ケタ県である。成績上位の小学生はどこへ行ったのだろうか。数は多くないが、東京の中高一貫校に進んでいる。

60年代、秋田高校の生徒会誌はこう記す。「野球部の全国制覇、大学進学率の向上などは、世間の注目の的でもあり、端的に秋高の士気を高揚させるために重要なことである。しかし、これらは、秋高生の人間としての成長を助けてくれるだろうか」（『羽城』、65年）。

94年、秋田高校から1浪して理三合格のT・Hさんが振り返る。「誰も授業を聞いていませんでしたからね。（略）周りの友だちと授業中にトランプやカード式の麻雀で遊んでいました」（『天才たちのメッセージ　東大理Ⅲ　1994』）。

現在、秋田高校は大学進学マニフェストで数値目標を掲げている。「東京大20名、東北大50名および医学部医学科20名の現役合格。第一志望大学への合格者80%以上」。これまでの最多が10年16人、12年14人であり、まだ目標には到達していない。

05年、県は学区を撤廃する。秋田への旧学区外からの通学者はおよそ5%。他の県立高校関係者は「秋田に一極集中する」と心配したが、杞憂に終わった。通学の時間や不便さ、下宿する場合のコストなどから、県内高校受験地図は大きく変わらなかった。同じ下宿なら開成や灘に通わせたほうがいいと考える親がいるのも確かである。

09年、中高一貫の秋田市立御所野学院から初めて東大合格者を出した。

公立の中高一貫校が相次いで生まれた。04年に県立横手工業が母体となる横手清陵学院中学校・高等学校が、05年には県立大館商業を母体にした大館国際情報学院中学校・高等学校が開校する。いずれも進学校をめざしているが、旧制中学から引き継がれる伝統校の横手、大館《おおだて》鳳鳴《ほうめい》とのあいだでどう棲み分けられるだろうか。

秋　田

高校	人
1951年	
秋田南（秋田）	12
横手美入野（横手）	1
本荘	1
能代	1
角館	1
湯沢	1
1953年	
横手美入野	4
秋田	3
本荘	2
1959年	
秋田	5
横手	2
能代	2
本荘	1
大館鳳鳴	1
1965年	
秋田	5
横手	1
能代	1
大館鳳鳴	1
角館	1
1971年	
秋田	4
横手	2
能代	2
大館鳳鳴	1
本荘	1
秋田南（1962年設立）	1
1974年	
秋田	7
横手	5
能代	2
大館鳳鳴	2
角館	1
1978年	
秋田	9
大館鳳鳴	2
横手	1
本荘	1
1982年	
秋田	6
本荘	2
横手	1
大館鳳鳴	1
1988年	
秋田	4
能代	3
大館鳳鳴	1
◎秋田経法大学附属	1
1993年	
秋田	7
横手	2
1998年	
秋田	6
横手	3
大館鳳鳴	2
2002年	
秋田	7
大館鳳鳴	1
能代	1
湯沢	1
2005年	
秋田	10
横手	3
大館鳳鳴	1
本荘	1
2009年	
秋田	7
横手	5
○御所野学院（秋田市立）	1
2012年	
秋田	14
大館鳳鳴	1
湯沢	1
2014年	
秋田	9
本荘	2
大館鳳鳴	1
横手	1
2019年	
秋田	12
大館鳳鳴	1
2022年	
秋田	6
秋田南	3

【山　形】

21年、東大の推薦入試で3人の合格者を出した学校がある。秋田、山形東、麻布だ。推薦枠92人という狭き門になぜ山形東から3人合格できたのだろうか。

18年、山形県教育委員会は文科省の新学習指導要領や高大接続改革の方針に則って、山形東、酒田東、米沢興譲館《こうじょうかん》の3校に探究科を新設した。探究科では生徒が自ら設定したテーマに答えを出す授業を行っている。山形東では「山東探究塾」と名付けられ、ここで探究活動をした男子生徒が、推薦入試で工学部に合格している。この生徒は山形市内の用水路近辺の温度が低いことを検証するなどして、二酸化炭素を減らすための「シリコンフォトニクス」という研究テーマに取り組んだ。こう抱負を語る。「東大ではシリコンフォトニクスの研究が盛んだと知り、強く志望するようになりました。私には何々オリンピック優勝といった実績はなかったですけど、工学部の先生は東大で何を勉強したいのか、その意義は何かということを見ていたように思います」（「週刊朝日」、21年3月12日号）。

08〜09年にかけて、県内進学校は大学受験に関してマニフェストや経営目標を掲げた。酒田東は「上位層への難関大学への意欲喚起（プロジェクト作成とその強化）」と、東大に

山　形

高校	人
1951年	
山形東	7
酒田東	3
寒河江	2
鶴岡北	2
山形南	2
米沢興譲館	2
1954年	
山形東	5
鶴岡南	2
寒河江	1
長井	1
楯岡	1
上山	1
1960年	
山形東	3
鶴岡南	1
酒田東	1
山形西	1
1964年	
山形東	7
鶴岡南	2
酒田東	2
米沢興譲館	2
1968年	
山形東	8
鶴岡南	2
酒田東	2
米沢興譲館	1
新庄北	1
山形西	1
1974年	
山形東	12
鶴岡南	3
米沢興譲館	2
新庄北	1
長井	1
山形南	1
1979年	
山形東	7
鶴岡南	1
米沢興譲館	1
長井	1
酒田南	1
1985年	
山形東	7
鶴岡南	1
米沢興譲館	1
酒田東	1
1991年	
山形東	7
米沢興譲館	3
酒田東	2
鶴岡南	1
寒河江	1
1996年	
山形東	14
米沢興譲館	2
酒田東	2
山形南	1
2000年	
山形東	14
鶴岡南	2
米沢興譲館	1
酒田東	1
新庄北	1
2005年	
山形東	9
米沢興譲館	4
鶴岡南	1
酒田東	1
2009年	
山形東	15
米沢興譲館	2
鶴岡南	2
新庄北	1
2012年	
山形東	8
鶴岡南	1
米沢興譲館	1
2017年	
山形東	7
鶴岡南	2
新庄北	1
米沢興譲館	1
山形西	1
2022年	
山形東	12
鶴岡南	1
東桜学館	1
山形南	1

チャレンジしなさいと言いたげな訴えである。同校は山形東をかなり意識している。進路指導担当者が話す。「総合力では山形東に負けるが、上位層だけならば十分戦える。（略）学校側も、学力が上位の生徒に手厚い指導を行っています。これから歴史をつくっていこうという学校ですから、毎年東大志望者が複数出てくるということが大事なんです」（『週刊朝日』、08年4月4日号）。

大学受験に関しては、全校あげてという雰囲気が漂っていた時代がある。

79年1月、山形東の3年生全員が講堂に集まった。この年から始まった共通一次試験で好成績を願っての出陣式だ。校長らが激励し、3年生の生徒代表が決意を表明する。下級生の応援団がリードするなか、校歌の合唱が始まった。当時の共通一次は5教科7科目900点満点で平均636・1点。山形東の受験者平均点は、それを100点以上上回っていた（自己採点）。

ところが、同年の合格者は前年比3人減の7人。前年まで国立大学は2回受験できたが、この年から一本化され、受験生は大学選びで慎重になり、1ランク下げて受験する。弱気になって第一志望に出願しなかった受験生が多い高校ほど、合格者は伸び悩んだ。山形東でも、東大への出願者が前年より少なかった。

【福　島】

17年、安積《あさか》高校からの合格者7人のうち3人が現役だった。同校進路指導部がこう伝える。「東京大学文一類に合格したK君は、陸上部の長距離の選手で、10月下旬の福島県駅伝競走大会に出場、5位入賞に貢献し、東北大会出場権を得た。文科三類（文学・教育・教養）に合格したHさんは水泳部に所属し、個人自由形とリレーで東北大会に出場している。Kさんも合唱部で2年生の冬まで活動した」（「七州の覇」、18年3月12日号）

安積と安積女子、会津と会津女子、磐城と磐城女子、福島と福島女子など100年以上歴史がある伝統校は長い間、男子校、女子校だった。しかし、県の政策で2000年代前半までに共学化が進んだ。男子校の名称はそのままだが、女子校はすべて名前が変わった。安積女子→安積黎明《あさかれいめい》、会津女子→葵《あおい》、磐城女子→磐城桜が丘、福島女子→橘《たちばな》、白河女子→白河旭などである。

「磐女《ばんじょ》」と呼ばれていた「磐城《いわき》女子」出身者は、かつて「嫁入り道具のタンス2棹《さお》に相当する」といわれるぐらいブランド力があった。「磐高」こと磐城は、東大出身より価値が高いと、今でも思われているフシがある。60〜70年代、人口増加に対して高校の数が追いつかず、

「磐高」「磐女」には大量の中学浪人がいた。それでも名門校に入りたい。70年代後半、1学年で磐城は480人中およそ120人、磐城女子では480人中およそ70人、年齢が上の同級生がいたのである。90年代以降、18歳人口減少によって中学浪人は減少した。

85年、会津の進学実績が少し落ち込んだ。同校の星野俊一校長がこう述べている。「ゆける恨みを報うべく、栄えの歴史を綴るべきわが戦士たちよ、挙って起ち、『わが大学に門無し。必ず千里路有り。』を実践してもらいたい」(『會津高等学校百年史』、91年)。会津藩士を京に送り出すような檄文である。

これに応えたのが、94年に会津から現役で理三合格のO・Sさんだ。彼は県西部にある伊奈村の出身。同村からの東大合格第1号となった。村じゅう大騒ぎである。「親戚や近所の人、村の教育長までが電話をくださって、その夜は酒宴で大いに盛り上がりました。(略)村全体の人が今回の成功を心から喜んでくれて、道を歩いてもすれ違う誰もが『おめでとう』って声をかけてくれました」(『天才たちのメッセージ東大理Ⅲ 1992』)。

08年、いわき秀英から初めての東大合格者となったSさん。『福島民報』に顔写真付きで掲載されていた。「東大合格者を出すことを1つの目標に掲げていたのでうれしい」と理事長がコメントする。

福　島

高校	人
1951 年	
福島	5
磐城	5
会津	3
安積	3
1956 年	
会津	5
磐城	5
福島	3
安積	2
須賀川	2
1962 年	
福島	7
安積	7
会津	5
磐城	4
白河	2
喜多方	2
1967 年	
磐城	13
福島	9
安積	6
会津	4
白河	2
1972 年	
安積	11
磐城	10
福島	9
会津	7
白河	6
1978 年	
磐城	9
福島	7
安積	5
会津	2
白河	1
福島女子	1
1985 年	
安積	7
福島	6
磐城	2
会津	2
原町	2
1990 年	
磐城	7
安積	6
福島	4
1994 年	
安積	8
福島	4
磐城	2
会津	1
白河	1
会津女子	1
磐城女子	1
2005 年	
福島	5
安積	5
磐城	2
橘（福島女子）	2
2009 年	
安積	8
福島	4
2013 年	
磐城	4
福島	3
安積	3
2016 年	
福島	6
安積	3
白河	2
会津	1
会津学鳳	1
磐城	1
相馬	1
2020 年	
福島	8
安積	4
磐城	3
◎福島成蹊	2
2022 年	
安積	4
磐城	3
会津学鳳	2
福島	2
会津	1
◎いわき秀英	1

【茨　城】

97年、土浦第一高校は東大合格43人で全国の公立高校トップとなる。東大研究会をつくって受験対策を強化したことが実を結んだ。土浦第一はかつて「水戸第一高校の分校」と呼ばれていた。起源が茨城県尋常中学校土浦分校だからである。80年代半ばまでは、進学実績で水戸第一の「本校」が「分校」に勝っていた。

水戸第一が受験指導に力を入れたのは50年代前半だ。当時の教員が述懐する。「進学だから東大に何人入れなければならないとか、そういう態勢で動いたのは（昭和）二十七、八年からあとだと思います」（『水戸一高百年史』、78年）。

60〜70年代、水戸第一と土浦第一のあいだで部同士の「土《ど》水《すい》戦」が、毎年5月に行われていた。78年、土浦第一は受験準備を理由に一高祭（文化祭）を6月に行うことになり、土水戦の9月開催を提案するが、水戸第一はつっぱねてしまう。このとき、「『受験のために伝統行事を変えるのは、情けない』。生徒会同士が協議する場で、土浦一は水戸一から一喝された」（「朝日新聞」茨城版、08年6月24日）。東大合格者で水戸第一が土浦第一を大きく上回っていたころである。これを機に「土水戦」は行われていない。

茨　城

高校	人
1950年	
水戸第一	14
土浦第一	5
日立第一	1
麻生	1
下妻第一	1
日立工業	1
1955年	
水戸第一	14
土浦第一	5
日立第一	4
下妻第一	3
1961年	
水戸第一	19
土浦第一	6
下妻第一	3
日立第一	1
境	1
1966年	
水戸第一	15
土浦第一	5
下妻第一	2
1971年	
水戸第一	16
土浦第一	5
日立第一	1
1976年	
水戸第一	12
土浦第一	2
古河第三	1
1982年	
水戸第一	14
土浦第一	8
◎清真学園	4
1986年	
水戸第一	16
土浦第一	10
◎茗溪学園	5
◎茨城	3
1992年	
土浦第一	22
水戸第一	20
◎清真学園	8
◎江戸川学園取手	8
◎茗溪学園	3
古河第三	2
◎常総学院	2
1997年	
土浦第一	43
水戸第一	14
◎江戸川学園取手	13
◎茗溪学園	7
◎清真学園	5
2002年	
土浦第一	33
水戸第一	11
◎江戸川学園取手	8
◎常総学院	5
◎清真学園	3
竹園	3
2009年	
土浦第一	16
水戸第一	15
◎江戸川学園取手	5
◎常総学院	3
◎水城	3
◎茗溪学園	2
2014年	
土浦第一	21
水戸第一	19
◎江戸川学園取手	10
◎茗溪学園	5
並木中等教育	4
◎茨城	2
◎清真学園	2
2018年	
土浦第一	20
水戸第一	8
並木中等教育	7
◎江戸川学園取手	5
◎茨城	4
◎土浦日本大学	4
2022年	
土浦第一	14
水戸第一	14
並木中等教育	9
◎江戸川学園取手	6
竹園	3
◎清真学園	3
日立第一	2
◎常総学院	2

80年代、筑波研究学園都市が整備されたことで、教育熱心な研究者の子弟がつくば市を学区とする土浦第一に入学する。これで受験勢力地図が変わった。東大合格者のトップ校は86年までは水戸第一だったが、87年以降、土浦第一と入れかわってしまう。

土浦第一はこのあたりの事情を自覚しているようで、同校の学校史にこんな記述がある。

「わが国最初の頭脳都市である研究学園都市は、様々な面で本校に刺激と影響を与えてきたことはまちがいないところ」（『進修百年――土浦中学、土浦第一高百年の歩み』、97年）。

90年代以降、江戸川学園取手や常総学院は中高一貫コース設置で合格者を増やした。07年、江戸川学園取手から文三合格のＹ・Ｋさんが語る。「大きかったのが９時学習という制度です。これは、放課後夜９時までの間、学校に残って自習をしたり、課外授業を受けたり出来る、というものです」（『私の東大合格作戦ＰＡＲＴ１ ２００７年版』エール出版社、06年）。

21年、水戸第一が土浦第一を34年ぶりに上回った。同年、両校に附属中学が誕生した。２０００年代後半から公立の中等教育学校の設置が始まった。並木、智学館（08年）、日立第一（12年）、古河（13年）、太田第一、鉾田《ほこた》第一、鹿島、竜ケ崎第一、下館《しもだて》第一（以上、20年）、水戸第一、土浦第一、勝田（以上、21年）となっている。14年、並木中等教育学校から１期生４人が合格した。私立中高一貫校が苦戦を強いられるのではと、地元の塾は見ている。

【栃 木】

県立宇都宮高校が東大合格者数で県内トップの座をほぼ独占している。同校の自己評価では、威勢のいい言葉が並んでいる。

65年「素晴らしい進学成績であった」。68年「停滞から脱却した」。72年「過去最高の良好な成績を収めた」。75年「記録更新、好成績をあげた」。77年「大幅にアップした」(『百年誌』、79年)

07年、宇都宮から文一合格のM・Hさんが語る。「部活に明け暮れていた時も、毎日の予習・復習は欠かさずやっていました。宇都宮は入学早々にこのサイクルを確立させるよう、指導するんです」(『東大文Ⅰ　国家を託される若者たち　2007』)。

県立栃木高校にはその昔、こわい先輩、あぶない生徒がいたようだ。50年代後半のこと。

「上級生が下級生にとってこわい存在で、上級生の視線を避けてその教室へ近よらないように気をつけるなど気を使わなければならない雰囲気があった。(略)放課後二年生六名が開会中の生徒総会をよそに体育館に集まり、その中の二人が日頃のいざこざから喧嘩をはじめ一人がかくしもったナイフを抜いて相手を追いかけ、二人を刺傷するという血《ち》腥《なまぐさ》い事件がおこった」（『栃高八十年史』、76年）。

こんな時代もあったが、栃木は50年以降、東大合格者を絶やしたことがない。94年、同校から現役で理三合格のU・Tさんがこう評している。「伝統校らしいアカデミックな雰囲気が漂う学校（略）学校全体の雰囲気も、進学校とはいえ、それほどガツガツとしたものではなかった」（『天才たちのメッセージ　東大理Ⅲ　１９９４』）。

私立で東大合格者を出している高校はどうか。96年に東京の海城学園が設立した那須高原海城中学、高校は08年と13年に合格者を出した。しかし、11年の東日本大震災で学校が被災し、東京の海城中学・高校で授業を行う。その後、17年に廃校となった。

90年以降、大学の附属高校が難関大学合格を目標とする中高一貫コースを次々と設置した。佐野日本大学高校の「特別進学コースαクラス」、文星芸術大学附属の「英進科」。国学院栃木の「特別選抜Ｓコース」。白鴎大学足利の「文理進学コース」。宇都宮短期大学附属の「特別選抜コース」「特進コース」など。

宇都宮短期大学附属は「公立校に比べ１週間で約４時間多く授業を実施しているため（略）年間30日分もの多くの授業を受けることができます」（同校のウェブサイト）。10年、幸福の科学学園が開校し、13年に初めて合格者を出した。

栃　木

高校	人
1951年	
宇都宮	13
足利	5
栃木	4
1955年	
宇都宮	7
栃木	4
足利	3
鹿沼	2
大田原	1
黒磯	1
宇都宮女子	1
宇都宮工業	1
1959年	
宇都宮	10
栃木	2
足利	1
大田原	1
真岡	1
那須農業（那須拓陽）	1
1966年	
宇都宮	13
足利	4
栃木	3
佐野	2
大田原	1
大田原女子	1
茂木	1
栃木女子	1
1972年	
足利	7
栃木	5
宇都宮	4
佐野	2
1979年	
宇都宮	11
栃木	4
足利	2
大田原	2
1984年	
宇都宮	4
栃木	2
足利	2
1992年	
宇都宮	23
真岡	5
栃木	3
宇都宮女子	3
大田原	2
1999年	
宇都宮	28
栃木	9
宇都宮女子	4
足利	2
◎白鷗大学足利	2
2003年	
宇都宮	15
栃木	5
2009年	
宇都宮	27
栃木	5
◎佐野日本大学	4
宇都宮女子	2
2013年	
宇都宮	21
栃木	5
真岡	4
宇都宮女子	3
2015年	
宇都宮	10
宇都宮東	6
栃木	3
宇都宮女子	2
◎幸福の科学学園	2
2018年	
宇都宮	16
宇都宮東	4
栃木	4
◎作新学院	3
真岡	2
2022年	
宇都宮	14
宇都宮女子	5
栃木	2
宇都宮東	1
真岡	1
◎幸福の科学学園	1
◎東京農業大学第二	1

【群　馬】

県立前橋高校776人、県立高崎高校761人。東大合格者数74年分の累計である（1949〜2022年）。「勝敗」でいえば高崎32勝、前橋32勝で9分け、これほど拮抗する2校をかかえる都道府県は、他に見られない。

60年代半ば、前橋は現役の合格率が下降線をたどっていた。66年入試において、「東大、京大の現役合格者ゼロは校内にかなりの波紋を投じた。（略）進路指導は重大な局面を迎えた。言わば、本校は鼎の軽重を問われた」（『前橋高校百三年史』、80年）。誇りの高さがうかがえる。前橋は補習授業の徹底、旺文社模試受験の義務づけ、教員の進学校への視察などによって、受験指導を強化。その甲斐あってか、70年代までは前橋が19勝8敗3分け（50〜79年）。

80年代以降になると形勢は逆転。高崎が24勝13敗6分け（80〜22年）。92年の推薦入学制度導入、隣接学区からの受け入れ拡大によるものだ。同校の新聞に威勢のいい見出しが躍る。「またも史上最高現役合格率79・2％　東大現役17名（浪人2名）全国公立高校第6位　先輩を乗り越えよう」（「高崎高校新聞」、94年6月4日号）。

公立の女子校はどうか。前橋女子高校81人、高崎女子高校64人。前橋女子の26勝11敗11分

群　馬

高校	人
1952年	
高崎	12
前橋（県立）	10
渋川	4
太田	3
沼田	3
桐生	2
館林	2
1958年	
前橋（県立）	14
高崎	13
沼田	2
前橋女子	2
渋川	1
館林	1
◎新島学園	1
高崎女子	1
藤岡	1
1962年	
前橋（県立）	16
高崎	15
桐生	3
高崎女子	3
富岡	2
太田女子	2
1967年	
前橋（県立）	17
高崎	10
桐生	3
太田	2
前橋女子	2
◎新島学園	2
1973年	
高崎	11
前橋（県立）	9
桐生	5
1979年	
前橋（県立）	12
高崎	7
桐生	2
1985年	
前橋（県立）	9
高崎	7
太田	3
渋川	2
1989年	
高崎	11
前橋（県立）	7
太田	3
沼田	3
高崎女子	2
1995年	
高崎	18
前橋（県立）	12
太田	12
前橋女子	2
1999年	
高崎	14
前橋（県立）	12
太田	6
2004年	
高崎	12
前橋（県立）	11
太田	6
高崎女子	4
前橋女子	3
2009年	
高崎	17
前橋（県立）	9
太田	5
前橋女子	3
高崎女子	2
◎樹徳	2
2012年	
前橋（県立）	17
高崎	3
太田	3
◎佐野日本大学	3
2016年	
高崎	13
前橋（県立）	8
中央中等教育	7
前橋女子	3
2022年	
高崎	11
前橋（県立）	11
前橋女子	3
太田	2
高崎女子	2
中央中等教育	2
四ツ葉学園中等教育	2

け（両校ゼロの年を除く）。

前高《まえたか》と高高《たかたか》、前女《まえじょ》と高女《たかじょ》。所在する市同士のライバル関係と無縁ではない。明治時代に県庁所在地の座を争った二市。前橋市は行政の中心として、高崎市は中山道の宿場町から県内最大の商業都市となり、交通の要所として栄えた。

太田高校は受験指導に自信たっぷりだ。同校ウェブサイトでは卒業生が合格体験記でこう語る。「太田高校の先生方の授業は質が高くすばらしいです。（略）それなのに、学校の先生の授業をけなして、そこら辺の塾にすがろうとする人がたまにいます」。

私立高校では、50年代からコンスタントに東大合格者を出しているのが、新島学園である。09年、「東大2名!! 今年も快進撃が止まらない!!」とウェブサイトでアピールしたのが樹徳高校だ。同校は、06年に「最難関大学進学コース（ＳＫクラス）」を設置した。

21年、佐野日大から4人合格した。同校には特別進学コースαクラスがあり、「～最高峰の頂へ～」と掲げている。「東大・京大・国公立大医学部など最難関といわれる大学への現役合格を目指すクラスです。少人数のクラス編成、ハイレベルな授業、週4日の7時間授業など、1年次より最難関大学への合格に焦点を当てた、本校独自の緻密なカリキュラムと、きめ細やかな指導体制が特徴です」（同校ウェブサイト）。

【埼　玉】

１９４９年から２０１５年まで、浦和高校が67年間トップを守り続けていたが、16年に栄東高校が１位となった。栄東は中学から東大受験に力を入れている。「中学校には『東大クラス』と『難関大クラス』が設置されており、アクティブ・ラーニング（ＡＬ）は、どちらのクラスとも教育の根幹に据えて学んでいます。ともに同じカリキュラム、同じ進度で授業を行っており、中学３年では、高校の先取り授業を行います」（同校ウェブサイト）。

09年３月、栄東のウェブサイトのトップページには、「栄東の悲願　東大理Ⅲ現役合格東大２桁達成!!」と掲げられていた。05年、同校から理一合格のＷ・Ｔさんが記している。「担任は、一年生の頃から『東大を目指せ、東大を目指せ！』とずっと自分たちに言い続けていました。（略）そのせいでしょうか（略）何の抵抗もなく『東大を目指そう』という気持ちになっていました」（『私の東大合格作戦〈ＰＡＲＴ１（05年版）〉』）。

17年以降は浦和がトップに返り咲き、今日に至る。60年前までさかのぼってみよう。63年の東大合格44人について、木村泰夫校長（当時）が喜んでいた。「全国十一位で非常によかった。浦高は予備校ではないが、大学進学者数如何で或る意味では社会的に評価される」

(『百年誌　銀杏樹』95年)。

熊谷高校と川越高校は456人対494人で拮抗する。50〜79年は熊谷の23勝２敗５分け。80〜22年は川越の36勝３敗４分けとなる。その理由の１つは人口にある。60〜22年まで川越市は約10万７千人から35万３千人、熊谷市は約９万８千人から19万４千人。増え方に差が出た。

県内の18歳人口、県内高校からの東大合格者数、比率は、80年＝６万４９６５人、84人、０・129％。90年＝11万７２３４人、105人、０・089％。09年＝６万７９７５人、98人、０・144％。22年＝６万６１５０人、85人、０・128％。

80年０・129％→90年０・089％→22年０・129％とＶ字型なのは、①80年代までは県立高校から合格者を多く輩出。②90年代までは東大合格者層の一部が中学受験で開成、巣鴨、筑波大学附属など埼玉に近い東京の学校に進んだため減少。③00年以降は私立高校から合格者が増加したからとみていい。県内の私立を牽引したのは秀明、開智、栄東などである。

96年、秀明から理三合格のＮ・Ｙさんは６年間の寮生活だった。「テレビやマンガはもちろんＣＤすら持ち込み厳禁です。最初のうちはちょっと辛かったですね。それでも、たしかに勉強しやすい環境ではありました。中学から夜間学習の時間が設けられていましたけれど、それなりにこなすことができました」(『天才たちのメッセージ　東大理Ⅲ　１９９６』)。

埼玉

高校	人
1952年	
浦和（県立）	43
熊谷	14
川越	8
○浦和（市立）	4
本庄	3
1955年	
浦和（県立）	24
熊谷	14
川越	3
1961年	
浦和（県立）	40
熊谷	11
川越	5
1967年	
浦和（県立）	32
熊谷	10
1972年	
浦和（県立）	50
熊谷	15
川越	4
浦和第一女子	4
1978年	
浦和（県立）	42
熊谷	5
川越	5
1984年	
浦和（県立）	54
川越	15
熊谷	9
1990年	
浦和（県立）	60
川越	11
熊谷	11
春日部	7
浦和第一女子	5
1997年	
浦和（県立）	32
川越	5
熊谷	5
浦和第一女子	5
◎城北埼玉	4
大宮	4
2003年	
浦和（県立）	29
川越	6
浦和第一女子	5
大宮	4
◎西武学園文理	4
◎秀明	4
◎栄東	4
2009年	
浦和（県立）	36
◎栄東	11
川越	10
春日部	9
◎開智	7
浦和第一女子	7
◎西武学園文理	7
大宮	6
熊谷	6
2012年	
浦和（県立）	40
大宮	17
◎栄東	11
◎開智	9
浦和第一女子	6
川越	5
2016年	
◎栄東	27
浦和（県立）	22
◎開智	17
大宮	13
川越	6
春日部	4
◎浦和明の星女子	4
浦和第一女子	3
◎昌平	3
2019年	
浦和（県立）	41
◎栄東	19
◎開智	14
大宮	10
浦和第一女子	4
○浦和（さいたま市立）	4
2022年	
浦和（県立）	27
◎栄東	14
大宮	10
◎開智	9
◎浦和明の星女子	7
浦和第一女子	4
◎大宮開成	2
◎昌平	2

【千　葉】

08年、県立千葉高校が中高一貫コースを作ったのは、渋谷教育学園幕張から東大合格者トップの座を奪い返すため——。中学校や高校の教師、マスコミがこんな見方をしている。無理もない。タイミングが良すぎたからだ。

県教育委員会が、文部省（当時）の「中高一貫実践教育研究」についての委嘱を受けて、中高一貫教育制度を検討したのが98年のこと。01年になって、県立の中高一貫校を作ることを表明した。しかし、この時点では、県立千葉の名前はあがっていない。

02年、渋幕が県立千葉を1人差で追い抜いてしまう。県立千葉関係者は大きなショックを受ける。この年、県中高一貫教育研究会議を設置した。「東大に行かせますと言えば、公立にかなり集まると思う」などの発言が会議録に残る。そして、03年に県立千葉が中学を併設して中高一貫校とする計画を発表したのである。もちろん、「打倒、渋幕」を掲げているわけではない。同校の大野敬三校長はこう話す。「千葉高校の歴史と伝統、いまも落ちない教育レベルへの県民の理解は高い。私立と比べることはない。（略）目指しているのは『受験校』ではなくて『進学校』で、しっかり授業をやる」（「日本経済新聞」、04年7月8日）。

17年、渋幕は78人の合格者を出す。このとき県立千葉は11人で、中高一貫コースは功を奏していない。県立千葉最多は88年62人。２０１０年代以降、渋幕はそれを上回っている。

県内には東大合格に実績がある私立がいくつかある。まず、70年以上の歴史を持つ市川学園は少子化に対応するため、03年、共学化に踏み切った。このとき、発表したマニフェスト

千　葉①

高校	人
1952年	
千葉（県立）	22
木更津	4
東葛飾	3
成東	2
◎成田	2
1957年	
千葉（県立）	21
木更津	4
安房	3
市原	2
多古	2
1962年	
千葉（県立）	23
長生	5
木更津	3
1967年	
千葉（県立）	30
東葛飾	5
長生	4
佐原	3
1973年	
千葉（県立）	31
東葛飾	6
木更津	5
船橋（県立）	3
1979年	
千葉（県立）	24
東葛飾	11
船橋（県立）	11
○銚子（市立）	5
千葉南	5
長生	3
◎成田	3

高校	人
1984年	
千葉（県立）	47
船橋（県立）	13
東葛飾	9
木更津	3
安房	3
長生	2
八千代	2
1989年	
千葉（県立）	53
東葛飾	24
船橋（県立）	13
木更津	4
◎東邦大学附属東邦	3
1994年	
千葉（県立）	57
東葛飾	25
船橋（県立）	9
◎市川	5
木更津	3
長生	3
◎成田	2
薬園台	2
◎渋谷教育学園幕張	2
1999年	
千葉（県立）	28
◎渋谷教育学園幕張	12
東葛飾	11
◎東邦大学附属東邦	8
長生	5
船橋（県立）	4
◎市川	4
◎暁星国際	3

に「東大の現役合格者2けた」の目標を掲げている。他に東邦大学附属東邦、暁星国際、昭和学院秀英などに通う生徒の家庭は、「千葉都民」と言われる層が多い。地域への帰属意識が希薄な千葉都民は、県立千葉に入れる高校入試まで待てない。中学から難関私立に入れたほうが得策と考える。こうした気運に、県立千葉へ進むはずの生徒が、中学で渋幕や市川学園に奪われていると、県が危機意識を持ったのは否めない。

千葉で県立御三家と言われるのが千葉、県立船橋、東葛飾である。東葛飾は14年に医歯薬コース、16年に中学を作った。

ところで、70年代なかば、千葉では75～77年に総合選抜制度が導入された。「入学者の学力分布が学校間で著しく差異が生じ、それが固定化することによって、父兄や生徒の間に、いわゆる一流校二流校といった見方を生みだし、それが生徒に無用な劣等感や不適応症状をもたらす」（県教育庁指導課の文書）ことを改善するためだ。東大合格者数に影響が出ている。県立千葉が第一学群として組んだ千葉南、千葉東、千葉市立、千葉女子の4校が初めて、あるいは何十年ぶりに合格者を出したので、格差解消の役割を果たした。

総合選抜制度で前述御三家の生徒間の学力差にかなり開きがあったが、好意的な見方もある。県立船橋高校教諭の話だ。「最優秀の学力所有者が成績不振者の学習の面倒を見るという風景も見られ、学力による生徒たちの分裂は少なく、最も円満で望ましい人間関係を形成していた時期のように思える」（『千葉県立船橋高等学校七十年史』、92年）。

75年に就任した川上紀一知事が、公約どおり総合選抜制度を3年で廃止。入試制度が政争の具となり、振りまわされた高校からすればいい迷惑である。

千　葉②

高校	人
2005年	
◎渋谷教育学園幕張	38
千葉（県立）	20
東葛飾	7
船橋（県立）	4
◎東邦大学附属東邦	4
◎市川	3
木更津	3
◎暁星国際	2
◎芝浦工業大学附属柏	2
2009年	
◎渋谷教育学園幕張	28
千葉（県立）	27
東葛飾	5
◎東邦大学附属東邦	4
◎市川	4
◎志学館	4
船橋（県立）	2
◎成田	2
◎暁星国際	1
佐倉	1
◎昭和学院秀英	1
千葉東	1
◎八千代松陰	1
2012年	
◎渋谷教育学園幕張	49
千葉（県立）	31
◎東邦大学附属東邦	10
◎市川	6
◎暁星国際	5
船橋（県立）	4
佐倉	2
佐原	2
長生	2
◎芝浦工業大学附属柏	2
2015年	
◎渋谷教育学園幕張	78
千葉（県立）	18
◎市川（千葉）	18
船橋（県立）	7
東葛飾	6
2017年	
◎渋谷教育学園幕張	56
千葉（県立）	23
◎市川（千葉）	13
船橋（県立）	13
東葛飾	7
◎東邦大学附属東邦	6
2019年	
◎渋谷教育学園幕張	72
千葉（県立）	19
◎市川	16
船橋（県立）	15
◎東邦大学附属東邦	9
◎芝浦工業大学附属柏	3
東葛飾	2
千葉東	2
○千葉（市立）	2
◎昭和学院秀英	2
◎日出学園	2
2022年	
◎渋谷教育学園幕張	74
◎市川（千葉）	23
千葉（県立）	19
船橋（県立）	11
東葛飾	9
○稲毛（千葉市立）	3
◎昭和学院秀英	3
千葉東	2

【東　京】

21年、日比谷高校からの東大合格者は63人を数えた。60人を超えるのは70年の99人（5位）以来で半世紀以上ぶりとなる。メディアは「日比谷復活」を伝えた。その立役者は長澤直臣《なおおみ》・第25代校長（01〜09年）、武内彰《あきら》・第27代校長（12年〜21年）である。大学入試に直結する内容、2学期制や1コマ45分7時限の効率的な授業、補習や講習の実施などで合格者を増やしていく。一方で、探究型の授業を充実させた。「海外派遣研修」ではハーバード大学、ＭＩＴメディアラボ、ニューヨーク連邦準備銀行、国連本部などを訪問している。武内氏は、母校・東京理科大の広報誌にこう話している。「生徒たちは勉強、部活をしながら学校行事にも取り組み、その上でこうした探究活動を行っています。もちろん、とてもたいへんだと思いますが、そんな濃密な毎日をとても楽しんでいます。何ごとにも積極的に取り組む集団の中で切磋琢磨し合う生徒たちはとてもタフで、見ていて本当に頼もしいと感じます」（「東京理科大学報」、17年4月20日）。

もっとも「日比谷復活」の背景には、東京都の後押しもあった。

「学区制を取っ払って、みんな好きな高校を受験できるようにしよう。そうすれば学校も生

東　京①

高校	人
1952年	
日比谷	82
新宿	58
戸山	48
小山台	48
両国	47
小石川	39
□筑波大学附属	38
西	33
北園	32
東京都立大学附属	24
1956年	
日比谷	99
小石川	72
西	64
戸山	62
両国	55
新宿	46
◎麻布	45
小山台	43
□東京教育大学附属	41
◎開成	27
1960年	
日比谷	141
戸山	120
西	100
新宿	91
小石川	82
□東京教育大学附属	57
両国	56
◎麻布	48
◎開成	36
小山台	35
上野	25
□東京教育大学附属駒場	22
立川	22

高校	人
1964年	
日比谷	193
西	156
戸山	101
新宿	96
□東京教育大学附属	90
小石川	80
◎麻布	78
両国	64
□東京教育大学附属駒場	52
◎開成	42
上野	40
小山台	32
九段	26
◎武蔵	18
立川	17
□東京学芸大学附属	14
東京都立大学附属	12
1968年	
日比谷	131
西	102
戸山	92
□東京教育大学附属駒場	91
新宿	69
◎麻布	63
◎開成	61
□東京教育大学附属	61
小石川	58
両国	55
◎武蔵	51
上野	33
□東京学芸大学附属	32
立川	30
小山台	25
大泉	16
◎桐朋	14

高校	人
1970年	
□東京教育大学附属駒場	136
□東京教育大学附属	105
西	100
日比谷	99
◎開成	86
戸山	80
◎麻布	80
◎武蔵	53
小石川	50
新宿	46
□東京学芸大学附属	38
両国	35
立川	34
小山台	30
◎桐朋	16
青山	14
上野	13
九段	11
墨田川	11
国立	11
富士	10
□お茶の水女子大学附属	9
大泉	9
◎駒場東邦	8
東京都立大学附属	7
豊多摩	7
小松川	7
竹早	7
駒場	6
三田	6
◎学習院高等科	5
白鷗	5
明正	5
田園調布	5
◎芝	4
◎暁星	4
秋川	4

徒に来てもらおうと、競争原理が働き、都立復活につながる」。99年6月、石原慎太郎都知事は都議会で、都立高校の学区制廃止を表明した（03年実施）。

02年、都は日比谷、西、戸山、八王子東の4校を進学指導重点校に指定（03年には国立、立川、青山が追加）。①進学を重視した教育課程の編成、②公募制で指導力のある教員、習熟度別授業に必要な教員を措置、③土・日の補習を充実させる、などの支援策を打ち出した。

05年、進学指導重点校1期生が入試を迎える。4校とも合格者を増やした。都立高校を進学校化させる政策は、端的に言って難関大学進学率が落ち込んだからである。東大合格者の都立高校合計最高が64年817人（都立の比率72・6％）。最低が04年56人（同5.7％）。

今でも諸悪の根源とされているのが、67年に導入した学校群制度である。簡単におさらいすると、高校入試では2校または3校で組まれた第〇〇学群を受験する。学群のなかで入試成績によって均等に分けられ、入学を許可される学校が決まる。受験生は高校を選べない。

当時は「日比谷潰し」とも言われていた。都教育長の小《お》尾《び》乕《とら》雄《お》氏が強引に進めたことによるが、日比谷の東大合格一人勝ちに対して、教育委員会、都内の中学と高校関係者、日教組が異議を唱えていたのは確かである。しかし、高校生にすれば、憧れの学校へ行きたい。学校群にノーを突きつけて、国立大学附属や私立に向かうのも無理はない。となれば、都立高

東　京②

高校	人
1974年	
□東京教育大学附属駒場	115
◎開成	98
□東京学芸大学附属	91
□東京教育大学附属	84
◎麻布	74
西	57
戸山	54
◎武蔵	40
富士	33
青山	31
1979年	
◎開成	121
□筑波大学附属駒場	102
□東京学芸大学附属	101
◎麻布	97
◎武蔵	86
□筑波大学附属	61
戸山	55
西	44
富士	42
◎桐朋	41
1985年	
◎開成	157
□東京学芸大学附属	100
◎麻布	82
◎武蔵	73
□筑波大学附属駒場	72
□筑波大学附属	59
◎桐朋	46
◎駒場東邦	42
戸山	32
国立	30
青山	26
西	26

高校	人
1991年	
◎開成	191
◎麻布	102
□東京学芸大学附属	96
◎武蔵	70
□筑波大学附属駒場	65
◎桜蔭	59
◎駒場東邦	51
□筑波大学附属	46
◎巣鴨	44
◎桐朋	40
1997年	
◎開成	188
□東京学芸大学附属	111
◎麻布	93
◎桜蔭	92
□筑波大学附属駒場	90
◎巣鴨	63
◎武蔵	58
◎駒場東邦	57
□筑波大学附属	46
◎海城	45
2003年	
◎開成	181
□筑波大学附属駒場	112
◎麻布	111
□東京学芸大学附属	72
◎桜蔭	72
◎駒場東邦	51
◎海城	51
◎武蔵	49
◎桐朋	44
◎巣鴨	40
□筑波大学附属	31
西	25
◎女子学院	24
◎城北	23

高校	人
2009年	
◎開成	138
□筑波大学附属駒場	106
◎麻布	76
□東京学芸大学附属	74
◎桜蔭	69
□筑波大学附属	43
◎駒場東邦	39
◎海城	34
◎女子学院	23
◎桐朋	22
◎巣鴨	22
◎武蔵	20
◎豊島岡女子学園	17
日比谷	16
西	15
◎城北	15
◎早稲田	14
国立	13
◎白百合学園	13
◎芝	12
◎雙葉	9
◎渋谷教育学園渋谷	9
◎穎明館	8
八王子東	7
◎暁星	7
◎攻玉社	6
戸山	5
□お茶の水女子大学附属	4
◎世田谷学園	4
◎成蹊	4
◎晃華学園	4
◎洗足学園	4
両国	3
◎国学院久我山	3
◎鷗友学園女子	3
◎田園調布雙葉	3
◎本郷	3

の入学者は学校群以前に比べてレベルが下がってしまうのは当然である。

80年代まで、中学生のトップ層は国立大学附属、開成、慶應義塾、早稲田大学高等学院を志望した。二番手クラスになると、第1志望は都立の進学校がある学群、第2志望に私立という図式だ。城北、世田谷学園、国学院久我山、本郷、吉祥女子、豊島岡女子学園、光塩女子学院高等科などは、すべり止め的な位置づけだった。しかし、90年代の学校群制度後半、単独選抜のころになると、その関係はすっかり逆転する。

なお、学習院高等科、青山学院高等部、成蹊、白百合、東洋英和女学院高等部、聖心女子学院高等科、立教女学院など大学附属または系列の小学校からのエスカレーター組には、東大をめざす成績上位者がいつの時代でもいた。芝、攻玉社、巣鴨、暁星などの伝統校には、出身者に先祖代々のファンや親戚縁者が多くいることもあり、あとの世代に受け継がれる。進学塾にも、新設の私立校よりも伝統校のほうが安心して勧められるというメリットがある。

開成、麻布、武蔵（私立）、筑波大学附属駒場、筑波大学附属、東京学芸大学附属などは東大受験に特化した綿密かつ計画的な指導は行っていない。こうした学校の生徒はやはり不安を感じるようで、鉄緑会、ｅｎａ、ＳＥＧなどに通って、東大対策の勉強に励んでいる。情報収集をしたい、他の進学校生徒と学びたい、という思いもあるからだろう。

東　京③

高校	人	高校	人	高校	人
2014年		2018年		2022年	
◎開成	158	◎開成	175	◎開成	193
□筑波大学附属駒場	104	□筑波大学附属駒場	109	□筑波大学附属駒場	97
◎麻布	82	◎麻布	98	◎桜蔭	77
◎駒場東邦	75	◎桜蔭	77	日比谷	65
◎桜蔭	69	□東京学芸大学附属	49	◎麻布	64
□東京学芸大学附属	56	日比谷	48	◎駒場東邦	60
◎海城	40	◎海城	48	◎海城	57
日比谷	37	◎駒場東邦	47	□筑波大学附属	42
◎豊島岡女子学園	33	□筑波大学附属	38	◎渋谷教育学園渋谷	38
西	31	◎早稲田	38	◎女子学院	31
□筑波大学附属	29	◎女子学院	33	◎早稲田	29
◎早稲田	26	◎武蔵（私立）	27	□東京学芸大学附属	27
◎巣鴨	26	国立	26	西	27
国立	24	◎渋谷教育学園渋谷	25	小石川中等教育	20
◎女子学院	24	◎豊島岡女子学園	21	◎洗足学園	20
◎武蔵（私立）	22	西	19	国立	19
◎桐朋	22	◎本郷	17	◎武蔵（私立）	19
◎攻玉社	21	武蔵（都立）	13	◎芝	14
◎城北（私立）	18	◎攻玉社	13	◎豊島岡女子学園	14
◎雙葉	15	◎桐朋	13	◎本郷	13
◎渋谷教育学園渋谷	14	◎雙葉	13	戸山	12
◎暁星	12	小石川中等教育	12	◎攻玉社	12
◎芝	11	◎城北（私立）	12	◎東京都市大学附属	12
◎鴎友学園女子	9	戸山	11	武蔵（都立）	11
◎本郷	9	◎芝	11	◎桐朋	11
◎世田谷学園	7	◎巣鴨	11	◎城北（私立）	9
八王子東	7	◎暁星	9	◎雙葉	9
□お茶の水女子大学附属	6	◎白百合学園	9	◎暁星	9
小石川中等教育	6	青山	7	◎白百合学園	9
戸山	6	◎洗足学園	7	◎鴎友学園女子	9
◎白百合学園	6	白鴎	6	◎巣鴨	8
◎洗足学園	6	◎鴎友学園女子	6	九段中等教育	7
白鴎	5	◎帝京大学	6	青山	6
◎穎明館	5	桜修館中等教育	5	八王子東	6
		南多摩中等教育	5	両国	6
		◎世田谷学園	5		

【神奈川】

横浜翠嵐高校の合格者数が20年から22年まで26人→50人→52人と急増した。同校は近年、受験指導にかなり力を入れている。学習時間は平日で「学年＋2時間」、休日には「学年＋4時間」を目標に掲げている。これは塾や予備校での授業を含めず、自分で勉強した時間をカウントするものだが、熱心すぎて「翠嵐予備校」と書かれたことがある。入学前に配布される案内に次のように記されたものが公になったからだ。「横浜翠嵐高校1年生としての『覚悟』をもって入学してきてください。中学時代と同じ気持ちでは、本校の学習・生活を進めていくことはできません。（中略）意識を変えてください」。大学進学実績が急に高まるとアンチが必ず出てくる。横浜翠嵐はそこまで言われなかったが、同校の教員は「覚悟」「意識改革」についてこう反論していた。「勉強漬けの3年間になるなんて書いてないんですよ。ただ、進路の7割は1年生で決まる。中高一貫校と同じ土俵にあがるわけですから、初動がすべて。1年生の期間をうまく使うことで、進路実現につながるのは間違いありません」（「ＡＥＲＡ」、22年6月6日号）。

神奈川は私立が優勢だ。公立高校がふるわなかったこと、たとえば、かつて70人以上合格者を出した湘南高校がヤリ玉にあげられたことがある。地元の政治家からだ。

「浦和、千葉各高校が東大をはじめ進学成績を上げているのに、湘南高校の現状は県民の士気に影響する。少なくとも湘南は全県に学区を拡大すべきだ」。93年、自民党神奈川県連の政策研究機関「かながわフォーラム21」は、公立高校制度改革としてこう提言した（『週刊

神奈川①

高校	人
1950年	
湘南	23
希望ヶ丘	19
小田原	8
横浜翠嵐	6
川崎(県立)	6
横浜緑ヶ丘	5
厚木	4
1955年	
湘南	25
◎栄光学園	21
小田原	9
厚木	7
横須賀(県立)	7
◎関東学院	7
○横浜商業(横浜市立)	7
横浜翠嵐	6
鶴見	5
希望ヶ丘	4
◎浅野	4
1961年	
湘南	42
◎栄光学園	18
平塚江南	7
横須賀(県立)	6
希望ヶ丘	6
横浜平沼	6
小田原	5
1966年	
湘南	63
◎栄光学園	36
平塚江南	15
横浜翠嵐	7
◎慶應義塾	6
希望ヶ丘	5

高校	人
1972年	
湘南	78
◎栄光学園	59
横浜翠嵐	16
平塚江南	15
◎聖光学院	11
希望ヶ丘	8
横浜緑ヶ丘	8
1977年	
湘南	67
◎栄光学園	59
横浜翠嵐	18
平塚江南	13
◎聖光学院	10
1982年	
◎栄光学園	61
湘南	43
◎桐蔭学園	26
横浜翠嵐	22
厚木	17
平塚江南	16
横須賀(県立)	15
1987年	
◎栄光学園	71
◎桐蔭学園	54
湘南	41
◎聖光学院	27
厚木	18
横浜翠嵐	15
1992年	
◎桐蔭学園	114
◎栄光学園	74
◎聖光学院	53
湘南	33
◎浅野	20
◎フェリス女学院	16

新潮』、93年4月15日号）。

湘南高校は49～75年まで東大合格者数で県内トップを続けていた。ところが、80年代後半から30～40人となり、00年以降は1ケタの年が多い。大きな理由は、81年に9学区から16学区に増えて、1学区あたりの受け入れ中学が少なくなったこと。また、いじめや学級崩壊、学力低下問題などを理由に公立中学が敬遠され、以前なら同校へ進んだ層が私立中高一貫校を選ぶようになった。こうした動きのなかで、湘南に危機感はなかったようだ。東大合格者が8人だった04年、同校の校長が話す。「東大進学者数で高校を評価するのは安直だ。ひたすら受験勉強をすれば合格者は増えるかもしれないが、それだけで高校生活を送るのは人生において大きなマイナス。東大一直線の生き方には疑問がある」（「読売新聞」、04年2月27日）。

私立は栄光学園、聖光学院、フェリス女学院、湘南白百合学園のミッション系が地元の「上流階級」から根強い人気を博している。公文国際学園、逗子開成、サレジオ学院、関東学院などは中高一貫コースで受験指導に力を入れて合格者を増やした。その割を食ったのが、桐蔭学園である。00年以降の東大合格者減少は「マンモス校、交通の便の悪さゆえ敬遠され、地元や遠隔地からも成績上位生徒が集まらなくなった」とみる塾関係者は多い。

10年から22年まで聖光学院と栄光学院のトップ争いが続き、聖光学院の10勝3敗。同校教員が話す。「高3生にとって、大きな存在となっているのが自習室です。日曜・祝日は朝8時から、平日も、毎日夜9時まで開けています。コロナ下でも、スペースを広げて続けました。夕飯も、予約しておけば食堂で定食が食べられる。生徒同士で教えあい、励まし合いながら頑張る効果は、こちらが思う以上に大きい」（朝日新聞デジタル、22年4月4日）。

神奈川②

高校	人
1998年	
◎桐蔭学園	96
◎栄光学園	63
◎聖光学院	36
◎浅野	25
◎フェリス女学院	23
湘南	12
厚木	9
2003年	
◎栄光学園	77
◎桐蔭学園	47
◎聖光学院	37
◎浅野	26
湘南	9
◎公文国際学園高等部	9
◎フェリス女学院	8
2009年	
◎栄光学園	59
◎聖光学院	49
◎浅野	25
横浜翠嵐	14
◎桐蔭学園	12
◎横浜雙葉	11
◎フェリス女学院	10
2011年	
◎栄光学園	63
◎聖光学院	60
◎浅野	32
◎桐蔭学園中等教育	13
◎フェリス女学院	11
◎桐蔭学園	11
2014年	
◎聖光学院	71
◎栄光学園	67
◎浅野	34
横浜翠嵐	22
湘南	17
◎フェリス女学院	15
◎桐蔭学園中等教育	12
◎サレジオ学院	6
◎逗子開成	5
◎公文国際学園	5
◎桐蔭学園	5
◎桐光学園	5
2018年	
◎栄光学園	77
◎聖光学院	72
◎浅野	42
湘南	25
横浜翠嵐	14
◎フェリス女学院	13
相模原中等教育	9
◎サレジオ学院	9
◎桐蔭学園中等教育	9
◎逗子開成	7
2022年	
◎聖光学院	91
◎栄光学園	58
横浜翠嵐	52
◎浅野	36
湘南	20
◎フェリス女学院	10
◎逗子開成	9
◎サレジオ学院	8
柏陽	6
○南（横浜市立）	6
◎公文国際学園	6
相模原中等教育	5
◎横浜雙葉	4

短命だった医学部衛生看護学科

医学部衛生看護学科は53～64年、女子だけしか入学できなかった。看護、保健、育児の分野で指導的な役割を果たす女性の育成を目的としていた。理一、理二など科類からの進学はなく、学科として募集が行われた。定員は40人だが、毎年の入学者平均は26人(63年は17人)という不人気で、学内からこう指摘されている。「養成機関か、学問の府といった問題であり、学問の府であるとすればどのような学問領域か、このことも今日にいたるまでスッキリしたものとなっていない」(「東京大学新聞」63年４月17日)。65年、健康管理の専門家養成ため、保健学科に改組。おもに理科二類から進学する学科として男子も受け入れた。衛生看護学科は募集停止。12年間の短命だった。同時期、東大に短大を作る構想があった。東京大学併設看護短期大学。しかし、文部省が大蔵省との予算折衝の過程で廃案となる。

医学部衛生看護学科合格者（1954-1964年）

順位	高校	人
1	日比谷	14
2	□お茶の水女子大学附属	13
3	新宿	11
4	西	9
4	富士（東京）	9
6	両国	8
7	大泉	7
7	鶴丸	7
9	駒場	5
9	戸山	5
9	松本深志	5
9	□東京教育大学附属	5
9	白鷗	5
14	◎フェリス女学院	4
14	桜町	4
14	三田	4
14	千葉（県立）	4
14	大分舞鶴	4
19	高崎女子	3
19	◎女子学院	3
19	小石川	3
19	前橋女子	3
19	東京都立大学附属	3
19	平塚江南	3
19	北園	3

8章 全国から東大へ II

甲信越・東海・関西

新潟高校

洛南高校

【新潟】

09年、県立柏崎翔洋中等教育学校1期生から合格者が出た。同校は03年に公立の中高一貫校として開校した。02年に募集停止した柏崎商業の校舎を継承している。1学年2学級と少人数編成で、前期課程（1～3年）・後期課程（4～6年）に分かれている。4、5年生は4時間、6年生は5時間の自宅学習を勧めている。また、柏崎翔洋中等教育学校より1年前に開校した県立村上中等教育学校の2期生が現役で合格している。

２０００年代に入って、高校の統廃合などで進学指導に力を入れる中等教育学校が相次いで誕生した。東大に合格者を出したのが、前記2校のほかに津南《つなん》中等教育学校、高志《こうし》中等教育学校、直江津《なおえつ》中等教育学校、燕中等教育学校、佐渡中等教育学校がある。

公立学校の1期生の東大合格はよほど優秀な生徒を集めないとむずかしい。１９９０年代、そんな偉業を果たしたのが、県立国際情報高校だ。95年、1期生5人が合格。同校設立のきっかけは、新潟県の大学進学率の低さにある。80～90年代初頭は20%前後で当時の全国平均を15ポイント以上下回っており、都道府県ワースト3の常連だった。91年の県内東大合格者は6校14人。最盛期は54年の17校45人なので、3分の1以下である。

新　潟

高校	人
1951年	
長岡	10
高田	7
新潟	6
柏崎	5
三条	3
1954年	
新潟	10
長岡	6
高田	5
柏崎	5
新発田	3
1959年	
新潟	5
高田	5
長岡	4
新発田	4
柏崎	2
1964年	
長岡	7
高田	6
新潟	5
佐渡	3
1970年	
高田	7
新潟	7
長岡	5
柏崎	3
三条	2
1975年	
新潟	10
長岡	5
三条	3
柏崎	2
1979年	
新潟	8
高田	3
長岡	2
新発田	2
1984年	
新潟	11
長岡	6
高田	2
1988年	
高田	8
新潟	7
長岡	4
三条	2
1996年	
新潟	7
国際情報	6
高田	4
長岡	2
2004年	
国際情報	6
新潟	4
長岡	3
高田	3
2009年	
新潟	14
長岡	3
国際情報	1
新発田	1
新潟南	1
◎新潟明訓	1
柏崎翔洋中等教育	1
村上中等教育	1
2014年	
新潟	20
新潟南	2
2019年	
新潟	10
長岡	3
津南中等教育	2
柏崎翔洋中等教育	1
高志中等教育	1
高田	1
直江津中等教育	1
新潟南	1
2022年	
新潟	6
高田	2
燕中等教育	1
長岡	1
◎新潟明訓	1

そこで、県は進学実績を高めるために、新しいタイプの進学校として、92年に国際情報高校を設立した。同校は厳しい受験指導を行った。毎朝15分の小テストで8割とれなければ放課後に再テスト、自宅で4時間は要する宿題、夏休み中はつごう20日間の補習など、私立並みと言われ、地元紙の報道で県立予備校と揶揄されることもあった。国際情報は通学区の制限を受けず、最寄り駅が新幹線停車駅の浦佐なので、新幹線で通う生徒がいた。

県内の東大合格校は新潟、長岡、高田だったが、国際情報は3校に割り込み、04年には東大合格者で初めて新潟高校を抜いてトップに立つ。新潟高校の小林崔校長はこう話している。「競争が活発になるのはよいことだが、新潟高で現役東大合格者3人（03年度）という結果は厳しい」（「読売新聞」、05年4月2日）。

こうした厳しい現実は新潟高校1校だけの問題ではない。県内からの東大合格者は00年以降、毎年ほぼ20人前後となっている。新潟高校の教諭は危機感を募らせていた。「新潟高校がダメだとなれば、さらに流れる可能性がある。そうなれば県全体のレベルにかかわる」（「朝日新聞」、03年2月18日）。

私立の中高一貫の新潟第一中学校・新潟第一高校、新潟明訓中学校・高等学校は厳しい受験指導と授業時間増加によって、進学実績を伸ばした。

【富　山】

県の東大合格者60年間累計（50～22年）は２９０２人。富山高校、富山中部、高岡の３校で２６７４人となっており、占有率は92・1％。高校制度改革と通学区変更、そして伝統と誇りによって３校は鎬を削る。50～60年代、優位に立ったのが富山中部。53年に富山市中心部が学区となり、総合制（商業科や家庭科を持つ）をやめて普通科のみになったことで優秀な生徒が集まった。63年には隣接学区からの越境が認められ、実質的に全県１学区となる。70年代に入ると、富山が巻き返す。68年に理数科を設置。国立大学志望者は文系でも数学と理科で高得点を取れば合格しやすい。富山中部に流れた層が富山を受験する。そして、理数科１期が卒業した71年は11人増の15人となり、富山中部を脅かした。富山中部も70年に理数科を設置。富山へ成績上位者が流れることを防いだ。

高岡高校は地元の優秀な生徒を集めてマイペースで歩んでいた。しかし、60年代に入ると、富山と富山中部の熱気にあおられ、参戦することになる。74年、校長に本林荘三氏が就任する。『高岡高校を全国一の高校にせよ。そのための方策を考えよ。財政面の援助は惜しまない』という校長の叱咤《しった》激励《げきれい》は、当時の職員を大いに奮い起たせた」（『高岡中学・高岡高校百年史』、99年)。一番を目指すことから、「高岡ファースト」と呼ばれていた。本林校長は女子だけ毎朝1時間の特訓を行い、翌年には東大など国立大学合格者を出す。78年に富山中部を抜いて、初めて県でトップとなる。

ウェブサイト「富校《とみこう》大百科事典」に3校の比較がなされている。「①補講の実施などから見て、みっちり勉強度が強いのは高岡高校、ついで富山高校。②塾や通信添削をする生徒が多いのは高岡高校、ついで富山中部高校。③最も校風が自由なのは高岡高校、これは世間の先入観だが、ついで富山高校。④校舎が新しくてきれいなのは高岡高校、ぐっと差を開いて富山高校、さらに差を開いて富山中部高校」。

05年、県で初めて私立中高一貫校、片山学園が開校した。「東大20人、医学部医学科20人合格」という目標を掲げ、11年に初めて合格者を出し、18年には合格者3人のうち理三が2人いたことで注目された。創立者の片山浄見《じょうけん》氏はこう話す。「部活のない日は、19時まで夜間特別授業を行って、全国でも屈指の授業時間を確保。学校の周辺にはコンビニも娯楽施設もありませんから、集中して勉強をするにはもってこいの環境です。学習塾で培ったノウハウを応用して難関大学の合格実績を作り、知名度を上げることが狙いでした。当初は学習塾付きの学校を目指していました」(「週刊現代」、18年4月21日号)。

富　山

高校	人
1952年	
富山中部	4
高岡	2
桜井	2
富山南部	2
高岡商業	2
1957年	
富山中部	10
高岡	6
魚津	4
富山	3
滑川	3
桜井	2
伏木	1
1960年	
高岡	8
富山中部	7
富山	3
魚津	2
桜井	2
1965年	
富山中部	16
富山	10
高岡	9
桜井	2
1970年	
富山中部	10
高岡	9
富山	4
砺波	2
1973年	
富山	16
高岡	15
富山中部	12
魚津	2
1978年	
高岡	22
富山中部	17
富山	13
1983年	
高岡	28
富山中部	18
富山	17
砺波	2
1988年	
高岡	29
富山中部	17
富山	11
砺波	3
1992年	
高岡	22
富山中部	10
富山	10
1997年	
高岡	16
富山中部	15
富山	12
砺波	3
2002年	
富山中部	21
高岡	19
富山	6
2009年	
富山中部	25
高岡	11
富山	11
呉羽	1
2013年	
高岡	11
富山中部	7
富山	6
2015年	
富山中部	12
高岡	8
◎片山学園	4
富山	3
2018年	
富山中部	16
高岡	6
富山	4
◎片山学園	3
2022年	
高岡	13
富山中部	12
富山	2
高岡南	1
◎片山学園	1

【石　川】

20年、金沢泉丘高校は学校経営計画の達成基準として次の目標値を掲げた。東大・京大および国公立大学医学科合格者の合計人数（重複可）が、A＝40人以上、B＝30人以上、C＝20人以上、D＝20人未満。22年、結果（現役合格）は東大9人、京大14人、国公立大学医学科11人で合計34人だった。判定はBとなる。分析（成果と課題）、改善策を次のように示した。

「東大・京大・医学科説明会を6月、10月に行い、さらに難関大別模試（実戦、オープン模試等）を夏と秋に受験させることにより、難関大学志望者の意識付けを行い、意欲を高めることができた。1月末から2月初めに東大・京大出願者に対して本番実戦テストを受験させ、学力向上を図った。東大・京大・国公立大医学科を含め、難関大学合格者数増加を目標に、オールマイティーな学力の生徒を育てる指導を続けたい」。

09年は学校経営計画の結果（現役合格）は東大7人、京都大10人、国公立大学医学科9人で合計24人だったので、進学実績をかなり伸ばしたと言える。これはライバルの金沢大附属との比較でも如実に示されている。2000年代までの約半世紀、金沢大附属がほぼトップの座を守っており、06、09年、金沢泉丘に譲っただけだった。ところが2010年代以降、

石川

高校	人
1951年	
□金沢大学附属	4
小松	1
金沢泉丘	1
金沢商業	1
羽咋	1
1957年	
□金沢大学附属	15
小松	5
七尾	2
金沢泉丘	1
羽咋	1
◎北陸学院	1
1961年	
□金沢大学附属	15
小松	3
金沢泉丘	1
金沢桜丘	1
飯田	1
1966年	
□金沢大学附属	23
小松	4
金沢泉丘	4
輪島	1
1972年	
□金沢大学附属	44
金沢泉丘	4
羽咋	2
1976年	
□金沢大学附属	18
金沢泉丘	4
小松	1
輪島	1
1982年	
□金沢大学附属	21
金沢泉丘	6
小松	3
七尾	2
1989年	
□金沢大学附属	31
金沢泉丘	11
小松	3
輪島	1
1994年	
□金沢大学附属	19
小松	7
金沢泉丘	2
1998年	
□金沢大学附属	20
金沢泉丘	5
小松	4
七尾	1
金沢二水	1
金沢桜丘	1
金沢辰巳丘	1
1998年	
□金沢大学附属	17
小松	2
金沢泉丘	2
七尾	1
◎星稜	1
2004年	
金沢泉丘	10
□金沢大学附属	7
小松	4
七尾	1
金沢二水	1
羽咋	1
2017年	
金沢泉丘	15
□金沢大学附属	12
小松	6
金沢錦丘	1
金沢桜丘	1
七尾	1
◎星稜	1
2022年	
金沢泉丘	15
□金沢大学附属	7
小松	3
金沢二水	1
◎星稜	1

大きく変わる。金沢泉丘は10、11、13、17～22年に1位となる。

80年代後半、県教育委員会は公立高校に対し、現役合格の指導を徹底するように申し入れた。金沢大の合格者比率で富山県の公立高校出身者が増え、危機感を抱いたからだ。当時、金沢泉丘の現役合格率は60％で、県教育委員会から「要注意扱い」される。そこで、同校は各教科教員の学年持ち上がり、志望校検討会の開催などで、受験指導を強化する。90年代前半に現役合格率が80％まで上昇した。

金沢大附属の学校経営計画には、大学進学に関する目標、計画は触れられていない。同校出身者は合格体験集（『天才たちのメッセージ　東大理Ⅲ』）にはよく登場する。「東大対策の授業は皆無」「みんなが勝手に勉強する」と記す人がいるほどだ。

２０００年代に入って星稜が合格者を出した。同校の「Ａコース」は、毎日7限授業（月～金）、7限後習、指定土曜日に予備校サテライト講義、夏の勉強合宿などがある。20年から中高一貫理数コースを設置した。「少人数のコースならではのきめ細かなバックアップ体制のもと、無理なく学習が進められるよう、学ぶ単元の順番なども考慮しながら、中学3年次には高校1年レベルの学習項目に触れることになります。高校3年次には、1年間全てを難関大学の入試に備えた学習に取り組むことができます」と説明する。

【福　井】

21年、高志《こし》高校は10人が合格した。前年比2倍で全員現役だった、15年に設置した高志中学1期生によるものであり、地元紙がこう伝えている。「同校の吉田繁校長は『（高志中からの）内進生と高校から入学した生徒がお互いに切磋琢磨《せっさたくま》した結果』と強調。『受験がゴールではない。大学、さらに先の社会に出たとき、困っている人の力になるため頑張れる人であってほしい』と話した」（「福井新聞」、21年3月20日）。

福井では旧制一中を起源とする藤島高校から合格者が多かったが、1980年代に導入された学校群制度によって、県内進学校が大きく変わり、生徒は悩みをかかえた。

「自分たちも努力しているのだから一年生への偏見はやめてほしい」。80年、藤島高校の1年生が学校祭全体会の会議で上級生に訴えた。この年から、県は高校間格差解消のため、学校群選抜制度を実施。藤島は高志高校と組んだ。生徒に選ぶ自由はない。

藤島では、学校群制度以前の入学者は「純藤《じゅんふじ》」、以降は「群藤《ぐんふじ》」と称された。「群藤は学力が低い。覇気がない」などの「偏見」に対し、1年生は悲痛の叫びを上げたのだろう。高志にも「不本意入学者」は少なくなかった。83年の両校生徒アンケートでは、「藤島・高志に共通して、入学前は藤島を希望した生徒が多かった」（校友会誌『明新』、83年）。

「群藤」1期生の進学実績は前年比で、国公立大学300人→216人。東大18人→10人、短大17人→45人。同校のＰＴＡ会誌は酷評した。「一部の生徒を除いて国公立大共通一次試験の五教科七科目の負担に耐えられないこと、学力不足による国公立大の志願断念と考えられる。（略）勉強不足、高望みが主な失敗の理由」（『ＰＴＡ通信』、83年）。

84年、藤島と高志の生徒が座談会を行った（『明新』、84年）。高志の藤島評は「勉強ばっかりして何か窮屈な感じがあるんです」。藤島の高志評は「自由だ自由だと言っている分いい加減なところも許されるような気がして」。

80年に始まった学校群制度は03年まで続く。この間に入学した卒業生の東大合格者は藤島184人、高志198人。04年の学校群制度廃止以降、ふたたび藤島一人勝ち時代に戻った。

03年に就任した、西川一誠知事は「高校生の学力全国10位以内」をマニフェストに掲げた。主な事業として、センター試験の受験者数に応じて教員を配置。進学実績に応じて補助金を配分。04〜06年度は藤島、高志、武生《たけふ》、若狭に教員が3人ずつ増えた。補助金は高志530万円、武生510万円、藤島470万円、若狭470万円。「高校間格差解消」から一転、競争原理の導入。これほど極端な政策転換は他に例を見ない。

福　井

高校	人
1952年	
武生	2
敦賀	2
大野	1
若狭	1
勝山	1
鯖江	1
1955年	
藤島	4
武生	2
大野	2
敦賀	1
若狭	1
高志	1
丸岡	1
1959年	
藤島	5
高志	3
若狭	2
福井商業	2
敦賀	1
丸岡	1
1964年	
藤島	12
勝山	1
1968年	
藤島	16
勝山	2
大野	1
1974年	
藤島	16
高志	3
勝山	1
大野	1
武生	1
三国	1
1978年	
藤島	14
高志	1
武生	1
1985年	
藤島	10
高志	7
勝山	1
大野	1
若狭	1
1991年	
高志	10
藤島	8
大野	2
若狭	1
武生	1
1994年	
高志	9
藤島	3
大野	1
若狭	1
敦賀	1
1999年	
高志	11
藤島	5
美方	1
◎敦賀気比	1
◎仁愛女子	1
2005年	
藤島	10
高志	6
◎敦賀気比	2
◎北陸	1
2009年	
藤島	10
高志	4
武生	4
大野	1
2013年	
藤島	11
高志	2
武生	2
◎敦賀気比	2
若狭	1
2018年	
藤島	5
武生	3
高志	1
敦賀	1
2022年	
藤島	8
高志	5
武生	2

【山　梨】

「甲府一高つぶし」。68年に総合選抜制が導入されたとき、県立甲府第一高校の関係者でこう反発した人は少なくなかった。実際、学校間格差の解消が目的だったので、同校の進学実績が配分されることを、県教育委員会が望んでいたのは確かである。

総合選抜制では甲府第一と甲府南の2校が組んだ。生徒の意思は尊重されず、どちらかに振り分けられる。その後、総合選抜に加わる学校が増え、81年までに5校となった。97年に1校離脱して4校となる。予想どおり、県内の受験地図は変わった。50〜68年の東大合格者累計で、①甲府第一217人、②日川28人、③韮崎19人。70〜22年になると、①甲府南331人、②駿台甲府163人、③甲府第一104人となる。

甲府南と甲府第一の差が開いたのは、78年に甲府南が理数科を設置したからだ。理数科には学区の縛りがないため、全県から成績上位者が集まり、現在でも県内最難関といわれている。04年に理三合格したA・Dさんは理数科出身だ。「1年の頃から受験を見据えて、友人たちと互いに学力や、やる気を高めあいながら勉強していました」（『天才たちのメッセージ東大理Ⅲ　２００４』）。

山　梨

高校	人
1953年	
甲府第一	13
峡北	3
都留	2
日川	2
1956年	
甲府第一	13
日川	3
吉田	2
身延	2
都留	1
谷村工業	1
1961年	
甲府第一	8
吉田	2
市川	1
北杜	1
1966年	
甲府第一	21
日川	1
都留	1
韮崎	1
1971年	
甲府第一	12
甲府南	4
吉田	3
日川	2
都留	2
韮崎	1
桂	1

高校	人
1976年	
甲府第一	8
甲府南	4
日川	1
1981年	
甲府南	4
甲府第一	2
1987年	
◎駿台甲府	10
甲府南	7
都留	3
甲府昭和	2
1991年	
甲府南	9
◎駿台甲府	6
都留	5
1996年	
甲府南	10
甲陵（組合立）	5
◎駿台甲府	3
吉田	2
2002年	
甲府南	4
甲府第一	4
◎駿台甲府	3
◎山梨学院大学附属	3
甲陵（組合立）	2
都留	2

高校	人
2009年	
◎駿台甲府	7
○甲陵（北杜市立）	4
甲府南	3
甲府第一	2
◎山梨学院大学附属	2
吉田	2
日川	2
甲府西	2
2012年	
甲府南	5
○甲陵（北杜市立）	4
◎駿台甲府	3
吉田	2
2015年	
甲府南	7
吉田	5
◎駿台甲府	2
2017年	
吉田	9
甲府南	4
◎駿台甲府	3
都留	1
2022年	
甲府南	3
○甲陵（北杜市立）	1
◎駿台甲府	1
◎日本航空	1
◎山梨学院大学附属	1

80年に駿台甲府高校が創立。駿台予備学校のノウハウがセールスポイントになり、成績上位者を集めた。創立当時の細田兵仁校長は、同校を作るきっかけについて、総合選抜制度をあげている。「この制度によって大学入試の専門校がなくなり、県全体の進学状況が低迷していた。条件はそろっていた」（「朝日新聞」、85年４月19日）。小学区制や総合選抜制で地元公立高校の進学率低下を憂えて、私立が作られるという典型的なパターンである。

90年代になると、山梨学院大附属の特別進学コースからの東大合格者が増えた。

県内で最初に特別進学コースを作ったのは、長坂町・外《ほか》三町村学校組合立甲陵高校である。85年に設置して全県から生徒を集めた。代々木ゼミナールと提携するなど熱心に指導する。「予備校留学」を企画したが、批判を受けてやめたことがある。06年、同校から文一合格のT・Jさんが話す。「受験対策は基本的に学校の勉強だけで十分でした」（『国家を託される若者たち　東大文I　２００６』）。06年、同校は北杜《ほくと》市立甲陵高校に改称する。

91年、県立吉田高校が英数科を設置。97年、２人の合格者に喜んだ校長は「祝・東大理三文一合格」の垂れ幕を掲げたが、保護者から予備校のようだと批判を受け、謝罪し、垂れ幕を引っ込めた。07年、総合選抜制度が廃止。全県１学区となり、いまや高校を自由に選べる。高校が市場原理にさらされる今、吉田高校の垂れ幕は歓迎されるかもしれない。

【長野】

91年、東大合格者29人（75年90人）。大学の現役合格率、都道府県別45位／大学入試センター試験、都道府県別36～41位（各予備校調べ）。信州大入学者433人、長野県出身者比率21％（82年721人、41・9％）。県の大学入学に関するデータである。

これを受けて、学力低下問題が大きな議論になった。「全般に家庭での学習時間が減少気味で、自己教育力が落ちている」（高校校長会）。「子供や家庭だけでなく、授業が済むとすぐ帰宅する教師のほうにも一因がある」（県ＰＴＡ連合会）。「基礎学力低下は憂慮すべき事態」（県経営者協会）。「一二通学区に移行してから低下の一途をたどっている」（県会議員）。

長野は教育県と自他ともに認めていた時代があった。その根拠の1つが大学進学率。国立大学現役合格率が高く、東大合格者も52～81年の30年間、毎年ほぼ50人を超えていた（67年のみ43人）。18歳人口が長野県より多かった静岡県や埼玉県を凌駕していた。

60年代の長野高校の様子がこう伝えられている。「受験勉強に追われ体の不調を訴える生徒が目立つ。（略）ノイローゼ対策委員会をつくって研究することが決まり、さらに職員が精神科医の講話を聞くことや専門医を加えた月例相談等の構想について議論された」（『長野高校百年史』、99年）。

しかし、80年以降、県からの合格者は20～30人を推移するようになる。極端な人口減、高校生の県外流出が見られないので、大きな理由は学区変更にあるとみていい。

74年に4あった学区が12に分かれたのである。進学実績が高い長野、松本深志《ふかし》、上田などを除く地元校では成績上位の生徒が少なく競争心が芽生えない、などの理由で生徒のモチベーションが下がったといわれた。04年、12学区は4学区に戻った。

2000年代に入ると、前記3校に割り込む私立が現れた。00～22年の累計で佐久長聖61人。長野229人、松本深志153人に次ぐ。05年に中高一貫校となった佐久長聖はウェブサイトでこう誇る。「平成21年度には、5名が東京大学に合格（うち4名が現役）し（略）県下で屈指の大学進学校に成長するとともに、最も現役合格率の高い高校となりました」。

10年、松本秀峰《しゅうほう》中等教育学校が開校し、16年に初めて合格者を出した。22年、研修で東大を訪問した生徒がこう記す。「ホテルでは、本校の卒業生で現在東京大学4年生の2人に、秀峰での生活において心がけてほしいことや大学でのやりがいなどを語ってもらいました。その後、質疑応答になりましたが、予定時間間際まで質問が続く様子に吸収できることはすべて吸収したいという意欲を感じました」（同校ウェブサイト、22年8月1日）。

長　野

高校	人
1951年	
松本深志	15
上田松尾（上田）	7
飯田高松（飯田）	7
野沢北	7
諏訪清陵	4
松本県ヶ丘	4
長野北（県立長野）	3
須坂	3
飯山北	3
1956年	
松本深志	22
長野北	12
上田松尾	8
諏訪清陵	8
伊那北	4
飯田高松	3
飯山北	3
屋代	3
1962年	
松本深志	27
上田	16
長野（県立）	15
諏訪清陵	6
伊那北	3
飯田	3
1968年	
松本深志	31
長野（県立）	17
上田	8
飯田	6
諏訪清陵	4
1973年	
長野（県立）	23
松本深志	15
上田	13
諏訪清陵	7
飯田	5
1979年	
長野（県立）	11
松本深志	10
上田	9
飯田	7
諏訪清陵	5
1985年	
松本深志	8
長野（県立）	5
上田	5
諏訪清陵	5
須坂	4
1991年	
松本深志	9
長野（県立）	6
諏訪清陵	5
飯田	5
上田	4
1998年	
長野（県立）	7
諏訪清陵	4
上田	4
松本深志	3
野沢北	3
2004年	
長野（県立）	9
松本深志	6
野沢北	5
飯田	3
◎佐久長聖	3
2009年	
松本深志	10
長野（県立）	9
◎佐久長聖	5
上田	4
伊那北	4
諏訪清陵	3
屋代	2
2017年	
長野（県立）	13
松本深志	4
上田	2
◎佐久長聖	2
◎長野日本大学	2
飯田	1
諏訪清陵	1
◎松本秀峰中等教育	1
2022年	
長野（県立）	8
諏訪清陵	4
伊那北	1
松本深志	1
◎佐久長聖	1
◎松本秀峰中等教育	1

【岐　阜】

83年、大垣北高校の入学式で、鷲見将美校長が檄を飛ばした。「諸君は、自分の第一希望が達せられたのだから、西濃、否、県下での有数の進学校として本校の伝統をますます強固に受け継ぐべき義務がある。（略）日本のリーダーたれ」（『大垣北高百年史』、95年）。学校群制度が82年で廃止となり、83年入学組に過大な期待を寄せたのである。

74年、岐阜県にも「学校間格差解消」の波が押し寄せた。中学区・総合選抜制度という学校群制度が始まる。県内、地域によって制度は異なるが、たとえば、岐阜市内の場合、2つの学群から生徒が均等に配分される。

岐阜高校は第一群の長良高校、第五群の加納高校と組んだ。だが、第一群は公立高校希望者の最低ライン、第五群は最優秀な生徒が集まる。生徒の学力は2つの層に分かれてしまった。岐阜高校の堀房夫校長は語る。「中ぐらいの成績の者がおらず、上と下だけ固まってゴソッといるという変則的な形にならざるを得なかった」（『週刊読売』、78年7月9日号）。

一方、岐阜と組んだ加納も学校の性格は変わってしまった。古くから美術科と音楽科がある公立高校として知られ、多くの芸術家を輩出していた。ところが、学校群で入学した「岐

岐　阜

高校	人
1952年	
加納	3
大垣南	2
恵那	2
1957年	
岐阜	5
岐阜北	2
長良	2
1963年	
岐阜	8
大垣北	2
1968年	
岐阜	21
大垣北	2
1974年	
岐阜	30
多治見北	4
恵那	3
斐太	2
1979年	
加納	14
岐阜	10
多治見北	2
斐太	2
大垣北	2
岐阜北	2
大垣東	2
大垣南	1
1984年	
加納	14
岐阜	12
大垣北	3
1989年	
岐阜	15
可児	15
大垣北	8
多治見北	3
1994年	
岐阜	30
可児	12
大垣北	8
恵那	3
1999年	
岐阜	13
可児	6
大垣北	6
2006年	
岐阜	24
可児	11
大垣北	7
斐太	3
2009年	
岐阜	17
大垣北	5
関	3
可児	2
2011年	
岐阜	10
大垣北	5
多治見北	5
可児	3
◎鶯谷	2
2014年	
岐阜	17
大垣北	3
可児	2
多治見北	2
2018年	
岐阜	19
岐阜北	2
多治見北	1
関	1
斐太	1
◎聖マリア女学院	1
◎帝京大学可児	1
2020年	
岐阜	14
大垣北	4
多治見北	2
可児	1
多治見西	1
◎麗澤瑞浪	1
2022年	
岐阜	13
可児	3
多治見北	2
大垣北	1
斐太	1

阜高に行って難関大を目指したかった」と悔やむ生徒のために、加納は「岐阜高に追いつけ、追い越せ」と進学指導に力を入れる。補習、試験などハードなスケジュールを組む。79年、東大合格で岐阜を追い抜いたとき、職員室に歓声が上がった。

学校群廃止後に初めての卒業生が出た86年以降、加納から東大へ進む生徒が減ってしまう。岐阜に優秀な生徒が集中したことで、同校の一人勝ち時代に戻ってしまった。

岐阜の前身は旧制一中で、県内最古。学校群以前は、毎年80人近い下宿生がいたほど優秀な生徒が集まった。

可児《かに》高校は89年に県内トップになった。80年設立当初「管理教育」「スパルタ指導」と言われるほど厳しい規則でしばったが、進学指導は熱心だった。06年に文一に合格したO・Tさんが振り返る。「非常に勉強に力を入れる環境でした。（略）部活は5時半までと決められていたほどです」（『国家を託される若者たち　東大文Ｉ　２００６』）。

公立高校が圧倒的に強い中、私立では鶯谷高校が英進Ⅲ類＝「東大・京大などの難関大学や医学部医学科志望者の選抜クラス」を作り、11年から22年までの東大合格者累計は11人となった。帝京大学可児は08年に初めて合格者を出す。学校史で「平成20年　3月　東京大学（理科二類）現役合格」（同校ウェブサイト）と刻まれている。うれしかったようだ。

【静岡】

進学倍増論。61年、県立静岡高校に就任した諏訪拓三校長が提唱した方針である。前年に発足した池田勇人内閣の所得倍増論に倣《なら》ったものだろう。体育祭など年中行事の事実上縮小、補習授業の強化などを行った。校長は次のように話す。「一流大学への合格者倍増が目標です。皆は素質があるのだから、早くから真の勉強をしたら実現すると思います」（同校の新聞「卯高《こうこう》新聞」、61年5月28日）。

57年に現役合格した生徒４人の記録。「四人の卒業成績（通知書）の平均は五点満点の四・五六、校内テスト計六回の平均席次が五・四番、即ち当時の成績で、五と四が半々、校内テスト五番以内が、当時の東大へ『現役』で合格する成績」（『静中静高百年史』、78年）。

進学倍増論の成果は表れたか。倍増計画１期生、64年の東大合格者は前年比増11人で21人。２・１倍なのでクリアーしたことになる。進学倍増論から46年後、09年に県立静岡は学校経営計画書のなかで、東大・京大・医学部25人合格（08年度19人）という目標を掲げている。

49～22年の東大合格者数累計は浜松北８０１人、静岡７６６人、沼津東５２９人、清水東３９８人。静岡県は東から西までの距離が200キロ以上離れているせいか、各地域で同じ県とは思えない高校文化が残る。

96年、沼津東は単位制、2学期制を導入。学年の枠を越えて授業を受けることになるが、対面式や応援練習などで学年間のしきたりが封建的と思えるほど厳しかった。80年の卒業生が語り合う。「Y：一年奴隷、二年平民、三年天皇って言ってたよな。W：学校全体が体育会系だよね。N：沼津の中でもああいう山の上の方でさ、隔離されてたって言う感じがあるじゃないの？ そこで別世界を築いて、その中に満足しちゃってたんだろうね。（略）Y：だから、井の中の蛙にしてしまえっていうふうに考えていたんじゃない、学校側は」（『沼津中學沼津東高百年誌』、01年）。なお、同校の進路指導担当部署は、振学対策委員会と名のる。

73年、浜松北は東大・国立大学1期校合格者数とも県内トップ。後者は2位校と40人以上の差だ。同じころ、生徒が編集する『北高通信』は「校内で金銭や物品の紛失や盗難（略）北高の自由が、かえって頽廃《たいはい》的で享楽的な傾向を招いてしまった」と伝え、トランプの流行などを非難している。

清水東のサッカー部監督は部員の授業態度を厳しく指導した。元日本代表でJリーグ監督の長谷川健太さんが、80年代、授業をさぼった時の思い出。「いや、そのときは殴られましたねぇ。成績が下がっても、殴られました」（『読売ウイークリー』、08年3月28日号）。

静　岡

高校	人
1950年	
沼津東	8
浜松北	6
静岡	4
富士	3
1955年	
静岡	16
沼津東	5
浜松北	3
清水東	3
下田北	2
大仁	2
1962年	
沼津東	18
浜松北	18
静岡	13
富士	5
清水東	4
1968年	
沼津東	14
浜松北	12
静岡	12
清水東	3
1973年	
浜松北	16
静岡	15
沼津東	8
清水東	7
韮山	3
富士	2
1979年	
静岡	10
浜松北	9
清水東	8
豊橋南	6
1986年	
浜松北	16
静岡	12
清水東	12
沼津東	7
韮山	5
一宮西	4
1992年	
清水東	13
静岡	12
浜松北	9
沼津東	5
韮山	5
1998年	
清水東	12
浜松北	12
静岡	7
沼津東	6
磐田南	5
2004年	
静岡	14
浜松北	7
富士	7
韮山	6
磐田南	6
沼津東	4
清水東	3
2009年	
浜松北	8
静岡	6
韮山	5
沼津東	4
清水東	4
富士	3
掛川西	3
◎加藤学園暁秀	3
2013年	
静岡	12
浜松北	8
沼津東	7
浜松西	6
富士	5
◎加藤学園暁秀	4
2018年	
浜松北	12
静岡	11
沼津東	5
清水東	5
磐田南	4
韮山	3
富士	3
2022年	
浜松北	15
静岡	7
沼津東	4
磐田南	3
掛川西	3
韮山	3
浜松西	2
藤枝東	2

【愛　知】

00年から22年までの合格者数累計上位校をみると3校が鎬を削っている（カッコ内は愛知1位になった回数。同人数1位を含む）。①岡崎高校693人（11回）、②東海高校659人（8回）、③旭丘高校598人（6回）。

22年、公立高校からの合格者数は90人だった。これは東京の公立高校に次ぐ二番目の多さだ。過去40年、10年おきにみると82年104人、92年110人、02年116人、12年119人。東京より多かった年もある。なぜ、愛知の公立高校はこれほど合格者を出すのだろうか。

愛知は他の都道府県同様、小学区、大学区、中学区、学校群制度、中学区と高校入試制度がめまぐるしく変わった。にもかかわらず、公立王国となったのは次の理由が考えられる。①進学に力を入れる私立高校が少なかった、②進学実績が高い国立大学の附属高校がなかった、③学校群でも公立離れを起こさなかった、④学校群の生徒振り分けでも高校は独自の受験指導で対応した、⑤地元の公立信奉が強い、など。

小学区制時代（49〜55年の入学生）、東大合格校数は54年26校、55年23校。県内各地域から合格者を出している。合格者数は多くても10人を超えず、突出した高校はなかった。学校間格差が見られない八ヶ岳型である。

大学区制時代（56～72年の入学生）になると、すぐに富士山型となる。県内は尾張（名古屋市含む）、三河の2学区となり、旧制一中が前身の旭丘に各地域から優秀な生徒が集まった。合格者ピークは67年の71人（全国7位）。60～70年代は2位の学校の5～7倍の合格者を出

愛　知①

高　校	人
1951年	
時習館	8
瑞陵	5
旭丘	3
明和	3
半田	3
1959年	
旭丘	12
◎東海	9
明和	8
時習館	8
□名古屋大学附属	3
岡崎	3
1964年	
旭丘	29
◎東海	11
時習館	9
明和	6
1970年	
旭丘	57
◎東海	11
時習館	8
明和	5
岡崎	5
1975年	
旭丘	42
時習館	11
明和	8
◎東海	6
岡崎	6
1980年	
千種	25
旭丘	24
◎東海	19
岡崎	11
岡崎北	7
1985年	
千種	26
◎東海	23
旭丘	16
岡崎	13
岡崎北	12
1990年	
◎東海	29
千種	27
旭丘	24
岡崎	11
◎滝	10
1995年	
岡崎	40
旭丘	26
◎東海	23
◎滝	19
時習館	13
1999年	
岡崎	35
◎東海	29
一宮	24
旭丘	19
時習館	16
◎滝	10
2004年	
岡崎	31
旭丘	29
◎東海	25
一宮	25
時習館	14

し、「一人勝ち」状態が続いた。

学校群制度時代（73〜88年）。76年、県立千種《ちぐさ》から13人の合格者が出る。旭丘11人を追い抜いた。学校群1期生によるもので、開校以来初の合格。鈴木元一校長の弁。「ウチは旭丘とちごうて、新設校だでね、とても、名門校なんていえませんわ。有名大学に多勢入るようになったのも学校群のおかげで、ま、偶然ですわね」（『週刊読売』、78年12月3日号）。

名古屋市内の学校群制度は、複数の学群から生徒が均等に配分される仕組みである。第1学群（旭丘と千種）、第2学群（千種と市立菊里）。第3学群（旭丘と市立北）。このなかで、第1、第2学群に成績優秀な生徒が集まったおかげで、千種は「いいとこ取り」してしまう。旭丘がもう1つ所属する第3学群には優秀な生徒がそれほど集まらなかった。

豊橋市内の時習館《じしゅうかん》高校の前身は豊橋中（愛知四、時習館）、起源は1752年創設の吉田藩校時習館までさかのぼる。学校群で新設の豊橋南と組んだ。時習館は優秀な生徒が入らなくなることへの不満を隠さなかった。「いささか不公平の譏《そし》りをまぬがれず、受験生またはその父兄らに対してははなはだしく不安感を抱かせた。（略）格差解消の手段として県当局が山を削って今回のごとき谷を埋める体《てい》の容易な方法を執るならば、それは教育の向上を阻むこととなり、ひいては教育の破壊につながる」（『時習館史』、79年）。

学校群制度によって、旧制中学時代のナンバースクールで進学実績が高い旭丘（一中）、岡崎（二中）、時習館（四中）、瑞陵《ずいりょう》（五中）、一宮（六中）、半田（七中）、刈谷（八中）、明和（明倫中）などに進めなかった生徒は、私立の東海、滝、南山へ。これら3校の合格者は増えた。しかし、公立の受け皿となる私立が少なく、公立の地盤沈下は避けられた。

愛　知②

高校	人
2009年	
岡崎	42
一宮	25
◎東海	24
刈谷	20
旭丘	19
◎滝	13
時習館	10
明和	5
○菊里（名古屋市立）	4
半田	3
豊田西	3
◎南山	2
五条	2
知立東	2
2012年	
旭丘	32
岡崎	27
◎東海	26
一宮	16
刈谷	16
時習館	14
◎海陽中等教育	13
◎滝	6
◎南山	5
2015年	
◎東海	27
岡崎	21
旭丘	18
一宮	10
時習館	10
刈谷	8
◎滝	8
◎南山	5
2017年	
旭丘	37
◎東海	30
岡崎	20
刈谷	7
明和	7
2019年	
◎東海	37
岡崎	27
旭丘	26
一宮	11
明和	10
◎海陽中等教育	9
◎滝	8
時習館	7
◎南山	4
◎名古屋	3
刈谷	2
□名古屋大学附属	2
2022年	
旭丘	31
◎東海	26
岡崎	20
一宮	13
明和	12
時習館	6
◎南山	6
◎海陽中等教育	5
◎滝	5
刈谷	3
□名古屋大学附属	3
瑞陵	1
千種	1
西春	1
半田	1
○向陽（名古屋市立）	1
◎ルネサンス豊田	1

【三　重】

56年、県立宇治山田高校の入学者は女子だけだった。同校は女子校ではない。同じ学区に開校したばかりの県立伊勢高校に男子が集まったからである。「女子教育に必要な施設は設けない」という条件付きで、伊勢市教育委員会が同校設置を認めたことによる。

その後、施設は改善され、両校の共学化は進むが、伊勢は男子、宇治山田は女子の比率が高かった。これが東大合格に影響を及ぼした。伊勢が開校するまで、宇治山田から合格者は毎年1〜5人出ていた。ところが、伊勢が卒業生を出した60年代前半から、宇治山田からの合格者が途絶えてしまう。優秀な女子生徒は東大より三重大や名古屋大など地元志向が強かったからだ。一方、伊勢からは東大合格者がコンスタントに出るようになった。

両校の関係が崩れたのが、74年に導入された学校群制度である。宇治山田、伊勢がペアを組み、2つの均質集団が作られたことで、両校に進学実績の差は見られなくなった。

77年、新設の県立津西高校の第1期生が合格。「快挙」なのに、地元の学校関係者は驚かなかった。学校群制度で、同校は津高校と組んでいたからである。

津は旧制一中からの伝統校で、県内の東大合格者数を四日市高校と競っていた。これまで

三　重

高校	人
1951年	
四日市	3
松阪	2
宇治山田	1
津	1
上野	1
明野	1
1957年	
宇治山田	5
四日市	3
津	3
桑名	3
1963年	
伊勢	7
津	5
四日市	3
松阪	3
上野	1
1966年	
津	9
四日市	3
伊勢	2
尾鷲	1
◎三重	1
1971年	
四日市	7
津	6
伊勢	5
松阪	1
上野	1
1976年	
四日市	20
津	6
伊勢	6
◎高田	2
松阪	1
1982年	
津西	5
津	5
四日市	4
◎高田	4
桑名	3
1988年	
◎高田	12
四日市	4
津	3
津西	2
◎三重	2
1994年	
◎高田	12
四日市	4
津	3
◎三重	3
津西	2
桑名	2
2000年	
◎高田	11
津	4
◎三重	2
桑名	2
2006年	
◎高田	17
四日市	7
津	4
2009年	
四日市	12
◎高田	5
津	5
◎暁	2
2015年	
◎高田	10
四日市	11
津	3
伊勢	2
2018年	
四日市	11
◎高田	8
津	5
伊勢	5
◎暁	3
2022年	
四日市	14
◎高田	8
◎三重	2
伊勢	1
松阪	1
◎桜丘	1
◎鈴鹿	1

津に入学していた成績上位層が津西に進み、東大合格。学校間格差解消をめざした県教育委員会は安堵した。82年津と津西は同数、84年は津西が上回る。「格差」はなくなった。学校群を組んだ四日市と四日市南にも同じ現象が見られた。77年四日市は前年比16人減の４人で四日市南は初めての合格者２人を出す。83年四日市南が四日市を上回った。

一方、私立では高田高校が70年以降、東大合格者で県内トップを続けた。80年代以降、既存の私立校で中高一貫コースを作った暁高校、三重高校も合格者を増やした。鈴鹿高校は特進コース、桜丘高校は国立進学コースから合格者を出している。

95年、学校群制度が廃止された。廃止後の１期生が受験する98年以降、津、四日市が合格者を増やす。伝統校回帰が起きた。

08年、四日市から文一合格のM・Sさんが記す。「国語は最高でした。面白い上に、受験で問われる要点を押さえていて、まさに実践的。あらゆる科目、あらゆる分野で応用力のつくような授業が展開された」（『国家を託される若者たち　東大文Ｉ　２００８』）。

80年代までは津が四日市を上回っていたが、90年代以降は逆転する。河合塾の近藤治さんはこう分析する。「四日市が名古屋への通勤圏で、教育熱心な家庭が多いということも大きい」（『サンデー毎日』、08年４月20日号）。

【滋　賀】

２０２０年代、彦根東高校は東大・京大ツアーを2年生対象に実施している。その中身は「東大を初めとする首都圏の大学見学ツアーを一泊二日の日程で行っている。一日は東大見学や授業体験で、もう一日は他大学見学や東京見学に費やしている。ＰＴＡからの補助により比較的低予算で運営」（同校ウェブサイト）となっている。

97年、膳所は理数科を設置した。同校の学校史に設置までの経緯が記されている。「（教育）委員会から『理数科を設置することを膳所に前向きに検討してほしい』との意向が示され（略）意向を受託、二クラス設置の要望をまとめた。（略）同時に県内から京都の六年制私学への生徒の流出をくいとめたいという思いもあったというのが実際のところだろう」（『百年史』、98年）。

彦根東がある彦根市、膳所がある大津市からは、京都の洛南、洛星に十分に通える。84年、滋賀県の高校からは1人もいなかった。東大・京大ダブル受験が可能だった88年は膳所＋彦根東で16人、洛南＋洛星で100人。100人のなかに滋賀出身者が少なからず見られる。県や高校にすれば、「頭脳流出」を防ぎたい。

県内で3番目に東大合格者累計数の多い虎姫《とらひめ》高校は、学校経営方針に「進学校としての一流をめざす」というスローガンを掲げる。具体的目標として家庭学習時間1日4時間以上（1、2年は3時間以上）、1、2年の全国模試における英数国総合偏差値60以上をあげている。

虎姫はもともと受験指導を熱心に行っていた。50〜60年代、夏休みで勉強合宿を行っている。場所は同校の教室だ。日課は5時半起床。8時まで体操と自習。8時半から講習。昼食後は睡眠。3時より体育など、7〜12時自習。男子のみで、女子が食事の準備をする。「各自が机上に参考書と電気スタンドを置いての自学自習。（略）食事の点で、町の仕出し屋に依頼ばかりはせず、家庭科の応援と指導を得て、女子生徒の勤労と、調理専門の有資格者の招聘《しょうへい》も出来た」（『虎高五十年史』、70年）。勉強合宿の参加者は男子に限られる、「女子生徒の勤労」で受験勉強をサポートするなど、今ではありえない。当時、こうした性別役割分担に疑問は抱かれなかったようだ。

私立勢はそれほど強くない。88年開学の光泉カトリック高校はSコース＝京大・阪大・神戸大および国公立大学の医学部（医学科）への進学を目指すコースから14年に合格者を出した。同校は20年に光泉高校から改称している。立命館守山はフロンティア・コース、フロンティア・サイエンスコースから17、19、22年に合格者を出している。同校は守山市立守山女子高校であり、06年に市から移管されて開学した。

滋賀

高校	人
1955年	
彦根東	3
長浜北	1
虎姫	1
膳所	1
1957年	
彦根東	3
長浜北	1
草津	1
◎近江兄弟社	1
1960年	
彦根東	1
長浜北	1
膳所	1
1965年	
彦根東	2
虎姫	2
膳所	1
1970年	
彦根東	3
膳所	3
高島	1
1971年	
膳所	5
虎姫	2
彦根東	1
長浜北	1
1974年	
彦根東	5
膳所	4
1978年	
彦根東	4
膳所	1
虎姫	1
1979年	
彦根東	3
膳所	3
虎姫	2
1982年	
膳所	3
彦根東	2
虎姫	1
1986年	
膳所	6
彦根東	4
1989年	
膳所	5
彦根東	2
虎姫	1
長浜北	1
1992年	
膳所	3
彦根東	3
1995年	
膳所	3
彦根東	1
安曇川	1
1999年	
膳所	6
虎姫	2
2004年	
膳所	2
安曇川	1
2009年	
膳所	7
彦根東	4
虎姫	1
2012年	
膳所	8
彦根東	1
守山	1
2020年	
守山	2
膳所	1
彦根東	1
◎幸福の科学学園関西	1
2022年	
膳所	2
彦根東	2
◎立命館守山	1

【京　都】

70年代まで洛星の一人勝ち。80～90年代まで洛南と洛星が競り合い、90年代半ばから今日まで洛南がトップの座を譲っていない。戦後60年間、京都府内でこの２校による東大合格占率が72・４％（50～22年。２２３５人／３０８６人）である。

公立高校の東大合格実績が低調なのは、小学区制によるものである。居住する地域の高校にしか通学できないという、この制度の思想は、49年に府議会で議決された「新制高等学校整備について」に見ることができる。

「税金によって維持されている諸学校に特殊な生徒たちのみ入学を許し、かつ、無意味な伝統、虚栄による学校差などの封建的慣習を排除するために、全公立学校に学校通学区を定め、その地区の全生徒に対して希望による教育ができるよう措置することが望ましく、これによって、真の教育の機会均等が得られる」

「特殊な生徒」とは、学業成績優秀な生徒を意味する。「入学を許した」学校とは、旧制第三高等学校（三高、京大教養部の前身）に大量の合格者を出した府立京都第一中学校であり、同校を引き継いだ洛北、第一高等女学校を前身とする鴨沂高校を指す。

60年代後半になって、公立は進学実績を落としていく。高校進学率が高まり、同じ学区内でさまざまな学力を持った生徒を一律に受け入れた「機会平等」が、東大・京大合格者数で低いレベルの横並びとなる「結果平等」をもたらした。

ノンフィクション作家の故・児玉隆也氏が京都の府立高校についてのルポでこう喝破する。

京　都①

高校	人
1951年	
山城	3
福知山	2
東舞鶴	2
宮津	2
1954年	
◎同志社	5
洛北	4
鴨沂	3
福知山	2
朱雀	2
1958年	
鴨沂	4
綾部	3
◎同志社	2
桃山	2
○紫野(京都市立)	2
1963年	
◎洛星	5
◎同志社	2
東舞鶴	2
1966年	
◎洛星	9
西舞鶴	3
東舞鶴	3
◎同志社	2
洛北	2
○堀川(京都市立)	2
嵯峨野	2
1971年	
◎洛星	11
東舞鶴	3
綾部	3
◎同志社	2
1975年	
◎洛星	14
福知山	2
□京都教育大学附属	2
○塔南(京都市立)	2
1981年	
◎洛星	29
□京都教育大学附属	3
◎同志社	2
鴨沂	2
○紫野(京都市立)	2
◎洛南	2
1987年	
◎洛星	56
◎洛南	34
□京都教育大学附属	5
◎同志社	4
西舞鶴	4
1990年	
◎洛星	39
◎洛南	14
□京都教育大学附属	2
福知山	2
◎京都共栄学園	2
1994年	
◎洛南	53
◎洛星	30
西舞鶴	2
1997年	
◎洛南	68
◎洛星	24
◎同志社	2

「一流校二流校がなくなったかわりに、教師には『原書を読もうとする生徒と、dとbの区別のつかない生徒の両方』を教えなければならないしんどさをもたらした。（略）〝差別と選別を排する教育〟というたてまえに従えば、底あげに重点がかかる。底あげをしている間に、一方の伸びるべき能力を発芽させぬままにくさらせてしまう。それは逆に、〝できる子〟にとっては〝差別〟を与えられているのではないか」（『現代を歩く』新潮社、76年）。

公立高校の学区制によって、もっとも恩恵を受けたのが洛南であろう。65年に特進コースを設置。夏季の高野山合宿など猛烈な受験シフトをとった。69年に京大、77年に東大に初めて合格者を出す。90年代に入ると、京都の成績優秀な生徒を集めていた洛星を追い抜く。ピークは97年の東大68人、京大114人。

00年以降、京都市立堀川高校が難関大学合格実績で復活を果たした。府全域から募集できる「探求科」を設置して成績上位生徒が集まったことが大きい。04年、文一合格の山添拓《やまぞえたく》さん（現・日本共産党所属の参議院議員）が話す。「難関大学を目指す友人も多くいましたが、ほとんどが公立の小・中学校出身で、バリバリの進学校という雰囲気ではなく、三年間楽しんで過ごせました」（『私の東大合格作戦〈PART1（04年版）〉』）。

03年、洛北は附属中学校を設立し中高一貫コースを作った。これによって京大合格者は19

年11人、20年22人、21年22人、22年12人だった。東大合格者は17年3人、18年4人、20年3人、22年2人となっている。16年には京都市立西京が附属中学校を設立し中高一貫コースを作り、難関大学への進学実績を高めた。京大は21年28人、22年39人、東大には21年1人、22年2人の合格者を出している。

京　都②

高校	人
2001年	
◎洛南	45
◎洛星	10
◎同志社	3
□京都教育大学附属	2
2004年	
◎洛南	36
◎洛星	3
□京都教育大学附属	2
◎京都共栄学園	2
○堀川（京都市立）	2
2009年	
◎洛南	29
◎洛星	9
○堀川（京都市立）	7
◎京都共栄学園	3
□京都教育大学附属	2
◎京都成章	1
◎京都女子	1
○西京（京都市立）	1
南陽	1
2013年	
◎洛南	17
◎洛星	12
○堀川（京都市立）	4
○西京（京都市立）	2
◎福知山成美	2
嵯峨野	1
南陽	1
峰山	1
洛北	1
◎東山	1

高校	人
2015年	
◎洛南	21
◎洛星	11
○堀川（京都市立）	8
◎京都共栄学園	3
2017年	
◎洛南	21
○堀川（京都市立）	14
◎洛星	10
嵯峨野	3
洛北	3
○西京（京都市立）	2
□京都教育大学附属	1
2020年	
◎洛南	16
○西京（京都市立）	5
◎洛星	4
洛北	3
○堀川（京都市立）	3
□京都教育大学附属	2
園部	1
桃山	1
◎京都共栄学園	1
◎京都光華	1
◎京都女子	1
◎京都橘	1
◎東山	1
2022年	
◎洛南	10
◎洛星	8
○堀川（京都市立）	6
洛北	2
○西京（京都市立）	2
嵯峨野	1
桃山	1
◎京都先端科学大学附属	1

【大　阪】

08年１月、大阪府知事に橋下徹氏が就任する。「教育日本一」を政策に掲げた。同年３月、橋下知事の母校、府立北野高校からの合格者はゼロ。新制高校になってから初めてである。08年８月、橋下知事は全国学力テストで大阪府が２年連続下位だった点について、「このザマはなんだ。教育委員会には最悪だといいたい。民間なら減給はあたりまえだ」と発言。

09年６月、橋下知事のエリート教育構想を受けて、府教育委員会は府立の10高校を「進学指導特色校」に指定。東大、京大、阪大、神戸大、早慶の合格者を、09年現在の10校約１０００人から１６００人に引き上げる目標を立てた。10校とは北野、茨木、大手前、天王寺、四《し》条畷《じょうなわて》、高津、生野、三国丘、岸和田、豊中である。

11年、これら10校に文理学科を設置した。「理数数学Ⅰ」「理数物理」「総合英語」など、専門教科・科目を学ぶことで、普通科よりも高度なレベルを修得する。16年から北野、天王寺は文理学科を拡充させるため、普通科を廃止した。18年、他の８校も文理学科のみの募集となる。効果はすぐに示された。18年、北野が34年ぶりに京大合格者高校ランキングでトップとなる。20年には92年以来28年ぶりに東大合格者数を２ケタに乗せた。ここに至るまで、

大　阪①

高校	人
1951年	
北野	8
高津	4
豊中	3
夕陽丘	3
◎明星	3
1955年	
北野	9
天王寺	7
高津	6
豊中	3
三国丘	3
今宮	3
1960年	
大手前	14
北野	9
天王寺	6
豊中	6
1964年	
北野	14
大手前	12
天王寺	8
豊中	7
1968年	
北野	24
大手前	17
天王寺	13
□大阪教育大学附属天王寺	10
三国丘	6
高津	6
1973年	
三国丘	10
北野	9
大手前	9
天王寺	8
1977年	
天王寺	14
□大阪教育大学附属天王寺	11
三国丘	10
北野	9
1982年	
◎大阪星光学院	14
□大阪教育大学附属天王寺	9
北野	6
天王寺	5
□大阪教育大学附属池田	5
1986年	
北野	14
□大阪教育大学附属天王寺	12
□大阪教育大学附属池田	10
三国丘	10
◎大阪星光学院	9
四条畷	5
高津	4
天王寺	4
1990年	
◎大阪星光学院	16
北野	11
◎高槻	11
□大阪教育大学附属天王寺	9
□大阪教育大学附属池田	8
□大阪教育大学附属平野	7
◎清風南海	7
1994年	
◎大阪星光学院	33
◎清風南海	8
北野	6
□大阪教育大学附属天王寺	6
◎四天王寺	6
□大阪教育大学附属池田	5
1999年	
◎大阪星光学院	15
◎清風南海	9
□大阪教育大学附属池田	6
◎四天王寺	5
大手前	4
天王寺	3
□大阪教育大学附属天王寺	3

大阪の公立高校は学区制変更など紆余曲折を経ている。

大阪府では、80年代前半まで地元の成績上位者のほとんどが府立高校に集まった。地元から強い反対にあって小学区制、総合選抜制度を入れなかったことが大きい。

73年、学区が改編されたことで「御三家」の中で変動が起こった。北野は東大・京大合格者を増やし、大手前は減らしたのである。北野の第1学区は広大な新興住宅を抱え、人口が多く優秀な生徒がたくさん集まる。大手前の第3学区はビジネス街の中心で人口が少なく、優秀な生徒が集まらないからとされた。同校の学校史では第3学区時代を「生徒の構造にも他学区にない独特の現象」（『大手前百年史』、87年）と独特な表現で記されている。

05年、府内の高校からの東大合格者は45人。87年が194人だったので4分の1以下である。兵庫、京都、奈良、和歌山の私立中高一貫校に流れたからという理由で説明がつく。

07年、9学区制が4学区制に再編された。すると、府立天王寺高校は「進学実績公立高校日本一の実現」と宣言する。東大・京大合格者合計50人を目標に掲げた（06年39人）。5年後には愛知県立岡崎高校（06年53人）を越えたいという目標をたてるが、09年にクリアした。

「めざせ！　東大・京大」。大阪桐蔭高校のスローガンである。同校の09年の年間スケジュールは、年間授業日数が263日（天王寺は190日）。夏休みは8月7～21日の2週間だけだ。3年生は長期休み中に受験対策講座を行い休みはほとんどない。元・校長の森本信一さんはこう話している。「東京大学、京都大学に50人ぐらい現役で合格させられると思います。実際に、そうした実力を学校として持っていないと『大阪桐蔭の将来はない』と言っても言い過ぎではないでしょう」（『大阪桐蔭高等学校創立20周年記念誌』、03年）。

大　阪②

高校	人
2004年	
◎大阪星光学院	16
◎清風	8
□大阪教育大学附属池田	5
北野	5
2009年	
◎大阪星光学院	12
□大阪教育大学附属池田	9
大手前	7
◎清風南海	5
◎四天王寺	5
天王寺	4
北野	3
◎金蘭千里	3
2014年	
◎大阪星光学院	21
北野	8
◎清風南海	5
大手前	4
天王寺	3
三国丘	3
◎大阪桐蔭	3
◎明星	3
□大阪教育大学附属天王寺	2
◎金蘭千里	2
◎清風	2

高校	人
2019年	
◎大阪星光学院	20
天王寺	6
◎高槻	5
◎四天王寺	4
北野	3
□大阪教育大学附属池田	3
◎清風	3
◎初芝富田林	3
高津	2
◎清風南海	2
生野	1
千里	1
2022年	
◎大阪星光学院	16
北野	14
◎清風南海	5
◎高槻	3
◎明星	3
茨木	2
天王寺	2
□大阪教育大学附属天王寺	2
◎清風	2
大手前	1
住吉	1
三国丘	1
□大阪教育大学附属池田	1
◎開明	1
◎四天王寺	1
◎帝塚山学院泉ヶ丘	1
◎桃山学院	1

【兵　庫】

52年、灘高校から10人合格。このうち、６人が旧制神戸一中の出身である。彼らは本来、神戸一中から新制の県立神戸高校へ進む予定だった。

ところが、49年、県は高校入試を小学区制に変えたため、神戸高校へは学区外の居住者は入学できなくなった。東大合格の６人は学区外に住んでいたため、おのおの学区にある県立高校に進まざるを得なくなった。しかし彼らはそれを嫌がって、灘に入学したのである。

このときの様子を神戸高校関係者が証言する。「神戸高校々区に縁故を持たぬものは一斉に灘高校に参集したのです。これには別の理由、即ちできるだけ近くに、しかもなるだけ一ケ所に集って、時来たらば、一中入学生全員再会して新しい学園を創り易くしようという話があったからです。その後一方では、一中の良き伝統の上に新しき神戸高校を築くために、他方は現在の灘高校を創りだしたのです」(神戸高校『同窓会誌』、９号)。

「一斉に灘高校に参集した」生徒は、46年旧制神戸一中入学組である。県下全域から集まった秀才がごろごろしていた。これについて、灘高校の教師はこう認めている。「うちの恩人は学区制ですよ」(『教育の森①』毎日新聞社、65年)。また、52年の灘卒業生も同校の学校史で次のように話す。「学区制になって神戸一中から、できるやつがようけ来て刺戟になり何か勉強せないかんという雰囲気になりましたね」(『五十周年記念誌』、77年)。

52年の灘の東大合格10人は、小学区制で行きたい高校に進めない成績上位者にとって魅力だった。60年代には関西、中四国から、70年代に入ると全国から優秀な生徒が集まった。

兵　庫①

高校	人
1951年	
神戸	6
兵庫	6
◎灘	4
1956年	
◎灘	15
姫路西	6
◎甲南	5
神戸	3
兵庫	3
1960年	
◎灘	38
神戸	11
◎甲陽学院	5
姫路西	4
兵庫	4
加古川東	4
明石	3
1965年	
◎灘	66
神戸	12
◎甲陽学院	11
◎淳心学院	7
◎六甲	6
1968年	
◎灘	132
◎甲陽学院	21
加古川東	15
姫路西	13
◎淳心学院	10
神戸	6
1974年	
◎灘	120
◎甲陽学院	30
◎淳心学院	15
姫路西	12
加古川東	9
神戸	6
◎六甲	6
1986年	
◎灘	122
◎甲陽学院	32
◎淳心学院	8
◎白陵	8
姫路西	8
長田	5
◎六甲	4
1992年	
◎灘	105
◎甲陽学院	30
◎白陵	22
◎淳心学院	12
姫路西	10
◎六甲	10
長田	5
1998年	
◎灘	92
◎白陵	29
◎甲陽学院	22
姫路西	13
◎六甲	5
◎神戸女学院高等部	4

神戸女学院高等部は2000年以降、未集計

千葉県知事の熊谷俊人《としひと》氏は、白陵出身。千葉市長時代、ウェブサイトで高校時代をこう語っている。「地元では有名な中高一貫の超スパルタ進学校で徹底した躾《しつけ》教育を受ける。当時は地獄でしたが、今思うと忍耐力と規律を守るという観点で感謝」。

一方、公立高校はどうなったか。小学区制がしばらく続いた後、地域によって中学区単独選抜制（神戸、姫路など）、総合選抜制（西宮、明石など）に分かれた。しかし、一部で越境入学が認められていたので、東大合格者数が極端に減少するようなことはなかった。

60年代、姫路西高校は進路指導部を設置。全教員が偏差値計算ができるような機器を購入する。また、コンピューターを導入して生徒の成績推移表をパンチカード化し、成績別、クラス別、志望大学別の並べかえで効率化をはかった。こうした「情報戦」と受験指導が67年16人、68年13人の東大合格につながっていく。しばらく、周辺に大手予備校や塾がなく受験勉強は授業重視型で、神戸高校よりも現役志向が強い。

95年、阪神・淡路大震災が起きたとき、被害が大きかった長田区にある県立長田高校は例年より進学実績が高く、東大５人、京大26人、阪大34人、神戸大72人が合格した。同校から現役で理三合格した女子生徒が、『サンデー毎日』東大合格者号の表紙を飾った。

09年、神戸大学附属中等教育学校が開校した。国立大学附属の中等教育学校としては４校目（東京学芸大、東京大、奈良女子の附属3校）で、16年に初めて合格者を出した。21年東大合格の生徒が文化祭についてこう話す。「運営・企画では生徒に大きな自由が与えられているため、自分達で運営を円滑化するためのプランを考案し、実行することが出来ました。組織をマネジメントした経験は、将来の仕事にも活きると思います」（同校ウェブサイト）。

兵　庫②

高校	人
2004年	
◎灘	89
◎白陵	32
◎甲陽学院	22
小野	11
2009年	
◎灘	102
◎甲陽学院	20
◎白陵	19
長田	9
◎六甲	7
2011年	
◎灘	99
◎甲陽学院	25
◎白陵	24
姫路西	6
◎六甲	5
2013年	
◎灘	105
◎白陵	18
◎甲陽学院	11
◎六甲	6
長田	5
神戸	4
小野	3
姫路西	2
明石北	2
龍野	2
北摂三田	2
兵庫県立大学附属	2
○西宮（西宮市立）	2
◎淳心学院	2
◎報徳学園	2

高校	人
2018年	
◎灘	91
◎甲陽学院	27
◎白陵	18
◎六甲	8
姫路西	7
神戸	6
長田	4
加古川東	4
□神戸大学附属中等教育	2
◎須磨学園	2
2022年	
◎灘	92
◎白陵	20
◎甲陽学院	16
神戸	9
□神戸大学附属中等教育	5
長田	4
姫路西	4
加古川東	3
○西宮（西宮市立）	2
◎須磨学園	2
小野	1
尼崎稲園	1
豊岡	1
兵庫県立大学附属	1
◎六甲	1
◎神戸海星女子学院	1
◎雲雀丘学園	1
◎三田学園	1

【奈　良】

22年、西大和学園高校の合格者79人について、メディアは、「京大より東大を狙っている」と伝えた。同校は86年開校以降、京大合格者が増え10年83人、15年81人を数えトップになった。その後、東大合格者が増えた。校長の飯田光政《みつまさ》氏はこう説明した。生徒から東大コース設置の要望が出た。それまでは授業、補習や課題も京大や医学部志望者向けだったので、転換したという。「高２の３学期から東大志望の生徒67名を１クラスにして、専用の教室をつくりました。普通なら高２の冬休み明けから検討を始め、高３からクラス替えや、時間割変更をするという改革を、冬休みのわずか２週間で行ったのです。このシフトチェンジのスピード感は、本校だからこそです。生徒たちも、自分たちの要望がすぐに形になったので、『ここまでしてくれるんだ』と大喜びでした。『その代わり、ほんまに勉強します！』と交した生徒たちとの約束もあり、その学年の生徒たちは、それまでで最多の東大合格実績を挙げたのです。それを機に、本校の進学実績は一気にアップしました。そこからは教員たちの意識も、単に京大から東大にシフトするというより、生徒たちの『天井を外す』ことこそが大事だという意識に変わりました」（「さぴあ」22年9月号、ＳＡＰＩＸ）。

奈良

高校	人
1952年	
奈良	4
五條	1
大宇陀	1
1957年	
□奈良女子大学附属	3
高田	1
畝傍	1
1962年	
□奈良女子大学附属	2
畝傍	1
奈良	1
◎正強（奈良大学附属）	1
1967年	
□奈良女子大学附属	7
◎東大寺学園	3
奈良	1
1973年	
□奈良女子大学附属	6
◎東大寺学園	3
奈良	2
◎智辯学園	1
1977年	
◎東大寺学園	10
□奈良女子大学附属	4
畝傍	4
奈良	1
◎智辯学園	1
1981年	
◎東大寺学園	11
畝傍	2
□奈良女子大学附属	1
奈良	1
1986年	
◎東大寺学園	21
◎奈良学園	2
畝傍	1
□奈良女子大学附属	1
奈良	1
1991年	
◎東大寺学園	55
◎奈良学園	8
奈良	6
畝傍	2
◎智辯学園	1
◎西大和学園	1
1995年	
◎東大寺学園	31
◎奈良学園	5
◎西大和学園	5
奈良	2
畝傍	2
□奈良女子大学附属	1
1999年	
◎東大寺学園	29
◎西大和学園	13
◎奈良学園	7
◎帝塚山	1
2004年	
◎東大寺学園	32
◎西大和学園	15
◎帝塚山	3
◎奈良学園	2
畝傍	1
高田	1
2009年	
◎東大寺学園	44
◎西大和学園	17
◎帝塚山	6
◎智辯学園	5
◎奈良学園	2
奈良	2
畝傍	1
2016年	
◎東大寺学園	37
◎西大和学園	33
◎奈良学園	2
奈良	1
□奈良女子大学附属	1
◎智辯学園	1
◎智辯学園奈良カレッジ	1
◎帝塚山	1
2022年	
◎西大和学園	79
◎東大寺学園	25
奈良	4
◎帝塚山	1
◎奈良学園	1

２０００年代、合格者数では西大和学園と東大寺学園が拮抗する。00年から22年までの累計は東大寺学園716人、西大和学園694人。１位回数は東大寺学園16、西大和学園7だった。

生徒は京大よりも高い「天井」を取り払って東大を狙ったというわけだ。

奈良県と大阪府の東大合格者（22年）、18歳人口（21年）、18歳人口からの合格比率を見ると、①奈良県＝110人、１万２８２３人、０・85％。②大阪府＝57人、７万９５４９人、０・07％。人口は大阪府のほうが6倍以上多いのに、東大合格者は奈良県よりも少ない。この疑問を解くためには、奈良県内の高校の東大合格者の多くが大阪府在住と推測するしかない。

関西の鉄道網の整備によって京都府、大阪府、兵庫県、奈良県の巨大通学圏ができあがり、東大寺学園、西大和学園、奈良学園、智辯学園などは奈良県だけの学校ではなくなった。

21年、奈良女子大附属中等教育学校から東大に推薦入学した生徒が語っている。「私にとって東大に通うことなど夢物語でした。一般受験では可能性はなかったかもしれません。しかし、何かをしたいという漠然とした気持ちが芽生え始めた3年生の頃、スキー合宿の委員長に立候補してみようかと、ふと思ったことから私の中の興味が『適当』な具体性を持って立ち上がり、それを端として次々と繋がる奈良女での経験、そして何よりも、すべての経験を楽しんでいた事が東大推薦合格へと結びついたのだと思います」（同校ウェブサイト）。

【和歌山】

桐蔭という校名からは、桐蔭学園（神奈川）と大阪桐蔭が思いうかぶが、この両校よりもはるかに歴史と伝統があるのが、1879年設立の県立桐蔭高校だ。前身の旧制和歌山中学時代は中等野球大会で2年連続の全国制覇。戦後も2回、決勝まで進んだ。東大合格者数も80年代前半までは県内トップ。学制改革で新制和歌山高校となるはずだった。しかし、県内を指揮していた米軍政府の担当官は、戦前の教育観を徹底的に払拭するねらいとして、校名存続を許さなかった（この処置は和歌山市内の高校のみ）。

桐蔭という校名を考えたのは、県学事課長から同校校長に就任する松野三郎氏である。地元では俳人として知られており、校名を剥奪《はくだつ》された学校長に俳句のことばを思わせるような名称を提示した。「向陽」（旧制海草中学）、「光風」（現、和歌山工業）、「星林」という名称が選ばれていくなか、最後に残ったのが「桐蔭」。その意味は「桐の木はスクスク伸びる習性がある。そのように伸びて欲しい願望とその蔭で楽しく明るく学ぶ、学《まな》び舎《や》と言う意味を持っています」（『和中開校百年桐蔭三十周年記念誌』、78年）。

78年、智辯学園和歌山は「高校生急増対策校」として、開校。仮谷《かりや》志良《しろう》知事から「新風を吹き込んでほしい」と誘致を受けたのである。当時、同校の藤田照清《てるきよ》理事長はこう明言していた。「中学の成績がオール4もしくは5の生徒が欲しいとまでは言わないが、せめて『将来いい学校になる最低条件』であるオール3の生徒は欲しい」(『現代日本の名門校』二見喜章、主婦の友社、98年)。84年に初めて合格者を出す。いまではオール5でないと入学がむずかしい。同理事長は振り返る。「当初は、県民に『進学校は公立』というイメージが強く、開校20年ほどは進学の目標を決めてやってきた。実績を重ねるにつれ、親が安心して入れてくれるようになった」(「読売新聞」、06年6月26日)。

80年代前半まで公立の桐蔭、橋本、粉河《こかわ》、星林、新宮、耐久、日高、向陽など各地域から東大に進学していた。智辯学園和歌山の進学実績が高まると、県内の成績上位者は同校に集中。70年の東大合格者の公立出身は20人、22年は2人という数字がそれを裏付けている。

83年開校の近畿大学附属和歌山中学・高校は難関大学進学指導に力を入れ、90~22年の東大合格者累計39人。桐蔭30人を越えてしまった。

06年、桐蔭は中高一貫校を設置。桐蔭中学が生まれた。そのまま高校へ進むが、他中学からの生徒とは別のクラス編成で卒業まで進む。高校2年から理数探究コースと人文探究コースに分かれる。私立中高一貫校を意識したカリキュラムである。

和歌山

高校	人
1954年	
桐蔭	3
耐久	2
星林	2
橋本	1
粉河	1
新宮	1
田辺	1
1958年	
桐蔭	4
耐久	1
日高	1
向陽	1
海南	1
那賀	1
古座	1
1962年	
桐蔭	2
耐久	1
日高	1
海南	1
新宮	1
串本	1
大成	1
南部	1
1968年	
桐蔭	7
海南	1
新宮	1
向陽	1
粉河	1
1973年	
桐蔭	10
耐久	2
橋本	2
1979年	
桐蔭	7
橋本	2
耐久	1
海南	1
粉河	1
日高	1
串本	1
1988年	
◎智辯学園和歌山	9
桐蔭	3
橋本	2
粉河	1
古座	1
南部	1
1992年	
◎智辯学園和歌山	8
桐蔭	1
粉河	1
向陽	1
◎近畿大学附属新宮	1
1998年	
◎智辯学園和歌山	21
◎近畿大学附属和歌山	2
2009年	
◎智辯学園和歌山	21
桐蔭	2
◎近畿大学附属和歌山	1
橋本	1
◎和歌山信愛女子短期大学附属	1
2013年	
◎智辯学園和歌山	5
桐蔭	1
向陽	1
田辺	1
◎近畿大学附属新宮	1
2017年	
◎智辯学園和歌山	10
桐蔭	2
向陽	2
◎近畿大学附属和歌山	2
2019年	
◎智辯学園和歌山	10
◎近畿大学附属和歌山	3
2020年	
◎智辯学園和歌山	5
桐蔭	4
2022年	
◎智辯学園和歌山	7
田辺	1
橋本	1
◎近畿大学附属和歌山	1

閉校となった東大合格校

51年、都立千歳高校は合格者23人で15位となる。同年、全国高校ラグビー選手権大会へ出場した。同校出身者には花田紀凱、井沢元彦、和田誠、仲代達矢、片岡義男、三浦雄一郎、石原千秋の諸氏など華やかだ。それから50年たった00年、千歳は募集停止となり、卒業生を送り出して閉校になる。同校は東大合格者累計162人を数え、消滅した高校のなかでは最大規模だ。少子化の波は名門校までも容赦なくさらっていく。04年、千歳は明正高校(同累計21人)と統合し、芦花高校として生まれ変わった。01年、全寮制の都立秋川高校(同累計11人)も閉校となる。さて、統合には、2つのパターンがある。① 2校以上を足して新名称の高校を作り、統合前の学校は募集停止。千歳のほか、神奈川県立外語短大附属(同累計5人)＋六ツ川＝横浜国際などがある。② 一方の高校がもう一方の高校を吸収。神奈川県立小田原が小田原城内と統合し「小田原高校」の名称は残り、小田原城内が閉校した。

統合・再編で閉校した高校の東大合格者数(1950〜2009年累計)

県	高校(再編年)	合格校(人数)
北海道	砂川南＋砂川北＝砂川高校(04年)	砂川南(8)
北海道	函館東＋函館北＝市立函館(07年)	函館東(15)
岩手	釜石南＋釜石北＝釜石(08年)	釜石南(12)
東京	玉川＋砧工業＝世田谷総合(08年)	玉川(10)
東京	北野＋志村＝板橋有徳(07年)	北野(6)・志村(5)
山梨	峡北＋峡北農業＋須玉＝北社(04年)	峡北(5)
岐阜	本巣＋岐陽＝本巣松陽(04年)	本巣(8)
静岡	下田北＋下田南＝下田(08年)	下田北(15)
岡山	児島＋琴浦＝倉敷鷲羽(05年)	児島(16)
山口	大嶺＋美弥工業＝青嶺(09)	大嶺(5)
福岡	山田＋嘉穂中央＋嘉穂工業＝嘉穂総合	山田(5)
宮崎	延岡西＋延岡東＝延岡青雲(05年)	延岡西(10)・延岡東(5)

判明分のうち合格者数上位校のみ

9章 全国から東大へ III

中四国・九州・沖縄

広島学院高校

鶴丸高校

【鳥　取】

64年の学外模擬試験で、県立鳥取西高校の3年生が上位に登場していた。学校史では誇らしげにその名が刻まれている。「昭和三十九年六月の旺文社模試では、三年七組鈴木聰は全国第三位の好成績を収めた」（『鳥取西高百年史』、73年）。60年代、大学受験の模試でもっとも権威があり、多くの受験生が参加していたのは、旺文社模試である（19万人参加）。70年代前半、鳥取県から20人以上の合格者を出していたが、90年代以降は10人前後、16年から22年までは1ケタが続いている。10年から22年までの進学校の東大合格者数累計（1年平均）は鳥取西32人（2・46人）、米子東29人（2・23人）、倉吉東29人（2・23人）。

61年、鳥取西に小林俊治校長が就任。大学進学率の向上をめざした。朝6時50分から、数学、英語、国語の勉強会を行い、65年の合格者は、前年倍増の9人となった。もちろん、鈴木聰さんも合格。66年は3人にとどまる。一方、米子東は7人。同校の学校新聞は喜んだ。「鳥取県内の高校では最多の合格者数です。また、本校は土足で出入りするため掃除もおろそかになってしまい『きたなさ』でも県下で一、二位を争っています」（「米子東高新聞」、66年4月21日号）。

鳥　取

高校	人
1952年	
鳥取東	4
鳥取西	3
米子東	1
倉吉東	1
1956年	
鳥取西	3
倉吉東	2
鳥取東	1
米子東	1
八頭	1
米子西	1
日野	1
1959年	
倉吉東	6
鳥取西	4
米子東	2
鳥取東	2
由良育英	1
1965年	
鳥取西	9
倉吉東	3
鳥取東	3
米子東	2
1970年	
鳥取西	6
米子東	5
倉吉東	1
鳥取東	1
八頭	1
1974年	
鳥取西	9
倉吉東	3
鳥取東	1
八頭	1
1978年	
鳥取西	9
米子東	5
倉吉東	1
1980年	
鳥取西	8
米子東	5
倉吉東	4
1985年	
鳥取西	3
鳥取東	2
◎米子北	1
1988年	
鳥取西	6
米子東	4
1994年	
鳥取西	7
米子東	4
倉吉東	1
1997年	
鳥取西	8
倉吉東	2
鳥取東	1
2002年	
鳥取西	8
倉吉東	4
2009年	
鳥取西	2
倉吉東	2
米子東	1
2011年	
倉吉東	6
米子東	5
鳥取西	2
◎米子北斗	1
2013年	
倉吉東	2
鳥取西	2
米子東	2
八頭	1
2016年	
米子東	2
鳥取西	2
倉吉東	1
2021年	
米子東	2
鳥取西	2
◎青翔開智	1
2022年	
米子東	3
鳥取西	1

67年、鳥取西の合格者は11人。以後、40年以上、同校は2ケタ合格を出していない。過疎化、18歳人口減少、灘や岡山白陵への「頭脳流出」などが背景にある。『灘高校生の受験日記』(84ページ)の著書、園池靖さんは城崎町(現、豊岡市)出身である。「父から東大へ入りたいなら灘高を受けてみろ」と言われたのが、「県外留学」の動機だ。

90年代前半、県教育委員会は進学実績に応じて高校に予算配分を行った。鳥取西424万円、鳥取東375万円、八頭《やず》363万円、米子東298万円。県教育長はこう話した。「受験戦争という現実を直視し、それに打ち勝つ学力をつけるのは学校の義務。しかし予算配分の差はあくまでも『結果』であり、意図的なものではない」(「朝日新聞」大阪版、93年2月2日)。

私立はどうか。米子北斗は88年設立、96年に初の合格者。しかし、設立当初は反発もあった。同校の生田雅彦校長が話す。「『受験戦争の低年齢層化を招く』と批判の声が多かった。(略)鳥取県は中高一貫の認知度や関心がまだ低い」(「日本海新聞」、08年5月11日)。

14年開学の青翔《せいしょう》開智から21年に初めて合格者を出した。合格した生徒はこう話す。「どんな挑戦でも肯定し全力で応援してくださった先生方や、探究学習や課外活動への積極的な参加を通して各々の道を突き進む同級生の存在が、最も自分を成長させてくれたと感じています」(同校ウェブサイト)。

【島　根】

87年、島根から29人の合格者を出した。松江北高校13人、松江南高校７人、出雲高校３人など。これが島根県の歴代最多となる。90年代以降は20人を超えることはあったが、10～15人を推移している。15年から22年までは１ケタが続いており、22年にはこれまでで最少の２人となった。隣県の鳥取とよく似ており、少子化、過疎化は東大など難関大学実績づくりからすれば、大きな打撃となっている。

県内では松江北、松江南が東大合格を担ってきた。両校ともルーツは、県立松江高校である。61年、生徒増に対応するために、同校は「北」と「南」に分離する。両校は小学区、中学区、大学区などと入試制度が変わる中で進学実績を競っていた。県内の合格者数トップは松江北が断然多い。しかし、67年、70年、73～75年、84～86年は松江南がトップ。

78年、松江北は共通一次対策で夏休みに１日５時間、15日間ぶっ続けの補習授業を行った。同校教員が話す。「大変だけどやらなければ都会の学校と太刀打ちできないから仕方ありません。田舎の高校の宿命でしょうなあ」（『週刊読売』、78年10月29日号）。

こうした教員の熱心さは今に伝わる。07年、松江北から理三合格のW・Tさんが話す。

「朝の自学で解いた問題を先生に提出してから1時限目の授業が始まります。授業がすべて終わると、朝提出しておいた問題が添削されて戻ってくる。それをまた解き直す。その繰り返しでした」（『天才たちのメッセージ　東大理Ⅲ２００７』）。

出雲高校は、70年代、習熟度別クラス編成を導入する。しかし、「普通クラスの志気が低下し、結果的には国立大学合格者数も期待されたほど伸びなかった上に、生徒指導上の問題の増加、教師間の考え方のちがい、などデメリットと思われる面が出てきたので（略）もとの完全平等学級編成に返すことになった」（『出雲高等学校史』、90年）。

開星中学・高校常務理事の川上大氏が話す。「塾や予備校が発達していないことが、学力格差に一番影響する。都会では中高一貫校で鍛えた生徒がセンター試験の平均を押し上げている」（『山陰中央新報』、08年3月18日）。開星は24年に設立した老舗の私立。松江家政、松江第一を経て94年に改称し、中高一貫コースを作った。東大合格者はまだいない。

09年、私立江《ごう》の川高校が石見智翠館高校と改称し、智翠館特別コースを設置した。「他コースに比べて授業のスピードが早く、質・量ともにハイレベルな内容になっていますが、単なる詰め込み学習ではなく、考えることや理解することに重点を置いた授業を展開しています」（同校ウェブサイト）と謳っている。11、14、18、22年に合格者を出した。

島　根

高校	人
1952年	
松江	5
横田	2
出雲	1
大社	1
大田	1
益田	1
1955年	
松江	3
浜田	3
出雲	2
大社	2
大田	2
益田	1
大東	1
江津工業	1
1960年	
松江	2
出雲	2
浜田	1
大田	1
益田	1
三刀屋	1
1964年	
出雲	5
大田	3
浜田	1
益田	1
松江南	1
安来	1
1970年	
松江南	5
出雲	4
松江北	4
浜田	3
1976年	
松江北	5
松江南	3
出雲	2
浜田	1
1982年	
松江北	6
松江南	6
三刀屋	1
1987年	
松江北	13
松江南	7
出雲	3
益田	2
大社	1
大田	1
大東	1
松江東	1
1993年	
松江南	6
松江北	4
益田	3
1998年	
松江北	12
出雲	4
松江南	3
2004年	
松江北	6
出雲	2
松江南	2
益田	1
松江東	1
2009年	
松江北	9
松江南	1
◎石見智翠館	1
2011年	
松江北	4
出雲	2
2014年	
出雲	6
松江北	4
益田	2
2018年	
出雲	2
松江北	2
◎石見智翠館	2
2020年	
出雲	3
松江北	2
2022年	
松江北	1
◎石見智翠館	1

【広　島】

「難関国立大学合格者50名以上および広島大学合格者40名以上」。

04年に設立された県立広島中学・高校の第2期中期達成目標である。高校からの入学者第1期生2人、2期生4人が東大に合格した。

かつて県立広島中学と名乗る旧制中学があった。県内最古で、のちに広島一中と改称する。旧制第一高校の入学者数を広島高等師範学校附属と分け合い、新制に移行してからは50年代まで、東大合格者数で広島大学附属高校と競っていた。現在の広島国泰寺《こくたいじ》高校である。

広島国泰寺と広島中学・高校とは何ら関係はない。後者は、県教育委員会が公立高校の「再生」をかけて作った進学校である。県立高校の進学実績は長い間、伸び悩んでいたという背景があった。その根本原因は、56年に導入した総合選抜制度。生徒は高校を自由に選べず、広島市の場合、5校（広島国泰寺、広島観音、広島皆実《みなみ》、市立舟入、市立基町）へ抽選で振り分けられる。広島国泰寺の生徒は異議を唱えた。「学校の威信と我々生徒の誇りとを傷つけるも甚しい。（略）我々は来年から校長先生の〝諸君は中学校に於ける優等生もしくはこれに次ぐ者である〟という言葉は聞かれなくなるだろう」（「国高新聞」、55年）。

広　島①

高校	人
1951年	
呉三津田	3
広島皆実	3
広島国泰寺	2
府中	2
尾道北	2
1955年	
広島国泰寺	6
□広島大学附属福山	6
呉三津田	5
□広島大学附属	5
◎修道	4
1960年	
□広島大学附属	14
◎修道	11
□広島大学附属福山	9
広島国泰寺	5
呉三津田	3
広島観音	3
1966年	
□広島大学附属	26
◎広島学院	16
◎修道	15
□広島大学附属福山	11
呉三津田	6
広	2
1970年	
□広島大学附属	36
◎修道	21
◎広島学院	12
□広島大学附属福山	8
呉三津田	6
福山誠之館	2
1974年	
◎広島学院	26
□広島大学附属	22
◎修道	13
□広島大学附属福山	11
呉三津田	7
福山誠之館	2
広島観音	2
広島国泰寺	2
1977年	
◎広島学院	41
□広島大学附属	28
◎修道	16
□広島大学附属福山	11
◎広陵	11
呉三津田	2
福山誠之館	2
1983年	
◎広島学院	36
□広島大学附属	17
□広島大学附属福山	16
◎修道	11
吉田	2
1989年	
◎広島学院	35
□広島大学附属	16
□広島大学附属福山	15
◎修道	14
◎ノートルダム清心	3
1996年	
◎広島学院	35
◎修道	18
□広島大学附属	17
□広島大学附属福山	16

しかし、日教組が強い土地柄だったゆえ、「平等」「平準化」の考え方が広く行き渡っており、97年まで続いていた。この間、どうなったか。「国・私立高校は野放し状態で、広島市の私立高校の一部が低迷する一方、逆に他の一部が優秀な生徒のみを集めて台頭しはじめて来た」（『広島一中・国泰寺高百年史』、77年）。野放し状態は広島大学附属、広島学院、修道を

さす。広島大学附属は総合選抜制度を回避した高校生の受け入れを表明するがごとく、56年から募集定員を40人増やした。「『自宅から通学できない者は、寮に入るのを原則とします。』（募集要項）とあるように、市内公立五校とは別に、人材を広く県外にも求めた」（『創立八十年史』広島大学附属中・高等学校、86年）。

　広島学院が進学校になった要因を、同校の元教諭、倉光誠一氏が語る。「成績優秀な生徒が公立学校を避け、広島大学附属高校、伝統のある私立の修道学園高校などに流れて行きました。丁度そのような時期に広島学院が出来たのです。（略）（勤務評定制度）に反対する日教組は、ストライキなどの戦術で阻止しようとしました。（略）公立中学校は教師の足並みが乱れ、保護者の信頼を失っていきました」（『広島学院物語』、05年）。

　修道は60年代に進路指導を強化。陣頭指揮を取った山代辰治校長はこう話す。「今の修道生は慎重だな。今年（65年）、附属は東大へ七十人も受けている。毎年のことだが合格したのは半分だった。修道は十六人受けて十二人合格した。こういう点だな。男は一生に一度や二度冒険する事は大切だな」（「修道新聞」、65年88号）。附属とは広島大学附属のことだ。

　広島女学院では中学３年、高校１年で東京大学見学ツアーを実施し、難関大学への進学意欲を喚起させている。06年開学のＡＩＣＪ中学・高校は10年に初めて合格者を出した。学習塾を経営する鴎州コーポレーション（現・ＡＩＣエデュケーション）が設立し、校名は「Academy for the International Community in Japan」の頭文字をとった。「日本における国際社会のための学校」を意味する。08年、広島工業大附属広島高校は広島なぎさ高校に改称し、進学指導に力を入れた。

広　島②

高校	人
2001年	
◎広島学院	23
□広島大学附属福山	18
◎修道	14
□広島大学附属	6
◎広島城北	3
○基町（広島市立）	2
◎近畿大学附属東広島	2
2006年	
◎広島学院	33
□広島大学附属福山	9
□広島大学附属	6
◎修道	5
◎ノートルダム清心	5
呉三津田	3
○基町（広島市立）	2
2009年	
◎広島学院	30
◎修道	17
□広島大学附属福山	16
◎ノートルダム清心	4
○基町（広島市立）	4
□広島大学附属	3
◎広島女学院	2
尾道北	2
2012年	
◎広島学院	29
□広島大学附属福山	10
◎修道	9
□広島大学附属	9
◎AICJ	7
○基町（広島市立）	5

高校	人
2015年	
◎広島学院	25
◎修道	9
広島	6
□広島大学附属	6
□広島大学附属福山	3
2017年	
□広島大学附属福山	19
◎広島学院	19
□広島大学附属	6
広島	5
○基町（広島市立）	5
◎修道	4
呉三津田	2
尾道北	1
広島国泰寺	1
○安佐北（広島市立）	1
○舟入（広島市立）	1
◎AICJ	1
◎近畿大学附属福山	1
◎ノートルダム清心	1
◎広島女学院	1
2022年	
◎広島学院	19
□広島大学附属福山	10
□広島大学附属	7
◎修道	5
広島	3
呉三津田	2
○基町（広島市立）	2
◎AICJ	2
尾道北	1
高陽	1
福山誠之館	1
○舟入（広島市立）	1
◎広島なぎさ	1

【岡　山】

08年、岡山操山《そうざん》高校から4人の合格者。02年に同校が設置した中高一貫コース1期生だ。過去3年は合格者ゼロ。同校が経営目標・計画で掲げた「特に東京大学や京都大学をはじめとする難関大学や難関学部及び国公立大学の合格者数の増加」が実現したわけである。

16年、岡山大安寺中等教育学校から1人合格した。10年に中等教育学校に転換して1期生である。過去18年間、東大合格者がいなかったので学校はたいへん喜んだようだ。岡山県の公立高校は進学実績がふるわなかったからだ。17年には7人合格している。20年から22年までは岡山操山よりも多い。

88年、県立高校、県教育委員会は少なからず衝撃を受けた。82年開校の私立岡山高校が9人の合格者を出し、私立としては初めて、同県の東大合格者数トップに立ったからである。岡山操山はこの事態を深刻に受け止めた。「(私立岡山中学校高等学校、岡山白陵高校、金光学園高校などの伸びもあって)従来いわれてきた岡山県は公立高校優勢という世評の上に胡座《あぐら》をかいていられない情勢になってきた」(『創立百年』、99年)。

公立校の中高一貫コース設置は、私立校に優秀な生徒が流れることへの対策、大学進学に

岡　山

高校	人
1951年	
岡山朝日	12
岡山操山	5
倉敷青陵	3
津山	2
西大寺	2
1955年	
岡山朝日	13
岡山操山	7
高梁	4
1960年	
岡山操山	13
岡山朝日	8
倉敷青陵	4
1967年	
岡山朝日	22
岡山大安寺	9
岡山操山	8
1972年	
岡山朝日	17
岡山大安寺	11
岡山操山	7
1978年	
岡山大安寺	14
岡山操山	10
岡山朝日	8
岡山芳泉	8
津山	5
1983年	
岡山朝日	7
岡山芳泉	6
岡山一宮	5
岡山操山	4
倉敷天城	3
1988年	
岡山一宮	9
◎岡山	9
岡山朝日	7
岡山芳泉	5
岡山操山	5
1993年	
岡山芳泉	5
岡山操山	4
◎岡山	3
倉敷天城	2
1999年	
◎岡山白陵	12
岡山朝日	10
岡山操山	3
津山	2
岡山一宮	2
岡山城東	2
2004年	
◎岡山白陵	21
岡山朝日	13
◎岡山	8
岡山城東	3
岡山芳泉	3
2009年	
◎岡山白陵	19
岡山朝日	19
◎岡山	4
岡山操山	4
倉敷青陵	3
岡山城東	2
2014年	
岡山朝日	23
◎岡山白陵	6
倉敷天城	4
岡山操山	3
2016年	
岡山朝日	9
◎岡山白陵	4
岡山城東	2
岡山大安寺中等教育	1
岡山操山	1
倉敷天城	1
倉敷青陵	1
津山	1
◎岡山学芸館	1
◎就実	1
2022年	
岡山朝日	24
岡山大安寺中等教育	4
倉敷天城	4
◎岡山白陵	2
岡山操山	1
倉敷青陵	1
◎岡山学芸館	1
◎金光学園	1

対する危機感の表れといえる。

岡山県の高校入試は50～98年まで総合選抜制度を取っていた。50年代は市内には岡山朝日と岡山操山の2校で生徒配分をめぐって対立していた。岡山朝日は総合選抜を廃止して自由出願を訴える。岡山操山は、存続の立場をとった。

やがて人口増に伴い、岡山学区では5校（朝日、芳泉《ほうせん》、一宮、操山、大安寺）で生徒配分が行われるようになった。とはいっても、生徒を自動的に振り分けるようなことはしなかった。入試成績を上から並べて、各校入学者の学力と男女比が平準化するように行ったが、生徒の入学希望校、出身中学校ごとの生徒の入学希望校傾向、通学距離も考慮されていた。それゆえ、公立高校回避という事態は起きなかった。

しかし、90年以降、中高一貫校志向が強まり優秀な生徒が岡山、岡山白陵、隣接県の灘や甲陽学院、広島学院や修道に流れ、公立高校全体の進学実績が落ち込みはじめた。

99年、総合選抜制度から中学区制に移行。02年、中学区制1期生が受験したとき岡山朝日の東大合格者は前年比11人増の16人となった。05年は22人を数える。岡山朝日の柴岡元校長がこう話す。「学力のしっかりした層が入ってきて、効率のいい教育ができるようになりました。（略）伝統的に公立に期待する風潮は強い」（『週刊朝日』、05年11月11日号）。

【山口】

山口高校は50年代から進学に力を入れていた。模擬試験を年間10回近く実施。夏休みには20日間、冬休みには5日間の課外授業を行った。「成績上位者をプリントして、教室・廊下等に掲示し、またＰＴＡ新聞に発表する（略）昭和二十年代末に体制を整えた進学指導は昭和三十年代に入るとともにばく進を開始し、全国の普通科高校は進学熱という熱狂の渦の中にまきこまれていった」（『山口県立山口高等学校百年史』、72年）。

やがて、下関西高校も「熱狂の渦」に巻き込まれる。69年の東大入試中止のとき、教頭が学校新聞へ寄稿した。「早い話が、本校の秀才たちの狙いの一つ、京大など、昨年の東大よりも大分難関だろうという評判だ。実際にボクが旺文社の模試成績などから試算した所によると、東大に合格するだろうと思われる東大志望者の四〇パーセントが京大に流れるとして、そのうち三五パーセント位は涙をのむだろうという勘定になった」（『旭陵史（創立七十五周年記念誌）』、94年）。

21世紀に話を戻す。宇部フロンティア大学付属香川高校の沿革史で、08年に「東京大学入試合格者が出る」とある。この生徒はＳＡ（スーパー・アカデミック）コース出身だ。

09年、宇部高校の国公立大合格率は53・４%。同校の学校自己評価書にこう記されている。「ここ10年間で一番よい成果をあげた。ただ、医学部や超難関校の合格者が少なく、組織だった対策を立てる必要がある」。

私立の高水、山口県桜ケ丘、慶進は戦前に作られた学校である、高水は１９６０年代から合格者を出してきた。22年に理三に合格した生徒が次のように記している。「私は、運よく学才とそれに理解のある家庭及び中高の先生方に恵まれていたので、徐々に東京大学への道が現実的になっていった。本当に初めの頃は東京大学に『行ける』ことが東京大学に『行く』理由となっていたように思う。しかし、人文・社会・自然といった分野を問わずあらゆることに興味を持つ私にとって、教養学部前期課程のある東京大学は理想の環境であったし、目指していくうちに東京大学に強いこだわりを持つようになった」（東進ハイスクールウェブサイト）。

山口桜ケ丘は15年に普通科特進コースを作り、「０時限授業により、50分授業を週35時間実現。放課後は受験対策課外を実施し、長期休業中は勉強合宿を実施して学習をサポート」を掲げた。13、15、16、22年に合格者を出した。慶進は04年に中高一貫教育をはじめた。15年には県内で最も多い４人の合格者を出している。

山　口

高校	人
1952年	
山口	5
下関西	3
防府	2
大津	2
1957年	
山口	5
下関西	4
防府	3
柳井	3
宇部	3
1963年	
宇部	6
山口	4
下関西	3
徳山	3
防府	2
1968年	
宇部	11
下関西	8
山口	4
徳山	4
萩	3
岩国	3
1973年	
下関西	8
宇部	7
山口	6
岩国	5
柳井	2

高校	人
1978年	
山口	11
下関西	5
徳山	4
宇部	3
光	2
1983年	
徳山	8
下関西	7
宇部	7
山口	5
柳井	4
岩国	4
1988年	
徳山	11
山口	5
岩国	4
宇部	3
1993年	
下関西	7
山口	3
宇部	3
防府	3
徳山	2
1998年	
下関西	4
徳山	3
山口	2
防府	2
岩国	2

高校	人
2003年	
下関西	4
山口	4
大津	1
光	1
◎高水	1
2009年	
徳山	5
下関西	2
山口	2
2015年	
◎慶進	4
山口	3
岩国	2
宇部	2
2017年	
山口	8
宇部	3
◎慶進	2
2019年	
山口	5
宇部	2
◎慶進	2
徳山	2
2022年	
山口	2
宇部	2
徳山	2
◎慶進	1
◎高水	1
◎山口県桜ケ丘	1

【徳　島】

２０００年代後半、徳島市立高校の受験生向け案内にこう記されている。

「夢をかなえるなら市高　現役合格者　東京大学７名（文Ⅰ２名　理Ⅰ４名　理Ⅲ１名）」（「市高ニュース」09年１号）。同校の重点目標は、難関大（旧帝大・東工・一橋・神戸・国公立医学部医学科）の現役合格者数50人以上となっている。09年は38人でクリアできなかったが、県内の公立高校と比べると、他に圧倒的な差をつけている。21年、前記・難関大学の現役合格者目標（これらに早稲田大、慶應義塾大が加わる）は30人以上とあり、22年は25人だった。

かつてこれ以上の進学実績を誇った高校があった。旧制徳島中学を前身とする県立城南高校である。70年、東大23人、京大37人、阪大18人、九州大22人、徳島大88人。これらの合格者数は県内の高校ではすべてトップだった。同校の学校史に誇らしげな記述がある。「本校職員も、県下の英才を教育しているのだという責任感が強く、授業の準備、教材の研究に真剣に取り組んでいった。また少しでも準備を怠ると、鋭い質問の矢を放って教師を教壇で立往生させるような生徒がおり（略）非行を犯すものもなく、勉学に、クラブ活動に文字どおり黄金時代とも呼べる時期を現出した」（『徳島中学校城南高校百年史』、75年）。

徳　島

高校	人
1951年	
城東	2
鳴門	2
小松島	1
川島	1
板野	1
新野	1
1955年	
城南	3
城東	2
鳴門	2
城北	1
池田	1
名西	1
城西	1
1960年	
城南	8
阿波	2
城北	1
小松島	1
新野	1
1967年	
城南	14
城東	1
池田	1
脇町	1
1972年	
城南	18
脇町	1
城北	1
1977年	
城南	5
城北	2
○徳島市立	2
1983年	
○徳島市立	6
城南	2
富岡西	2
脇町	1
◎徳島文理	1
1987年	
○徳島市立	7
脇町	3
◎徳島文理	3
城東	2
城ノ内	2
1993年	
○徳島市立	9
◎徳島文理	6
脇町	2
富岡西	2
城南	2
1996年	
○徳島市立	11
◎徳島文理	7
脇町	2
城東	1
1998年	
◎徳島文理	7
○徳島市立	4
2004年	
○徳島市立	9
◎徳島文理	7
2009年	
○徳島市立	7
◎徳島文理	7
富岡東	5
2012年	
◎徳島文理	4
○徳島市立	3
城東	3
城南	2
2015年	
城ノ内	2
○徳島市立	2
城南	1
2020年	
城東	4
城ノ内	3
◎徳島文理	3
○徳島市立	2
富岡東	1
2022年	
城東	1
城ノ内	1
◎徳島文理	1

県の高校への学区制度の変遷は、49年に市内1学区制に始まる。58年に全県2学区制へ移行するが、徳島市内の高校へはいずれの学区からも進学できたので、事実上、全県1学区となった。それゆえ、城南に成績上位者が集中したのである。

「黄金時代」を謳歌する城南の一人勝ちに歯止めをかけたい。学校間格差解消をめざす県教育委員会は72年、総合選抜制を導入。市内の城南、城東、城北、徳島市立の4高校でグループを作り、生徒を抽選で配分するという方法だ（各校の定員10％は希望校への優先入学を認める）。これによって、70年代後半、公立高校の平準化が進むが、例外があった。徳島市立高校理数科である。同校の理数科だけは引き続き全県から生徒を集められたため、成績上位者が集まり、今日まで県内一の進学実績を誇る公立高校のポジションを保っている。

総合選抜制の導入で、県内の成績上位者の進路は大きく変わった。徳島市立理数科、私立の徳島文理、愛光、土佐、高知学芸、そして灘やラ・サールにも少なからず進む。公立よりは、徳島文理の「中3では『ゆとり』を持ちながら高校1年の内容を学習できます。（略）高校2年で高等学校の全過程を修了し、3年では志望大学ごとに類型別コースで入試対策の演習ができる」（同校ウェブサイト）というカリキュラムに惹かれるのだろう。

04年、総合選抜制は廃止。城南は「黄金時代」復活の妙案を打ち出せるだろうか。

【香　川】

東大合格者が増えると、校長は思いっきり喜びを表現してくれる。60年代、20〜30人の合格者を出していた高松高校も例外ではない。64年の大学入試。「合格率・驚異的な伸び示す東大26・京大40人　女子の進出めだつ　県下はもちろん西日本の公立高校としては、最高のできばえ（略）校長先生も『去年は生徒諸君が騒音に悩まされていたので、全くうれしい予想はずれというほかには何もない』と手放しの喜びよう」（「高松高校新聞」、64年4月）。

合格者数の大学別順位では、奈良女子大2位、津田塾大1位。女子の結果にも満足したようだ。64年、女子の大学進学率（短大含む）は11・6％。しかし、高松の女子生徒の多くは進学を希望していた。さかのぼって、50年代では様子が異なる。女子全体の進学率が5％前後のころ、高松の女子生徒にも就職者が多かった。

56年まで高松の修学旅行は女子の就職希望者に限られていた。大学受験で忙しい、経済的に厳しいからだが、もう1つ理由があったようだ。やはり女子だけで修学旅行を行っていた丸亀高校の学校史によると、「卒業した女子生徒の多くは地元に就職していたのですが、一度就職すると県外へ旅行する機会がなかったため、修学旅行を実施してほしいという希望が強かったのです。一方、男子生徒は（略）受験を一年後に控えての旅行の参加は見送られました」（『香川県立丸亀高等学校創立百周年記念誌　亀城のほとり』、93年）。

こうした男尊女卑的な考え方はすぐに消え去る。60年代半ばから高松、丸亀の女子生徒は県外の大学へたくさん進み、80年代以降、東大進学者も増えつつあった。

香川県は大学区制度が続いたので、公立高校からの合格者に極端な落ち込みはない。一部の自治体や教職員組合は総合選抜を提案するも、実現しなかった。なぜか。①61〜64年実施の全国学力テスト（中学2年、3年対象）で香川県は3年連続日本一となるほど教育熱心な土地柄、②高松市内には官庁や大企業の出張所や支店があり、東京からきた教育熱心な転勤者の子弟が多い――それゆえ、突出した公立進学校は必要という考え方があったからだ。

17年、私立の香川県大手前高校が大手前丸亀高校に、香川県大手前高松高校が大手前高松高校に名称を変えた。2校は系列校。１９０６年創立丸亀和洋裁縫女学校を起源とする。22年、大手前丸亀はこうアピールする。「高３では大学受験にむけて実践的・応用的な教材を使用します。一般的に、各予備校が浪人生に向けて行っている入試問題演習を、大手前では学内で、現役生徒に向けて実施することができます」（同校ウェブサイト）。高校３年は予備校と同じ。堂々の宣言である。

香　川

高校	人
1952年	
高松	13
○高松第一（高松市立）	1
観音寺第一	1
高松商業	1
三本松	1
1957年	
高松	15
丸亀	5
観音寺第一	2
善通寺第一	2
1961年	
高松	13
丸亀	8
◎香川県大手前	3
観音寺第一	2
三本松	2
坂出	2
小豆島	2
1965年	
高松	27
丸亀	10
◎香川県大手前	4
観音寺第一	4
三本松	2
坂出	2
1968年	
高松	39
丸亀	13
観音寺第一	4
1973年	
高松	22
丸亀	11
◎香川県大手前	2
1978年	
高松	22
丸亀	9
観音寺第一	3
高松商業	2
1984年	
丸亀	12
高松	11
1989年	
高松	15
丸亀	5
◎香川県大手前	5
観音寺第一	1
三本松	1
◎香川県大手前高松	1
1995年	
高松	16
丸亀	7
◎香川県大手前	5
観音寺第一	2
1999年	
高松	21
丸亀	5
◎香川県大手前	5
2004年	
高松	10
◎香川県大手前	10
丸亀	6
2009年	
高松	19
◎香川県大手前	4
丸亀	3
○高松第一（高松市立）	1
◎香川誠陵	1
2012年	
高松	13
◎大手前丸亀	5
丸亀	3
○高松第一（高松市立）	1
◎英明	1
2017年	
高松	8
丸亀	2
◎大手前丸亀	2
◎高松中央	1
2022年	
高松	9
丸亀	1
◎大手前丸亀	1

【愛　媛】

57年、愛光高校2年生105人が夏休み（35日間）に東京で集団生活をしていた。駿台高等予備校など4つの予備校に通うためで、宿舎として上智大学の学生会館を借りていた。同校は53年に中学・高校を設立。2年生は第1期生だった。

愛光では高校2年1学期で高校の教育課程を修了しており、生徒のレベルがどの程度か見たいというのが目的だった。しかし、マスコミからは「地方教育の劣等感」「人間形成に欠陥が生じる」「入試地獄を助長」などと非難される。文部省も「予備校に教育を任せるのは非常識」と批判した。しかし、愛光は信念を貫いた。同校の創立時に掲げた教育方針は「最近の松山の四高等学校（松山東、松山南、松山北、新田）の卒業生は（略）東京、京都の二大学へは昨年（51年）十一名、本年（52年）は六名に過ぎなかった。（略）松山の現状が満足すべきものではないことは明らかである」（『愛光学園50年史』）。

58年、愛光の1期生が東大に8人合格し、いきなり県内でトップとなった。以降、今日までその座を譲っていない。なお、夏休み予備校合宿は1期生の代で終わっている。東京の予備校に通わせなくても十分に対応できると、学校側が判断したからだ。

愛　媛

高校	人
1952年	
松山東	3
宇和島南	3
松山北	2
1956年	
宇和島南	4
松山東	2
松山北	2
松山南	2
1960年	
◎愛光	16
松山東	5
今治西	4
1966年	
◎愛光	25
松山東	3
三島	2
1972年	
◎愛光	31
今治西	4
新居浜西	3
宇和島東	3
1977年	
◎愛光	34
新居浜西	9
今治西	7
松山東	7
松山南	4
1983年	
◎愛光	34
新居浜西	9
松山東	9
今治西	6
大洲	3
八幡浜	3
1989年	
◎愛光	47
松山東	11
新居浜西	6
八幡浜	5
今治西	4
1995年	
◎愛光	48
松山東	8
新居浜西	4
今治西	4
西条	2
1999年	
◎愛光	31
今治西	4
松山東	3
八幡浜	2
2005年	
◎愛光	26
今治西	3
◎済美平成	3
松山東	2
2009年	
◎愛光	27
松山東	5
松山南	2
2014年	
◎愛光	20
松山東	4
今治西	2
西条	1
新居浜西	1
2017年	
◎愛光	22
今治西	2
松山東	2
◎済美平成中等教育	2
2020年	
◎愛光	8
松山東	2
◎済美平成中等教育	1
今治西	1
◎新田青雲中等教育	1
松山南	1
2022年	
◎愛光	17
松山東	4
今治西	1
新居浜西	1
松山南	1

94年、同校から理Ⅲ合格のN・Tさんが話す。「英語の先生が厳しい人で、宿題を忘れると殴られるんです。（略）僕も英語は泣きながらやりました。きつくてしょうがなかったんですけど、やっぱり力がつきました」（『天才たちのメッセージ　東大理Ⅲ　１９９４』）

02年、済美《さいび》平成中等教育学校が開校した（前身の済美平成中学は97年開校）。05年に初めて東大合格者を出し、08年6人は全員現役だった。毎年、東大ツアーを実施。「本校卒業生に手伝ってもらい、東京大学の中で話をしてもらいます。受験勉強で苦労したことは何か、実際に入学してみてどうなのか、今はどんなことを目標にがんばっているかなど、先輩たちの足跡を知ることで、自分たちの将来をより明確にさせていきます」（同校ウェブサイト）。

03年、新田青雲中等教育学校が開校した。10年に初めて合格者を出した。OBの有井祐人さんは14年度東大野球部主将をつとめた。こうふり返っている。「『おれが東大野球部へ入部して、エースになって勝たせてやる』そんな自惚れた独りよがりな気持ちで入部しようとしていたのを覚えています」（東大硬式野球部フェイスブック、14年10月24日）。

県立松山東からは東大の理系に進学する生徒が多い。80〜90年代はその傾向が強かった。「本校は全国的にも珍しく理系の希望者が多い（略）女子の理系希望者は増加傾向にあり、最近三年間では、女子の半数が理系」（『創立百二十周年記念　松山東高校十年史』、98年）。

【高　知】

17・87％。現在、県内の私立中学に通う生徒の割合である。数値だけではピンとこないが、他の都道府県と比べるとその高さが際立っている。①東京25・20％、②高知17・87％、③京都13・39％、④奈良12・49％、⑤神奈川11・04％。四国の他3県はいずれも3％（文科省調べ、21年）。大都市およびその近隣県が上位を占めるのは納得できる。

なぜ、高知が突出しているのか。大学受験に力を入れる私立学校の定員が多く、県内の成績上位者が集まったからである。難関大学進学には公立学校では不十分と判断されたからだ。なぜ、公立は嫌われたのか。かつて全員無試験入学制度、いわゆる全入制度が行われたことが遠因となっている。50年代、「学校間に優劣をつけ、一部学徒の間には特権的優越感が温存され、また、一面幼くしてすでに卑屈感にとらわれている」（県教育委員会声明、49年4月）状態を解消するために、導入された。

50年、旧制高知一中が前身で名門校といわれた高知追手前高校は、地元2校とグループを組む。そして、高校進学希望者が一堂に集まって抽選を行い、それぞれの学校に割り当てられた。57年、全入制度は多くの批判を受けて、廃止される。

難関大学をめざす生徒は、私立の土佐、愛媛県の愛光に進んだ。また、高知学芸にも進んでいる。同校は高知大学の附属高等学校という位置づけで設立の構想が進んでいたが、その実現は困難となり、私立学校としてスタートした。土佐は50年以降、東大合格者を絶やしたことがない。18、22年は県内で合格者を出したのは土佐だけだった。

63年、県は中学区制に移行する。これによって、高知追手前は高知大学への進学実績を伸ばし、県内トップの公立高校になった。しかし、同校の卒業生の進学率は61年12・2%、66年43・6%、71年53・6%、76年48・1%（データは『高知追手前高校百年史』、78年から集計）。私立と学力の格差は開き、東大合格者数74年累計では、公立高校としては全国都道府県のなかで2番目に低い数字となっている（最低は沖縄県）。

87年、土佐塾中学・高校が開校する。創立者で理事長の福島清三さんが取材でこう話している。「私立優位にあぐらをかいてきた、既存の私学の活性化を図らにゃならない。土佐高も高知学芸高も恐るるに足りない。愛媛の愛光学園が何ですか。郷里の優秀な生徒を、一人たりとも他県にわたすわけにはいきません」（『月刊現代』、89年2月号）。

96年、大学区制に移行する。公立高校が進学実績面で信頼を回復しないと、私立中学生比率全国2位は変わらないだろう。

高　知

高校	人
1951年	
◎土佐	5
高知小津	2
高知丸の内	1
安芸	1
1953年	
◎土佐	10
高知追手前	3
高知小津	2
1957年	
◎土佐	10
高知丸の内	2
安芸	2
高知追手前	2
中村	2
1961年	
◎土佐	12
◎高知学芸	2
中村	1
高知西	1
須崎	1
1965年	
◎土佐	9
◎高知学芸	3
◎高知	1
1968年	
◎土佐	12
◎高知学芸	5
1972年	
◎土佐	10
◎高知学芸	7
高知追手前	2
1975年	
◎土佐	5
◎高知学芸	3
◎土佐女子	1
1980年	
◎土佐	4
◎高知学芸	1
高知中央	1
1985年	
◎土佐	7
◎高知学芸	3
高知追手前	1
1990年	
◎土佐	7
◎高知学芸	4
◎土佐塾	1
中村	1
1996年	
◎土佐	3
◎高知学芸	2
◎土佐塾	1
高知追手前	1
高知小津	1
2000年	
◎高知学芸	14
◎土佐	2
◎土佐塾	2
2005年	
◎土佐塾	3
◎高知学芸	3
◎土佐	2
2009年	
◎土佐	9
◎高知学芸	6
高知追手前	2
中村	1
2014年	
◎土佐	5
◎高知学芸	2
◎土佐塾	1
◎明徳義塾	1
2017年	
◎高知学芸	3
◎土佐	2
高知追手前	1
2021年	
◎土佐	4
◎高知学芸	4
高知追手前	1
◎土佐塾	1
2022年	
◎土佐	7

【福　岡】

1つの事件が県内の受験地図を変えてしまった。68年、福岡教育大学附属福岡小学校の校長、教頭、教員数名が県警に逮捕される。附属小学校の入試で金品を受け取り、試験の点数に手心を加えたという収賄容疑だ。この事件を契機に、69年から福岡教育大学附属の小・中学校の入試制度はすべて抽選制に変わった（高校は未設置）。

福岡教育大学附属小・中学校は福岡、北九州、久留米の3校がある。いずれも県内では、修猷館、筑紫丘《ちくしがおか》、福岡、小倉、東筑など名門高校進学に強い小・中学校とみなされており成績上位者が集まっていた。ところが抽選制によって、附属中学志望の成績上位者は行き場を失ってしまう。そこで、彼らが選んだのは、69年に設置されたばかりの久留米大学附設中学だった（附設高校は50年に開校）。

75年、中学入学組1期生が大学を受験。この年、久留米大学附設高校の東大合格者は30人を数えた。前年比22人増。中高一貫教育が生かされたとはいえ、本来なら福岡教育大学附属中学から公立進学校に進んでいた層を受け入れたことも要因の1つといわれた。同校の学校史によると、1期生は「すばらしい素質と素直な性格を持った生徒が殆《ほと》んどであり、柔軟な思考と、早くて深い理解力が旺盛な知識欲と相俟《あいま》って（略）中・高六ヶ年の課程を五ヶ年で仕上げることができる予想をたてることができた」（『附設高等学校二十五年史』、78年）。80年以降、久留米大学附設は県内各地、佐賀からも成績上位者が集まり、東大合格者で修猷館、福岡、小倉の3校合計を上回るようになった。

福　岡①

高校	人
1952年	
修猷館	8
小倉	4
福岡	4
鞍手	3
三池	3
嘉穂	3
1958年	
明善	9
修猷館	8
小倉	5
三池	4
嘉穂	2
1962年	
小倉	18
修猷館	11
◎久留米大学附設	2
八女	2
1967年	
修猷館	26
小倉	17
福岡	7
◎久留米大学附設	6
明善	4
1971年	
修猷館	19
小倉	7
福岡	5
◎久留米大学附設	4
門司	2

高校	人
1975年	
◎久留米大学附設	30
修猷館	19
小倉	16
福岡	3
門司	3
三池	3
筑紫丘	3
1982年	
◎久留米大学附設	46
修猷館	11
筑紫丘	5
小倉	5
東筑	4
1987年	
◎久留米大学附設	51
修猷館	17
筑紫丘	11
東筑	11
小倉	9
1993年	
◎久留米大学附設	41
修猷館	14
小倉	12
筑紫丘	5
1998年	
◎久留米大学附設	40
修猷館	14
小倉	9
福岡	8
◎明治学園	8
東筑	6
◎泰星	6

70年代、福岡の学校関係者にとって、合格者100人を超えていたラ・サールにはくやしい思いをさせられていた。同校入学者の3割は福岡県出身。単純に考えて、県から東大合格者30人分が、鹿児島に「流出」してしまったからである。進学実績に自信を深めた久留米大学附設中学は、これまでラ・サールと入試日が違っていたが、同じ日にぶつけて、成績上位者を獲得しようとした。それが功を奏したのか。久留米大学附設は80年代後半に東大合格者50人を超え、県内合格者も2割増となった。入試日を自由に変えられる私立の特権である。

05年、久留米大附設は女子を受け入れた。17年、女子が理三の推薦入試に合格している。また、鹿児島から新幹線通学する女子がテレビで報じられ話題になったことがある。

公立高校の東大合格者数はどうなったか。90年前後、私立高校の台頭で修猷館、福岡は1ケタ台に落ち込んだが、10人以上の水準を維持している。70〜80年代、『少年ジャンプ』『ヤングジャンプ』に連載されていた『東大一直線』（のちに『東大快進撃』小林よしのり）に知識ケ丘、優秀館が登場するが、筑紫丘、修猷館のパロディーである。修猷館、福岡、小倉、筑紫丘などは浪人することにおおらかな校風があった。修猷館の入学式で同窓会長が「修猷館は4年制高校である」と宣言するほどだった。その背景には、同校の敷地内に修猷学館という予備校があったからだ。筑紫丘の筑紫丘学館、福岡の福高研修学園、小倉の明陵学院なども同様に高校の敷地内にある予備校である。修猷学館は最盛期で700人が在籍。しかし大手予備校の福岡進出によって、福高研修学園を除き閉鎖された。

現在、浪人やむなしという風潮では成績上位者は集まらない。公立にも、修猷館の医学部進学クラス、小倉の最難関国立大学文系コースなどがある。

福　岡②

高校	人
2003年	
◎久留米大学附設	31
修猷館	15
福岡	10
小倉	6
筑紫丘	6
◎福岡大学附属大濠	5
◎明治学園	4
2009年	
◎久留米大学附設	38
修猷館	15
筑紫丘	15
福岡	6
◎福岡大学附属大濠	6
◎明治学園	6
小倉	4
東筑	3
明善	3
◎西南学院	3
嘉穂	2
◎東筑紫学園	1
八女	1
鞍手	1
2011年	
◎久留米大学附設	36
修猷館	13
筑紫丘	13
小倉	8
東筑	5
福岡	3
2013年	
◎久留米大学附設	24
修猷館	17
小倉	8
筑紫丘	8
福岡	6
2017年	
◎久留米大学附設	27
修猷館	14
筑紫丘	10
小倉	8
福岡	2
香住丘	2
明善	2
◎明治学園	2
久留米	1
伝習館	1
◎大牟田	1
◎九州国際大学附属	1
◎福岡大学附属大濠	1
2022年	
◎久留米大学附設	43
修猷館	11
小倉	6
筑紫丘	3
福岡	3
◎福岡大学附属大濠	3
宗像	2
嘉穂	1
戸畑	1
明善	1
◎大牟田	1
◎上智福岡	1
◎東福岡	1
◎明治学園	1

【佐　賀】

48年、旧制佐賀中学は学制改革によって新制佐賀高校となる。そして、62年に東、西、北の3校に分離された。このとき、旧制中学の校舎、同窓会が西高に引き継がれることになった。西高は進学校をめざして男子のみの受け入れ、北高が女子のみ、東高が共学で受け入れという構想があった。しかし、3校とも男女共学でスタートする。

ところが、3校の歴史観は異なる。ウェブサイトで沿革をみてみると、佐賀西は「本校は、明治9年（1876年）、藩校弘道館の流れを継承し、佐賀変則中学校として開校以来、平成18年をもって創立131周年を迎えた」とある。一方、佐賀東は「佐賀高等学校が三校（佐賀東、佐賀西、佐賀北）に分離して開校した学校です」、佐賀北は「佐賀県教育委員会は佐賀高等学校を分離（西校舎、北校舎にそれぞれ西高、北高を新設）し、西高・北高・東高を男女共学、自由志願とすることに決定した」とある。東と北の2校は62年を創立年としている。これでは「本家を名乗れるのは佐賀西だけ。佐賀東と佐賀北は分家である」と解釈されても仕方がない。佐賀西が「藩校弘道館」の流れを継承と自認するのは、佐賀高校の校舎をそのまま使い、教員も残り、旧制中学と佐賀高校の同窓会を引き継ぎ、そして佐賀高校に進んだ成績上

佐　賀

高校	人
1952年	
鹿島	6
佐賀	6
小城	1
武雄	1
伊万里	1
1956年	
佐賀	6
鹿島	2
唐津東	2
小城	1
白石	1
1961年	
佐賀	4
鹿島	2
唐津東	2
武雄	2
伊万里	1
神埼	1
1966年	
鹿島	3
佐賀西	2
唐津東	1
小城	1
1971年	
佐賀西	5
鹿島	1
唐津東	1
武雄	1
1977年	
佐賀西	3
唐津東	1
白石	1
1982年	
佐賀西	3
唐津東	3
白石	1
武雄	1
鹿島	1
鳥栖	1
佐賀北	1
1987年	
佐賀西	5
鹿島	4
伊万里	1
佐賀北	1
1993年	
◎弘学館	14
佐賀西	6
致遠館	3
武雄	2
鹿島	1
鳥栖	1
小城	1
1998年	
◎弘学館	26
佐賀西	4
致遠館	4
◎東明館	3
2003年	
◎弘学館	15
佐賀西	2
武雄	2
唐津東	2
2009年	
佐賀西	4
◎弘学館	4
鹿島	1
唐津東	1
2014年	
佐賀西	4
◎弘学館	3
武雄	1
致遠館	1
◎早稲田佐賀	1
2018年	
佐賀西	4
◎早稲田佐賀	3
唐津東	1
◎弘学館	1
2022年	
佐賀西	4
◎弘学館	2
唐津東	1
武雄	1
鳥栖	1
致遠館	1
◎早稲田佐賀	1
◎龍谷	1

位者が佐賀西に集まったからだろう。

　しかし、県内の成績上位者にとって魅力的な学校が隣県に生まれた。久留米大学附設である。同校入学者の佐賀県居住者は、69～77年で累計261人（総在籍者累計１９１３人）を数える。久留米大学附設の東大合格者のうち２～３人が佐賀県人ということになる。

　こうした「頭脳流出」に危機感を抱いたのが、地元の建設会社オーナーである。87年、松尾建設が創立百周年事業として弘学館中学・高校を開校した。校名は藩校の弘道館にちなむ。同校は、設立の趣旨に記された「資質の高い生徒のみを集め、さらに、その能力を育て、伸ばそうとする英才教育の制度が熱望されているとき」（『創立20周年記念誌』、07年）に応える教育方針を打ち出した。90年、弘学館１期生（高校入学組）は東大合格者８人。いきなり県内トップとなった。

　06年、佐賀西は「各学年とも東大30人、九大160人を目指す」というマニフェストを掲げた。弘学館が97、99年に30人以上の合格者を出しており、佐賀西は目標を高く設定したのだろう。しかし、07年から22年まで、両校いずれ合格者を２ケタに乗せていない。10年に開学した早稲田大の系列校、早稲田佐賀が14、15、19、22年に合格者を出している。

【長崎】

県内最古の旧制中学、長崎中学は、48年に新制の長崎高校に移行したが、わずか1年で廃校となった。都道府県庁所在地にある旧制中学が、新制高校に引き継がれなかったのは、全国で長崎県だけだ。49年、旧制中学から移行した4つの新制高校が統廃合され、長崎東、長崎西という2つの高校が誕生。両校は49年設立を謳い、「前身は旧制長崎中学」と位置づけていない。2番目に古い佐世保中学も消滅。新たに佐世保北、佐世保南が生まれた。

高校入試制度をひもとくと、49年は学区制、51年は合同選抜方式に変わる。長崎東と長崎西の受験生が均質に振り分けられた。57年に学区制に戻るが、61年に総合選抜制となり新設の長崎南が加わった。生徒は東、西、南に配分される。

1校分増えれば、以前にくらべて生徒のレベルダウンは否めない。長崎東は学校史で記している。「1校分多く合格者が入学したため学力の点で低い生徒が入学してきた。（略）総合選抜制度は、東高には大きな試練を与えることとなる」（『ひがし40年』、89年）。

64年に長崎北の開校で4校、79年には長崎北陽台が開校して5校での総合選抜制となった。学校数が増えるほど、成績上位者が各校に分散され、3～4校時代の合格者数はほぼ横並びで1ケタ台となった。東大をめざす層は、久留米大学附設やラ・サールに流れた。

長崎の公教育はダメになる。元長崎県副知事の速水雄吉氏は憂えた。そして、74年、地元の親和銀行の支援を受け、青雲高校・中学校を設立。ハードな授業が功を奏し、80年以降、毎年20〜40人の合格者を輩出。長崎市内の公立5校が束になってもかなわなかった。

97年、同校から理三合格のS・Tさんは振り返る。「勉強も生活指導もすべてに厳しく、とくに動きの機敏さを求められました。集会の整列、集合離散、体育の授業中にだらだらしていると、たちまち叱責の嵐」（『天才たちのメッセージ　東大理Ⅲ　1997』）。

02年に長崎西に入学し、理二に現役合格したS・Yさんの証言。「受験環境も、カリキュラムがシステマティックでなく統一性がないため、授業は担当する教師によって大きな差があります。（略）授業の六割近くを自習にする教師もいました」（『私の東大合格作戦〈PART2（06年版）〉』）。03年、総合選抜制は廃止された。

06年、海星は難関大学受験向けの「ステラ・マリスコース」を設置し共学化した。「年間授業日数200日以上（週35時間）を確保。授業時間数が多いので、きめ細やかな指導が期待できます。小テストや復習テストなど、振り返りの時間も充実」（同校ウェブサイト）と謳い、10年から22年までの東大合格者累計は15人を数えた。

長崎

高校	人
1952年	
佐世保南	6
長崎東	4
長崎西	2
1955年	
長崎東	4
長崎西	4
島原	2
大村	2
1959年	
長崎西	7
諫早	2
佐世保北	2
1962年	
佐世保南	5
長崎東	5
島原	3
大村	2
1970年	
長崎南	8
長崎東	6
佐世保北	4
長崎北	4
1973年	
佐世保北	5
長崎南	4
長崎東	4
長崎北	4
1975年	
長崎北	8
長崎南	3
長崎東	3
長崎西	3
大村	3
1979年	
長崎西	5
長崎南	4
◎青雲	4
1983年	
◎青雲	7
長崎北陽台	4
長崎西	3
1989年	
◎青雲	15
長崎東	4
島原	4
1996年	
◎青雲	34
長崎北	5
島原	3
長崎西	3
2003年	
◎青雲	17
長崎東	4
長崎西	2
島原	2
2009年	
◎青雲	22
長崎西	8
佐世保北	3
長崎東	1
長崎北陽台	1
諫早	1
佐世保南	1
2011年	
◎青雲	16
佐世保北	8
長崎東	3
2014年	
長崎西	14
◎青雲	8
佐世保北	4
2018年	
◎青雲	7
諫早	6
長崎西	6
長崎東	6
佐世保北	2
2022年	
◎青雲	12
長崎西	4
佐世保北	3
長崎東	1
諫早	1
◎海星	1

【熊　本】

「本県の教育にはキラリと光るものがない。例えば、大学進学率も伸び悩み、東大合格率も他県に比べて低い」。84年、細川護熙《ほそかわもりひろ》知事の県議会における発言だ。これを機に受験指導強化モードへ突入する。文理コース分けの早期実施などの政策を打ち出した。その成果は「東大合格率」を見る限り、90年代に入って微増、00年以降は頭打ちとなっている。

　時代をさかのぼってみよう。50年代、熊本高校は国立大学への現役合格率低下を受けて、「進路指導計画」を打ち出す。しかし、なかなか功を奏さない。58年の合格者で、東大12人のうち10人、熊本大85人のうち50人が浪人。学校史に、この時代の記述がある。『熊高教育はこれでよいか』という議論が繰り返された。（略）福岡の修猷館、大分の上野丘、鹿児島の鶴丸などは全国的にも有数の進学校として名声を得ていたのである。これらの学校を視察訪問し熊本高校としての対策を模索する動きが始まった」（『熊中・熊高百年史』、00年）。

　東大合格者数累計では熊本に次ぐ済々黌《せいせいこう》高校。現在でも校長を黌長とよび、本校を本黌とよぶ。60年代、コンスタントに1～5人の合格者を出すが、65年の東大合格1人について、「教務部の話では本黌としては、東大、京大に二十人も三十人も受けてもらいたい。で実際

熊　本

高校	人
1952年	
熊本	7
済々黌	4
人吉	4
鹿本	3
宇土	2
大津	2
1955年	
熊本	15
八代	4
菊池	2
済々黌	1
玉名	1
1961年	
熊本	13
済々黌	3
八代	2
玉名	2
鹿本商工	1
1967年	
熊本	14
済々黌	3
◎真和	2
1972年	
熊本	19
◎熊本マリスト学園	3
済々黌	1
八代	1
玉名	1
人吉	1
1978年	
熊本	15
済々黌	2
1986年	
熊本	14
済々黌	2
鹿本	1
人吉	1
◎真和	1
宇土	1
天草	1
◎熊本学園大学付属	1
1991年	
熊本	14
◎熊本マリスト学園	2
玉名	1
第二	1
大津	1
熊本北	1
1997年	
熊本	22
玉名	1
宇土	1
2003年	
熊本	21
済々黌	2
◎真和	2
2009年	
熊本	18
済々黌	3
◎真和	1
宇土	1
◎熊本学園大学付属	1
2011年	
熊本	17
済々黌	2
玉名	2
◎真和	2
第二	1
◎文徳	1
2013年	
熊本	19
済々黌	2
◎文徳	2
2018年	
熊本	13
玉名	2
人吉	1
八代	1
◎真和	1
2022年	
熊本	18
済々黌	3
第二	1

それだけ受ける実力を充分持っているのに受ける人があまりにも少ないと嘆いていた」（『済々黌新聞』、65年5月15日）。同校は防衛大学校への進学者が多かった。

進学実績のアピール度は、私立校のほうがはるかにインパクトがある。

真和中学・高等学校の「真和通信」の進学情報の見出しは威勢が良く、元気づけてくれる。「東大・京大・一橋・東工大同時開花」（08年）。「国立大合格数、遂に夢の大台（100）へ！」（06年）。「現役3砲そろい踏み！（東大・京大・東工大）」（05年）。07年、真和高校から文一合格のS・Sさんの話。「担任の先生に電話で報告すると、驚いたことに、何と電話に校長先生が代わってくれました」（『国家を託される若者たち　東大文Ⅰ　２００７』）。同校の上田祐規校長はウェブサイトでこう述べている。「公立学校に比べて学納金の格差は依然として縮まってはいませんが、学校として特待生等、より多くの生徒が受益すべく次年度更に改善に向けて研究中であります」。公立王国にあって、泣かせるセリフである。

文徳は61年開学の君《きみ》が淵《ふち》電波工業を起源とし、96年現校名に改称した。定員20人の東大・医進コースがあり、「東京大学を始めとする難関大学や医学部への進学を目的とするコースです。じっくり考え学ぶことで思考力・表現力・論理力を育てています」と掲げている。10年から22年までの東大合格者数累計は7人。

【大分】

上野・舞鶴戦争。50年代、60年代、県立大分上野丘高校と大分舞鶴高校で繰り広げられた進学競争の過熱ぶりを、大分市内の学校関係者はこう呼んだ。

「県下の俊秀集まる」。65年4月、新入生を迎えた大分上野丘の学生新聞（「上野丘高新聞」65号）の見出しである。「俊秀」と自称するのは、東大合格者が65年11人、66年15人、67年23人と増えたことと無縁ではない。67年、「大分合同新聞」が伝える。「意気高々と上野丘高開校以来の大記録　肩をたたいて『よかった、よかった』」。「大記録」の背景には連日8時間（土曜日7時間）授業、1日おきの演習テストなど、ハードな受験シフトがあった。

そもそも8時間授業は、大分舞鶴が始めたものである。51年、県は合同選抜制度を導入。同年開校の舞鶴と上野丘が組まれて、生徒は平等に配分された。舞鶴に振り分けられた生徒の多くは上野丘を希望していた。そこで舞鶴は進学実績を高めるため、熱心な受験指導を行った。8時間授業、学力別編成、早朝補習、テスト即日採点・翌日成績発表などを実施。まもなく東大、九州大の合格者数がいずれも上野丘を上回った。地元紙によれば「舞鶴高校は晩にあかあかと灯りが点《とも》っているのに、上野丘高校は四時にはあらかた職員はいない」。

61年、単独選抜制度に移行。上野丘は猛烈な巻き返しを図り、舞鶴の受験勉強方式をすべて取り入れ、一部の学内行事を中止あるいは縮小するなど、受験指導に力を入れた。その結果、「大記録」を生み、舞鶴を東大、九州大合格者で上回った。69年卒業生が述懐する。「どんな小さなテストでも、掲示板に出れば、もう僕らはスターだったし、それが大規模な試験でもあろうものなら僕らは、有名人？　にでもなれるのだった」（『上野丘百年史』、86年）。

70年代に入ると様相は一変する。73年、ふたたび合同選抜制度を導入した。上野丘、舞鶴、新設の大分雄城台《おぎのだい》が組んで各校へ均等に生徒を配分。こうして90年代前半まで、東大合格者も3校がほぼ均等になり、数は3校を合計しても1ケタ台の年もあるなど減少する。

この間、私立中高一貫校に人気が集まる。受験指導に熱心な岩田、大分、大分東明の3校が伸びた。94年、岩田から理三合格のT・Kさんが話す。「授業が終わると、友達と数人で毎日職員室で勉強していました。（略）夕食までの時間を有効に勉強しようと考えたら、いつでも先生に質問できる職員室は最適」（『天才たちのメッセージ　東大理Ⅲ　１９９４』）

95年、中学区制で単独選抜制度に移行。08年、全県一区制度になる。

09年、大分上野丘から22人が合格。同校の進学指導資料には久しぶりに景気良い言葉が並んだ。「最難関大で大躍進!・名実ともに九州公立高校ではトップ校に　文武両道、華開く!・」。

大　分

高校	人
1951年	
中津北	6
大分上野丘	4
杵築	4
別府鶴見丘	3
竹田	3
国東	3
1954年	
別府鶴見丘	4
竹田	3
中津南	3
1960年	
佐伯鶴城	4
中津北	3
別府鶴見丘	3
日田	3
1965年	
大分舞鶴	16
大分上野丘	11
中津北	2
1968年	
大分上野丘	17
大分舞鶴	6
別府鶴見丘	3
1971年	
大分上野丘	10
中津北	3
別府鶴見丘	2
大分舞鶴	2
1975年	
大分上野丘	26
別府鶴見丘	3
国東	3
1980年	
大分雄城台	11
大分上野丘	4
大分舞鶴	3
別府鶴見丘	2
高田	2
1987年	
大分舞鶴	4
大分上野丘	4
大分雄城台	3
1993年	
◎岩田	7
大分舞鶴	3
大分上野丘	3
大分雄城台	2
1998年	
◎岩田	9
大分上野丘	6
◎大分東明	3
2004年	
大分上野丘	8
◎大分東明	5
◎岩田	3
2009年	
大分上野丘	22
◎大分東明	2
◎岩田	2
大分舞鶴	1
◎大分	1
2011年	
大分上野丘	17
◎大分東明	2
◎岩田	2
大分舞鶴	1
臼杵	1
2014年	
大分上野丘	11
大分豊府	4
◎大分東明	2
2016年	
大分上野丘	10
◎大分東明	2
◎大分	1
2019年	
大分上野丘	17
◎大分東明	5
◎大分	2
中津南	1
◎岩田	1
2022年	
大分上野丘	18
◎大分東明	1

【宮　崎】

おおざっぱにいえば、東大合格トップ校は65年まで宮崎大宮高校、66〜76年は宮崎大宮と宮崎南高校、77年〜は宮崎西高校となっている。

宮崎大宮は旧制宮崎中学が前身なので、同校関係者のあいだでは県を代表する学校という誇りがある。その誇りが傷つきかねない事態が待っていた。62年、人口増に対応するために、県は宮崎南を設置したが、同時に合同選抜制度を導入する。志願者は自動的に振り分けられるが、アンバランスになった場合は学区制を敷いて調整するというものだ。これでは、県内随一の進学校という地位が危ぶまれる。そこで、宮崎大宮では入学直後に試験を行い、成績順で能力別クラス分けを行った。生徒から、「合同選抜の目的は差別しないことではないか」と反発されたが、学校史の記述によれば、「宮崎南高校では佐伯英雄校長以下、『大宮に負けるな。追いつき、追い越せ』の猛チャージ。一日五時間は勉強しろ、一週間に一度はテストだ、というモーレツ授業が展開されていた。『お前たちゃ負けてていいとか』と逆に説得（?）されて、いつの間にかクラス分けの問題は消えていった」（『大宮高校百年史』、91年）。

70年代、宮崎大宮に立ちはだかったのは、宮崎南ではなく、74年開校の宮崎西の理数科（75

宮　崎

高校	人
1951年	
日南	3
宮崎大宮	2
都城工業	1
1955年	
宮崎大宮	5
延岡	4
日南	2
高鍋	1
都城泉ヶ丘	1
1958年	
延岡	3
宮崎大宮	2
日南	2
1962年	
日南	3
都城泉ヶ丘	3
宮崎大宮	2
1968年	
宮崎大宮	5
宮崎南	3
高鍋	2
1973年	
宮崎南	4
宮崎大宮	3
都城泉ヶ丘	1
延岡西	1
1980年	
宮崎西	9
宮崎大宮	8
宮崎南	5
都城西	2
錦江湾	2
高鍋	2
1984年	
宮崎西	10
宮崎南	4
錦江湾	3
1989年	
宮崎西	14
◎日向学院	3
1993年	
宮崎西	10
宮崎大宮	5
宮崎北	3
1998年	
宮崎西	9
◎延岡学園	1
◎宮崎日本大学	1
2002年	
宮崎西	9
◎延岡学園	1
◎宮崎日本大学	1
2009年	
宮崎西	8
◎宮崎第一	6
宮崎大宮	5
◎延岡学園	1
◎日向学院	1
延岡	1
都城西	1
◎鵬翔	1
2013年	
宮崎大宮	7
宮崎西	4
◎宮崎第一	2
◎延岡学園	1
◎日向学院	1
2018年	
宮崎西	8
宮崎大宮	4
◎宮崎第一	2
都城泉ヶ丘	1
2020年	
宮崎西	10
宮崎大宮	4
◎日向学院	1
◎鵬翔	1
2022年	
宮崎大宮	6
宮崎西	5
五ヶ瀬中等教育	1

年に設置）。理数科は学区制限がないので、県内全域から優秀な生徒が集まった。このなかに含まれていた宮崎大学附属中学の生徒たちは、これまで宮崎大宮、宮崎南に進んで難関大学に合格した層を担っていた。98年、理三合格のＡ・Ｋさんは宮崎西理数科出身。「面倒見がいい（略）授業は、１年次から朝７時30分始業の８時間授業。そして３年次になると、夕方６時まで１日９時間の授業がありました。そして毎日多くの宿題が出されました。丁寧にやるとだいたい３時間はかかる量です」（『天才たちのメッセージ　東大理Ⅲ　１９９８』）。

宮崎大宮には理数科に匹敵する文系学科を作るべきという声があった。89年、文科情報科を設置した。文科情報科１期生受験の92年に東大合格４人。03年、合同選抜制度が廃止され中学区制度に移行。中学区制１期生受験の07年に４人合格。08年、学区が撤廃される。10年から22年までの東大合格者数累計は宮崎西86人、宮崎大宮49人だった。

私立は宮崎第一、宮崎日大、日向学院、鵬翔《ほうしょう》（宮崎中央を改称）が東大進学を目標とする。09年、宮崎第一から防衛大学校37人合格。同校の志垣澄幸校長は学校のウェブサイトで「中高一貫教育も本領を発揮してきました」と誇らしげに語る。鵬翔には夜間学習制度がある。「多くの生徒が22：30まで学校に残って学習しています。これを『ナイター学習』（18：30〜22：30）といい、20年以上続く鵬翔特進英数科の伝統の一つです」（同校ウェブサイト）。

【鹿児島】

「鶴丸とは勉強するところなり」。51年、県立鶴丸高校の在校生と新入生との対面式で、生徒会長はこう宣言した。「がやがやとしていた新入生は、一瞬あっけにとられ、その顔から稚気《ちき》がうせ、緊張がさっと走った」（『創立百年　鹿児島県立鶴丸高等学校』、94年）。

鶴丸の授業は厳しかった。60〜70年代には朝1時間の補習、7時間授業を経て放課後は1時間の補習という9時間授業。校長は「毎日四時間から五時間の宅習」と叱咤する。

こんな投稿まである。「予習や宿題を怠ると男女の別なくコンパス（黒板用の?）でぶんなぐられ、あるいは校庭を走らされました。（略）十二指腸かいようで出血しながらも輸血してがん張った人もいました。内臓をこわして二十キロもやせ、幽霊のようになりながら出てきた女子もいました」（『いま学校で・高校生（2）』朝日新聞社、79年）。

甲南も進学指導は厳しかった。86年は県内の公立高校で国立大学合格者数1位になる。

戦後まもなくは小学区制で、区外の生徒は鶴丸、甲南に入れなかった。そこで、選ばれたのが、50年設立のラ・サール。共学に抵抗を抱く父母が少なくない土地柄ゆえ、男子校のラ・サールの株は上がった。県外からの生徒も集まり、東大合格者を増やしていく。

50年代、鹿児島市立鹿児島玉龍高校の池畑盛義校長は、学区内からラ・サールに進む生徒をみておもしろくなかった。市議会で「教育効果を上げるために中央の刺戟が必要」と訴え、東京から予備校講師を50万円の支度金を準備して招聘《しょうへい》した。

こうして甲南、鶴丸、鹿児島玉龍の生徒争奪戦が始まる。学区制は有名無実化し、当時、鶴丸では生徒の3分の1近くが下宿生だった。70年代以降、学区制の遵守、補習の自粛、教職員の異動を徹底され、争奪戦は影をひそめることとなる。

80年代、私立のれいめい、志學館、90年代になると池田学園池田が登場する。

17年、種子島高校から合格者を出した。こう話す。「『離島にいることはハンデではない』『ひとりでやる学習がすごく大事である』という言葉はずっしりと我々に響きました。それぞれが学業にしっかりと取り組み、お互いが良い学習環境を作っていくべきだと強く感じました」(同校ウェブサイト、17年3月21日)。

15年、県立楠隼《なんしゅん》中学校・楠隼高校が開校した。全国初の公立中高一貫の全寮制男子校で全国から生徒を募集している。21年、中学入学1期生から東大合格者を出した。校長の新山剛氏はこう話す。「森林に囲まれた自然豊かな土地です。もちろん、塾や予備校はなく、1期生は学校と寮での学習だけでこの実績を残しました」(同校ウェブサイト)。

鹿児島

高校	人
1952年	
甲南	10
鶴丸	6
◎ラ・サール	2
1954年	
鶴丸	6
甲南	4
◎ラ・サール	2
志布志	2
○鹿児島玉龍（鹿児島市立）	2
1959年	
○鹿児島玉龍（鹿児島市立）	8
◎ラ・サール	7
鶴丸	5
甲南	3
1966年	
◎ラ・サール	22
鶴丸	8
甲南	4
○鹿児島玉龍（鹿児島市立）	3
川内	3
加治木	1
1972年	
◎ラ・サール	74
鶴丸	31
甲南	4
○鹿児島玉龍（鹿児島市立）	3
鹿児島中央	2
1976年	
◎ラ・サール	77
鶴丸	15
鹿屋	3
1988年	
◎ラ・サール	96
鶴丸	11
甲南	4
1993年	
◎ラ・サール	107
鶴丸	19
◎れいめい	5
1998年	
◎ラ・サール	77
鶴丸	26
◎池田学園池田	6
◎志學館	4
2003年	
◎ラ・サール	52
鶴丸	17
◎志學館	2
◎れいめい	2
2009年	
◎ラ・サール	53
鶴丸	14
◎れいめい	1
甲南	1
加治木	1
鹿児島中央	1
◎尚志館	1
2012年	
◎ラ・サール	30
鶴丸	12
甲南	3
○鹿児島玉龍（市立）	1
◎神村学園	1
◎樟南	1
2014年	
◎ラ・サール	41
鶴丸	13
大島	1
加治木	1
鹿屋	1
○鹿児島玉龍（市立）	1
◎志學館	1
◎樟南	1
2017年	
◎ラ・サール	40
鶴丸	12
甲南	1
種子島	1
◎志學館	1
◎樟南	1
2022年	
◎ラ・サール	37
鶴丸	6
加世田	1
楠隼	1
○鹿児島玉龍（市立）	1

【沖　縄】

72年の復帰前、東大に進む場合はおもに「国費・自費留学制度」を活用して留学扱いとなった。文部省作成の試験を経て全国の国公立大学に配属される。首里、那覇からが多かった。56年、首里高校から東大、京大、神戸大などに1人ずつ進学。元沖縄県知事の仲井《なかい》眞《ま》弘多《ひろかず》氏は、58年に那覇高校から国費・自費留学制度で東大に進んでいる。

72年、沖縄が日本に返還されたとき、「本土並み」という表現が使われた。おもに経済発展をさしていたが、教育についても議論されることが多かった。「本土」との学力差が懸念されたためである。当時、琉球大合格者が多かった進学校は首里高校（旧制沖縄一中）、那覇高校（沖縄二中）である。77年に首里を卒業した生徒が、東京で予備校生活をした経験を、同校の学校史に記している。「あまりにもレベルが違うことに驚きました。人一倍に努力しなければ標準に達しそうもなく、毎日気が狂う思いでした」（『養秀百年』、80年）。

70~80年代、東大志望者は、ラ・サール、久留米大附設に進むというケースが見られた。やがて、沖縄に進学校を設立すべきという気運が高まる。86年、県は進学校と明確に位置づけた開邦高校を設立。その後、球陽、向陽、那覇国際など進学重視の高校をつくる。朝7

時30分開始の0校時授業、土曜講座、夏休み20日間の夏期講習など熱心に受験指導を行った。「昭薬付高9人が東大に合格　創立以来最多に沸く」（「琉球新報」、08年3月13日）と紹介された昭和薬科大学附属高校は74年に設立。9人のうち4人は、03年設置の中高一貫コース1期生である。同校は設立から22年までに東大合格者累計49人を数える。

沖　縄

高校	人
1963年	
那覇	1
1973年	
那覇	1
1982年	
首里	1
1988年	
◎沖縄商学	2
西原	1
1991年	
◎昭和薬科大学附属	3
開邦	2
沖縄尚学	1
1993年	
◎昭和薬科大学附属	1
開邦	1
◎沖縄尚学	1
1994年	
◎昭和薬科大学附属	3
開邦	1
1996年	
◎沖縄尚学	2
◎昭和薬科大学附属	1
1998年	
開邦	2
◎昭和薬科大学附属	1
球陽	1
2000年	
開邦	2
◎昭和薬科大学附属	1
2002年	
◎昭和薬科大学附属	4
◎沖縄尚学	1
球陽	1
◎興南	1
2005年	
◎昭和薬科大学附属	5
開邦	3
◎沖縄尚学	1
◎八洲学園大学国際	1
2006年	
◎昭和薬科大学附属	4
◎沖縄尚学	1
那覇国際	1
2008年	
◎昭和薬科大学附属	9
開邦	1
2009年	
◎昭和薬科大学附属	2
球陽	2
開邦	1
2011年	
◎昭和薬科大学附属	2
◎沖縄尚学	2
2014年	
◎昭和薬科大学附属	2
◎沖縄カトリック	1
2022年	
◎昭和薬科大学附属	6
開邦	4
球陽	1
普天間	1

10章 国立VS.公立VS.私立

筑波大附属高校

【国立大学附属高校】

税金を使ってエリート教育をしていいのか。90年代から00年代前半、筑波大附属高校（筑附）、筑波大附属駒場高校（筑駒）、東京学芸大附属高校（学大附）が批判されることがあった。国会で３校の東大合格実績の高さ、中学受験の過熱ぶりが問われたこともある。国はこれらの学校に対して、入試で抽選制を導入する、通学地域を制限するなどの指導をした。10年代は国立大附属校の民営化論まで出た。民主党政権時代には、仕分けの対象になりかけている。

20年代、エリート教育批判は影をひそめ、筑附、筑駒、学大附は難関大学進学校として健在だ。ただ筑附は70年代、学大附は80〜90年代に100人を超える合格者を出していたのに比べ、10年代後半からいずれも30〜40人とふるわない。中学受験で開成や麻布、高校受験で日比谷や西を選ぶと塾関係者は見ている。その点、筑駒は塾でもっとも優秀な生徒が第１志望で入学しひとり勝ち状態が続く。広島大附属の２校、金沢大附属は地元では教育熱心な保護者から圧倒的な支持を得ている。「官」への信頼度が高い。２０００年代以降、東大、東京学芸大、神戸大は中等教育学校をスタートさせた。中高一貫校として台風の目になるかもしれない。合格者数累計（49〜22年）は、筑駒５６３７人、学大附４４８５人、筑附３８２９人、

国立大学附属高校からの合格者（1958-2022年）

順位	高校	人
1958年		
1	東京教育大学附属	52
2	広島大学附属	16
3	東京教育大学附属駒場	8
4	金沢大学附属	7
5	東京学芸大学附属	6
6	お茶の水女子大学附属	5
6	東京大学附属	5
8	広島大学附属福山	3
9	名古屋大学附属	2
1966年		
1	東京教育大学附属駒場	82
2	東京教育大学附属	71
3	広島大学附属	26
4	東京学芸大学附属	23
4	金沢大学附属	23
6	広島大学附属福山	11
7	お茶の水女子大学附属	10
8	奈良女子大学附属	7
8	大阪教育大学附属天王寺	7
1974年		
1	東京教育大学附属駒場	115
2	東京学芸大学附属	91
3	東京教育大学附属	84
4	金沢大学附属	29
5	広島大学附属	22
6	お茶の水女子大学附属	13
7	広島大学附属福山	11
8	大阪教育大学附属天王寺	8
1982年		
1	東京学芸大学附属	103
2	筑波大学附属駒場	93
3	筑波大学附属	60
4	広島大学附属	26
5	金沢大学附属	21
6	お茶の水女子大学附属	15
7	大阪教育大学附属天王寺	9
8	大阪教育大学附属池田	5
1990年		
1	東京学芸大学附属	100
2	筑波大学附属駒場	95
3	筑波大学附属	56
4	お茶の水女子大学附属	26
5	金沢大学附属	21
6	広島大学附属	16
7	広島大学附属福山	14
8	大阪教育大学附属天王寺	9
9	大阪教育大学附属池田	8
1998年		
1	東京学芸大学附属	81
2	筑波大学附属駒場	79
3	筑波大学附属	35
4	金沢大学附属	20
5	お茶の水女子大学附属	15
6	広島大学附属福山	11
7	広島大学附属	8
8	大阪教育大学附属池田	7
2006年		
1	筑波大学附属駒場	86
2	東京学芸大学附属	77
3	筑波大学附属	45
4	お茶の水女子大学附属	12
5	金沢大学附属	11
6	広島大学附属福山	9
7	広島大学附属	6
8	大阪教育大学附属池田	5
9	大阪教育大学附属天王寺	4
2014年		
1	筑波大学附属駒場	104
2	東京学芸大学附属	56
3	筑波大学附属	29
4	広島大学附属福山	16
5	金沢大学附属	11
6	広島大学附属	7
7	お茶の水女子大学附属	6
8	東京学芸大学附属国際中等教育	4
2022年		
1	筑波大学附属駒場	97
2	筑波大学附属	42
3	東京学芸大学附属	27
4	広島大学附属福山	10
5	金沢大学附属	7
5	広島大学附属	7
7	神戸大学附属中等教育	5
8	お茶の水女子大学附属	4
8	東京学芸大学附属国際中等教育	4

1978年、東京教育大学附属、東京教育大学附属駒場は、それぞれ筑波大学附属、筑波大学附属駒場に改称

金沢大附属１２５５人、広島大附属１００１人、広島大附属福山734人。

【公立高校】

１９５０年代から２０１０年代までの公立高校上位校をみると９割は、旧制中学時代から100年以上の歴史を持つ伝統校である。なかでも都道府県でもっとも古く（旧制）第一中学を名乗っていた宇都宮、日比谷、浦和、千葉、松本深志、新潟、旭丘、岐阜、岡山朝日、高松などは、地元でのブランド力は十分にある。

しかし、いつの時代も順風満帆というわけではなかった。このなかで、70年代、学校群制度で日比谷は大きく後退した。千葉、旭丘、岐阜、岡山朝日も一時的に合格者数を減らしたものの、復活は早かった。学校群制度で旭丘と組んだ千種、岐阜と組んだ加納、岡山朝日と組んだ岡山芳泉や岡山一宮などが合格者を増やしたが、同制度の廃止で進学実績は伸び悩んだ。学校群制度の犠牲となったといっていい。

旧制一中ルーツ校では札幌南が北海道大、仙台第一は東北大、北野は京大、修猷館は九州大に多くの合格者を出しており、東大合格実績はそれほど高くはない。愛知は事情が異なり、旭丘、岡崎、一宮は年によっては名古屋大より東大志向が強い。いま公立進学校で東大合格

公立高校からの合格者(1950-2022年)

1950年

順位	高校	人
1	日比谷	84
2	小石川	82
3	戸山	51
4	新宿	37
5	両国	35
6	北園	31
7	小山台	28
8	西	24
9	湘南	23
10	九段	21
10	新潟	21

1959年

順位	高校	人
1	日比谷	169
2	戸山	93
3	新宿	83
3	西	83
5	小石川	63
6	両国	49
7	湘南	32
8	上野(東京)	28
9	小山台	24
10	松本深志	22

1968年

順位	高校	人
1	日比谷	131
2	西	102
3	戸山	92
4	新宿	69
5	湘南	60
6	小石川	58
7	旭丘	57
8	両国	55
9	浦和(県立)	49
10	高松	39

1977年

順位	高校	人
1	湘南	67
2	西	52
3	浦和(県立)	44
4	青山	41
5	富士(東京)	40
6	千葉(県立)	35
6	戸山	35
8	旭丘	34
9	鶴丸	25
10	高松	23
11	長野(県立)	22

1986年

順位	高校	人
1	浦和(県立)	56
2	千葉(県立)	53
3	湘南	38
4	西	36
5	戸山	35
6	旭丘	32
7	千種	25
8	高岡	24
9	国立	18

1995年

順位	高校	人
1	千葉(県立)	55
2	浦和(県立)	50
3	岡崎	40
4	土浦第一	33
5	高岡	28
6	岐阜	27
7	旭丘	26
8	湘南	25
9	熊本	24
10	宇都宮	22
10	富山中部	22

2004年

順位	高校	人
1	岡崎	31
2	土浦第一	29
2	旭丘	29
4	一宮	25
5	宇都宮	23
5	千葉(県立)	23
7	浦和(県立)	22
7	熊本	22
7	鶴丸	22
10	高岡	19
11	修猷館	16

2013年

順位	高校	人
1	浦和(県立)	46
2	西	34
3	岡崎	32
4	日比谷	29
4	旭丘	29
6	千葉(県立)	25
7	土浦第一	24
8	国立	22
9	宇都宮	21
10	熊本	19

2022年

順位	高校	人
1	日比谷	65
2	横浜翠嵐	52
3	旭丘	31
4	浦和(県立)	27
4	西	27
6	岡山朝日	24
7	小石川中等教育	20
7	湘南	20
7	岡崎	20
10	国立	19
10	千葉(県立)	19

実績をアピールしているのが、日比谷、横浜翠嵐である。浦和、千葉は控えめだ。合格者数累計（49〜22年）は、日比谷３６６４人、西３３２９人、戸山２８９２人、浦和２８３８人、湘南２４６０人、千葉２１１２人、旭丘１９９０人。

【私立高校】

建学の精神、教育理念、校風など、私立は公立に比べさまざまな特徴を打ち出している。00年代以降は少子化に対応するため共学化、校名変更、カリキュラム改訂、中等教育学校化などを積極的に進めている。東大合格上位校を中心にグループ分けした。

①創立70年以上。制服なし。校則がゆるい＝麻布、武蔵、灘、甲陽学院、東大寺学園。
②創立70年以上。制服制定。規律重視＝開成、海城、攻玉社、巣鴨。
③宗教系で規律重視＝栄光学園、聖光学院、洛星、洛南、広島学院、ラ・サール。
④共学＝駿台甲府、洛南、愛光、久留米大附設、弘学館。
⑤創立者の個性が反映＝渋谷教育学園幕張、桐蔭学園、西大和学園
⑥リニューアル、校名変更で進学校化＝渋谷教育学園渋谷、広尾学園
⑦中等教育学校の誕生＝桐蔭学園中等教育、済美平成中等教育、松本秀峰中等教育

私立高校からの合格者（1952-2022年）

順位	高校	人	順位	高校	人	順位	高校	人
1952年			**1977年**			**2004年**		
1	成蹊	21	1	開成	126	1	開成	177
2	麻布	15	2	麻布	108	2	灘	89
3	武蔵	13	3	灘	97	3	桜蔭	80
4	開成	11	4	ラ・サール	83	4	麻布	69
5	学習院	10	5	武蔵	63	5	駒場東邦	57
5	甲南（兵庫）	10	6	栄光学園	59	6	栄光学園	49
5	灘	10	7	広島学院	41	7	巣鴨	48
8	成城学園	9	8	久留米大学附設	35	8	桐朋	43
9	青山学院	4	9	愛光	34	9	桐蔭学園	42
9	成城	4	10	桐朋	31	9	ラ・サール	42
1960年			**1986年**			**2013年**		
1	麻布	48	1	開成	162	1	開成	170
2	灘	38	2	灘	122	2	灘	105
3	開成	36	3	麻布	97	3	麻布	82
4	武蔵	17	4	ラ・サール	87	4	桜蔭	66
5	愛光	16	5	栄光学園	74	5	聖光学院	62
6	栄光学園	14	6	武蔵	73	6	渋谷教育学園幕張	61
7	成蹊	13	7	桐朋	64	7	駒場東邦	59
7	ラ・サール	13	8	桐蔭学園	49	8	栄光学園	52
9	修道	11	9	久留米大学附設	48	9	海城	40
10	学習院	8	10	駒場東邦	42	9	ラ・サール	40
1968年			**1995年**			**2022年**		
1	灘	132	1	開成	170	1	開成	193
2	麻布	63	2	桐蔭学園	107	2	灘	92
3	開成	61	3	麻布	101	3	聖光学院	91
4	武蔵	51	3	灘	95	4	西大和学園	79
5	栄光学園	44	5	ラ・サール	73	5	桜蔭	77
6	ラ・サール	39	6	桜蔭	72	6	渋谷教育学園幕張	74
7	修道	22	7	栄光学園	70	7	麻布	64
8	甲陽学院	21	8	海城	68	8	駒場東邦	60
8	愛光	21	9	巣鴨	63	9	栄光学園	58
10	広島学院	19	10	洛南	58	10	海城	57

１９８０年代以降、学校創立１期生で東大合格者を出したのが、海陽学園、片山学園、弘学館など。合格者数累計は、開成８８６１人、灘６４２７人、麻布５７７４人、ラ・サール３９０３人、栄光学園３４７３人、武蔵３０８１人、桜蔭２５４８人（49年～22年）。

【私立大学附属、系列高校】

①大学のほうが早く開校したケース。駒場東邦は57年に「戦後の貧しさから脱却し、青少年に明るい夢を持たせよう」と開校した。系列の東邦大は49年開学で、前身は帝国女子医学専門学校だ。12年のＮＨＫ連続テレビ小説「梅ちゃん先生」の舞台となった女性医師養成校である。

久留米大附設は50年に誕生したが、久留米大（当時は久留米医科大）は48年に開校している。「付属」は大学の下位に属する意味あいになる。そうではなく学部と同列な位置を意味するために「附設」と名付けられた。医学部への推薦枠はない。

②高校のほうが早く開校したケース。東海48年（東海学園大95年）、フェリス女学院48年（フェリス女学院大は65年）、西大和学園86年（大和大14年）。桐蔭学園68年（桐蔭横浜大88年）、駿台甲府80年（駿河台大87年）。まず高校を作る。経営が安定したら大学を設立する、という

私立大学の附属校、系列校、同法人のグループ校からの合格者（1953-2022年）

順位	高校	人
1953年		
1	武蔵	24
2	成蹊	20
3	成城	14
4	青山学院高等部	5
4	東海	5
6	聖学院	4
6	関東学院	4
8	甲南（兵庫）	3
1963年		
1	武蔵	22
2	修道	15
3	東海	11
4	桐朋	10
5	成蹊	8
6	駒場東邦	7
6	甲南（兵庫）	7
8	早稲田	6
9	関東学院	4
10	フェリス女学院	3
10	久留米大学附設	3
1973年		
1	武蔵	58
2	桐朋	25
3	駒場東邦	16
4	修道	15
5	創価	12
6	東海	10
7	成蹊	6
8	早稲田	3
8	久留米大学附設	3
9	フェリス女学院	2
9	慶應義塾	2
9	甲南（兵庫）	2
1981年		
1	武蔵	68
2	桐朋	38
3	駒場東邦	35
4	久留米大学附設	31
5	東海	29
6	桐蔭学園	22
7	修道	10
8	創価	5
8	フェリス女学院	5
1989年		
1	桐蔭学園	65
2	武蔵	63
3	桐朋	45
4	久留米大学附設	40
5	駒場東邦	36
6	東海	21
7	洛南	14
7	修道	14
1997年		
1	桐蔭学園	95
2	洛南	68
3	武蔵	58
4	駒場東邦	57
5	桐朋	41
6	久留米大学附設	35
7	東海	28
8	フェリス女学院	18
9	江戸川学園取手	13
10	西大和学園	12
10	修道	12
12	駿台甲府	10
2006年		
1	駒場東邦	46
2	久留米大学附設	33
3	桐朋	32
4	武蔵	30
5	洛南	28
6	西大和学園	27
7	渋谷教育学園幕張	26
8	東海	25
9	桐蔭学園	23
10	江戸川学園取手	18
2014年		
1	駒場東邦	75
2	渋谷教育学園幕張	48
3	久留米大学附設	38
4	東海	27
5	早稲田	26
6	洛南	24
7	桐朋	22
7	武蔵	22
7	西大和学園	22
10	フェリス女学院	15
2022年		
1	西大和学園	79
2	渋谷教育学園幕張	74
3	駒場東邦	60
4	久留米大学附設	43
5	渋谷教育学園渋谷	38
6	早稲田	29
7	東海	26
8	武蔵	19
9	栄東	14
10	桐朋	11

教育事業を進める経営者（学校法人）がいる。高校は進学校化して東大をめざす生徒が多く、系列の大学に生徒を「供給」する役割を果たさないことも少なからず見られる。合格者数累計（49～22年）は、武蔵３０８１人、駒場東邦２４７０人、桐朋１８４８人、久留米大附設１８０６人、桐蔭学園１７６９人、東海１４５８人。

11章 時代を超越する女子校の底力

雙葉高校

女子学院高校

わが娘に最高の教育を受けさせたい。戦前、男尊女卑的な考えが強かった時代にあっても、教育熱心な保護者はいた。とはいっても、東京帝国大学、旧制第一高等学校など最難関の高等教育機関は女子を受け入れていない。このころ、成績がもっとも優秀な女子が進学したのは東京高等女子師範学校、津田塾、日本女子大などだった。入試は難関であり、これらの学校に合格者を多く出したのが、東京高等女子師範学校附属高等女学校（お茶の水女子大附属高校）、都道府県の第一高等女学校（都立白鴎、県立宇都宮女子など）、聖心女子学院、フェリス女学院など伝統的なミッションスクールである。

１９５０年代、東大合格者が多い女子校は、戦前のこうした名門高等女学校を引き継いだところが多い。お茶の水女子大附属高校には伝統的に東大志向が強い生徒がいる。宇宙飛行士の山崎直子氏（89年卒）はこうふり返る。「伝統があり、かつ生徒の自主性を重んじてくれる校風。ダンスコンクールや農場実習などのユニークな行事。友達と作ったジャズダンスサークル。それらを通じて、精一杯何かに取り組むことは素晴らしいことだという精神を培いました」（お茶の水女子大附属高校ウェブサイト）。

戦後、旧制中学、高等女学校が新制高校に移行した際、ＧＨＱは男女共学化するように指導したが、埼玉、栃木、群馬、宮城、福島はこれを無視した（宮城、福島はのちに男女共学

女子高校からの合格者（1951-1995年）①

順位	高校	人
1951年		
1	□お茶の水女子大学附属	7
2	浦和第一女子	2
2	◎聖心女子学院	2
4	宇都宮女子	1
4	◎学習院女子	1
4	◎日本女子大学附属	1
1955年		
1	□お茶の水女子大学附属	7
2	浦和第一女子	2
2	◎フェリス女学院	2
4	宇都宮女子	1
4	高崎女子	1
4	川越女子	1
4	千葉女子	1
4	◎跡見学園	1
4	◎日本女子大学附属	1
1962年		
1	□お茶の水女子大学附属	12
2	◎女子学院	5
3	◎フェリス女学院	3
3	高崎女子	3
5	太田女子	2
6	足利女子	1
6	◎鎌倉女学院	1
1967年		
1	□お茶の水女子大学附属	10
2	□奈良女子大学附属	7
3	前橋女子	2
3	◎田園調布雙葉	2
4	高崎女子	1
4	◎東洋英和女学院	1
4	◎聖心女子学院	1
4	◎甲南女子	1
4	◎ノートルダム清心	1
1972年		
1	□お茶の水女子大学附属	17
2	浦和第一女子	4
3	◎雙葉	3
4	◎桜蔭	2
4	◎フェリス女学院	2
4	◎静岡雙葉	2
1977年		
1	□お茶の水女子大学附属	13
2	◎雙葉	5
3	◎桜蔭	3
4	◎聖心女子学院	2
4	◎白百合学園	2
4	◎慶應義塾女子	2
4	◎桐朋女子	2
4	◎東洋英和女学院	2
4	◎フェリス女学院	2
1983年		
1	◎桜蔭	18
2	◎女子学院	12
3	□お茶の水女子大学附属	8
4	◎フェリス女学院	5
5	◎雙葉	3
5	◎横浜雙葉	3
1989年		
1	◎桜蔭	53
2	□お茶の水女子大学附属	24
3	◎女子学院	16
4	◎雙葉	10
4	◎フェリス女学院	10
6	◎桐朋女子	4
6	◎神戸女学院	4
8	浦和第一女子	3
8	◎聖心女子学院	3
8	◎白百合学園	3
8	◎ノートルダム清心	3
1995年		
1	◎桜蔭	72
2	◎女子学院	18
3	□お茶の水女子大学附属	12
4	◎フェリス女学院	11
5	◎横浜雙葉	7
6	◎雙葉	5
6	◎ノートルダム清心	5
8	◎学習院女子	4
8	◎慶應義塾女子	4
10	浦和第一女子	3
10	◎湘南白百合学園	3

化）。旧制浦和中学は浦和、埼玉県立第一高等女学校は浦和第一女子となり男子校、女子校のまま現在に至っている。これと同様に、栃木の宇都宮女子、群馬の前橋女子と高崎女子には地元の優秀な女子が集まり、毎年、東京大に合格者を出している。

一方、聖心女子学院、東洋英和女学院、フェリス女学院などミッションスクールも上位に顔を出している。フェリス女学院の学校史の記述にこうある。「中学部に入学して来る小学生での最優秀者であり、家庭も経済的に豊かな家庭が多かったことにも起因している」（『フェリス女学院100年史』、70年）。同校はのちに国際数学オリンピックで日本人女性初の金メダリスト、中島さち子氏を輩出する。彼女は98年に東京大理科一類に入学した。

70〜80年代、桜蔭、女子学院、雙葉などが、お茶の水女子大附属を凌いで合格者を増やしていく。70年代、「乱塾時代」とメディアから非難された中学受験ブームでこれらの学校に優秀な女子が集まったことによる。

桜蔭は東京女子高等師範学校の同窓会、桜蔭会が設立母体となっており、１９２４年開学当初から熱心に指導していた。70年代まで東京大合格者数で２ケタを超えたことがなかった。きっかけは79年にスタートした共通一次試験であると、現在の齊藤由紀子校長は見ている。

「共通一次は受けなければいけない科目が多かったですよね。本校はそもそも必修の科目が

女子高校からの合格者（2000–2022年）②

2000年

順位	高校	人
1	◎桜蔭	74
2	◎女子学院	19
3	◎フェリス女学院	17
4	□お茶の水女子大学附属	9
4	◎白百合学園	9
6	◎雙葉	7
7	◎東洋英和女学院	6
7	◎湘南白百合学園	6
7	◎筑紫女学園	6
10	◎学習院女子	5
10	◎横浜雙葉	5
12	高崎女子	4
12	◎豊島岡女子学園	4
12	◎四天王寺	4
15	宇都宮女子	3
15	◎ノートルダム清心	3

2005年

順位	高校	人
1	◎桜蔭	64
2	◎女子学院	37
3	◎雙葉	11
4	◎白百合学園	10
4	◎豊島岡女子学園	10
6	□お茶の水女子大学附属	8
7	◎湘南白百合学園	5
8	◎学習院女子	4
8	◎光塩女子学院	4
8	◎鴎友学園女子	4
8	◎横浜雙葉	4
8	◎四天王寺	4
13	宇都宮女子	3
13	◎日本女子大学附属	3

2010年

順位	高校	人
1	◎桜蔭	67
2	◎女子学院	26
3	◎豊島岡女子学園	24
4	◎雙葉	15
5	□お茶の水女子大学附属	6
5	◎白百合学園	6
5	◎フェリス女学院	6
8	◎洗足学園	5
9	◎学習院女子	4
10	宇都宮女子	3
10	川越女子	3
10	◎光塩女子学院	3
10	◎湘南白百合学園	3
10	◎ノートルダム清心	3

2014年

順位	高校	人
1	◎桜蔭	69
2	◎豊島岡女子学園	33
3	◎女子学院	24
4	◎雙葉	15
4	◎フェリス女学院	15
6	◎鴎友学園女子	9
7	□お茶の水女子大学附属	6
7	◎白百合学園	6
7	◎洗足学園	6
10	川越女子	4
10	◎浦和明の星女子	4
10	◎横浜雙葉	4
10	◎ノートルダム清心	4
14	◎吉祥女子	3
14	◎湘南白百合学園	3

2018年

順位	高校	人
1	◎桜蔭	77
2	◎女子学院	33
3	◎豊島岡女子学園	21
4	◎雙葉	13
4	◎フェリス女学院	13
6	◎白百合学園	9
7	◎洗足学園	7
8	◎鴎友学園女子	6
9	◎横浜雙葉	5
10	高崎女子	4
10	浦和第一女子	4
12	□お茶の水女子大学附属	3
12	◎吉祥女子	3
12	◎日本女子大学附属	3
12	◎ノートルダム清心	3

2022年

順位	高校	人
1	◎桜蔭	77
2	◎女子学院	31
3	◎洗足学園	20
4	◎豊島岡女子学園	14
5	◎フェリス女学院	10
6	◎雙葉	9
6	◎白百合学園	9
6	◎鴎友学園女子	9
9	◎浦和明の星女子	7
10	宇都宮女子	5
11	浦和第一女子	4
11	□お茶の水女子大学附属	4
11	◎横浜雙葉	4
14	前橋女子	3
14	◎吉祥女子	3
14	◎清泉女学院	3

多く、共通一次を受け、2次試験でも受験科目の多い学校に挑戦しようかなという生徒が増えたことが大きいと思います」（「ダイヤモンドオンライン」、21年4月14日）。桜蔭から東京大に進んだ著名人には、宗像《むなかた》直子（元特許庁長官）、加藤陽子（東京大教授）、豊田真由子（元国会議員）、土井香苗（弁護士）、菊川怜（タレント）などがいる。

90〜00年代、神戸女学院、四天王寺、ノートルダム清心（岡山）など地方の女子校が上位にあがってきた。なお、神戸女学院は学校の方針によって大学合格実績を公表していない。塾や予備校の合格体験記から、毎年2ケタは合格しているとみられている。

10〜20年代、豊島岡女子学園、鴎友学園女子、洗足学園、吉祥女子、浦和明の星女子などが上位に並ぶ。かつて、国公私立高校のトップ校の「すべり止め」と言われた学校が少子化対策に成功し特徴ある学校として人気が高まり、中学受験で難関校になった。豊島岡女子学園は理工系への進路希望が6割を超え、吉祥女子は海外留学に力を入れ、洗足学園は模擬国連大会出場で高い評価を得ている。また、高校からの受け入れをやめて中高一貫校化し、6年間じっくり学び受験を準備できる体制を作ったことが大きい。

12章

仏教、キリスト教の東大信者たち

ラ・サール高校の修道院

東大寺学園高校

【キリスト教系学校の矜持】

カトリックからみてみよう。男子修道会で毎年、東大合格者数がもっとも多い宗派は、栄光学園高校、広島学院、六甲高校などが属しているイエズス会系である。ラ・サールと函館ラ・サールはラ・サール会、愛光は聖ドミニコ修道会、暁星と海星（長崎）はマリア会、洛星は聖ヴィアトール修道会、聖光学院はキリスト教教育修士会である。

70年代、ラ・サールの大友成彦校長が東大合格者とキリスト教の関係をこう話していた。
「才能ある者はいい学校に入り（略）社会に尽くしてもらいたいと思う。貧しい者を救うと同時に才能を伸ばしてやるのもキリスト教の教えです」（『週刊読売』、78年４月２日号）。

女子修道会で合格者が多い宗派は、白百合学園高校、湘南白百合学園高校などの白百合学園を系列にもつシャルトル聖パウロ修道女会だ。19世紀、フランス人修道女が来日し布教活動を行ったことが起源となる。雙葉（四谷、田園調布、横浜、静岡、福岡）はサン・モール修道会系、聖心女子学院高等部（不二、札幌、小林）は聖心会系でいずれもフランスが発祥だ。光塩女子学院、清泉女学院はスペイン系修道会の布教活動を起源とする。

日向学院（宮崎県）は96年に４人の合格者を出した。同校はサレジオ修道会系である。進路指導についてこう触れていた。「ひとりひとりの能力や適性を見極め、一人ひとりの未来

キリスト教系高校からの合格者（1952–2022年）

順位	高校	人
1952年		
1	青山学院高等部	4
2	暁星	3
2	聖学院	3
4	立教	2
4	東洋英和女学院高等部	2
4	六甲	2
7	ラ・サール	2
8	白百合学園	1
8	鴎友学園女子	1
8	松蔭	1
8	明星（大阪）	1
1961年		
1	栄光学園	18
2	ラ・サール	17
3	愛光	13
4	暁星	5
5	フェリス女学院	2
5	洛星	2
1970年		
1	ラ・サール	59
2	栄光学園	48
3	愛光	34
4	聖光学院	19
5	広島学院	12
6	洛星	9
7	淳心学院	5
8	函館ラ・サール	4
8	暁星	4
10	六甲	3
11	女子学院	2
11	フェリス女学院	2
1979年		
1	ラ・サール	87
2	栄光学園	53
3	広島学院	33
4	洛星	29
4	愛光	29
6	聖光学院	12
6	淳心学院	12
8	暁星	9
1987年		
1	ラ・サール	115
2	栄光学園	71
3	洛星	56
4	愛光	53
5	広島学院	41
6	聖光学院	27
7	大阪星光学院	25
8	淳心学院	17
9	雙葉	8
9	女子学院	8
9	フェリス女学院	8
9	六甲	8
9	神戸女学院	8
1996年		
1	ラ・サール	87
2	栄光学園	60
3	聖光学院	40
4	広島学院	35
5	女子学院	31
6	愛光	27
7	洛星	24
8	大阪星光学院	16
9	暁星	12
10	フェリス女学院	8
2005年		
1	栄光学園	56
2	ラ・サール	50
3	聖光学院	49
4	女子学院	37
5	愛光	26
6	広島学院	23
7	大阪星光学院	17
8	雙葉	11
9	白百合学園	10
2014年		
1	聖光学院	71
2	栄光学園	67
3	ラ・サール	41
4	女子学院	24
5	大阪星光学院	21
6	愛光	20
7	広島学院	16
8	雙葉	15
8	フェリス女学院	15
10	洛星	13
2022年		
1	聖光学院	91
2	栄光学園	58
3	ラ・サール	37
4	女子学院	31
5	広島学院	19
6	愛光	17
7	大阪星光学院	16
8	フェリス女学院	10
9	雙葉	9
9	暁星	9
9	鴎友学園女子	9
9	白百合学園	9

の入り口に導くのが、私たちの務めです。中には、東京大学、京都大学をはじめとする有名難関大学という〃扉〃を開く人もいます」（同校ウェブサイト、09年）。

プロテスタントでは、女子学院はアメリカ長老教会だ。教育理念の「神を畏れ永遠の真理の前で謙虚であることを学びつつ、高い学力を追求する」ことが進学実績につながっている。フェリス女学院はアメリカ改革派教会に属する。進学校と言われるのは、聖書の教えに基づいて、他人のために役立てるように「質の高い学問を求める姿勢の現れ」と同校は説明する。神戸女学院高等部はイギリスから分派して作られたアメリカンボード系だ。

栄光学園、愛光、ラ・サールなどのキリスト教系男子校は設立当初から「一流校」になることを目標にしており、当然、学校全体に東大志向が強かった。ラ・サールのマルセル・プティ初代校長がこう記している。「この土地に参った時にこういいました。〃ベスト・アマング・ザ・ベスト〃（この学校を最も良い学校の中の最も良い学校にしたい）と。このスローガンを堅持できるか否かは諸君の努力如何にある」（『創立10周年記念誌』、60年）。

校則の面で、カトリック系とプロテスタント系はかなり異なる。カトリック系は厳しい。白百合、雙葉は制服のスカート丈、ソックスの種類、髪型まで細かなルールがある。プロテスタント系は比較的ゆるい。女子学院と神戸女学院は自由な校風で制服がない。フェリス女学院は制服着用だがカバン、靴、セーター、コートなどの規制はない。

キリスト教系の合格者数累計（49～22年）は、ラ・サール３９０３人、栄光学園３４７３人、聖光学院２０６２人、愛光１８５０人、広島学院１５０４人、洛星１０１４人。

【仏教系学校の野望】

仏教系は進学校になった経緯にドラマがある。東大寺学園高校は天台宗系華厳宗。前身は26年設立の旧制金鐘《きんしょう》中学校である。戦後の学制改革で共学の金鐘高校となる。しかし、共学に不満を持つ住職が、男子のみの菁々中学を設立する。63年、東大寺学園として生まれ変わった。菁々中学から奈良女子大学附属への進学者が多かった実績から、成績上位者が東大寺学園に進み、京大、東大合格常連校となる。高田（三重）は真宗高田派であり、18世紀に専修寺末寺僧侶の研修道場として創立した。

洛南は真言宗系で、9世紀に空海弘法大師が立てた綜藝種智院《しゅげいしゅちいん》を起源とする。前身の東寺は「京都一の不良が集まり、どの高校にも入れなかった生徒が集まった」と言われる存在だった。しかし、真言宗の教えに基づく人間教育で生活指導を行うことで改善する。62年に洛南に改称されてから、進学実績を伸ばしていく。

浄土宗には教育機関として浄土宗本校と東京、京都、愛知、大阪、鎮西の支校がある。支校ごとに学園グループを形成した。東海学園の東海、芝学園の芝、鎮西学園の鎮西と真和、大泉淑徳学園の淑徳与野などがある。東海と芝では転校など生徒の行き来ができる。

世田谷学園は曹洞宗系。16世紀に曹洞宗吉祥寺の学寮として誕生。１８７６年曹洞宗専門学校支校、１９０２年、曹洞宗第一中学林、１９２４年旧制世田谷中学となる。同校の教育理念「Think & Share」は、釈尊の「天上天下唯我独尊」を世界に通用する言葉として英訳したものだ。「『Think & Share』の教育理念のもと、学習指導の成果として生徒一人一人の進学希望を達成することは、その将来のために必要」とある（同校ウェブサイト）。

清風南海高校はもともと南海電鉄が設立した南海高校だった。63年、高野山真言宗系の清風学園に経営が移って仏教系となり、清風高校と同じ系列となった。成田高校の創設目的は、成田山新勝寺の宗教的使命の達成、地方文化の向上のためとある。

宝仙学園高校は真言宗豊山派、鎌倉学園高校は臨済宗建長寺派、女子校の四天王寺高校は、593年に聖徳太子が設立した四天王寺敬田院を起源とする。

智辯学園和歌山と智辯学園は真言宗から派生した辯天宗によって設立された。

仏教系の東大合格者数累計（49～22年）は、東海１４５８人、東大寺学園１４１９人、洛

仏教系高校からの合格者（1952-2022年）

順位	高校	人
1952年		
1	鎌倉学園	3
2	芝	2
2	成田	2
4	東海	1
1958年		
1	芝	11
2	東海	5
3	成田	1
3	世田谷学園	1
3	愛知	1
1966年		
1	東海	11
2	芝	10
3	成田	1
3	文教大学付属	1
3	東大寺学園	1
1974年		
1	東海	14
2	芝	4
3	高田（三重）	3
3	真和	3
5	東大寺学園	2
6	清風南海	1
1982年		
1	東海	33
2	東大寺学園	23
3	芝	4
3	高田（三重）	4
3	洛南	4
6	成田	1
6	東山	1
1990年		
1	東大寺学園	42
2	東海	29
3	洛南	14
4	智辯学園和歌山	10
5	芝	7
5	高田（三重）	7
5	清風南海	7
8	成田	5
9	清風	3
1998年		
1	洛南	53
2	東海	39
3	東大寺学園	32
4	智辯学園和歌山	21
5	清風南海	11
6	高田（三重）	10
7	四天王寺	6
8	芝	5
9	世田谷学園	3
2006年		
1	東大寺学園	35
2	洛南	28
3	東海	25
4	高田（三重）	17
5	智辯学園和歌山	16
6	芝	8
6	清風南海	8
8	開智	6
9	清風	3
10	世田谷学園	2
10	真和	2
2014年		
1	東大寺学園	31
2	東海	27
3	洛南	24
4	芝	11
5	高田（三重）	9
6	世田谷学園	7
7	智辯学園和歌山	5
7	清風南海	5
8	清風	2
2018年		
1	東海	30
2	洛南	20
3	東大寺学園	18
4	芝	11
5	高田（三重）	8
6	智辯学園和歌山	7
7	清風南海	6
8	世田谷学園	5
9	鎌倉学園	3
2022年		
1	東海	26
2	東大寺学園	25
3	芝	14
4	洛南	10
5	高田（三重）	8
6	智辯学園和歌山	7
7	清風南海	5
8	世田谷学園	3
9	清風	2
10	成田	1
10	四天王寺	1

南１２２４人、智辯学園和歌山513人、芝474人。

神道系、新興宗教系についても触れておこう。

国学院、国学院久我山、国学院栃木の３高校に冠する「国学院」の母体となっているのが皇典講究所である。森羅万象に神が宿ると考え伝統的な民俗信仰、自然信仰を基盤として成立した神道を講じ、『古事記』『日本書紀』などの古典を規範として学ぶ機関だ。

新興宗教系では創価学会の創価、立正佼正会の佼正学園、天理教の天理などがある。宗教法人幸福の科学は、10年に幸福の科学学園中学校・高校、13年には幸福の科学学園関西中学校・高校を作りそれぞれ13年、16年に東大合格者を出した。

宗教系の将来はどうなるか。昨今、少子化に対応し私立進学校共学化が増えた。男子校だった洛南、愛光は共学化に踏み切った。もっともキリスト教系、とくにカトリック系の男子修道会、女子修道会に属する男子校、女子校の共学化はむずかしい。白百合に男子を入れる、栄光学園に女子を入れるという発想は、アイデンティティーを否定しかねないからだ。

13章

理三合格高校小史

1962~2022年

東大医学部の象徴・鉄門

理三に天才、秀才を送り出した高校群

22年、東大理科の合格最低点は理一303点、理二287点、理三348点だった。東大入試では1点のあいだだけで優秀な受験生がひしめいている。同じ東大でも、理三との差が理一で45点、理二で61点だから、これは天文学的な数字のように見えるようだ。他の科類からすれば理三は別世界であり、天才、秀才的な地頭をさらにハンパない努力で鍛えないと受からない、と言われている。実際、駿台予備学校、河合塾の東大模試上位成績者は理三志望で埋め尽くされる。上位60人ぐらいはそのまま理三合格者となってしまう。

理三には、日本でもっとも成績が良い高校生が入る。最先端研究に取り組む、医療現場で命と健康を守るという強い志を持って受験するのが大半だろうが、灘高校の元教員によれば、自分の頭の良さを証明するために理三を受けた者、入学後も駿台の東大模試を受けて頭の良さを確かめる者もいたという。

理三は62年から募集を開始した（それ以前は理一、理二入学後に受験して医学部へ進学）。理三合格史60年からエピソードをいくつか紹介しよう。

理科三類（理三）合格高校（1962-1980年）①

順位	高校	人
1962年		
1	◎麻布	7
2	戸山	6
3	◎開成	5
3	小石川	5
5	日比谷	4
5	新宿	4
5	両国	4
5	◎愛光	4
9	□お茶の水女子大学附属	3
9	西	3
9	◎栄光学園	3
9	四日市	3
1964年		
1	□東京教育大学附属	8
2	◎麻布	6
3	日比谷	5
3	小石川	5
5	西	4
5	□金沢大学附属	3
1966年		
1	◎麻布	6
2	◎愛光	5
3	□東京教育大学附属	4
3	岐阜	4
5	◎武蔵（私立）	3
5	日比谷	3
5	西	3
5	□東京教育大学附属駒場	3
5	◎灘	3
1968年		
1	◎灘	5
2	◎開成	4
2	◎武蔵（私立）	4
4	宇都宮	3
4	□東京教育大学附属	3
4	□東京学芸大学附属	3
4	日比谷	3
4	両国	3
4	◎麻布	3
4	岡山大安寺	3
4	◎広島学院	3
4	下関西	3
4	◎ラ・サール	3
1970年		
1	□東京教育大学附属駒場	8
1	◎灘	8
3	◎ラ・サール	5
4	□東京学芸大学附属	4
5	西	3
5	◎愛光	3
1973年		
1	◎灘	13
2	□東京教育大学附属駒場	7
3	◎ラ・サール	6
4	◎麻布	5
5	□東京教育大学附属	3
5	□お茶の水女子大学附属	3
1976年		
1	◎灘	12
2	□東京教育大学附属駒場	8
3	◎麻布	6
4	□東京学芸大学附属	5
5	□東京教育大学附属	4
5	◎ラ・サール	4
7	◎開成	2
7	湘南	2
7	◎栄光学園	2
7	□金沢大学附属	2
1978年		
1	◎灘	17
2	◎ラ・サール	9
3	□東京教育大学附属駒場	6
4	◎武蔵（私立）	4
5	◎開成	3
6	□東京学芸大学附属	2
6	□東京教育大学附属	2
6	◎麻布	2
6	◎栄光学園	2
6	◎洛星	2
6	高松	2
6	◎愛光	2
1980年		
1	◎灘	23
2	◎ラ・サール	11
3	□筑波大学附属駒場	7
4	□筑波大学附属	4
5	◎麻布	3
5	◎武蔵（私立）	3

1978年、東京教育大学附属、東京教育大学附属駒場は、それぞれ筑波大学附属、筑波大学附属駒場に改称

70年代半ば、宇都宮高校の「進学資料」に理三合格者の記録が残っている。「一年から群を抜いた実力を発揮し、校外模試においても全国の中で常に最上位にあった。一年時から毎日五時間の勉強を確保し、（略）休み中は各教科あわせて十二時間の勉強をした」（『宇都宮高校百年誌』、79年）。87年、大学入試センターは、「共通一次試験のトップは地方の現役の女子高生で792点（800点満点）」と発表した。該当者が1人いた。富山県立富山中部高校の女子生徒Yさんである。彼女は東大理三、京大医学部に合格した（当時はダブル受験が可能）。

02年、山形東から理三合格のKさんは浪人生活が長かった。「僕ほどふざけた人間もいないでしょう。なんせ、7浪ですから。なかなかできることじゃありません」（『天才たちのメッセージ　東大理Ⅲ　２００２』）。

04年、土佐塾高校出身のHさんは現役で理三合格したが入学を辞退。後期試験で京大理学部を受けて合格し入学した。Hさんは中学受験で灘、愛光に受かったが土佐塾へ進む。高校2年、3年の時、数学オリンピックに出場。3年で銀賞（上位4分の1）を獲得する。Hさんはこう話す。「申し訳ないんですが記念受験というやつです。（略）これからは存分に数学の研究をやっていくつもりです。理Ⅲに合格された人たちも頑張って医学の道を進んでください」（『天才たちのメッセージ　東大理Ⅲ　２００４』）。

理科三類（理三）合格高校（1983-2001年）②

1983年

順位	高校	人
1	◎灘	17
2	◎ラ・サール	10
3	◎開成	5
4	□筑波大学附属駒場	4
4	□筑波大学附属	4
4	◎武蔵（私立）	4
4	◎栄光学園	4
8	◎麻布	3
8	千種	3
10	◎駒場東邦	2
10	岐阜	2
10	旭丘	2

1985年

順位	高校	人
1	◎ラ・サール	16
2	◎灘	13
3	□筑波大学附属駒場	6
3	◎武蔵（私立）	6
5	◎開成	4
6	◎麻布	3

1987年

順位	高校	人
1	◎灘	24
2	◎開成	11
3	◎ラ・サール	9
4	◎武蔵（私立）	4
4	◎東海	4
6	◎麻布	2
6	◎桐朋	2
6	◎栄光学園	2
6	◎桐蔭学園	2
6	◎洛星	2
6	◎広島学院	2
6	◎愛光	2

1990年

順位	高校	人
1	◎灘	20
2	◎ラ・サール	7
3	◎開成	6
4	□東京学芸大学附属	3
4	◎武蔵（私立）	3
4	◎愛光	3
7	□筑波大学附属駒場	2
7	◎麻布	2
7	湘南	2
7	◎桐蔭学園	2
7	◎東海	2
7	◎東大寺学園	2

1992年

順位	高校	人
1	◎灘	12
2	◎ラ・サール	10
3	◎開成	6
4	□筑波大学附属駒場	4
4	◎麻布	4
6	□筑波大学附属	3
6	◎栄光学園	3
6	◎洛南	3
6	◎東大寺学園	3

1994年

順位	高校	人
1	◎灘	10
2	◎ラ・サール	8
3	◎開成	7
4	◎麻布	4
5	□東京学芸大学附属	3
5	◎愛光	3
5	◎久留米大学附設	3

1997年

順位	高校	人
1	◎開成	12
2	□筑波大学附属駒場	9
3	◎灘	8
4	◎桜蔭	7
5	◎巣鴨	4
5	◎ラ・サール	4
7	◎麻布	3
8	盛岡第一	2
8	□筑波大学附属	2
8	◎武蔵（私立）	2
8	◎栄光学園	2
8	□金沢大学附属	2
8	◎岩田	2

1999年

順位	高校	人
1	◎灘	18
2	◎開成	9
3	◎ラ・サール	7
4	◎武蔵（私立）	5
5	□筑波大学附属駒場	4
5	◎麻布	4
7	◎久留米大学附設	3

2001年

順位	高校	人
1	◎ラ・サール	11
2	◎開成	10
3	□筑波大学附属駒場	8
3	◎桜蔭	8
5	◎灘	7
6	◎麻布	3
6	◎桐朋	3
6	◎栄光学園	3
6	◎桐蔭学園	3

08年、盛岡第一から現役で２人が合格した。うち１人、Ｅさんが語る。「学校がすごく力を入れて指導してくれましたから、ほとんど学校の教材を使って勉強していました」(『天才たちのメッセージ　東大理Ⅲ　２００８』)。東大合格校御用達の鉄緑会もｅｎａもない地方公立高校の理三受験生にとってこれほど勇気づけられることはない。

理三女子の話題を２つ。15年、豊島岡学園女子出身のＡさんが準ミスユニバースに、18年、岡崎高校から入学したＷさんがミス日本準グランプリに選ばれた。00年代以降、理三の女子比率は文一を凌ぐようになる。

そして、22年理三合格者数１位の高校は桜蔭高校だった。13人を数え桜蔭初、女子校としても初のトップとなる。同校出身のＩさんは鉄緑会で桜蔭ＯＧの教えを受けていた。そのＯＧも桜蔭に在学中は鉄緑会に通い桜蔭ＯＧに面倒をみてもらったという。こう話す。「桜蔭と鉄緑会、そして理Ⅲというバトンがそうやって受け継がれているような気がするので、私もそうやって誰かの目標になれれば嬉しいな、と思っています」(『天才たちのメッセージ　東大理Ⅲ　合格の秘訣㊲』)。桜蔭、鉄緑会、理Ⅲという黄金のトライアングルは長く続きそうである。中学受験を含めれば、これにＳＡＰＩＸが加わるはずだ。

62年から22年までの理三合格者の出身校、合格者数の累計は、設置別に国立大附属13校680

理科三類（理三）合格高校（2004-2022年）③

2004年

順位	高校	人
1	◎灘	15
2	◎開成	14
3	◎桜蔭	8
4	□筑波大学附属駒場	4
5	◎北嶺	3
5	◎東海	3
5	◎久留米大学附設	3
8	札幌南	2
8	◎麻布	2
8	◎巣鴨	2
8	◎東大寺学園	2
8	◎ラ・サール	2

2006年

順位	高校	人
1	◎開成	14
2	◎灘	13
3	□筑波大学附属駒場	8
4	◎桜蔭	3
4	◎ラ・サール	3
6	◎北嶺	2
6	□東京学芸大学附属	2
6	◎桐蔭学園	2
6	浜松北	2
6	◎東海	2
6	◎東大寺学園	2
6	◎広島学院	2

2008年

順位	高校	人
1	◎灘	19
2	◎開成	15
3	□筑波大学附属駒場	13
4	◎桜蔭	3
4	◎智辯学園和歌山	3

2011年

順位	高校	人
1	◎灘	17
2	□筑波大学附属駒場	8
3	◎開成	6
4	◎巣鴨	5
5	◎聖光学院	3
5	◎東大寺学園	3
5	◎岡山白陵	3
5	◎ラ・サール	3

2013年

順位	高校	人
1	◎灘	27
2	◎開成	8
3	□筑波大学附属駒場	7
4	◎桜蔭	4
4	◎ラ・サール	4
6	◎渋谷教育学園幕張	3
6	□筑波大学附属	3
6	◎海城	3
6	◎巣鴨	3

2015年

順位	高校	人
1	◎灘	15
2	◎開成	14
3	□筑波大学附属駒場	9
3	◎桜蔭	9
5	◎海城	3
5	◎駒場東邦	3
5	◎聖光学院	3
5	◎甲陽学院	3

2018年

順位	高校	人
1	□筑波大学附属駒場	17
2	◎灘	15
3	◎開成	10
4	◎桜蔭	8
5	◎麻布	4
5	◎聖光学院	4
7	前橋（県立）	2
7	◎渋谷教育学園幕張	2
7	◎栄光学園	2
7	◎片山学園	2
7	◎東海	2
7	◎洛南	2
7	◎ラ・サール	2

2020年

順位	高校	人
1	◎灘	14
2	◎開成	13
3	□筑波大学附属駒場	7
3	◎桜蔭	7
5	◎麻布	3
5	◎海城	3
5	◎聖光学院	3
5	◎洛南	3
5	◎西大和学園	3

2022年

順位	高校	人
1	◎桜蔭	13
2	◎灘	10
3	□筑波大学附属駒場	6
3	◎開成	6
5	◎栄光学園	4
5	◎久留米大学附設	4

人、公立284校1325人、私立152校3352人。合格者数累計の上位校は①灘798人（13・1人）、②開成396人（6.5人）、③筑波大附属駒場362人（5.9人）、④ラ・サール329人（5.4人）、⑤桜蔭181人（3.0人）だった（カッコ内は1年平均に換算）。公立高校は、①日比谷41人、②戸山36人、③湘南34人、④西33人、⑤旭丘33人。

理三合格トップになった回数が多いのは、灘43回、開成7回、筑駒4回、ラ・サールと麻布3回、日比谷2回。そして、1つの高校から理三にもっとも多く合格者を出したのは、13年の灘だった。実に27人を数える。灘は81、87年にも24人が合格している。

一方、地方の公立高校でふだんは東大に多くの合格者を出していないが、理三合格者を出した学校がある（以下、カッコ内は所在地・合格者を出した年）。倶知安《くつちやん》（北海道・64年）、熊毛南（山口・71年）、三島（愛媛・94年）、天草と八代（熊本・66年）、臼杵《うすき》（大分・88年）、錦江湾（鹿児島・84年）などだ。

少子化は理三へ人材を送りだした学校にも容赦しなかった。自治体の方針で隣接高校と再編され、廃校となった理三合格校がある。千歳（東京・63年）と明正（同・66年）は統合して芦花、長後（神奈川・98年）は藤沢北と統合して藤沢総合、日和佐（徳島・97年）は海南と宍《しし》喰《くい》商業の2校と統合し海部《かいふ》となった。

理三合格高校1位校の推移（1962-2022年）

年	高校	人
1962	◎麻布	7
1963	日比谷	5
1964	東京教育大学附属、◎麻布	8
1965	日比谷、◎灘	7
1966	◎麻布	6
1967	小石川	6
1968	◎灘	5
1970	□東京教育大学附属駒場	8
1970	◎灘	8
1972	◎灘	7
1973	◎灘	13
1974	□東京教育大学附属駒場	10
1974	◎灘	10
1975	◎灘	16
1976	◎灘	12
1977	◎灘	16
1978	◎灘	17
1979	◎灘	21
1980	◎灘	23
1981	◎灘	24
1982	◎灘	15
1983	◎灘	17
1984	◎灘	20
1985	◎ラ・サール	16
1986	◎灘	21
1987	◎灘	24
1988	◎灘	15
1989	◎灘	13
1990	◎灘	20
1991	◎灘	8
1992	◎灘	12
1993	◎灘	15
1994	◎灘	10
1995	◎灘	14
1996	◎ラ・サール	9
1997	◎開成	12
1998	◎開成	9
1999	◎灘	18
2000	◎開成	12
2001	◎ラ・サール	11
2002	◎開成	10
2002	◎灘	10
2003	◎開成	14
2004	◎灘	15
2005	◎灘	21
2006	◎開成	14
2007	◎開成	11
2007	◎灘	11
2008	◎灘	19
2009	◎灘	15
2010	◎灘	21
2011	◎灘	17
2012	◎灘	16
2013	◎灘	27
2014	◎灘	12
2015	◎灘	15
2016	◎灘	20
2017	◎灘	19
2018	□筑波大学附属駒場	17
2019	◎灘	21
2020	◎灘	14
2021	□筑波大学附属駒場	14
2022	◎桜蔭	13

1978年、東京教育大学附属、東京教育大学附属駒場は、それぞれ筑波大学附属、筑波大学附属駒場に改称

東大医学部には推薦で入学できる。ただ、当然その要件は厳しい。「高い基礎学力」「自然科学の領域においてきわめて高い能力」あるいは「非常に優れた語学力」が求められる。そのため、国際科学オリンピック（数学、物理学、化学、生物学など）で「顕著な成績を挙げ」たこと、または「きわめて高い英語の語学力（ＴＯＥＦＬ ｉＢＴ 100点以上あるいはＩＥＬＴＳ ７点以上に相当する英語力）及び豊富な国際経験」を証明する資料を提出しなければならない。

推薦入試に合格した西大和学園高校の生徒は、選考に挑む際の準備について、次のようにふり返る。「志願書は英語力をアピールするために英語で書き、私は理科系オリンピックの受賞歴がないので、英語力と国際経験の方面で出願。英語力はＴＯＥＦＬ ｉＢＴで114点を取った証明書、国際経験を示す資料として、シンガポールの生活やワールド・スカラーズ・カップでの経験をまとめました」（『天才たちのメッセージ　東大理Ⅲ　合格の秘訣㉟』）。

理三（東大医学部）には日本でもっとも優秀な頭脳が揃う。だが、ノーベル賞受賞者は出していない。それゆえ、しばしば記憶力抜群だが創造性に欠ける頭でっかちと冷ややかな評価がなされ、理三の選抜方法、合格者の資質、大学教育のあり方が問われる。そんな批判をはね返す活躍をしてほしい。

14章 東大合格報道史

『週刊朝日』(79年3月30日号)と
『サンデー毎日』(68年4月7日号)

『サンデー毎日』97年3月2日号「東大合格者氏名一覧」を見て、腰をぬかさんばかりに驚いた受験生がいた。福島県在住のＳさんである。自分の名前が出ているではないか。Ｓさんは不合格だと思っていた。東大では合格者全員の受験番号を郵便局「レタックス」で通知するシステムがある。Ｓさんの元にも「レタックス」が届けられた。そこには、Ｓさんの受験番号がなかったのである。

Ｓさんが東大に問い合わせると、合格したことがわかった。しかし、すでに入学手続き期間が過ぎていたため、入学が認められない。Ｓさんは郵便局に確認を求めた。郵便局はすぐにミスを認めたのである。東京中央郵便局が最初に送信した「レタックス」にはＳさんの受験番号の一部が欠落した不備があった。20分後に、再送信したが、中継地点となった棚倉郵便局は最初のものと同一内容と思いこみ、最初のものだけ配達してしまったのである。郵便局はＳさんに謝罪した。詳しい事情を知って東大は、Ｓさんの入学を認めた。

一方で、救われなかった受験生もいた。『サンデー毎日』89年4月2日号「京大合格者氏名一覧」。東京都内在住のＭさんは京大合格発表で受験番号を見つけられなかった。気を取り直して後期試験の東京工業大を受験する。しかし、同誌に京大合格者としてＭさんの氏名が掲載された。Ｍさんは自分の受験番号を間違えて覚え込み、京大を落ちたと思い込んだのである。すでに入学手続き日は過ぎており、京大入学は認められなかった。Mさんは東工大に進み、研究者の道を歩んだ。

70～90年代まで、週刊誌が東大合格者氏名一覧を掲載していた。受験戦争をあおるものという批判がある一方で、多くの読者が関心を寄せていた。

現在、「東大合格者氏名一覧」はなくなっている。00年に東大が合格発表のとき、受験番号だけで氏名を公表しなくなったからだ。しかし、「東大合格高校一覧」は『サンデー毎日』『週刊朝日』の2誌が続けている。

そもそもマスコミの東大合格号はいつから始まったのだろうか。

商業誌での「東大合格者高校別一覧」は、『螢雪時代』（旺文社）が最初である。49年からスタートした。『高3コース』（学研）もその後を追う。

新聞では、50年代から「朝日」「毎日」「読売」の各紙がときおり東大合格校の上位10校を載せている。なかでも紙面を大きく使ったのが、「毎日」だった。60年の東大発表では、東大合格者の上位20校、東工大、北大、東北大、名古屋大、京大、阪大、広島大、九州大の上位10校を掲載している。「兵庫の灘高（昨年十二位）、愛知旭丘高、広島大付属高（いずれも昨年は二十位以下）などが進出、かつて夏休みの集団予備校入学で話題をまいた愛媛県の愛光学園高も（一六人）二十四位へとのし上がってきた」（「毎日新聞」、60年3月28日）。

　新聞の地方版、地方紙ではこのころから、地元の高校からの東大合格者氏名を掲載している。この場合、合格者情報は地元の高校や塾から寄せられたケースが多い。地方版や地方紙での氏名掲載は90年代まで続いた。

　週刊誌では64年、『サンデー毎日』の「これが東大合格ベスト20高校」が初めてとなる。この号に東大文学部事務長のコメントが出ている。「日比谷（一九三）西（一五五）は超ド級、それに次ぐのが戸山（一〇二）、新宿（九六）だが、これは最近十年間のベスト四の順位でもある。この四校の中でももっとも成長率が高いのは、西高だ。西は十年前には五四人しか東大にはいらなかったのだが、十年後のことしは約三倍になっている。（略）おそるべきは西高といえよう」。東大が西高を恐れてどうするのか。

　合格上位校のコメントはじつにあけすけで、牧歌的な雰囲気を漂わせてくれる。64年、日比谷高校校長の感想。「素質のある子が集まり、勉強するのですから。（略）一五〇人はかたいと思っていましたが、日比谷はじまって以来の大量の合格者を出して、うれしい」。翌65年に前年比10人増の灘高校卒業学年担任が同誌に寄せた弁。「予想よりたくさんはいって満足してます。（略）カベと思われた五十人をはるかにとびこえて、六十六人……。なんともいえないうれしい数字です」。

70年代になると、『週刊朝日』『週刊読売』『週刊現代』『週刊サンケイ』が東大合格者出身高校報道市場に参入する。4誌とも合格者氏名を掲載した。このころ、氏名、合格者別高校ランキングは容易にできた。東大がすべて公表してくれたからである。

しかし、70年代半ば以降、東大から合格者情報が伝わらなくなる。00年からは合格者氏名が非公表となり、メディアは自力で合格者一覧を作らなければならなくなった。

東大の合格発表の方法は、次のように分けられる。

①49〜75年　受験番号、氏名が掲示。記者に出身校を発表。この期間、「東京大学新聞」では、全氏名、出身校を掲載していた（49年は未掲載。53年は高校名なし）。

②76〜86年　受験番号、氏名が掲示（82〜86年、氏名はカタカナで表記）。以後、記者に出身校は非公表。出身校の所在地は公表。

③87〜99年　受験番号と氏名だけ（氏名は漢字に戻る）。以後、出身校の所在地は非公表。

④00年以降　受験番号のみ。

75年、文部省は東大に出身校名公表の中止を要請した。理由は「受験戦争をあおる」から。一方で、日教組の教育研究集会でも東大合格報道に対して厳しい批判が出ていた。東大の入試広報委員長はこう話している。「報道機関が〝合格者ベストテン〟などの特集を組み、いたずらに入試競争をあおる結果を招いているので、その防止措置」（『週刊現代』、75年10月16日号）。もっとも事務的な手間を省きたい、という現実的な理由もあった。

76年は事前予想まで出る過熱ぶりだった。『サンデー毎日』（2月22日号）では、「河合塾の〝特別模試〟にみる東大51年度合格〝有力〟者高校別ベスト30！」を掲げている。河合塾の模擬試験「東大入試オープン」の成績優秀者の在籍（出身）校上位を並べたものだ。前年の同模試でAランクに認定された東大受験生のうち、7割以上が合格している。

これに対抗するかのように、『週刊読売』（76年3月20日号）の「五一年東大合格者予想」では、「純粋数学的手法」を用いて順位をはじき出している。「一着、教育大学附属駒場百三十三人。二着、灘高百二十五人……」。競馬新聞のノリである。記事では「東大合格者数の予想に〝数学〟が登場したところが画期的なのだと思っていただきたい。たとえば、競馬の予想にコンピューターが登場するようなものだ」と自画自賛する。

こうした動きに『週刊新潮』（同年3月25日号）が「東大合格者『出身高校別速報』スクープにむらがるマスコミ狂騒曲」と特集を組んでこう皮肉った。「ふだん、受験戦争や学閥社会、あるいは東大中心主義を批判する新聞社の雑誌とは思えぬほどの力コブの入れようであ

週刊誌による東大合格者予想（1976年度入試）

高校	『サンデー毎日』予想	『週刊読売』予想	1976年合格者
◎灘	129	125	118
□東京教育大学附属駒場	104	133	113
◎開成	101	107	74
◎ラ・サール	88	96	77
◎麻布	71	97	81
□東京学芸大学附属	59	106	99
□東京教育大学附属	36	65	94
◎武蔵	47	49	67
浦和（県立）	37	53	59
戸山	22	44	56
◎栄光学園	48	40	58
湘南	22	61	53
西	27	38	46
青山	—	—	46
千葉（県立）	24	—	35
富士（東京）	27	34	34

出典：『サンデー毎日』76年2月22日号、『週刊読売』76年3月20日号。『サンデー毎日』は、河合塾の模試「東大入試オープン」でAランク、Bランク（合格到達圏内）の成績だった受験者を高校別に集計している。『週刊読売』は、「それぞれの高校について過去五年間の東大合格者数をデータとしてとる。次に、これを年度順にグラフの上に記入する。こうすると、ややバラツキを示しつつも、ある傾向を持った五つの点がグラフ上に並ぶ。次にこの五つの点からの距離の和が最少になるような直線を決定する。いわゆる最小自乗法である。こうして決定された直線（順向線）からことしの合格者数が自動的に決まる」（同誌より）

る」。なぜ、「力コブ」を入れるのか。『週刊新潮』に、東大合格高校一覧を載せる各週刊誌編集長のコメントが出ている。

　東大が合格者出身高校を発表しなくなったことについて「どこの高校から何人合格したという事実は存在しているわけですよ。事実がある以上、取材はできる。（略）〝政府高官〟名ではないけれども、相手が隠すなら、何とかしようと思うのが、われわれの商売じゃありませんか」（『サンデー毎日』）。76年はロッキード事件で政界が揺らいでいた。

「ぼく自身は、あまり熱意がないので、来年は東大に限らず、全部やめちゃうかもしれない」（『週刊読売』）。同誌は翌年も続けていた。「タテマエだったら、やるべきじゃないでしょう。だから新聞はやらない。が、われわれはホンネをねらっているんです。実態を伝えよう、というね。盗人タケダケしいですかな」（『週刊朝日』）。

70～80年代は受験に関する報道ならば何でもありの時代である。東大合格校一覧だけでは飽き足らない。『週刊朝日』76年2月20日号で「超一流中学合格者の小学校別徹底研究」と銘打ち、灘中学、開成中学などの合格者を出す小学校を紹介した。『週刊読売』は東大に合格者を送り出す駿台高等予備校への入学者出身校の一覧を掲載した。

『週刊新潮』が指摘するような、同じ発行元の新聞と雑誌で生じる報道のねじれについては、読者からも批判が寄せられていた。このことについて、「朝日新聞」は「読者と朝日新聞」欄で次のような記事を掲載した（77年4月10日）。

「学歴社会や異常な受験競争といった教育のゆがみに対し本腰を入れて取り組んでいる新聞が、有名大学の合格者名を地方版にのせたり、東大合格者数の高校別ランキングを記事にしたりするのは、どういうことか。とくに、同じ新聞社で出している週刊誌が大学合格者全氏名と高校別一覧にするような特集を組むのは、報道姿勢として筋が通らないではないか」と

難関中学校合格者別小学校一覧（1975年度）

小学校	人
東京教育大学附属駒場中学校	
国立学園（国立市）	4
松沢（世田谷区）	3
杉並第九（杉並区）	3
誠之（文京区）	3
東山（目黒）	2
経堂（世田谷区）	2
尾山台（世田谷区）	2
給田（世田谷区）	2
神宮前（渋谷区）	2
開進第二（練馬区）	2
府中第一（府中市）	2
成蹊（武蔵野市）	2
南百合丘（川崎市）	2

小学校	人
麻布中学校	
白金（港区）	5
国立学園（国立市）	5
東山（目黒区）	4
田園調布（大田区）	4
尾山台（世田谷区）	4
御田（港区）	3
淀橋第四（新宿区）	3
原町（大田区）	3
中丸（世田谷区）	3
玉川（世田谷区）	3
神宮前（渋谷区）	3
東中野（中野区）	3

小学校	人
開成中学校	
柏第八（柏市）	4
八幡（市川市）	4
本町（川口市）	4
雪谷（大田区）	3
千寿第一（足立区）	3
杉並第九（杉並区）	3
常磐平第三（松戸市）	3
日出学園（市川市）	3
北（蕨市）	3
北浦和（浦和市）	3

小学校	人
武蔵中学校	
境南（武蔵野市）	4
番町（千代田区）	3
第五（三鷹市）	3
国立学園（国立市）	3
麹町（千代田区）	2
学習院（新宿区）	2
大泉南（練馬区）	2
江原（中野区）	2
桃園第三（中野区）	2
北原（中野区）	2
新町（府中市）	2
東久留米第九（東久留米市）	2

小学校	人
灘中学校	
大阪教育大学附属天王寺（大阪市）	6
神戸大学附属住吉（神戸市）	4
夙川（西宮市）	4
青山台（吹田市）	4
多井畑（神戸市）	3
上高丸（神戸市）	3
西山（宝塚市）	3
御影北（神戸市）	2
高羽（神戸市）	2
下山手（神戸市）	2
西須磨（神戸市）	2
霞ケ丘（神戸市）	2
舞子（神戸市）	2
高丸（神戸市）	2
須磨浦（神戸市）	2
宮川（芦屋市）	2
岩園（芦屋市）	2
甲子園学院（西宮市）	2
安井（西宮市）	2
武庫東（尼崎市）	2
稲野（伊丹市）	2
緑ケ丘（伊丹市）	2
宝塚第一（宝塚市）	2
仁川（宝塚市）	2
神戸大学附属明石（明石市）	2
千里第三（吹田市）	2
吹田第二（吹田市）	2
羽衣（高石市）	2

出典：『週刊朝日』2006年2月20日号。小学校、大手進学塾の調査をもとに集計している

いう読者からの質問を紹介。社会部長と『週刊朝日』編集長の連名でこう答えている。

「世の中の相当な範囲に強い関心のある情報を、無理におさえることは考えものです。入試情報も、かりに新聞社が伝えなくても、受験生や教育関係者、受験産業などの間には何らかの形でたちまち流れるでしょう。情報のヤミ市場が立つことにもなりかねません。それくらいならば、というのが私たちの率直な考えです。(略)マスコミの中の『主食』としての情報バランスに特に留意しなければならない新聞では、この種の実用情報の扱いにおのずから限度があります。週刊誌の場合は、その号のテーマに関心の強い読者に選択買いをしてもらう性質もあるだけに、重点的な情報提供を本来の機能としています」

6年後、「朝日新聞」は同じような記事を「読者と朝日新聞」欄で掲載している(83年4月24日)。「東大、京大などの高校別合格者氏名が大新聞社系週刊誌に発表され、新聞にもランキングが載るが、高校序列化を促し、教育荒廃を助長させるものではないか」という質問に、やはり、社会部長と『週刊朝日』編集長は連名で答えている。

「隣近所、同じ県内のどの高校のだれが、どの大学に合格したかということは、その地方の一つのニュースではないでしょうか。(略)理想の教育を願いながら、目前の『進学情報』に関心を寄せざるをえない、という現在の教育環境。この矛盾は矛盾として直視する一方、

駿台高等予備校合格者別高校一覧(1984年度)

午前部理科一類(東大理科コース)

高校	人
戸山	29
◎開成	29
◎桐蔭学園	28
青山	27
浦和(県立)	26
□東京学芸大学附属	25
千葉(県立)	22
湘南	22
国立	20
◎武蔵	20
◎駒場東邦	19
西	18
□筑波大学附属	16
立川	16
◎麻布	16
富士(東京)	13
◎海城	13
◎聖光学院	11
小石川	10
◎桐朋	10

午前部文科一類(東大文科コース)

高校	人
浦和(県立)	54
◎開成	53
◎武蔵	31
千葉(県立)	28
◎麻布	28
◎桐蔭学園	25
青山	24
西	24
戸山	22
富士(東京)	22
◎桐朋	20
船橋(県立)	19
◎駒場東邦	18
東葛飾	17
□筑波大学附属	17
国立	16
◎栄光学園	16
川越	15
立川	15

出典:『週刊読売』1984年4月15日号。現在は駿台予備学校

教育正常化のため地道な努力を続けていく。これが私たちの基本的な姿勢です」

76年、83年いずれの主張も万人を納得させる理屈としては弱すぎる。いいわけがましく聞こえるだけだ。東大合格者別高校一覧という情報を知りたい読者がたくさんいる。そこに商売が成り立つから報道する。それだけのことである。「情報のヤミ市場」というおどろおどろしい幻想を振りかざして、正当化しようとするのは見苦しい。新聞自らを「主食」と定義づけてしまう傲慢《ごうまん》さ、「教育の正常化」を進めるという思

い上がりがあるから、後ろめたさを感じてしまうのだろう。

87年、『週刊朝日』が東大合格報道から撤退することを表明した。「日刊スポーツ」（2月9日）が大きく報道している。以下、同紙の記事から関係者の話を引用しよう。まずは、『週刊朝日』から。

「投下するエネルギーがあまりにも膨大なんですね。（略）最初のころこそ、合格者を100％割り出すことは、朝日の取材力を示すことでもあると考えたが、100％割り出しができ、取材として頂点に達したと判断した。入試制度も変わるし、このへんでエネルギーをもっと別のものに注ごうということです。（略）命がけでこのネタを取ろうという取材者みょうりのある企画でないから、この仕事をしたいという志望者は編集部にはいなかった。（略）やめてどうなるかは分からないが、あとは読者の判断にお任せしたい。（部数減となっても）復活はないですね」（『週刊朝日』編集長）。

続いて『サンデー毎日』。「批判は重々、承知しているし、編集部内でも絶えず議論している。確かにシンドイ作業だし、嫌だといって暴れるやつもいるけれど、それ以上にニーズが多い。読者からこの情報の求めがある限り続ける」「（『週刊朝日』の撤退について）戦友が戦場を去ったとまではいかないが、碁がたきだった隣のおじさんが死んで碁が打てなくなったという感じはする」(『サンデー毎日』編集部)。

『週刊読売』は前年から合格者氏名は技術的に限界を感じてやめたこともあり、弱気の姿勢である。「労多くして、という感じがいつもある企画ですからね。うちもやめようかな」(『週刊読売』編集部)。90年代に入って、同誌は予告どおり、掲載をやめてしまう。

東大は『週刊朝日』の撤退を喜んだ。「各週刊誌さんがコンピューターまで使って苦労して割り出されたり苦々しい思いがしていた。いいじゃないですか。ほかもやめてもらいたい」。

『週刊朝日』が撤退した理由=「投下するエネルギーがあまりにも膨大」、また『週刊読売』の弱気な「労多くして」作業内容は、具体的にはどのようなものだろうか。

週刊誌、予備校の関係者、当時の学生アルバイトの話によれば、現在では個人情報保護の関係でおよそ実現不可能な方法で出身校をさぐりあてたのである。

東大受験生の活用する予備校、通信添削会社、そして高校から東大合格の可能性が高い受験生をリストアップしてもらう。模擬試験成績上位者、通信添削の受講者、校内での成績優秀者などである。A予備校、Bゼミナール、C塾、D通信添削、X高校からのデータを照合して東大受験予定者を割り出して、高校別のリストを作るわけだ。

東大には一次試験があり、二次試験の1カ月前に合格者が発表される。受験予定者リストと一次試験合格者をすり合わせると、あらかた、合格予定者が浮かび上がる。

開成、灘、筑波大学附属駒場、県立浦和、県立千葉などの現役、1浪組の東大合格者は、事前の情報からすぐに「当確」が打てる。しかし、はるか昔に高校を卒業したり、模試を受験しなかったりする人は、受験予定者リストには登場しない。年配の塾講師がこっそり受けて、入試問題研究や進路指導資料づくりなどの仕事に役立たせる。こういう受験生までフォローできない。開校以来、というような東大合格実績がない高校も情報が足りない。

また、模試では実名、実高校名が記されていないケースもある。仮面浪人であることをまわりに知られたくない受験生は、模試の上位成績者欄の所属・出身校には、進学実績がない高校や、「検定」を記入する。これは特に桜蔭、女子学院など女子校出身者に見られた。さらに、「田中一郎」「鈴木明」のようなよくある氏名は、同姓同名者が出てくる可能性があり、判断がむずかしい。

こうした、「身元不明者」は高校、あるいは受験生に直接電話をして、東大を受験したかどうかを確かめるわけだ。年によって異なるが、「身元不明者」は100人以上出てくる。しかし、その多くは、二次試験で落ちてしまう。手がかりがまったくない場合、勘に頼るしかない。これはと見当をつけた地域に問い合わせて、徹底的に追い求める。

『サンデー毎日』編集長をつとめた福永平和氏がこう記している。「受験者情報のインプットは一年がかり。デスク一人を専任にし、アルバイトも常時二人いる。前年暮れからは、アルバイトや編集部員の応援を繰り出し、最盛期の二月からはアルバイトも八十人以上に膨れ上がる。発表の直前になると、大会議室に貸しフトンを持ち込んで二、三日は完全徹夜ということに」(『プレジデント』、92年10月号)。

『週刊朝日』も3カ月間にわたって延べ１２００人を動員して体育館のような広いところで作業していた。

こうした作業を関係者のあいだでは「名前割り」と呼んでいた。その過程ではさまざまなドラマがあった。週刊誌記者からの取材で初めて合格を知った学生がいた。電話の向こうでうれしさのあまり泣き出してしまう。まわりから大きな歓声が聞こえる。氏名の確認で合格できなかった受験生と接したとき、家族が出てきて「息子は死亡しました。いま、お通夜の最中です」といわれてしまう。本人は健在だが、不合格を知られたくなかった親心らしい。

東大の一次試験合格者に載った私立高校の女子生徒に確認したところ、東大受験を頑として認めない。高校も「あり得ない」と否定する。模試などで高校が特定でき、めずらしい氏名だったので、記者は間違いないと確信するが、東大受験を公にできない事情があった。彼女は指定校推薦で早稲田大学への入学が決定していたのである。バレたら、入学が取り消されてしまい、早稲田の指定校枠が外されるからだ。

週刊誌がこれだけ情熱を傾けるのは、売れるからである。80年代、『週刊朝日』は40万部を超えており、合格者発表号はプラス20万部の売れ行きだった。『サンデー毎日』は普段の3倍を刷っていた。同誌の編集長自ら、東大に近い御茶ノ水駅界隈で売っていたこともある。『サンデー毎日』元編集長の牧太郎さんはこう振り返る。「毎年、受験地獄反対、人権保護の立場から『合格者号はやめるべきだ』という意見が編集部からも。（略）読者のおばあちゃんから『孫の合格を親戚中に知らせたいから』と陳情された。『青春のノスタルジアは大学ではなく高校。だから母校の好結果が知りたい』という教師の意見もあった。受験は『もう一つの甲子園』。僕はそう考えたが、『東大→大蔵省』のエリートに風当たりが強い昨今。合格者号の売れ行きは、民意を見据える格好な資料になる」（「毎日新聞」、98年3月12日）。

しかし、00年から東大合格者全氏名の掲載はなくなった。同年、東大の合格発表は受験番号のみとなったからである。これは「受験競争」をあおるからという理由ではない。世の中の趨勢に対応したものだ。

90年代、国立大学協会では、合格者報道をめぐって情報開示か個人のプライバシーかの議論が続いていた。99年、同協会は「合格者氏名などの個人情報は第三者からの請求があっても開示すべきではない」という指針を出す。東大はそれに従って、合格者名簿の非公表を決めたわけである。

このころ、各家庭でダイレクトメールがやたら送られるようになったことが問題となる。新興宗教からの勧誘も含まれていた。とくに東大生は人気があった。「気持ち悪い。なぜ、自分が東大生であること、そして自宅の住所まで知られているのか」と、プライバシーの保護を求める声が多くなった。

また、ストーカーが社会問題となり、規制する法案が議論され始めたのもこのころである(「ストーカー規制法」は00年に施行)。幼稚園、小・中学校、高校など教育機関で住所録のついたクラス名簿が姿を消しつつあり、組織あげての個人情報保護の機運が高まっていた。

『サンデー毎日』の「合格者別高校一覧」については引き続き掲載されることになる。まもなく、『週刊朝日』が復活する。『週刊読売』あらため『読売ウイークリー』も、ふたたび参戦するが、08年に雑誌そのものが休刊してしまった。その後は『サンデー毎日』と『週刊朝日』が大学通信(入試情報などを提供する調査会社)の協力で高校別合格者数一覧を掲載していたが、23年に『週刊朝日』が休刊し、24年以降は『サンデー毎日』1誌になる見通しだ。
00年代前半、東大合格者数をいっさい公表しない公立高校があった。受験競争に加担したくないという理由からだが、05年あたりから、進学校といわれる公立はすべて公表するようになった。都立高校では戸山が非公表だったが、石原慎太郎知事の登場で都立高校はすべて公表されるようになる。教育政策の1つとして、難関大学合格の目標値を出さなければならず、そのために現状を公にする必要があったからだ。

09年8月、長野県上田高校のウェブサイトで次のような告知がなされていた。

「サンデー毎日2009年8月9日号『難関大現役進学者数　西日本編』上田高校のデータ未掲載の件について　『難関国立10大学現役進学者数・進学率』の一覧表（72頁）と『難関私立大現役進学者数・進学率』の一覧表（81頁）に上田高校のデータが未掲載となっていました。本校の進路状況に御関心のある皆様には、大変ご迷惑とご心配をおかけしましたことをお詫び申し上げます。（略）本校と『大学通信』との間で手違い等があり、本校のデータが掲載されませんでした。（略）今後はこのようなことがないよう細心の注意を払ってまいりますので、よろしくご理解の程、お願い申し上げます」

進学実績が雑誌に未掲載だったこと、その理由として高校の不手際に非があったことを謝罪するなど、ほんの数年前までは考えられなかった。しかも公立である。高校にとって、大学合格者別高校報道は広報ツールとして必要不可欠となったわけだ。

東大合格者別高校一覧のニュースソースは70年代以降、大学による公表、マスコミの追跡調査、高校からの情報提供と、大きく移り変わった。

こうした積み重ねによって作られた高校情報には、さまざまな活用方法がある。

①大学の説明会、ＤＭ発送で進学校を見きわめられる。

②私立大学では指定校推薦でどの高校を選んだらいいかの参考資料となる。

③中学や高校受験の塾は「東大○○人合格の○○高校の合格者数」をセールスポイントにでき経営戦略を立てやすい。

④高校は「東大合格者○○人」と報道されることによって、生徒募集で大きな宣伝となる。もちろん、公立も同じだ。

⑤企業の人事採用担当者が、「潜在能力」を見る基準として参考にする。

「うちの学校はどうなっているか」「わが母校の様子は……」といった読者ニーズに応えるため、という本来の東大合格者別高校一覧の報道目的をはるかに超えてしまっている。

参考文献（引用などに用いた主要文献）

【書　籍】

『学制百年史』（文部省）、『第一高等學校一覧』（第一高等學校）、『いま学校で　高校生①〜③』（朝日新聞社）、『教育の森』（村松喬、毎日新聞社）、『灘高校生の受験日記』（園池靖、秋元文庫）、『灘高のモーレツ受験宣言』（勝山正躬、協同出版）、『エリート教育の光と影』（毎日新聞神戸支局、毎日新聞社）、『受験番号５１１１』（塚本康彦、光文社）、『必勝大学受験法』（加川仁、講談社）、『ワンコイン悦楽堂』（竹信悦夫、情報センター出版局）、『乱塾時代』（毎日新聞社会部、サイマル出版会）、『受験校　つくられる神童たち』（高杉晋吾、学陽書房）、『鍛える、伸ばす、育てる』（鵜川昇、プレジデント社）、『桜蔭学園　東大にいちばん近い女子校』（大隈秀夫、ダイワアート）、『日本教育歴年史』（新堀通也、北大路書房）、『入学試験』（黒羽亮一、日本経済新聞社）、『試験の社会史』『学歴の社会史』（以上、平凡社、天野郁夫）、『立志・苦学・出世――受験生の社会史』（竹内洋、講談社）、『現代日本の名門校』（二見喜章、主婦の友社）、『私の東大合格作戦』（各年版、エール出版社）、『天才たちのメッセージ　東大理Ⅲ』・『国家を託される若者たち　東大文Ⅰ』（各年版、データハウス）、『高校生は反逆する』（三一新書）、『日比谷高校闘争と一教員・生徒の歩み』（大河原礼三、現代書館）、『宗教教育資料集』（すずき出版）、『47都道府県の名門高校――藩校・一中・受験』（八幡和郎他、平凡社新書）、『名門高校人脈』（鈴木隆祐、光文社新書）、『名門高校ライバル物語』（宮島英紀・小峰敦子、講談社）、『日本における中学校形成史の研究（明治初期編）』（神辺靖光、多賀出版）、『ルポ・河合塾の75年』

（河合塾）、『田舎の無名高校から東大、京大にバンバン合格した話―西大和学園の奇跡』（田野瀬良太郎、主婦の友社）、『ぬくもり伝えて―「脱・進学校」山手の丘の実践』（工藤誠一、神奈川新聞社）

【新聞、雑誌、機関誌、受験情報誌など】

「朝日新聞」「毎日新聞」「読売新聞」「日本経済新聞」『朝日ジャーナル』『週刊朝日』『サンデー毎日』『週刊サンケイ』『週刊読売』『読売ウイークリー』『ＡＥＲＡ』『週刊現代』『週刊文春』『週刊新潮』『文藝春秋』『月刊現代』『プレジデント』『内外教育』『進学レーダー』『前進』『解放』『世界革命』『螢雪時代』（旺文社）、『受験旬報』（旺文社）、『高３コース』（学研）、『増進会旬報』（Ｚ会）、『Guideline』（河合塾）、『大学受験α』（代々木ゼミナール）

【学校史（学校新聞を含む）】

〈高校〉札幌南、札幌北、旭川東、小樽潮陵、函館ラ・サール、青森、八戸、弘前、盛岡第一、一関第一、仙台第一、仙台第二、秋田、山形東、米沢興譲館、福島、磐城、安積、会津、水戸第一、土浦第一、宇都宮、栃木、宇都宮女子、高崎、前橋、県立浦和、浦和第一女子、熊谷、川越、県立千葉、東葛飾、県立船橋、市立銚子、市川、開成、麻布、筑波大学附属駒場、筑波大学附属、日比谷、西、戸山、小石川、新宿、両国、立川、国立、お茶の水女子大学附属、白鴎、竹早、第一商業、日本学園、大成、京華、京北、郁文館、明治学院、湘南、横浜翠嵐、横浜商業、平塚江南、厚木、横須賀（神奈川県立）、希望ケ丘、横浜緑ケ丘、川崎、新潟、高田（新潟）、高岡、富山中部、富山、金沢大学附属、金沢泉丘、藤島、高志、松本深志、長野、甲府西、甲府東、岐阜、大垣北、静岡、浜松北、沼津東、掛川西、旭丘、東海、岡崎、時習館、四日市、津、伊勢、膳所、彦根東、虎姫、洛北、山城、西舞鶴、東舞鶴、北野（大阪）、天王寺、大手前、茨木、清水谷、大阪桐蔭、灘、姫路西、神戸、奈良、桐蔭、鳥取西、米子東、松江北、出雲、岡山朝日、岡山操山、広島国泰寺、広島学院、広島大学附属、修道、下関西、山口、城南（徳島）、徳島市立、高松、丸亀、愛光、松山東、今治西、久留米大学附設、修猷館、小倉、福岡（福岡）、筑紫丘、弘学館、佐賀西、長崎東、長崎西、佐世保北、熊本、済々黌、大分上野丘、宮崎大宮、鶴丸、甲南（鹿児島）、鹿児島玉龍、ラ・サール、首里

〈大学〉東京大学百年史／〈旧制高校〉第一高等學校六十年史

【都道府県関係】

各都道府県教育史

【章扉写真】

「高校へ行こう！～全国高校校門写真館」（http://www.h2.dion.ne.jp/~seimon/）（都道府県立高校）、椿雅人／アフロ（1章「東大赤門」）、イメージマート（10章「筑波大附属高校」）、共同通信社（13章「東大鉄門」）

図表／本文レイアウト　小林ひとみ（KIP）

あとがき

09年、最初に『東大合格高校盛衰史』を刊行してから14年が経った。東大合格高校を09年と最新の22年で比べると、上位校はあまり変わっていない。東大合格者を大幅に増やした私立（西大和学園、渋谷教育学園幕張など）と公立（日比谷、横浜翠嵐など）、少し減らした私立（ラ・サール、広島学院など）が目につくぐらいで、大きな変動は見られなかった。この間、こうした学校の難関大学合格へ向けた教育方針（進路指導）を読み取ることは難しくない。欲を言えばもう少しインサイドストーリーも知りたかったが、さすがに現在進行形の話であり、学校史でもまとめられてはいない。

　本書で東大合格高校の盛衰をまとめるにあたって、もっとも参考にしたのが各高校の学校史（「○○高校○○年史」）、高校新聞である。学校史は史実を並べているだけの無味乾燥な書物と思っていたが、そんなことはない。時代ごとに悲喜こもごものドラマが詰め込まれており、教員の息づかいまで感じられる。校名変更を余儀なくされたこと、学校群や総合選抜で成績上位者が入学しなくなったことに悔しさを表す。運動部の大会で上位の成績を収めたこと、進学実績が高まったことへの喜びを表す。あるいは学校が直面したさまざまな課題について、熱い思いをたっぷり込めた記録が描かれていた。文部省（文部科学省）、教育委員会、日教組に怒りをぶつけるような記述もあって、楽しい。

東大合格者高校別一覧を最初に週刊誌で大きく取り上げたのは、『サンデー毎日』（毎日新聞出版）の東大合格特別号である。64年から今日まで1年も休んでいない。なお、『週刊朝日』は60年代後半から東大合格高校ランキングを掲載してきたが（中断時期あり）、23年5月に休刊することになった。とても残念である。長い間、ご苦労さま。『週刊朝日』の発行元は、別の媒体でランキングを継続してほしい。両誌が集計をはじめとする膨大な作業に取り組みながら、きめ細かな調査で東大合格高校ランキングを作ってきたことに敬意を表したい。社会的にも、教育学という学問的見地からも、たいへん意義のある報道だとわたしは考えている。

東大合格者数を競って「あの高校に勝った（負けた）」というスポーツ新聞的な見

方を批判する意見、戒める声をいただくことがある、それはきちんと受け止めたい。もちろん、東大合格者数でその学校の長所短所や善し悪しが決まるものではない。言うまでもないことだが、学校の知名度をあげるために生徒の意志を無視し、やたらに東大受験をすすめるのはおかしな話である。学校の特徴や教育方針（ときに強引でムチャな進路指導）、そして文科省や教育委員会の大学入試に対する考え方（ときに場当たり的な方針転換）を知ってほしい、という思いでわたしは同書を著した。

　昨今、東大合格上位校の仲間入りをしようとする学校のなかには、受験指導をずいぶんホンネで語り、実践しているところがいくつか見られた。朝７時台とか夕方５時以降とかの課外補習、夏休みや冬休みをつぶしての講習会などをアピールし、他校よりも授業時間が長いことを自慢する。高校３年の１年間は大学受験予備校と同じ、と公言する学校もあった。違和感を覚えた。東大をはじめ多くの大学では、知識詰め込み型より多様な能力を発揮できる学生を受け入れようとしている。学校推薦や総合選抜による選考が増えたのは、その証だ。東大入試のためにみっちり鍛える、という指導方法は曲がり角にきているのでは、とわたしは考えている。本書を通じてこのことを問題提起したい。

合格者高校別データの作成にあたっては、大学通信の安田賢治さん、井沢秀さん、小林聡さん、秋山亘さんにたいへんお世話になった。『螢雪時代』の古い号の閲覧にあたっては、同誌編集長（09年当時）の伊藤明朗さんの協力をいただいた。また、オックスフォード大学教授の苅谷剛彦さんから貴重なデータと助言をいただいた。感謝の念でいっぱいである。学校史は古書店で可能な限り入手した。手に入らなかったものは野間教育研究所図書館、兵庫県立神戸高校の校史記念室・校史編纂室で閲覧した。データ分析にあたっては、代々木ゼミナールの坂口幸世さん、高宮敏郎さん、奥村直生さん、駿台予備学校の石原賢一さんから教えを受けた。また、毎日新聞出版『サンデー毎日』編集部の飯山太郎さん、元・同編集部の中根正義さん（現、芝浦工業大柏中学高校校長）、朝日新聞出版の鈴木顕さん、元・同社の中村正史さん、清水建宇さんには、わたしが教育関連の記事をまとめるにあたってたいへんお世話になった。

ほかに多くの高校教諭、元高校教諭からも話をうかがったが、氏名を省略させていただくことをお許し願いたい。本書を担当していただいた光文社の三宅貴久さん、江口裕太さん、09年版の担当の黒田剛史さんには原稿や煩雑なデータをていねいにまとめてもらった。お礼を申し上げたい。

二〇二三年　一月

小林哲夫

小林哲夫（こばやしてつお）

1960年神奈川県生まれ。教育ジャーナリスト。教育、社会問題を総合誌、ウェブ媒体などに執筆。著書に『平成・令和 学生たちの社会運動』（光文社新書）、『学校制服とは何か』（朝日新書）、『大学とオリンピック 1912 - 2020』（中公新書ラクレ）、『高校紛争 1969 - 1970』（中公新書）、『神童は大人になってどうなったのか』（朝日文庫）、『女子学生はどう闘ってきたのか』（サイゾー）など多数。

改訂版《かいていばん》 東大合格高校盛衰史《とうだいごうかくこうこうせいすいし》

1949年《ねん》～最新《さいしん》ランキング徹底解剖《てっていかいぼう》

2023年2月28日初版1刷発行

著　者 ―― 小林哲夫
発行者 ―― 三宅貴久
装　幀 ―― アラン・チャン
印刷所 ―― 萩原印刷
製本所 ―― ナショナル製本
発行所 ―― 株式会社光文社
東京都文京区音羽1-16-6（〒112-8011）
https://www.kobunsha.com/
電　話 ―― 編集部03（5395）8289　書籍販売部03（5395）8116
業務部03（5395）8125
メール ―― sinsyo@kobunsha.com

ISBN 978-4-334-04651-4

1230

「美食地質学」入門
和食と日本列島の素敵な関係

巽好幸

蕎麦を育む火山、出汁を支える山脈、日本酒と地球の大変動――。多彩な和食が生まれた理由は日本列島にある⁉︎　地下深くで密接に結びつく二つの意外な関係をマグマ学者が丁寧に紐解く。

978-4-334-04637-8

1231

時を超える美術
「グローカル・アート」の旅

新見隆

ローカル（地域、身近なもの）を大事にしながらグローバル（世界のありかた）につながる――。そんな「グローカル」な精神を宿した美術作品や芸術家に触れた「芸術風土記」エッセイ。

978-4-334-04638-5

1232

Ｗｅｂ３とは何か
ＮＦＴ、ブロックチェーン、メタバース

岡嶋裕史

「巨大ＩＴ企業の支配から個人が解放されたインフラ」で、「要素技術としてブロックチェーン、なかでもＮＦＴあたりを重視する」というＷｅｂ３の全体像を、批判的な見方を含め解説。

978-4-334-04639-2

1233

古典と日本人
「古典的公共圏」の栄光と没落

前田雅之

高等教育の古文・漢文不要論が唱えられる今、私たちに古典は本当に必要なのか。日本において古典が成立した歴史を辿りながら、そもそも「古典」とは何かということを考える。

978-4-334-04640-8

1234

小学校受験
現代日本の「教育する家族」

望月由起

拡大・過熱・多様化――誰が、なぜ、どのように受験しているのか。入学後の環境は？　教育学者が小学校受験の実際や問題点、評価すべき点などを、経験者の声も交え具体的・リアルに報告。

978-4-334-04641-5

1235

アニメ療法《セラピー》
心をケアするエンターテインメント

パントー・フランチェスコ

日本のポップカルチャーの力で、心を治癒することはできるか。イタリア出身のオタク精神科医が精神医学や心理学の知見を物語療法と接続し、新しい「アニメ療法《セラピー》」を構想する。

978-4-334-04642-2

1236

安い・美味しい・簡単 実践 健康食

岩田健太郎

「近所のスーパーの特売品で自炊」に健康が詰まってる…感染症医でファイナンシャル・プランナーの資格も持つ著者と考える、お金をかけず、持続可能でより豊かに生きるための食事術。

978-4-334-04643-9

1237

社会を変えるスタートアップ
「就労困難者ゼロ社会」の実現

小野貴也

全国１５００万人の「就労困難者」に適切な仕事を提供し、労働力減少を補う。社会課題を解決するスタートアップが見据える日本経済の未来像と、その先にあるインクルーシブ社会とは。

978-4-334-04644-6

1238

教育大国シンガポール
日本は何を学べるか

中野円佳

激しい教育競争、点数化する習い事——煽られ、葛藤する母親達、疲弊する子ども達。教育社会学研究者・ジャーナリストが現地の教育システムの実態を、インタビュー調査を交え報告。

978-4-334-04645-3

1239

エンタメ小説家の失敗学
「売れなければ終わり」の修羅の道

平山瑞穂

華々しいデビュー、10万部超えのヒット、そして映画化——。人気作家も目前だった小説家が犯した痛恨の「失敗」とは？出版界の裏事情と赤裸々な告白に満ちた自虐的反省の書。

978-4-334-04646-0

光文社新書

1240

「おふくろの味」幻想

誰が郷愁の味をつくったのか

湯澤規子

一体「おふくろの味」とは何を指しているのか。なぜそれは時に女性たちをいらだたせるのか。社会と時代を丹念に読み解き、「おふくろの味」が誕生した経緯とその正体を探る。

978-4-334-04647-7

1241

数字のセンスを磨く

データの読み方・活かし方

筒井淳也

私たちは数字に取り囲まれて日々を送っている。だが、数字をきちんと理解し、数字ときちんと向き合えているだろうか。計量社会学・家族社会学を専門とする著者が「数字との付き合い方」を示す。

978-4-334-04648-4

1242

追跡 税金のゆくえ

ブラックボックスを暴く

高橋祐貴

一般社団法人による〝中抜き〟、見えない五輪予算、孫の小遣いとなる中山間地域の助成金――。私たちの税金は何に使われているのか。気鋭の新聞記者がその杜撰な実態に粘り強く迫る！

978-4-334-04649-1

1243

友情を哲学する

七人の哲学者たちの友情観

戸谷洋志

友情とは何なのか。いま、その多様性を知ることが、人生をいくらか豊かなものにしてくれるのではないか。漫画が描く「友情」のあり方を参照しながら、哲学者七人の友情観を探る。

978-4-334-04650-7

1244

改訂版 東大合格高校盛衰史

１９４９年～最新ランキング徹底解剖

小林哲夫

日本一の頭脳たちはどこから集うのか？　名門進学校の凋落と躍進を辿ることで、日本社会の構造が浮き彫りになる。戦後から今に至るまでの合格者数ランキングで、東大受験の実情を一挙総覧！

978-4-334-04651-4